Unternehmens- und Bankenreform in China

Europäische Hochschulschriften
Publications Universitaires Européennes
European University Studies

Reihe V
Volks- und Betriebswirtschaft

Série V Series V
Sciences économiques, gestion d'entreprise
Economics and Management

Bd./Vol. 2969

PETER LANG
Frankfurt am Main · Berlin · Bern · Bruxelles · New York · Oxford · Wien

Nicolas Schlotthauer

Unternehmens- und Bankenreform in China

Der Einfluss staatlicher Eingriffe auf die Unternehmens- und Finanzsystementwicklung

PETER LANG
Europäischer Verlag der Wissenschaften

Bibliografische Information Der Deutschen Bibliothek
Die Deutsche Bibliothek verzeichnet diese Publikation in der Deutschen Nationalbibliografie; detaillierte bibliografische Daten sind im Internet über <http://dnb.ddb.de> abrufbar.

Zugl.: Würzburg, Univ., Diss., 2003

Diese Arbeit wurde von Herrn Prof. Dr. Peter Bofinger betreut.

D 20
ISSN 0531-7339
ISBN 3-631-39923-5

www.peterlang.de

Danksagung

Eine umfassende Studie wie diese Arbeit, noch dazu der Versuch, China über Ansätze zur Finanzsystementwicklung zu erforschen, wäre ohne die Unterstützung zahlreicher Menschen nicht möglich gewesen.

Professor Bofinger, mein Doktorvater, hat mir in – immer interessanten, manchmal breit angelegten – Diskussionen große Hilfestellung geleistet. Seine freundliche Art als Chef hat zudem die Zeit am Lehrstuhl angenehm gestaltet. Dank auch an meinem Zweitgutachter Professor Klump für seinen Einsatz. Er hat die vorliegende Arbeit korrigiert und – noch zu Würzburger Zeiten – mit einem spannenden Seminar über die Entwicklung in Ostasien den Boden für die Begeisterung gegenüber dieser Region bereitet.

Verschiedene Wegbegleiter in Würzburg leisteten wertvolle Unterstützung. PD Dr. Adalbert Winkler vermittelte mir wichtige Aspekte der Entwicklung von Finanzsystemen. Ohne die Diskussionen mit Kathrin Berensmann wären mir viele Details zu Geldpolitik und Banken in Transformationsländern verborgen geblieben. Hilfsbereit war stets Ulf Müller-Späth, der mich sowohl bei der Ergründung von Finanzmärkten als auch im Promotionsleben insgesamt unterstützte. Meinen Lehrstuhlkollegen, Oliver Hülsewig und Timo Wollmershäuser, danke ich für Diskussionen und Anregungen. Neben diesen Kollegen geht mein Dank an die unersetzlichen Geiger-Brüder, die mich durch Feiern sowie Besuche der Biergärten und Weinfeste Würzburgs vom Alltag ablenkten.

Besondere Hilfe erfuhr ich durch Yu Müller-Chiu, die mir über ihre unnachahmliche Art und Lehrmethode einen Einblick in die chinesische Sprache und Lebenswelt ermöglichte. Experten aus China gaben wichtige Hinweise bei der Analyse von Chinas Transformationsprozess. Zu danken habe ich insbesondere Professor He Guangwen von der „nongda" sowie Guo Sheng Ph.D. von der „beida". Ein Teil der Erkenntnisse zu China ergab sich auch durch die Kooperation mit dem Institut für Ostasienwissenschaften der Uni Würzburg unter Führung der Professoren Kuhn und Kolb.

Dem Universitätsbund Würzburg danke ich für die „start up"-Finanzierung des Projekts. Dies ermöglichte mir eine Annäherung an die Herausforderung China.

Essentiell für einen erfolgreichen „Promotions-Marathon" ist der private Zuspruch. Die größte Last trug zweifelsohne meine Frau Min Zeng, wie in den heißen Phasen der Promotion durch den Verzicht auf Privatleben. Ihre moralische und fachliche Unterstützung haben mich immer motiviert und gestützt. Auch meine Eltern haben mich immer in meinem Vorhaben bestärkt. Meiner Frau und meinen Eltern ist daher diese Arbeit gewidmet.

Inhaltsverzeichnis

Abkürzungsverzeichnis

ABC	Agricultural Bank of China
ADB	Agricultural Development Bank of China
BIP	Bruttoinlandsprodukt
BoC	Bank of China
bspw.	beispielsweise
bzw.	beziehungsweise
CCB	China Construction Bank
EBRD	European Bank for Reconstruction and Development
FTCs	Foreign Trade Companies (Außenhandelsgesellschaften)
GesG	chinesisches Gesellschaftsgesetz von 1994
HRS	Household Responsibility System (Vertragsverantwortungssystem für Haushalte)
ICBC	Industrial and Commercial Bank of China
i.d.R.	in der Regel
IMF	International Monetary Fund
IPO	Initial Public Offering
KMU	kleine und mittlere Unternehmen
KPCh	Kommunistische Partei Chinas
Mio.	Millionen
Mrd.	Milliarden
MOE/GUS	Mittel- und Osteuropa/Gemeinschaft unabhängiger Staaten
MOFTEC	Ministry of Foreign Trade and Economic Cooperation
NBFIs	„Non-bank financial institutions“
NIÖ	Neue Institutionenökonomie
NVK	Nationaler Volkskongress
PBC	People's Bank of China
RCC	Rural Credit Cooperative
RoSCAs	Rotating Savings and Credit Associations (Rotierende Spar- und Kreditvereine)
S.	Seite
SAEC	State Administration of Exchange Control
SAFE	State Administration of Foreign Exchange

SOEs	Staatsunternehmen (State-owned enterprises)
SWZ	Sonderwirtschaftszone
TIC	Township Industrial Corporation
TFP	Totale Faktorproduktivität
TVE	Township and Village Enterprise
VC	Venture Capital
vgl.	vergleiche
VR	Volksrepublik
z.B.	zum Beispiel

Verzeichnis der Tabellen

Verzeichnis der Abbildungen

Verzeichnis der Übersichten

Verzeichnis der Boxen

Verzeichnis der Anhänge

1 „Vom Plan zum Markt" - Herausforderung Wirtschaftstransformation

Für die Diskussion der Entwicklung aufstrebender Volkswirtschaften stellt der Zusammenbruch planwirtschaftlicher Systeme in Mittel- und Osteuropa und der ehemaligen Sowjetunion (MOE/GUS) eines der bedeutendsten Ereignisse dar. Aber nicht das Scheitern der politischen Ordnung des Kommunismus steht im Mittelpunkt des ökonomischen Interesses, sondern die Aufgabe einer effizienten Gestaltung der Wirtschaftstransformation. Diese Debatte erhält eine zusätzliche pikante Note durch die Tatsache, dass mit der VR China das größte Land der Erde ebenfalls einen Prozess der Wirtschaftstransformation durchlief, der nicht nur ein Jahrzehnt mehr Erfahrungen mit sich brachte, sondern ohne einen tiefgreifenden politischen Wandel vonstatten ging. Der chinesische Transformationsprozess ging dabei trotz seiner Besonderheiten bis Mitte der 90er Jahre relativ unbeachtet über die Bühne: Erst das Scheitern anderer Länder bei der Umsetzung weitreichender Reformen ließ den Blick nach China schweifen, um potenzielle Lehren aus dem graduellen Umbruch im „Reich der Mitte" analysieren zu können. Nichtsdestotrotz zeigt sich in allen Debatten ein Versäumnis, dem in dieser Arbeit Rechnung getragen werden soll: Die zentralen wirtschaftspolitischen und institutionellen Rahmenbedingungen des Wirtschaftsprozesses in der VR China sind in ihrer Interdependenz und Vielfältigkeit nur mangelhaft mit einbezogen worden.

Die Wirtschaftstransformation hat zum Ziel, beim umfassenden Umbruch zur Einführung marktwirtschaftlicher Strukturen einen massiven Einbruch der Wirtschaftstätigkeit zu verhindern. Für die Wirtschaftstransformation stellt sich dabei die Frage nach einer „optimalen Entwicklungspolitik". Diese soll das bei individuellen Wirtschaftssubjekten im Rahmen des Systemwandels divergierende Entscheidungsverhalten in effizienter Form koordinieren. Analysiert man die Tragweite des Umbruchs im Detail, so ist es von großer Bedeutung, die zentralen Bereiche der Volkswirtschaft herauszustellen. Dadurch können wichtige Elemente einer Reformpolitik erarbeitet und ihr Zusammenwirken koordiniert werden. Eine zentrale Bedeutung beim Übergang von der Plan- zur Marktwirtschaft könnte dem Finanzsystem zukommen. Daher soll die Entwicklung eines Finanzsystems in dieser Arbeit vorrangig untersucht werden, um die Bedeutung von dem sowie die Anforderungen an ein Finanzsystem herauszuarbeiten. Die theoretischen Diskussionen und die stilisiert dargestellten empirischen Erfahrungen dienen dabei vor allem dem Zweck, die **„Erfolgsstory China" detailliert zu beleuchten**. Dadurch ergibt sich die Chance, einen Vergleich der Unternehmens- und Finanzsektorreform vornehmen zu können und vor allem einen Blick hinter die Kulissen der oftmals undurchschaubaren Unternehmensfinanzierung in China zu ermöglichen.

Eine stilisierte Darstellung der makroökonomischen Performance im Transformationsprozess lässt erkennen, warum der Vergleich China - Osteuropa einen gewissen Charme besitzt (für eine Darstellung der gesamten makroökonomischen Steuerung und Entwicklung siehe Anhang 1). Bei den Kennzahlen zur makroökonomischen Stabilität kann China weitaus größere Erfolge vorweisen als mittel- und osteuropäische Reformländer. Beim Ziel der Geldwertstabilität haben alle Länder zumindest eine Anpassungsinflation hinnehmen müssen oder befinden sich noch heute auf einem Niveau, welches die VR China immer vermeiden konnte (vgl. Tabelle 1).

Tabelle 1: Inflationsraten in Transformationsländern

	1990	1991	1992	1993	1994	1995	1996	1997	1998	1999	2000
Polen	585,8	70,3	43,0	35,3	32,2	27,8	19,9	14,9	11,8	7,3	10,1
Ungarn	28,9	35,0	23,0	22,5	18,8	28,2	23,6	18,3	14,3	10,1	9,8
Tschechien	10,8	56,6	11,1	20,8	9,9	9,1	8,8	8,5	10,7	2,1	3,9
Russland	5,6	92,7	1526,0	875,0	311,4	197,7	47,8	14,7	27,6	86,1	20,8
Ukraine	4,2	91,0	1210,0	4735,0	891,0	377,0	80,0	15,9	10,5	22,7	28,2
Kasachstan	4,2	79,0	1381,0	1662,0	1892,0	176,3	39,1	17,4	7,3	8,3	13,2
VR China	3,1	3,5	6,3	14,6	24,1	16,9	8,3	2,8	-0,8	-1,4	0,4

Quelle: EBRD (2001), S. 59, 69, 71, 81, 85, 95; IMF International Financial Statistics, CD-Rom.

Die Unterschiede werden noch größer, wenn man den Erfolg der Transformation an der Outputentwicklung messen will. Bis 1996 ist Polen das einzige Land aus der betrachteten Gruppe, welches relativ zügig zu einem positiven Wachstum zurückkehrte. Während Tschechien und Ungarn sich langsam erholten (allerdings immer wieder Rückschläge hinnehmen mussten), konnten Kasachstan, Russland und die Ukraine erst in jüngerer Zeit ein positives Wirtschaftswachstum verzeichnen. China hingegen hat ein hohes Wirtschaftswachstum erzielen können (vgl. Tabelle 2).

Tabelle 2: Wirtschaftswachstum in Transformationsländern

	1983-90	1991	1992	1993	1994	1995	1996	1997	1998	1999	2000
Polen	-	-	2,6	3,8	5,2	7,0	6,1	6,9	4,8	4,1	4,1
Ungarn	-	-	-3,1	-0,6	2,9	1,5	1,3	4,6	4,9	4,5	5,2
Tschechien	-	-	-0,5	0,1	2,2	5,9	4,8	-1,0	-2,2	-0,8	3,1
Russland	-	-	-14,5	-8,7	-12,7	-4,1	-3,5	0,8	-4,6	3,5	7,7
Ukraine	-	-	-13,7	-14,2	-23,0	-12,2	-10,0	-3,0	-1,9	-0,4	6,0
Kasachstan	-	-	-2,9	-9,2	-12,6	-8,2	0,5	1,7	-1,9	1,7	9,6
VR China	9,8	9,2	14,2	13,5	12,6	10,5	9,6	8,8	7,8	7,1	8,0

Quelle: EBRD (2001), S. 59, 69, 71, 81, 85, 95; IMF International Financial Statistics CD-Rom.

Bei der Ursachenanalyse konzentrieren sich viele Studien auf das „Timing und Sequencing" der Reformen und beschäftigen sich hierbei vor allem mit den Ursachen des massiven Outputrückgangs. Sie gelangen zu einer Analyse des Verhaltens der Staatsunternehmen im Reformprozess. Dabei treten zwei Argumentationsstränge auf, die unter neoklassischen oder unter keynesianischen Aspekten Gründe für irrationales Verhalten der Unternehmensmanager anführen.[1] Eine Erweiterung dieser „traditionellen" Ansätze liefert Schmieding (1993), der die **Relevanz von Institutionen** anführt.[2] Diese zunächst allgemein gehaltene Fokussierung konzentriert sich nicht nur bei Schmieding dann schnell auf das Finanzsystem:

> „Die Transformation ist mit enormen Reallokationen von Ressourcen und Eigentumsverhältnissen verbunden, eine Aufgabe, bei deren Bewältigung ein effektives Finanzsystem äußerst hilfreich sein kann."[3]

Doch auch die makroökonomischen Ansätze hätten das Finanzsystem stärker einbeziehen müssen. Die makroökonomischen Herausforderungen zeigen die Relevanz einer stabilitätsorientierten Geldpolitik,[4] die ohne ein funktionierendes Finanzsystem zu scheitern droht:

> „One difficulty is that a fragile banking system limits a central bank's flexibility on monetary policy, making it harder to raise interest rates."[5]

Die - das Finanzsystem einschließende - institutionelle Dimension wurde in den Reformprogrammen nicht oder nur mangelhaft einbezogen[6] und führte damit zu einem gravierenden ordnungspolitischen Defizit in einigen Transformationsländern,[7] an welchem auch die makroökonomische Stabilisierung und Liberalisierung scheiterten.

> „Instead the emphasis is on getting the macro environment and policies right and then leaving it to markets and agents to adjust accordingly. The problem is that these agents do not always respond as predicted, surprising policymakers with unexpected outcomes."[8]

---

[1] Bei der neoklassischen Variante handelt es sich um den Ausgleich eines Ungleichgewichtes am Arbeitsmarkt in Verbindung mit einem nicht auf Gewinnmaximierung zielenden Verhalten der Manager. Befürworter der keynesianischen Erklärungsweise identifizieren den Nachfragerückgang im Rahmen der makroökonomischen Stabilisierung als Hauptursache; vgl. Bofinger (1993), S. 227ff.; Raiser (1997a).

[2] Vgl. Schmieding (1993), S. 233ff. und für eine detaillierte Darstellung 3.1.2.

[3] Weltbank (1996), S. 121.

[4] Vgl. Anderson/Kegels (1998), S. 10; Herrmann-Pillath (1991), S. 18; IMF (1997), S. 107.

[5] Economist (1997), S. 9

[6] Apolte/Cassel etwa sehen lediglich die „Umstrukturierung der öffentlichen Verwaltung" als vorrangiges Ziel an, das Finanzsystem wird nicht erwähnt; vgl. Apolte/Cassel (1994), S. 13.

[7] Vgl. Hölscher (1997), S. 12.

[8] Singh (1991), S. 9. Ähnlich argumentiert Raiser (1997a), S. 22f.

Aber auch bei strukturellen Reformen (v.a. im Unternehmenssektor) zeigt sich die Relevanz des Finanzsystems, denn erst mit einem funktionsfähigen Finanzsystem sind intertemporale Entscheidungen einzelner Akteure möglich.[9] An der mittlerweile grundlegenden Erkenntnis über die Bedeutung von Institutionen erstaunt, dass schon anhand eines von Funke (1993) vorgenommenen Vergleichs von Reformprogrammen in Transformations- und Entwicklungsländern die unterschiedliche Einordnung der Finanzsystemreform und die viel stärkere Betonung sowie frühere Einordnung im Reformprozess in Entwicklungsländern hätte auffallen müssen. Doch kaum ein Reformvorschlag berücksichtigte dies (vgl. Übersicht 1).

Übersicht 1: Sequencing-Vorschläge für Entwicklungs- und Transformationsländer

	Institut. Reformen	Preisliberalisierung	Stabilisierung	Finanzsystemreform	Privatisierung	Handelsliberalisierung	Kapitalverkehrsliberalis.
Entwicklungsländer							
Edwards	-	-	1	2	-	3	4
Fiel	-	-	1	1	-	2	3
Krueger	-	-	1	1	-	1/2	2/3
McKinnon	-	-	1	2	-	3	4
Lal	-	-	1	1	-	3	2
Transformationsländer							
Dornbusch	1	4	2	5	3	4	3/4/5
Fischer/Gelb	1	2	1	4	1/3	2	5
Gelb/Gray	1	1	1	3	1/3	1	3
Hinds	1	2	1	3	1/4	2	
Lipton/Sachs	1	1/2	1		3	1/2	
McKinnon		3	1	2		3	4
Siebert	1	3	2	3	3	3	

Quelle: Funke (1993), S. 340.

Unumstritten war die zügige Umsetzung der Unternehmensreform, die durch eine Privatisierung vormaliger Staatsbetriebe erfolgen sollte. Ebenso einvernehmlich äußerten sich verschiedene Autoren über die Notwendigkeit, den umfangreichen Aufbau von Privatunternehmen zu gewährleisten. Doch mit diesen Schritten nicht in Verbindung gebracht wurde die Notwendigkeit, beiden Unternehmensgruppen Finanzierungsquellen zugänglich zu machen. Die zentrale Bedeutung der Finanzsystemreform für ein Transformationsland, das zeigen heutige Erkenntnisse, ergibt sich aber gerade durch seine Fähigkeit, über die Beurteilung von Investitionsrisiken und Überwachung der Investoren „hard budget constraints" sowohl für neu zu bildende private als auch für Staatsunternehmen

[9] Vgl. Krahnen/Schmidt (1994), S. 3.

zu schaffen.[10] Ein **funktionierendes Finanzsystem trägt** somit **zur Finanzierung und Disziplinierung von privaten und Staatsunternehmen bei.** Seine Reform und Entwicklung ist aber auch sehr eng mit der Entwicklung der Staatsunternehmen verknüpft, so dass sich daraus eine enge, die Reformen erschwerende Interdependenz ergibt.[11] Zudem kann nur ein funktionierendes Finanzsystem die Finanzierung sich neu bildender Unternehmen (vor allem Privatunternehmen) ermöglichen und so zu einem erfolgreichen Übergang zur Marktwirtschaft beitragen.

Finanzsystemreform in MOE/GUS-Ländern

Übersicht 2: Fortschritte bei Reformbereichen in ausgewählten Transformationsländern

Indikatoren zur ...	**Russland**	**Ukraine**	**Kasachstan**	**Polen**	**Ungarn**	**Tschechien**
... Unternehmensreform						
Große Privatisierung	3+	3-	3	3+	4	4
Kleine Privatisierung	4	3+	4	4+	4+	4+
Unternehmensreform	2	2	2	3	3+	3
... Finanzsystemreform						
Bankenreform	2-	2	2+	3+	4	3+
Finanzmarktreform	2-	2	2+	4-	4-	3
Beginn der Finanzreformen	1992/93	1992	1995	1991/92	1990	Jan. 1990

Der Fortschritt bei einzelnen Reformen wird auf einer Skala von 1 bis 4+ gemessen, wobei 4+ die größten Fortschritte anzeigt. Unter „Unternehmensreform" werden Entwicklungen bei Überwachung des Managements sowie Verschärfung der Budgetrestriktionen für Unternehmen bezeichnet; Quelle: EBRD (2000), S. 14f.

Mittlerweile über 10 Jahre Erfahrung mit der Entwicklung im Transformationsprozess mittel- und osteuropäischer Volkswirtschaften liefert einen eindrucksvollen Beleg für Divergenzen unterschiedlicher Länder. Insbesondere die Russlandkrise 1998, aber auch negative Entwicklungen in anderen ehemaligen Sowjetrepubliken sowie zügigere Reformfortschritte in Ländern wie Polen, der Tschechischen Republik und Ungarn zeigen eine Evidenz für die Bedeutung der Finanzsystemreform. Übersicht 2 unterstreicht dies durch die Tatsache, dass für die beiden Gruppen große Unterschiede bei den bisher erzielten Fortschritten in den Bereichen Unternehmens- und Finanzsystemreform vorliegen.[12] Bei einem

---

[10] Vgl. EBRD (1998), S. 92.

[11] Vgl. Dittus (1994), S. 109.

[12] Ein alternativer Ansatz zur Erklärung unterschiedlicher Erfolge liegt in der Diskussion des gewählten Wechselkursregime. Diese stellt aber nichts anderes dar als die makroökonomischen Aspekte der Finanzsystemliberalisierung; vgl. Buch (1997), S. 339ff. Mit freiem Kapitalverkehr wächst auch die Gefahr der steigenden Fremdwährungsverschuldung und damit die Notwendigkeit der Überwachung.

Vergleich der Entwicklung für die letzten Jahre zeigt sich, dass Polen, Ungarn und die Tschechische Republik größere Fortschritte bei der Finanzsystemreform verzeichnen konnten, während sich für Russland, Kasachstan und die Ukraine wenig Verbesserung ergab.

Die Indikatoren der EBRD basieren auf der Auswertung verschiedenster Kennzahlen zur Finanzsystementwicklung. Bei einer genaueren Betrachtung dieser Zahlen zeigt sich die Divergenz bei Bedeutung und Tätigkeit von Geschäftsbanken in den betrachteten Ländern, insbesondere anhand des Volumens der vom Bankensektor an den Privatsektor vergebenen Kredite und der Monetisierung der Volkswirtschaft. Unterschiede treten sowohl bezüglich der Bankenentwicklung als auch der Monetisierung noch deutlicher zutage. Russland, die Ukraine und Kasachstan weisen bei dem Monetisierungsgrad Werte auf, die noch weit hinter denen von Entwicklungsländern zurückbleiben (vgl. Tabelle 3).

Tabelle 3: Bankkredite und Monetisierungsgrad in Transformationsländern

	1994	1995	1996	1997	1998	1999	2000
Polen							
Priv/Y	12,0	12,7	15,9	17,1	17,6	18,8	-
Geldmenge/BIP	36,7	36,1	37,2	39,6	40,2	43,1	42,0
Tschechien							
Priv/Y	50,3	46,7	47,1	54,7	48,0	43,8	-
Geldmenge/BIP	73,6	75,3	71,3	73,0	71,2	75,4	77,5
Ungarn							
Priv/Y	21,4	18,6	18,7	20,4	20,0	20,6	-
Geldmenge/BIP	52,2	48,7	48,6	46,9	45,8	46,2	46,0
Russland							
Priv/Y	12,1	8,5	7,4	9,1	12,9	11,7	-
Geldmenge/BIP	16,0	13,9	13,4	14,8	19,5	17,4	18,5
Ukraine							
Priv/Y	4,6	1,5	1,4	2,5	7,8	8,8	-
Geldmenge/BIP	26,5	12,7	11,5	13,4	15,3	17,6	17,0
Kasachstan							
Priv/Y	26,6	7,1	6,3	5,2	6,6	9,3	-
Geldmenge/BIP	13,1	11,4	9,5	10,3	8,6	13,6	15,4

Priv/Y = Kredite des Finanzsystems an den Privatsektor in Relation zum BIP; Quelle: EBRD „Transition Report" (div. Jahrgänge).

Finanzsystemreformen in China

Die in MOE/GUS-Ländern (mehr oder weniger) erzielten Fortschritte in der Finanzsystemreform bieten einen Ansatz für einen Vergleich zur VR China, um potenzielle Unterschiede herausarbeiten zu können. Die bisherigen Ausarbeitungen haben ergeben, dass die VR China eine beeindruckende makroökonomische Performance erzielen konnte, ohne eine Transformationskrise zu erleiden, und dass die Finanzsystemreform einen wichtigen Bestandteil der Wirtschaftstransformation darstellt.

Dementsprechend wäre zu erwarten, dass die VR China im Bereich der Finanzsystemreformen sehr viel größere Erfolge erzielt und somit ein solides institutionelles Fundament für die Transformation geschaffen hat. In der Gegenüberstellung zu den MOE/GUS-Ländern wird dies an Monetisierungskennzahlen und an einer Übertragung der „EBRD Transition Indicators" gemessen. Die in Übersicht 3 angeführten Kennzahlen führen allerdings zu einem anderen Ergebnis. Zwar liegen Kreditvergabe und Monetisierungsgrad sehr viel höher als in MOE/GUS-Ländern. Aber gerade die **„Transition Indicators" für China**, welche den Fortschritt in Änderungen der gesamten Rahmenbedingungen anzeigen, **weisen auf einen derart geringen Fortschritt hin**, dass China keinen so großen Erfolg bei der Wirtschaftstransformation hätte haben dürfen, da tatsächlich noch keine Reformen umgesetzt wurden.

Übersicht 3: Unternehmens- und Finanzsystemreformen in der VR China

	Werte für China
Priv/Y	98,5 %
Monetisierungsgrad (M2/BIP)	120,8 %
Indikatoren zur Unternehmensreform	
Große Privatisierung	1
Kleine Privatisierung	1
Unternehmensreform	2
Indikatoren zur Finanzreform	
Bankenreform	1
Finanzmarktreform	2
Beginn der Finanzsystemreformen	1984

Priv/Y = Kredite des Finanzsystems an den Privatsektor; Quellen: a) für China: China Statistical Yearbook 1998, S. 668; IMF Internatational Financial Statistics 1999 Yearbook, S. 331ff.; b) für die Indikatoren: eigene Darstellung; die Einordnung erfolgte mit dem schon in Übersicht 2 verwendeten Klassifikationsschema.

Bei wichtigen Reformschritten hat China im Vergleich zu anderen Transformationsländern somit nur geringe Fortschritte erreicht. Stilisierte Fakten der Unternehmensfinanzierung zeigen, dass ein massives Missverhältnis bei der Kreditvergabe vorliegt. Der staatliche Kreditplan begünstigt noch immer die Staatsunternehmen, welche weiterhin ca. 70 % der Kredite erhalten, während die Outputentwicklung einen gegenläufigen Trend aufweist, da 1997 die Staatsunternehmen nur noch 25 % zum Gesamtoutput beitrugen.[13]

[13] Vgl. Lardy (1998), S. 16ff.

Damit ist die zentrale Fragestellung für die Diskussion der Finanzsystemreform in der VR China ersichtlich: Wie konnte das hohe Wirtschaftswachstum bei stark regulierten Finanzierungswegen und den Versäumnissen wichtiger Reformschritte zustande kommen, ohne dass es jemals zu einer Wirtschaftskrise kam, sondern statt dessen die Realwirtschaft beeindruckende Wachstumsraten verzeichnen konnte?

Finanzsystemreform in der Transformation - die zentrale Fragestellung

Für die Unterschiede zwischen den MOE/GUS-Ländern und China bieten sich drei Erklärungsansätze. Erstens kann ein Vergleich zurückgewiesen werden, indem auf die Verschiedenartigkeit der betrachteten Länder verwiesen wird (vgl. Box 1), so dass aus Chinas Erfahrungen keine Folgerungen für Reformen in Transformationsländern hergeleitet werden können. Außerdem besteht zweitens die Möglichkeit, dass bei den von internationalen Institutionen und Experten aufgestellten Beurteilungsschemata unvollständige oder irrelevante Aspekte der Finanzsystemreform herangezogen werden, so dass nur ein Teil der notwendigen Reformschritte beleuchtet wird und weitere, innovative Aspekte außerhalb des bereits bestehenden Systems außer Acht bleiben. Als dritte Möglichkeit bietet sich schließlich die Möglichkeit, die in der VR China zu beobachtende Finanzsystementwicklung kritisch zu beleuchten. Die zweite und dritte Möglichkeit verknüpft ergibt die Fragestellung für die theoretische Diskussion der Arbeit: Welche Finanzinstitutionen gewähren tatsächlich eine effiziente Unternehmensfinanzierung, und wie ist deren Entwicklungsstand in der VR China.

Als „benchmark" zur Beurteilung der empirisch zu beobachtenden Finanzsystementwicklung wird die theoretische Begründung für Nutzen und Kosten der Entwicklung eines Finanzsystems gegenübergestellt, um daraus die Reformerfolge und -versäumnisse zu formulieren. In dieser Arbeit wird die Neue Institutionenökonomie (NIÖ) als theoretisches Rüstzeug verwendet, da die Grundvoraussetzung für die Formulierung eines Ausgestaltungs- und Reformvorschlages des Finanzsystems eine Analyse des Entscheidungsverhaltens von Individuen unter mikroökonomisch variierenden Situationen ist. Nur dadurch können die Anforderungen an die zu schaffenden Rahmenbedingungen erkannt werden. Darunter fallen vor allem die Berücksichtigung von unterschiedlichen Optionen der Eigentümerstruktur sowie der Gestaltung von Vertragsbeziehungen.

Box 1: Die Diskussion über die Vergleichbarkeit von Transformationsländern

Eine bis heute kontrovers geführte Debatte betrifft die Zulässigkeit eines Vergleichs zwischen den MOE/GUS- und asiatischen Transformationsländern (neben China vor allem noch Vietnam). Die wesentlichen Argumente, die gegen einen Vergleich angeführt werden, sind:

- Die MOE/GUS-Länder müssen eine drastische Umstrukturierung innerhalb einzelner Sektoren vornehmen, wohingegen die ostasiatischen Transformationsländer aufgrund des hohen Anteils der Landwirtschaft lediglich einen Entwicklungs- und Industrialisierungsprozess durchlaufen mussten.
- Die besonderen politischen Umstände zu Beginn der Transformation waren so verschieden, dass dadurch auch Implementierung und Verlauf einzelner Reformschritte wesentlich beeinflusst wurden (vgl. für die Argumente Quaisser, 1995; Raiser, 1997a; Weltbank, 1996).

Diesbezüglich treten aber etliche Schwächen auf. Grundsätzlich bezieht sich alle Kritik an Vergleichen nicht auf einzelne Reformschritte, sondern auf die Grundsatzdebatte „Big bang versus gradualism" im Transformationsprozess, was weit von den tatsächlich relevanten Aspekten entfernt ist (Walder, 1996). Zudem wird der Industrialisierungsgrad Chinas massiv unterschätzt und übersehen, dass die Reformen gerade in den industrialisierteren Gebieten erfolgreicher waren (Qian/Xu, 1993a). Diehl (1994) verweist darauf, dass zwar in den MOE/GUS-Ländern einzelne Sektoren einen ähnlichen Beitrag zum Sozialprodukt geleistet haben, aber ganz unterschiedliche Beschäftigungsanteile aufwiesen, so dass sie untereinander ebenfalls nicht vergleichbar waren. Damit wird das Argument der Unterschiedlichkeit in der Ausgangssituation beider Gruppen ad absurdum geführt.

Auch das Argument der unterschiedlichen politischen Regime ist reichlich diffus und kommt auch nur dann zum Tragen, wenn es um eine Gegenüberstellung „Osteuropa - China" geht. Singh (1991) kritisiert dabei zu Recht, dass einerseits eine die breite Masse repräsentierende Regierung erforderlich ist, um soziale Unruhen zu vermeiden, andererseits aber immer gesagt wird, nur autoritäre Regime könnten unbequeme Maßnahmen konsequent umsetzen. Dies zeigt sich auch bei den Betrachtungen der Weltbank (1996), die zunächst auf die Bedeutung der unterschiedlichen Ausgangsbedingungen eingeht, dann aber auch innerhalb der MOE/GUS-Länder differenziert. Ein Bereich, der wesentlich zum Gelingen der Wirtschaftstransformation beiträgt, ist der institutionelle Wandel. Dieser findet jedoch nicht nur im politischen Bereich statt und stellt daher (unabhängig von der Ausgangssituation eines Landes) ein Gebiet dar, auf dem die MOE/GUS-Länder viel von ihren asiatischen Counterparts hätten lernen können (Angresano, 1996). Die Begründungen für eine Ablehnung basieren auf allgemeinen Zusammenhängen und blenden zahlreiche Gemeinsamkeiten in einzelnen Reformbereichen aus.

Quellen: Angresano (1996), S. 437f.; Diehl (1994), S. 496; Qian/Xu (1993a), S. 136; Quaisser (1995), S. 279ff.; Raiser (1997a), S. 120ff.; Singh (1991); Walder (1996), S. 16; Weltbank (1996), S. 12ff.

A. Realwirtschaftliche Grundlagen von Chinas Reformen

2 Ausgangssituation in China 1978

2.1 Chinas Zentralverwaltungswirtschaft vor 1978

In wesentlichen Bereichen der Volkswirtschaft Chinas war nach 1950 mit Hilfe sowjetischer Berater ein Zentralverwaltungssystem installiert worden, welches dem der Sowjetunion sehr ähnelte. Das Eigentum an Boden und Unternehmen lag bei der Allgemeinheit, die Tätigkeit sowohl der Unternehmen als auch die Politik des Bankensystems wurde durch den Staat gelenkt. Preise wurden staatlich fixiert. Die Entwicklungsstrategie der Volkswirtschaft zielte auf eine schnelle Industrialisierung, was auch erreicht werden konnte (vgl. Tabelle 4). Ebenso bestand ein staatliches Monopol in den Bereichen Außenhandel, Kommunikationssysteme, Transportwesen und Handel mit landwirtschaftlichen Produkten.[14]

Tabelle 4: Anteile einzelner Sektoren am Volkseinkommen in China bis 1978 (in %)

	1952	1957	1962	1965	1970	1975	1978
Landwirtschaft	57,7	46,8	48,1	46,2	40,4	37,8	32,8
Industrie	19,5	28,3	32,8	36,4	41,0	46,0	49,4
Andere Bereiche	22,8	24,9	19,1	17,4	18,6	16,2	17,8

Quelle: Lin et al. (1996), S. 67.

Bei der Implementierung von Verwaltung und Kontrolle erreichte China aber im Gegensatz zur Sowjetunion einen höheren Dezentralisierungsgrad. Von der Zentralregierung wurden lediglich allgemeine Politikvorgaben erlassen, Zeitpfad und Ausgestaltung der Umsetzung blieben den Provinzregierungen vorbehalten. Auch war die Kontrolle zahlreicher Wirtschaftszweige direkt unteren Ebenen unterstellt (vgl. Übersicht 4).[15] Allerdings setzte die Zentralregierung strikte Grenzen. Provinzregierungen konnten zwar bis zu einem gewissen Grad versuchen, sich zentralen Vorgaben zu entziehen, aber ideologische Kampagnen und Säuberungswellen schränkten den Nutzen aus autonomem Streben einzelner Politiker stark ein.[16]

---

[14] Vgl. Wong (1996), S. 15f.
[15] Vgl. Yang/Zheng (1998), S. 34.
[16] Vgl. Heilmann (1996), S. 40.

Übersicht 4: Zentralstaatliche Wirtschaftsplanung in China und der Sowjetunion

	VR China	UdSSR
Güter unter Allokation zentralstaatlicher Organe	617 (1973)	48.426 (1973)
In zentralen staatlichen Plänen erfasste Güter	791 (1979)	12 Mio. (1979)
Zentralen Branchenbehörden unterstellte Unternehmen	2.000 (1971-73)	mehrere hunderttausend
Anteil des durch Pläne regulierten Industrieoutputs	40 % (1980)	nahezu 100 % (vor 1987)

Quelle: Heilmann (2000), S. 64. Die Angaben in Klammern beziehen sich auf das Jahr der Erhebung.

Die bereits unter Mao Zedong und Zhou Enlai unternommenen Schritte in Richtung Dezentralisierung zeigten sich vor allem auf dem Gebiet der Industriepolitik. Die „Politik der fünf kleinen Industrien" zielte auf den Aufbau wichtiger Schlüsselindustrien in den Provinzen, um in diesen eine eigenständige Wirtschaftsentwicklung zu gewährleisten. Ökonomische Untersysteme sollten in jedem geographischen und sektoralen Bereich selbstversorgend arbeiten. Auch wurden diese Industrien als Basis für eine Mechanisierung der Landwirtschaft angesehen.[17] Ebenfalls erhoffte man sich - nach den negativen Erfahrungen mit dem „Großen Sprung nach vorn" - eine Beseitigung der Unterbeschäftigung und eine endogene Industrialisierung. Dieses Vorgehen prägte auch wesentlich die Entwicklung des Unternehmenssektors, in dem neben den Staatsunternehmen (2.1.1) auch eine weitere Unternehmensform, die Kollektivunternehmen (2.1.2), auftrat.

2.1.1 Industriepolitik und Kontrolle der Staatsunternehmen

Staatsunternehmen (SOEs) in der VR China sind Volkseigentum und unterstehen der Kontrolle der Zentral-, Provinz-, Präfektur- oder Landkreisverwaltung. Diese Verwaltungen delegieren wiederum die Überwachung der Unternehmen an Industrieministerien oder -büros.[18] Folgende **Eingriffe** wurden **bei den Staatsunternehmen** vorgenommen:[19]

- Die SOEs mussten Produktionspläne erfüllen. Zum Erfüllen dieser Vorgaben wurden sie durch einen staatlich organisierten Allokationsprozess mit Inputfaktoren versorgt.
- Die Produktpreise wurden von den Behörden fixiert, die Verteilung der Güter überwacht.

---

[17] Vgl. Goodhart/Xu (1996), S. 21; Herrmann-Pillath (1998a), S. 268. Die Industrien waren: Feinstahl/Eisen, Maschinenbau, Düngemittelindustrie, Kohlenbergbau und Zement.

[18] Vgl. Qian/Xu (1993a), S. 138.

[19] Vgl. Fan (1994), S. 139.

- Die Löhne und Gehälter wurden nach einer nationalen Lohnskala fixiert. Die Unternehmen hatten eine Fürsorgepflicht für die sozialen Belange der Arbeitnehmer.
- Die Finanzierung von Investitionen erfolgte über Zuweisungen des Staates oder aber Kredite von den Geschäftsbanken, welche wiederum ebenfalls nach Plan umgesetzt wurden.
- Die Gewinne wurden vollständig an das Staatsbudget abgeführt.

Wie in anderen Planwirtschaften führte dieses enge Korsett an Mechanismen dazu, dass Staatsunternehmen ineffizient produzierten, was sich unter anderem in einer vergleichsweise schlechten Inputverwendung niederschlug (vgl. Tabelle 5). Doch trotz der zunächst scheinbar großen Übereinstimmung mit sowjetischen Staatsunternehmen bestand ein zentraler Unterschied darin, dass in China zahlreiche Unternehmen nicht mehr von zentraler Stelle aus geführt und überwacht wurden, sondern von unteren Ebenen. Die auf eine dezentralere Form der Wirtschaftsplanung ausgerichtete staatliche Industriepolitik hatte neben der Beeinflussung der Industriestruktur einzelner Provinzen vor allem Auswirkungen auf die Art der Kontrollmechanismen, die für Staatsunternehmen existierten. Im Gegensatz zu einem System absoluter Zentralisierung verschob sich auch die Überwachung „nach unten". Es bildete sich eine „M-Form-Hierarchie", die durch eine multidivisionale Struktur gekennzeichnet war. Diese bezeichnete den Zustand, dass eine geographisch und industriell vielschichtige Aufteilung auf alle Regionen erfolgte. Damit sollte und konnte das gewünschte Ziel, regionale Industrien zu entwickeln, erreicht werden. Mitte der 70er Jahre produzierten die von der Zentralregierung kontrollierten SOEs nur noch etwa 50 % des gesamten Industrieoutputs.[20]

Tabelle 5: Effizienz von Industrieunternehmen in China, 1980

Verbrauch je Einheit BIP	China	Indien	Korea	Japan
Energie (Kohle in US$)	2,9	1,8	1,1	0,5
Stahl (Tonnen in Mio. US$)	127,3	98,4	113,8	63,0
Transporte (Tonnenkilometer in US$)	3,1	1,7	0,5	0,4

Quelle: Lin et al. (1996), S. 80.

Die **Dezentralisierung** erscheint weitreichend, war aber **mit Problemen verbunden**:

- Zunächst muss eine **Relativierung des Begriffs „Dezentralisierung"** vorgenommen werden. In einer Volkswirtschaft wie China sind allein durch die Größe grundsätzlich mehr Ebenen beteiligt, als dies in anderen Ländern der

Fall wäre. Provinzen weisen eine Größe auf, die der eines mittleren bis großen europäischen Landes entspricht, so dass der Begriff „Dezentralisierung“ missverständlich ist.[21]

- Die Dezentralisierung bedeutete auch nicht, dass auf unteren Ebenen lediglich einzelne Büros für die Planung zuständig waren. Statt dessen kümmerten sich unterschiedliche Behörden um Produktionsplanung, Materialbeschaffung und Personalmanagement, so dass oft eine widersprüchliche Unternehmensführung auftrat.[22]
- Die für ein Staatsunternehmen jeweils zuständigen Ebenen stellen zudem nur einen Teil der Überwachungsmechanismen dar. Ein Teil der Dezentralisierungsentwicklungen wurde durch den Wunsch der KPCh nach umfassender (politischer) Kontrolle, auch der ökonomischen Aktivitäten, konterkariert. Dadurch entstanden Ineffizienzen, weil (politisch behaftete, nicht technisch orientierte) Vorgaben die Delegationsvorteile zunichte machten.[23]
- Ein weiterer Aspekt, der die Handlungsmöglichkeiten lokaler Regierungen bis 1978 erheblich einschränkte, war der hohe Zentralisierungsgrad der Fiskalpolitik. Zwar konnten ökonomische Entscheidungen auf unteren Ebenen getroffen werden, die finanziellen Ressourcen lagen aber bei der Zentralregierung.[24]

Die Bemühungen der chinesischen Regierung seit Anfang der 70er Jahre, durch Verlagerung von Planungskompetenzen bezüglich der Staatsunternehmen Effizienzsteigerungen zu erzielen, konnten somit nicht von Erfolg gekrönt sein. Statt dessen kam es dazu, dass verschiedene Planungsbüros auf unterschiedlichen Ebenen für ein Unternehmen verantwortlich waren. Daher waren die Staatsunternehmen zu Beginn des Reformprozesses ein ineffizient organisierter Bestandteil des Unternehmenssektors in China.

2.1.2 Kollektivunternehmen in der Planwirtschaftsphase

Bei chinesischen Unternehmen äußerten sich die **Unterschiede gegenüber anderen Planwirtschaften** in verschiedenen Formen der Eigentumsausgestaltung. Neben den Staatsunternehmen existierte noch eine weitere Gruppe an Unternehmen, die **Kollektivbetriebe**. Diese bestanden sowohl in den Städten als auch

---

[20] Vgl. Qian/Xu (1993a), S. 137f., 144f.

[21] So weisen die beiden größten Provinzen Chinas, Shandong und Sichuan, eine Einwohnerzahl von über 80 Mio. Menschen auf, in der regierungsunmittelbaren „Stadt“ Chongqing in Sichuan leben weitere 30 Mio.

[22] Vgl. Naughton (1995), S. 48.

[23] Vgl. Shirk (1994), S. 14f.

[24] Vgl. Qian/Xu (1993a), S. 145f.

auf dem Land. Wie in 6.2 genauer dargestellt waren aber vor allem die ländlichen Kollektivunternehmen (die „Township and Village Enterprises", TVEs) von Relevanz.[25] Ein TVE ist dadurch gekennzeichnet, dass das Eigentum nicht beim Staat liegt, sondern bei einer unteren Einheit, und dass alle Einwohner dieser Einheit gleichsam Eigentümer der Unternehmen sind. Somit unterstanden TVEs nicht der staatlichen Kontrolle, sondern wurden von der lokalen Verwaltung überwacht. Im Gegensatz dazu unterlagen die städtischen Kollektivbetriebe, ebenso wie die Staatsunternehmen, den staatlichen Planvorgaben.[26] Vor 1978 waren die zuständigen Einheiten die Kommunen (ab 1978 als „township" bezeichnet) sowie die Brigaden (ab 1978: „village"). Eine Kommune umfasste typischerweise 15.000 bis 30.000 Einwohner, eine Brigade 1.000 bis 2.000 Einwohner.[27]

Die Bildung der ländlichen Industrie kann zurückverfolgt werden bis in das Jahr 1958. Mit Implementierung des Programms „Großer Sprung nach vorn" wurde auch das System der Kommunen eingeführt. Dabei bildeten sich, unter dem Ziel der lokalen Selbstversorgung (bedingt u.a. durch die schwache Infrastruktur), zahlreiche kleine Industrieunternehmen, welche vor allem zur Unterstützung der Landwirtschaft und Verarbeitung lokaler Ressourcen dienten. Zahlreiche brachen aber bald wieder zusammen, als 1960 das System der Kommunen von der Zentralregierung überprüft und teilweise verboten wurde.[28] Eine zweite Welle des Aufschwungs erfuhren die Kollektivunternehmen Anfang der 70er Jahre. Der Staatsrat beschloss 1970, die Mechanisierung der Landwirtschaft voranzutreiben. Dadurch gründeten zahlreiche Kommunen neue Firmen, um eigene Gerätschaften für die Landwirtschaft produzieren zu können. Der Aufschwung dieser Unternehmensform auf dem Land führte dazu, dass ihre Anzahl bis 1978 auf etwa 1,5 Mio. anstieg. Ihr Output wuchs jährlich um 25,7 %, so dass sie 1978 (nach offiziellen Statistiken) etwa 9 % zum gesamten Industrieoutput beitrugen.[29]

Chinas Unternehmenssektor war daher nicht so stark zentralisiert, wie es in vielen anderen Planwirtschaften der Fall war. In zahlreichen Regionen hatten sich bereits kleine Unternehmen gebildet, die eine Grundlage für weitere Reformschritte darstellten.

[25] Vgl. Che/Qian (1998), S. 1; Chen (2000), S. 2ff.; Laffont/Qian (1999), S. 1112f.; Perotti et al. (1999), S. 152.
[26] Vgl. Wong (1996), S. 18.
[27] Vgl. Byrd/Lin (1990), S. 3; Chen (2000), S. 7.
[28] Vgl. Che/Qian (1998), S. 25; Dong (1988), S. 12.

2.1.3 Chinas Landwirtschaft vor 1978

Der landwirtschaftliche Sektor gehörte vor 1978 zu den am stärksten regulierten Bereichen der chinesischen Volkswirtschaft. Nach Gründung der VR China (1949) fand bis 1952 eine Landreform statt, in deren Rahmen Großgrundbesitzer und -bauern enteignet und das Land an „arme" Bauern gleichmäßig verteilt wurde.[30] Ab 1956 wurde im Rahmen einer weiteren Zentralisierung eine Kollektivierung vorgenommen, die bis Ende der 70er Jahre Bestand hatte:[31]

- Landwirtschaftskooperativen wurden aus etwa 200 Familien gebildet. Innerhalb dieser Kooperativen wurde die Tätigkeit auf einer kollektiven Basis aufgeteilt. Als unterste Einheit dienten dabei die Produktionsteams, die aus jeweils 20 bis 50 Familien bestanden.
- Die Entlohnung der Individuen erfolgte über „Arbeitspunkte", deren Wert und Zuteilung sich aus dem Einsatz an Zeit, Ausbildung und politischem Verhalten bemaß.
- Die Produkte der Kooperativen wurden über das staatliche Vermarktungssystem vertrieben. Die Kooperativen erhielten Vorgaben für zu liefernde Mengen, abgerechnet wurde zu fixierten Preisen.

Durch das Ziel, die Grundversorgung aller Haushalte zu gewährleisten, kam es dazu, dass in den 70er Jahren über 70 % des Einkommens von Produktionsteams nicht auf der Basis von Leistung, sondern von Bedürfnissen verteilt wurden.[32] Weiterhin wurde durch die Kollektivierung ein Großteil der freien ländlichen Märkte geschlossen. Privatläden wurden in Verkaufsstellen der Versorgungs- und Absatzgenossenschaften umgewandelt, und die Geschäftsleute wurden „sozialistisch umerzogen" (was einem Berufsverbot für ihre private Tätigkeit gleichkam). Getreide, Baumwolle und Speiseöl unterlag der zentralen Planung (Quote) und Verteilung (durch Lebensmittelgutscheine). Über die Quoten hinausgehende Mengen durften einbehalten, aber nicht an andere Personen weiterverkauft werden. Aufgrund der strengen Restriktionen kam den „freien ländlichen Märkten" bis 1978 keine Bedeutung zu.[33]

Verzerrungen bei der Produktionsentscheidung im Agrarsektor ergaben sich vor allem durch die Betonung der Bedeutung von Getreide, welche sich u.a. in relativ niedrigen Preisen für die staatlichen Planvorgaben äußerte. Die Abnahme der

---

[29] Vgl. Byrd/Lin (1990), S. 10.
[30] Vgl. Dong (1988), S. 4.
[31] Vgl. Perkins (1988), S. 605f.; Wong (1996), S. 42.
[32] Vgl. Liew (1997), S. 41.
[33] Vgl. Zhu (2000), S. 39f.

Quoten zu Niedrigpreisen stellte eine Quasi-Steuer auf den Output von Getreide dar. Dadurch besaßen Regionen mit komparativen Vorteilen für Getreideanbau keine Anreize, den Output weiter zu steigern. Somit mussten auch Regionen mit Nachteilen dazu übergehen, ihre Versorgung mit Getreide selbst zu sichern. Dies führte dazu, dass zum einen die staatlichen Planungsmechanismen für einzelne Provinzen massiv ausgeweitet, zum anderen aber auch der Anbau anderer Produkte zurückgefahren wurde.[34]

Nach 1966 versuchte die Regierung durch hohe Investitionen in technologische Neuerungen, ein höheres Outputwachstum in der Landwirtschaft zu erzielen. Auch dieses Programm scheiterte, es konnte lediglich ein Ansteigen bei der Inputmenge verzeichnet werden. Die Gründe für den Misserfolg lagen vor allem bei den hohen Inputkosten. Bedingt durch die Dezentralisierung in der Industriepolitik (vgl. 2.1.1) existierten zahlreiche kleinere Firmen in den Provinzen. Diese arbeiteten jedoch ineffizient und mussten ihre Produkte daher zu höheren Kosten als internationale Konkurrenten verkaufen, so dass die ursprünglich als Vorteil gedachte dezentralisierte Industriestruktur eine große Belastung für die Landwirtschaft darstellte.[35]

Der landwirtschaftliche Sektor stellte einen regulierten und auch ineffizienten Bereich Chinas vor 1978 dar. Da etwa zwei Drittel der Bevölkerung auf dem Land lebten, ergab sich somit ein Krisenpotenzial nicht nur aufgrund der schlechteren Versorgungslage in den Städten, sondern auch wegen einer immer größeren Zahl verarmter Landbewohner.

2.1.4 Banken in der chinesischen Zentralverwaltungswirtschaft

Für das Finanzsystem in der VR China kann für die Struktur in weiten Teilen das übernommen werden, was auch für das Finanzsystem in osteuropäischen Transformationsländern zutraf: Es besaß lediglich eine passive Rolle und diente als Verrechnungsstelle für Transaktionen zwischen Unternehmen sowie als „Sparbank“ für die Privaten. Alle Unternehmen durften bei lediglich einer Bank ein Konto besitzen und mussten alle Transaktionen über 50 RMB Yuan über die Banken abwickeln. Es existierten separate Geldkreisläufe für Haushalte und Unternehmen.[36] Finanzmärkte existierten nicht, so dass die gesamte Finanzierung über das Bankensystem abgewickelt wurde. Dieses wiederum war als „Monobank“ organisiert mit der „People's Bank of China (PBC, zhongguo ren-

---

[34] Vgl. Lin (1992), S. 39.

[35] Vgl. Wong (1996), S. 33f.

[36] Vgl. McKinnon (1993), S. 246f.

min yinhang)" als Zentralbank. Ein zweistufiges Bankensystem war nicht vorhanden. Die PBC besaß statt dessen verschiedene Abteilungen, die sich auf bestimmte Industriezweige oder Transaktionsarten konzentrierten. Dazu gehörte die Bank of China (BoC, Transaktionen in Fremdwährung), die China Construction Bank (CCB, Bauindustrie) sowie die Agricultural Bank of China (ABC, Landwirtschaft).[37]

Abbildung 1: Struktur des chinesischen Finanzsystems vor 1978

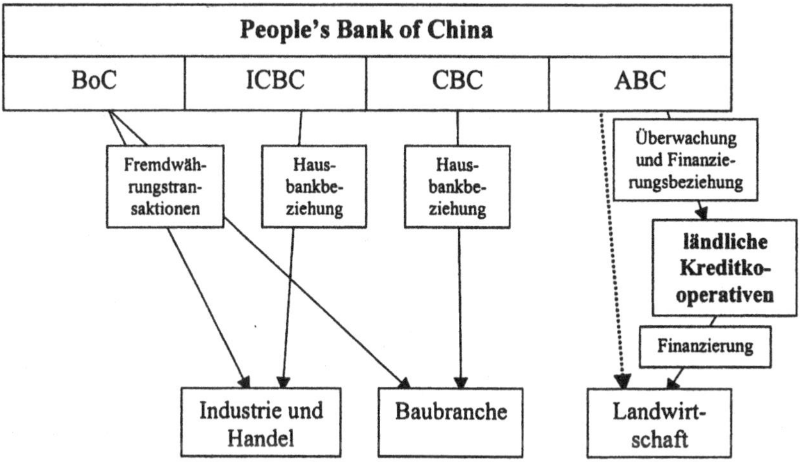

Gegenüber den Monobanken in osteuropäischen Planwirtschaften besaß die PBC aber den Nachteil, dass sie auf keine vergleichbar starke Stellung innerhalb der Volkswirtschaft bauen konnte. Während in Osteuropa die Monobank den Status eines Ministeriums besaß, war die PBC dem Finanzministerium untergeordnet. In verschiedenen Abschnitten vor 1978 wurde teilweise sogar ihr Organisationsstatus aufgelöst und sie in das Finanzministerium der jeweiligen Ebene eingegliedert. Weiterhin muss als zentraler Unterschied die Besonderheit der Delegation von Bankkompetenzen auf lokale Ebenen berücksichtigt werden. Wie in Chinas Volkswirtschaft insgesamt üblich (vgl. 3.2.1) waren auch im Bankensystem die unteren Ebenen der jeweiligen Verwaltungsebene untergeordnet. Neben der Verlagerung von Kompetenzen auf untere Ebenen war auch die Rolle der Landwirtschaftsbank (ABC) außergewöhnlich. Diese agierte als Agent der PBC für den ländlichen Finanzsektor und übernahm dabei auch Kon-

[37] Vgl. Xu (1998), S. 10.

troll- und Finanzierungsfunktionen (bspw. bei den ländlichen Kreditkooperativen).[38]

Die Funktionen des Bankensystems beschränkten sich somit auf die Abwicklung des Zahlungsverkehrs und auf die „Bank des Staates". Die Fokussierung auf Transaktionen des Staates wurde noch dadurch verstärkt, dass vor 1978 kaum Ersparnisse von privaten Wirtschaftssubjekten gebildet wurden. Die hohe Sparquote in China (ca. 25 % des BIP) wurde zu 85 % vom Staat und den Staatsunternehmen getragen, die Privaten hatten lediglich eine Sparquote von 0,5 % des BIP.[39] Die Gewinne der Staatsunternehmen mussten von den Banken an das Finanzministerium abgeführt werden, so dass keine eigenständige Intermediationsfunktion vorgenommen wurde.[40]

2.1.5 Außenhandel und Wechselkursregime

Aufgrund der Monobank-Struktur des Bankensystems gab es vor Reformbeginn auch nur eine zentrale Stelle, die für die Abwicklung von Transaktionen in Fremdwährung zuständig war. Dies war die Bank of China als Unterstelle der Zentralbank. Über diese Abteilung wurde nicht nur die technische Abwicklung von Transaktionen, sondern die gesamte Wechselkurspolitik in China gesteuert. Letztere war sowohl von der allgemeinen Devisenknappheit als auch von der Notwendigkeit des Imports zahlreicher Investitionsgüter geprägt. Aufgrund des geringen Entwicklungsstatus der VR China machten die Exporte einen so geringen Anteil am BIP aus, dass kaum Fremdwährung zur Verfügung stand.

Die Freigabe des Wechselkurses hätte somit zu einer permanenten Abwertung der chinesischen Währung geführt. Dies sollte aber vermieden werden, weil sich dadurch die notwendigen Importe von Investitionsgütern erheblich verteuert hätten. Dementsprechend wurde in China ein umfassendes Devisenkontrollsystem für Einnahmen und Ausgaben bei Handel und Tourismus eingeführt.[41] Bis Anfang der 70er Jahre wurde der Wechselkurs konstant gehalten, danach wurde eine massive Aufwertung vollzogen, um die im Rahmen der zaghaften Öffnung zunehmenden Importe zu verbilligen (vgl. Abbildung 2).

---

[38] Vgl. Jin (1994), S. 141ff.
[39] Vgl. Qian (1988), S. 594.
[40] Vgl. Lardy (1998), S. 60.
[41] Vgl. Lin et al. (1996), S. 35.

Abbildung 2: Wechselkurs RMB Yuan zu US-Dollar vor 1978

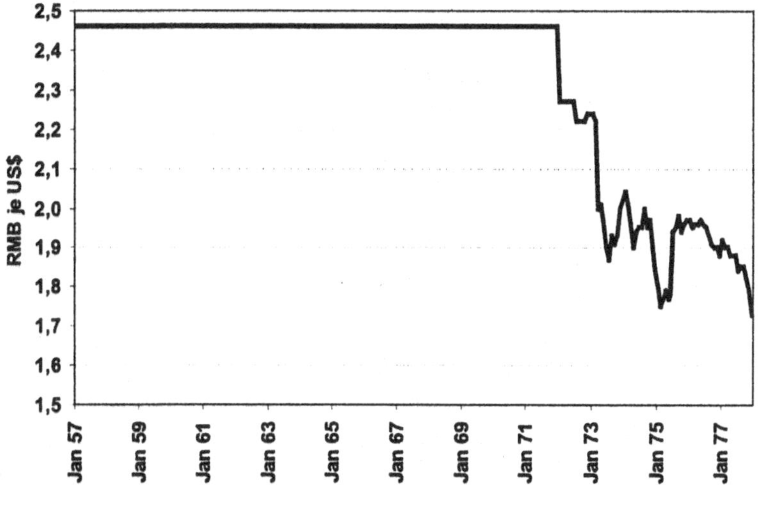

Quelle: IMF International Financial Statistics CD-Rom.

Im Bereich des Außenhandelsregimes hatte China formal einige Parallelen zu anderen Planwirtschaften aufzuweisen. Mit dem Außenhandelsministerium gab es eine zentrale Kontrollbehörde, über die der gesamte Handel koordiniert wurde. Die Kontrolle über Ex- und Importe wurde über Außenhandelsgesellschaften abgewickelt, welche die Exportgüter zu inländischen Preisen an- und zu Weltmarktpreisen verkauften. Alle Deviseneinnahmen wurden wiederum an die Bank of China (die „Außenwirtschaftsabteilung" der Zentralbank) weitergeleitet.[42]

Die Abhängigkeit vom Außenhandel war aber gering, da China nicht in ein formales Außenhandelssystem mit anderen Planwirtschaften eingebunden war, wie es für Osteuropa und die Sowjetunion mit dem RGW existierte.[43] China entwickelte sich in einer Autarkieposition. Das bis 1970 erfolgte Absinken der Außenhandelsquote auf unter 3 % (vgl. Abbildung 3) zeigt, dass China als eine geschlossene Volkswirtschaft betrachtet werden kann. Lediglich die politische Entspannungsphase Anfang der 70er Jahre (u.a. Besuch des US-Präsidenten Nixon 1973) führte zu einem leichten Anstieg der Quote.

---

[42] Vgl. Fukasaku/Wall (1994), S. 26.
[43] Vgl. Bell/Kochhar (1992), S. 3.

Abbildung 3: Chinas Außenhandelsquote bis 1978

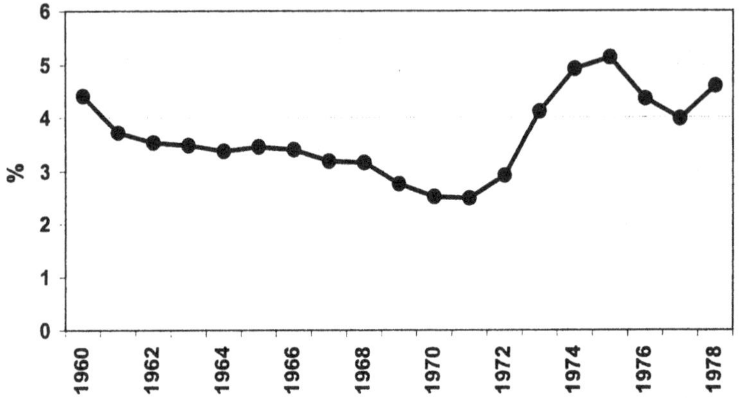

Quellen: IMF International Financial Statistics CD-Rom; China Statistical Yearbook (1998), S. 55.

2.2 Ziele ökonomischer Reformen in China

Ineffizienz des Zentralverwaltungssystems

Im Gegensatz zu anderen Transformationsländern zeigte sich in China keine makroökonomische Krise. Die Wachstumsrate des BIP betrug zwischen 1952 und 1978 im Durchschnitt 6 %. Die Preiskontrollen arbeiteten so effizient, dass nahezu eine Nullinflation erreicht werden konnte (vgl. Abbildung 4). Auch die Auslandsverschuldung in Höhe von 12 % des Exportvolumens war vergleichsweise niedrig.[44] **Probleme** ergaben sich **auf der mikroökonomischen Ebene**. Es existierten Verzerrungen durch die Preisfixierung, Engpässe bei der Lebensmittelversorgung sowie eine Konzentration von Investitionen im Schwerindustriebereich. Weiterhin wurde das Wachstum vor allem durch immer höheren Kapitaleinsatz und nicht durch Produktivitätszuwächse erzielt. Die Relation des eingesetzten Kapitals zu erzieltem Output stieg allein zwischen 1966 und 1975 um 18,5 %.[45] Die mangelnde Qualität von und geringe Nachfrage nach produzierten Gütern in der VR China zeigte sich daran, dass zwischen 1976 und 1978 jeweils über 95 % der Güter als Lagerhaltungsbestände „endeten“, also gar nicht den Weg zu einem Konsumenten fanden („using antiques to produce more antiques“).[46]

---

[44] Vgl. Bell/Kochhar (1992), S. 3.
[45] Vgl. Bell/Kochhar (1992), S. 6; Wong (1996), S. 35.
[46] Vgl. Naughton (1995), S. 49.

Abbildung 4: Inflation und Output in China bis 1978

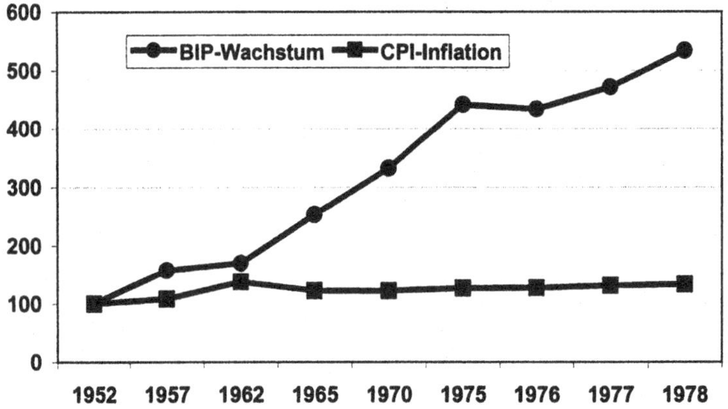

Quellen: China Statistical Yearbook (1998), S. 55; Lin et al. (1996), S. 38; eigene Berechnungen.

Ziele

Das Bewusstsein für die Notwendigkeit von Reformen entstand in der politischen Führung selbst. Die durch den „großen Sprung nach vorn" (1958 - 1960) und die „Kulturrevolution" (1966 - 1976) hervorgerufenen Entwicklungen waren so verheerend und die Ineffizienzen im Planwirtschaftssystem so immens, dass alle Entscheidungsträger einen Verbleib beim alten System ablehnen mussten. Entsprechend der Verzerrungen zielten die Pläne der neuen Regierung ab 1978 zunächst darauf ab, unter Beibehaltung der marxistisch-leninistisch-maoistischen Philosophie die Fehler der beiden vergangenen Perioden zu beseitigen. Erreicht werden sollte eine Form eines „leistungsorientierten Sozialismus" mit kapitalistischen Elementen (größere Entscheidungsfreiheit für Wirtschaftssubjekte). Auch die ablehnende Haltung gegenüber einer Kooperation mit dem Ausland sollte beseitigt werden.[47]

Ein wesentliches **Merkmal der chinesischen Wirtschaftsreformen** nach 1978 ist das **Fehlen eines umfassenden Reformplanes** mit einer detaillierten Zeitabfolge. Dies bedeutet zwar nicht, dass die Regierung völlig konzeptionslos vorgegangen ist. Sie hat durch einige gezielte Reformschritte eine große Initialzündung hervorgerufen. Fakt ist jedoch, dass weder eine klare Vorgehensweise noch eine Vorstellung über das zu Erreichende vorherrschte, sondern nur die Idee, dass eine Weiterentwicklung notwendig war. Als „Schlagwort" für die

[47] Vgl. Angresano (1996), S. 531f.

Entwicklung dienten die schon 1964 von Zhou Enlai geplanten „vier Modernisierungen“ in den Bereichen Forschung/Technik, Landwirtschaft, Industrie und Landesverteidigung.[48]

Die **ökonomischen Ziele**, die heute für die nach 1978 neu formulierte chinesische Wirtschaftspolitik überhaupt definiert werden können, ergaben sich aus der politischen Linie der KPCh. Diese hatte bei ihrer Zielausrichtung keinesfalls auf einen umfassenden Umbruch abgestellt. Erreicht werden sollte eine **„sozialistische Modernisierung“**, was bedeutete, dass die Stellung der KPCh auf keinen Fall gefährdet werden durfte. Die strategische Zielsetzung für den Ablauf der Modernisierung wurde am Bruttosozialprodukt (BSP) fixiert. Das BSP von 1980 sollte bis Ende des 20. Jahrhunderts vervierfacht und bis Mitte des 21. Jahrhunderts an das Niveau von Ländern mit mittleren Einkommen herangeführt werden.[49] Nachdem bereits 15 Jahre an Reformen erfolgreich absolviert worden waren, ergab sich auch in der Formulierung ein „Bekenntnis zu marktwirtschaftlichen Mechanismen“, als der 14. Parteitag 1993 das Etablieren der „sozialistischen Marktwirtschaft“ als Ziel formulierte.[50]

[48] Vgl. Chow (1993), S. 64, 72; Naughton (1995), S. 7; Nolan (1994), S. 4.
[49] Vgl. von Senger (1994), S. 97f.
[50] Vgl. Fan (1995), S. 71.

3 Institutioneller Rahmen in China: Zwischen staatlicher Kontrolle und „Flexibilität“

3.1 Die Bedeutung von Institutionen in einer Volkswirtschaft

Institutionen sind eine tragende Säule jeder Volkswirtschaft, und ihre Ausgestaltung ist Gegenstand vieler Debatten. Keine ökonomische Grundsatzdiskussion und erst recht keine wirtschaftspolitische Sonntagsrede kann heutzutage gehalten werden, ohne die „Relevanz von Institutionen“ zu betonen. Dies gehört in der Analyse entwickelter Volkswirtschaften zum Standard-Repertoire. Wenn schon hier die Institutionen von so großer Bedeutung sind, dann muss es für Transformationsländer, in denen sich das gesamte Wirtschafts- und Gesellschaftssystem im Wandel befindet, in noch stärkerer Weise gelten.

3.1.1 Analyse anhand der Neuen Institutionenökonomie

3.1.1.1 Aussagen der Neuen Institutionenökonomie

Um die Ursachen für die Bildung von Institutionen analysieren zu können, muss die Frage gestellt werden, warum die Notwendigkeit der Festschreibung von (Spiel-)Regeln in einem Wirtschaftssystem besteht. Grundlage ist das **Problem des individuell divergierenden Entscheidungsverhaltens von Wirtschaftssubjekten** und die daraus resultierende Schwierigkeit, Verträge effizient zu formulieren. Die Herausforderung der Formulierung von Regeln ist Gegenstand der „Neuen Institutionenökonomie“ (NIÖ). Den zentralen Unterschied zu vorhergehenden Denkschulen stellt die Tatsache dar, dass eine Erweiterung der neoklassischen Analyse, auf der Grundlage einer Kritik wesentlicher Annahmen der Neoklassik, erfolgt. Die NIÖ stützt ihre Betrachtungen darauf, dass der Einfluss von Institutionen auf das Verhalten der Wirtschaftssubjekte in ökonomische Betrachtungen einbezogen wird.[51] Um anhand der NIÖ spezielle Fragestellungen analysieren zu können, muss aber zunächst die Bedeutung der „Institution“ geklärt werden. Eine allgemein gängige **Definition** lautet:

> „Eine Institution ist ein auf ein bestimmtes Zielbündel abgestelltes System von Normen einschließlich deren Garantieinstrumente (die 'Spielregeln') mit dem Zweck, das individuelle Verhalten in eine bestimmte Richtung zu steuern. Sie kann formgebunden (formal) oder formungebunden (informell) sein.“[52]

---

[51] Vgl. Richter/Furubotn (1999), S. 2.

[52] Richter/Furubotn (1999), S. 513. Ähnlich äußert sich Opp, der Institutionen als „Durchsetzer von Normen“ bezeichnet; vgl. Opp (1983), S. 205.

Ältere Betrachtungen zur Vertragstheorie wurden wesentlich durch ein neoklassisches Denken geprägt, unter dessen Voraussetzungen sich bei Verträgen keine Probleme für die verhandelnden Wirtschaftssubjekte ergaben. Dies äußert sich in Theorieansätzen wie bspw. dem Irrelevanztheorem der Finanzierung von Modigliani und Miller, denen folgende Prämissen zugrunde liegen:[53]

- Alle Eigentumsrechte sind perfekt durchsetzbar.
- Es ist perfekte und kostenlose Information gegeben, so dass eine symmetrische Informationsverteilung vorliegt.
- Alle Beteiligten bevorzugen Mehrkonsum gegenüber Minderkonsum.

Das wesentliche Merkmal der neoklassisch orientierten Modelle ist somit, dass sie institutionelle Fragestellungen außer Acht lässt. Sie geht von einem kostenlos nutzbaren und perfekt ausgestalteten institutionellen System aus. Der Abschluss von Verträgen und die Funktionsfähigkeit von Märkten ist ohne Einschränkungen gewährleistet, so dass bei Analysen nur die **Ausgestaltung des Tausches** betrachtet werden muss.[54] Neoinstitutionalistische Ansätze zur Vertrags- und dabei insbesondere zur Finanzierungstheorie abstrahieren jedoch von diesen Vorstellungen.

> „[...] the New Institutional Economics (1) holds that **institutions matter** (Hervorhebung des Vf.) and are susceptible to analysis, (2) is different from but not hostile to orthodoxy, and (3) is an interdisciplinary combination of law, economics, and organization in which economics is the first among equals."[55]

Die NIÖ verabschiedet sich von der Idealwelt kostenloser Transaktionen und geht statt dessen dazu über, die Bildung von Institutionen und Organisationen unter dem Aspekt zu betrachten, dass ihre Nutzung reale Ressourcen verbraucht, im Gegenzug aber auch Transaktionskosten reduziert werden können.[56]

Untersuchungsgegenstand der NIÖ ist somit der **Vergleich unterschiedlicher ökonomischer Arrangements unter dem Aspekt der Kostenminimierung**. Konkret erweitert sie ökonomische Analysekonzepte gegenüber der Neoklassik dadurch, dass sie die neoklassischen Annahmen der Rationalität und vollständigen Information kritisiert. Statt dessen werden die Annahmen getroffen, dass einerseits asymmetrische Informationsverteilung gegeben ist, so dass sich die Wirtschaftssubjekte nur beschränkt rational verhalten. Asymmetrische Informationsverteilung liegt dann vor, wenn einige Marktteilnehmer besser informiert

---

[53] Vgl. Swoboda (1987), S. 50; Wenger/Terberger (1988), S. 506.
[54] Vgl. Pratt/Zeckhauser (1985), S. 15; Schmidt/Terberger (1997), S. 391.
[55] Williamson (1996), S. 3.
[56] Vgl. Hutchinson (1984), S. 20.

sind und andere dies wissen.[57] Andererseits muss opportunistisches Verhalten (und damit das Ausnutzen von Informationsvorteilen) einzelner Akteure befürchtet werden.[58] Kooperation bei Vertragsbeziehungen und die dabei relevanten Transaktionskosten werden in dieser Arbeit detaillierter betrachtet, da diese Aspekte für die in dieser Arbeit untersuchten Finanzierungsbeziehungen von größter Bedeutung sind. Neben dem allgemeinen Ansatz der Transaktionskostentheorie ist für Finanzierungsbeziehungen die **Agency-Theorie** von Bedeutung. Wesentliches Merkmal der Agency-Theorie gegenüber transaktionskostenorientierten Ansätzen ist, dass nicht Problemstellungen der vertikalen Integration mit Transaktionen als analytischer Grundlage untersucht werden. Statt dessen liegt der Schwerpunkt auf der Analyse von Ursachen und Konsequenzen bei Separation von Eigentum und Kontrolle.[59]

3.1.1.2 Formale und informelle Institutionen

In den vorangegangenen Betrachtungen wurden allgemeine Aussagen der NIÖ und die Bedeutung des Begriffs „Institution" analysiert. Eine große Bedeutung kommt dabei der Existenz und Wirkungsweise von Regeln zu. Diese können als Grundlage des Begriffs „Institution" angesehen werden, da die Institutionen aus den innerhalb einer Gruppe geltenden Regeln entspringen. Die Regeln bilden sich aus wiederholenden und mehrpersonellen, also sozial interdependenten Entscheidungssituationen. Zu ihnen zählen in einer Volkswirtschaft: Gesetze, Rechnungslegungsvorschriften und Insolvenzrecht, Geldwesen, die Banken und Unternehmungen, der Staat und die Märkte, Handelsbräuche sowie weitere informelle Regeln.[60]

Die bei Transaktionen zugrundeliegenden Regeln werden in formale und informelle Regeln eingeteilt. **Formale Regeln** sind schriftlich fixierte „Beschränkungen individuellen Verhaltens".[61] Die unterschiedlichen Formen können einerseits nach dem Geltungsbereich in politische (sowie rechtssprechende) und ökonomische Regeln sowie individuelle Verträge gegliedert werden. Andererseits kann

---

[57] Vgl. Schmidt/Terberger (1997), S. 391. Diese weisen auch darauf hin, dass asymmetrische Information nicht heterogenen Erwartungen entspricht, weil bei letzteren jeder Marktteilnehmer seine Erwartung für richtig hält.
[58] Vgl. Williamson (1996), S. 8.
[59] Vgl. Williamson (1988), S. 568f. Ein weiterer zentraler Unterschied liegt in der Betrachtungsweise. Die Agency-Theorie modelliert die anfallenden Kosten *ex ante*, die TAK-Theorie hingegen *ex post*.
[60] Vgl. Schmidt/Terberger (1997), S. 390f.
[61] Vgl. Richter/Furubotn (1999), S. 304.

auch innerhalb dieser Bereiche der Wirkungsgrad aufgrund des Status der Regel (Verfassungsrang, Gesetze, Verordnungen, individuelle Verträge) variieren. Je größer der Umfang der Geltung, desto höher die Kosten für Erstellen und Umsetzung der formalen Regeln.[62] **Informelle Regeln** bilden sich als Konventionen. Zu ihnen zählen soziale Normen, Konventionen und moralische Werte.[63] Die Nutzung informeller Mechanismen zwischen einzelnen Akteuren kann aus zwei Gründen vorteilhaft sein:[64]

- Die beteiligten Akteure besitzen ein fundiertes Wissen über eine Transaktion, die Übertragung dieses Wissens an Dritte wäre aber mit prohibitiv hohen Kosten verbunden.
- Die Austragung interner Dispute in der Öffentlichkeit (vor Gericht) würde Effizienz und Integrität der Organisation beeinträchtigen.

Die Relevanz informeller Regeln zeigt sich daran, dass identische formale Regeln in verschiedenen Ländern zu verschiedenen Ergebnissen führen.[65] Dies resultiert daraus, dass im täglichen Umgang das Verhalten jedes einzelnen vor allem durch Verhaltensnormen und Konventionen beeinflusst ist. Weiterhin sind informelle Regeln auch deshalb bedeutend, weil das Erlassen von allumfassenden, alle Probleme regelnden formalen Regeln nahezu unmöglich und auch mit erheblichen Kosten verbunden ist.[66] Die **ökonomische Konsequenz der Existenz informeller Institutionen** liegt in der **Umsetzung von Sanktionen bei Fehlverhalten** im Rahmen einer Transaktion. Informelle Institutionen dienen zur Kompensation der Mängel oder des Fehlens formaler Regeln. Obwohl keine formalen Bestimmungen innerhalb einer durch Beziehungen verbundenen Gruppe bezüglich der Sanktionsmechanismen fixiert wurden, laufen die Transaktionen vor allem im wiederholten Fall äußerst effizient. Jeder Teilnehmer eines „Netzwerkes“ würde bei Nichteinhaltung gewisser Regeln Gefahr laufen, ausgeschlossen zu werden. Damit wird auch der Zugang zu Informationen und die Glaubwürdigkeit des einzelnen eingeschränkt.[67]

Es darf aber nicht davon ausgegangen werden, dass eine strikte Trennung zwischen formalen und informellen Regeln vorliegt. Informelle Regeln stellen zu-

---

[62] Vgl. North (1990), S. 47.
[63] Vgl. Raiser (1997b), S. 1.
[64] Vgl. Williamson (1996), S. 150.
[65] „Driving a car in Rome can be a very different experience from driving a car in Helsinki. [...] However, people's perceptions differ as to how binding these official rules are.“; Raiser (1997b), S. 4.
[66] Vgl. North (1990), S. 36; Williamson (1996), S. 151.
[67] Vgl. Raiser (1997b), S. 5.

nächst das Ergebnis des Verhaltens eines Individuums oder einer Gruppe dar, werden im Gegenzug dann aber von der Gruppe als geltend übernommen. Tritt dieses Verhalten als Norm aber häufiger auf, dann kann es als quasi-formale Regel übernommen und beispielsweise in der Rechtsprechung angewendet werden. Dies geschieht auch durch die Nachahmung des Verhaltens durch andere Akteure, so dass die informelle Regel an „Kommunikationswert“ (und an Informationsgehalt) gewinnt.[68]

3.1.1.3 Neoinstitutionalismus und Kultur - der Zusammenhang Kultur und Wirtschaft

Bei den Betrachtungen zur Bedeutung von Institutionen muss nach Faktoren gefragt werden, die für die Implementierung einer bestimmten Wirtschaftsordnung und für das Entstehen der Institutionen innerhalb dieser Wirtschaftsordnung verantwortlich zeigen. Es ergibt sich dabei, dass eine Ausweitung der Analyse auf nicht-ökonomische Faktoren notwendig ist. Ein potenzieller Faktor, der dafür in Frage kommt und in der wirtschaftswissenschaftlichen Diskussion Beachtung genießt, ist die „Kultur“. Dabei besteht zunächst das Problem, wie Kultur definiert werden kann. Eine weitverbreitete **Definition von Kultur** lautet:

> „Die wichtigsten Gewohnheiten, die unterschiedliche Kulturen ausmachen, betreffen nicht die Art, wie ihre Mitglieder Nahrung aufnehmen, sondern *ethische Regeln für ihr Verhalten* - das, was Friedrich Nietzsche die 'Sprache von Gut und Böse' eines Volkes nannte. Trotz ihrer Unterschiede versuchen alle Kulturen, die ungezügelte Selbstsucht der menschlichen Natur durch die Aufstellung von ungeschriebenen moralischen Regeln auf die eine oder andere Weise einzuschränken.“[69]

Damit zeigt sich, dass **Kultur gleichbedeutend ist mit Regeln innerhalb einer Gruppe**. Kulturelle Ausprägungen äußern sich vorrangig in informellen Regeln, die innerhalb einer Gesellschaft (oder einer analogen Gruppe) das Verhalten beeinflussen.[70] Mittels dieser Regeln ergeben sich allgemein auftretende Verhaltensweisen. Die Berücksichtigung dieser Faktoren in der ökonomischen Analyse erfolgte schon durch Adam Smith, der das wirtschaftliche Handeln nicht unabhängig vom sittlichen, moralischen und kulturellen Kontext der Gesellschaft

---

[68] Vgl. Streit (1995), S. 28f.

[69] Fukuyama (1995), S. 54. Ähnlich äußert sich North (1990), S. 37: „Culture provides a language-based conceptual framework for encoding and interpreting the information that the senses are presenting to the brain.“

[70] Vgl. North (1990), S. 37; Richter/Furubotn bezeichnen sie als „allgemeine operationelle Regeln“ und verstehen darunter z.B. „ethische Werte“; vgl. Richter/Furubotn (1999), S. 290f.

gelöst betrachten wollte.[71] Eine ähnliche Vorgehensweise findet sich bei Redding (1990). Er bezieht kulturelle Faktoren in seine Untersuchungen über Gründe für den Erfolg kapitalistischer chinesischer Gruppen mit ein und wagt so eine fächerübergreifende Betrachtung[72], ohne aber die Kultur als einzig bedeutende Regel herauszustellen.[73]

Abbildung 5 verdeutlicht den Einfluss von Kultur auf die institutionelle Struktur innerhalb einer Wirtschaftsordnung. Dieser Einfluss äußert sich vor allem in der „evolutionären Normentstehung", bei der im Gegensatz zu anderen Verfahren die Normen in einem Prozess von Versuch und Irrtum entstehen. Über soziale Strukturen und Verhaltensregelmäßigkeiten ergeben sich Präferenzen einzelner Wirtschaftssubjekte und damit normative Äußerungen.[74] Vergleicht man die vorangehenden Definitionen von „Kultur" und „Institution", so lässt sich sogar feststellen, dass der in der ökonomischen Forschung verwendete Begriff der „Institution" und der allgemein geläufige Begriff der „Kultur" unter vielen Aspekten identisch sind. Die **moderne Institutionenökonomie** ist dementsprechend als eine **Mischung aus den ökonomischen Kulturkonzepten**, die das Auftreten von Kultur in der Form von gesellschaftlichen Werten und historisch gewachsenen Institutionen einbezieht, zu verstehen.[75]

Als wesentliche Erkenntnis kann festgehalten werden, dass sich Institutionen im Rahmen langwieriger evolutionärer Prozesse bilden und äußerst komplexe Gebilde darstellen. Sie übernehmen die in einer Volkswirtschaft bedeutende Funktion, für ein einzelnes Wirtschaftssubjekt die Komplexität der Umwelt zu reduzieren und gewisse Handlungsweisen bei anderen Akteuren vorhersehbar zu machen. Ein Wandel von Institutionen kann sich zwar im Zeitablauf unter einer bestimmten Wirtschaftsordnung ergeben. Da aber ein Großteil der Regeln informeller Natur ist, erscheint es schwer möglich, per Dekret einen sofortigen Umschwung zu erreichen, der nicht nur die formellen Regeln ändert, sondern entsprechend auch die lange eingeprägten Verhaltensweisen der Individuen.[76]

---

[71] Vgl. Fukuyama (1995), S. 29; North (1990), S. 37.

[72] „[...] the determinants of a pattern of business activity are multiple and not analysable within one discipline; [..]" Redding (1990), S. 12.

[73] „In taking culture as a principal theme in this book, it is necessary to reassert that it is not seen as *the* dominant cause of economic success, obligerating or ignoring other factors like economic policy. Culture is one of several key features, deserving of a respectable place in any account."; Redding (1990), S. 12

[74] Vgl. Opp (1983), S. 208, 211ff.

[75] Vgl. Priddat (2000), S. 207.

[76] Vgl. Streit/Mummert (1996), S. 13.

Abbildung 5: Einfluss von Kultur auf Wirtschaftsordnung und Institutionen

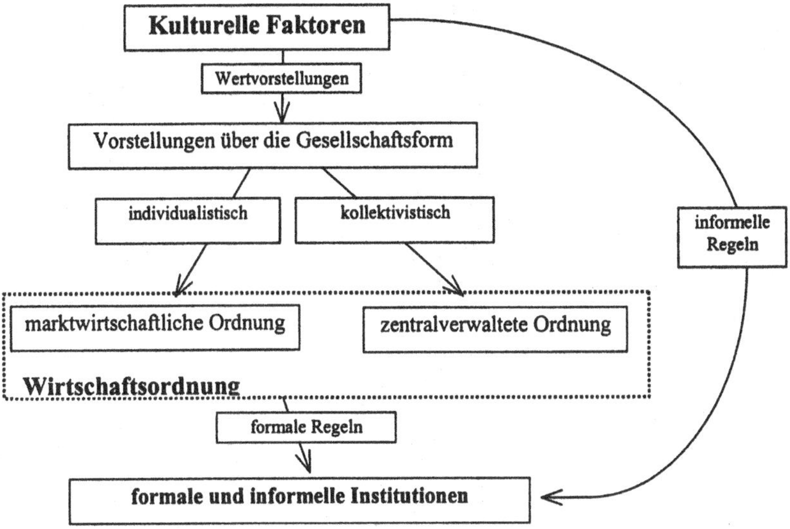

Quelle: Streit (1995), S. 8ff.; Weltbank (1997a), S. 30; eigene Darstellung.

3.1.2 Institutionen im Transformationsprozess

3.1.2.1 Herausforderungen der Institutionenbildung und erste Erfahrungen

Die Herausforderung des Transformationsprozesses aus institutioneller Sicht besteht darin, den Wandel von Institutionen durch eine glaubwürdig umgesetzte (Wirtschafts-)Politik zu beeinflussen.[77] Es können unterschiedliche Aktionsmuster und dadurch divergierende ökonomische Erfolge auftreten, so dass die institutionelle Gestaltung beachtet werden sollte.

> „Transformation ist insofern ein Sonderfall, als es sich ökonomisch (und politisch) um einen radikalen Wechsel der Ordnungsart handelt. Es geht um die Realisierung einer ‘ordnungspolitischen Grundentscheidung’ im Sinne Euckens zugunsten eines grundsätzlich marktmäßig koordinierten Wirtschaftssystems.“[78]

Das zentrale Problem der Wirtschaftstransformation besteht darin, dass nicht allein der Aufbau von neuen Institutionen als zentrale Aufgabe auftritt, sondern parallel eine Umwandlung der bereits bestehenden Institutionen erfolgen muss.

---

[77] Vgl. EBRD (1999), S. 6.

[78] Streit (1995), S. 40.

Diese schon vorhandenen Institutionen hatten dabei in der Vergangenheit Funktionen übernommen, die nicht denen eines marktwirtschaftlichen Systems entsprachen.[79] Es kommt zu einem Nebeneinander der sich neu bildenden sowie der alten Institutionen, wobei das schon Vorhandene entscheidend zur zukünftigen Entwicklung einer Volkswirtschaft beiträgt.[80] Die institutionelle Herausforderung der Wirtschaftstransformation besteht somit aus der Festlegung neuer Regeln, und der Umwandlung bestehender Institutionen unter Berücksichtigung des Widerstands und der Einflussnahme bereits bestehender gesellschaftlicher Interessengruppen. Die Diskussion über die Transformationstheorie kann nicht ohne eine Betrachtung grundlegender institutioneller Aspekte geführt werden. Dies stellt allerdings oftmals auftretendes Defizit dar.[81]

Erfahrungen in Mittel- und Osteuropa

Ineffizienzen bei Legislative und Exekutive stellen ein schwerwiegendes Defizit in mittel- und osteuropäischen Transformationsländern dar. Die Möglichkeit, durch Einbeziehen zukünftig relevanter Entscheidungsprobleme in die Formulierung von Gesetzen und die aktuelle Rechtsprechung einen Rahmen für die Durchsetzung von Ansprüchen zu etablieren, ist nicht gegeben, da auch das Rechtssystem einem starken Wandel unterliegt.[82] Die Bedeutung dieses Rahmens ist in transaktionskostentheoretischen Ansätzen manifestiert. Dabei wurde vor allem klar, dass selbst bei bestehenden Gesetzen eine nicht funktionsfähige Judikative ein großes Hindernis für das Zustandekommen von Verträgen darstellt.[83] Nachdem die Erfahrungen mit der Transformation in mittel- und osteuropäischen Reformstaaten mittlerweile mehr als 10 Jahre betragen, können einige grundlegende Erkenntnisse festgehalten werden:[84]

- In vielen Reformstaaten wurde ein großes Augenmerk auf sofortige Liberalisierung und, damit verbunden, auf die makroökonomische Stabilisierung gelegt. Gleichzeitig herrschte die Meinung, dass der Übergang von der Plan- zur Marktwirtschaft in einem linearen Übergang vollzogen werden kann und da-

---

[79] Vgl. Gelb (1997), S. 451.

[80] Vgl. Schmieding (1993), S. 235f.; Streit/Mummert (1996), S. 11f. Bei den vorhandenen Institutionen spielten insbesondere die informellen Regeln eine wichtige Rolle für die Umsetzung von Reformen; siehe 3.1.1.2.

[81] Walder (1996), S. 15: „The first [conclusion from transition, d.Vf.] is that history and institutions matter [...].“

[82] Vgl. Streit/Mummert (1996), S. 13.

[83] Vgl. Richter/Furubotn (1999), S. 21ff.; Williamson (1996).

[84] Vgl. Angresano (1996), S. 440, 449.

bei eine Marktwirtschaft erreicht werden soll, die in der angestrebten Form nicht einmal in westlichen Industrieländern vorzufinden ist.

- Institutionelle Regelungen, die einen wichtigen Rahmen für alle Reformschritte darstellen, sind weitestgehend vernachlässigt worden. Insbesondere die Bedeutung informeller Regelungen und ihre Interdependenz zu (den sich wandelnden) formellen Regeln genoss zu wenig Beachtung.[85] Damit kam es in Folge des Rückgangs an Einfluss der Institutionen dazu, dass die Individuen oder Interessengruppen ihre neu gewonnenen Freiheiten vor allem effizient nutzen konnten, um ihnen nicht genehme Reformschritte zu blockieren.[86]

3.1.2.2 Institutionen zur Unterstützung der Unternehmensfinanzierung

Die Bedeutung institutioneller Rahmenbedingungen für Finanzsystemreformen war schon für Entwicklungsländer in den 80er Jahren hervorgehoben worden. In Reformvorschlägen wurden institutionelle Reformen als Einleitung des gesamten Reformpaketes betrachtet.[87] Eine Erweiterung durch die Besonderheiten der Wirtschaftstransformation ergibt sich auch für Finanzierungsverträge. Hier ist die Problematik der Gestaltung von Institutionen des Finanzsystems ungleich komplexer als in entwickelten Ländern. Die wichtigen Rahmenbedingungen einschließlich staatlicher Institutionen befinden sich im Fluss bzw. Neuaufbau, so dass mögliche Koordinierungsmechanismen oder -stellen nicht in gewünschtem Umfang existieren.

> „Man stelle sich die Probleme vor, vor denen die westdeutschen Firmen stünden, wenn sie eines schönen Tages entdecken müßten, dass ihr gesamtes Personal für den An- und Verkauf, für Werbung und Finanzierung, für Rechnungswesen und Rechtsfragen eine mehrjährige Reise zum Mars angetreten hätte - zusammen mit allen Rechtsanwälten, Richtern, Bankiers und Mitarbeitern der staatlichen Verwaltung."[88]

Dieses Gedankenspiel zeigt die Tragweite der Problematik, denen sich die Reformer in Transformationsländern gegenübersehen. Es existieren nicht die not-

[85] Vorschläge zur institutionellen Reform gingen zu Beginn der 90er Jahre sogar in die Richtung, einfach die Institutionen westlicher Industrieländer zu übernehmen, was innerhalb kürzester Zeit abgeschlossen sein sollte; vgl. z.B. Lipton/Sachs (1990a). Eine Kritik zu diesem nur auf ökonomische Faktoren fokussierenden Vorgehen findet sich bei Angresano (1996), S. 440ff. und Schmieding (1993), S. 246. Angresano schlägt statt dessen eine „negotiated economy" vor, um Widerstände innerhalb der Bevölkerung zu vermeiden.

[86] Die opponierenden Gruppen waren den Reformen gegenüber durchaus positiv eingestellt, jede Gruppe für sich versuchte lediglich, in einigen Spezialbereichen Ausnahmenregelungen von den marktwirtschaftlichen Regeln zu erhalten; vgl. Streit/Mummert (1996), S. 14.

[87] Vgl. Villanueva/Mirakhor (1990), S. 529.

[88] Schmieding (1992), S. 11.

wendigen institutionellen Rahmenbedingungen. Die Kapitalgeber können Informationen schwer erhalten und so gut wie gar nicht überprüfen werden. Vor allem die für eine Beurteilung von Banken und Unternehmen notwendigen Rechnungslegungsvorschriften mussten vollständig neu geschaffen werden.[89]

Die institutionellen Defizite waren aber nicht nur für Banken, sondern vor allem für private Anleger ein Problem. Neben den allgemeinen Rechnungslegungsvorschriften mangelte es in allen Ländern in den ersten Reformjahren an der notwendigen Überwachung der Banken. Sowohl beim Erlassen der Vorschriften als auch deren Umsetzung bestand Handlungsbedarf.[90] Übersicht 5 belegt die Unterschiede zwischen einzelnen Ländern anhand der Indikatoren der EBRD. Alle Länder, bei denen eine Zahl kleiner oder gleich 3 ermittelt wurde, weisen bei der Einführung der „Core Principles of Effective Banking Supervision" (vgl. 7.3) in mindestens einem Bereich noch erhebliche Defizite auf, bspw. bei Eigenkapital- oder Rechnungslegungsvorschriften.[91] Dies begründet auch die Tatsache, dass außer in Polen und Ungarn alle hier betrachteten Länder nach 1994 schwere Finanzkrisen verzeichneten.[92]

Übersicht 5: Rechtliche Regelungen im Finanzsystem der MOE/GUS-Länder

	Regeln für das Bankensystem (2000)		Regeln für das Bankensystem (1999)	
	Umfang	Wirksamkeit	Umfang	Wirksamkeit
Tschechien	4	3-	3+	2+
Ungarn	4	4	4	4
Polen	4	4	4	4
Kasachstan	3	3-	3	3-
Russland	3	3-	3	2
Ukraine	3	2+	2	2

Der Reformfortschritt wird auf einer Skala von 1 bis 4+ gemessen, wobei 4+ die größten Fortschritte anzeigt; Quelle: EBRD (2000), S. 36.

3.2 Institutionen in China

Die bisherigen Betrachtungen haben gezeigt, dass für Transformationsländer ein besonderer Bedarf an stabilen Institutionen besteht. Der Mangel an stabilen po-

---

89 Vgl. Schmieding/Buch (1992), S. 4.

90 Vgl. Anderson/Kegels (1998), S. 261. Diese verweisen darauf, dass das in 8.1.2 genauer behandelte Problem der notleidenden Kredite ein zu starkes Gewicht bei den Regulierungen darstellte und weitere regulatorische, vor allem überwachungstechnische Aspekte zu lange vernachlässigt wurden.

91 Vgl. EBRD (1998), S. 112.

92 Vgl. Winkler (1999a), S. 329.

litischen wie auch ökonomischen Institutionen hat in anderen Transformationsländern zu massiven Verzögerungen im Reformprozess geführt. Damit muss auch für China geprüft werden, welchen Beitrag der institutionelle Rahmen zum Transformationsprozess leistete. Gemäß der Vorgehensweise bei der Analyse der NIÖ werden für China nicht nur formale Institutionen untersucht. Statt dessen zeigt sich bei einer detaillierten Betrachtung, dass neben den vielfach zitierten „kulturellen Besonderheiten“ noch weitere Institutionen („danwei“) existieren, die sowohl formale als auch informelle Eigenschaften aufweisen.

3.2.1 Politik und Verwaltung in China

3.2.1.1 Strukturen des politischen und Verwaltungssystems

In China ist auch nach Beginn der Reformen der Einfluss politischer Entscheidungsträger auf verschiedenen Ebenen nur geringfügig zurückgegangen. Auch wenn in einigen Bereichen keine zentrale Planung mehr erfolgen konnte, so haben Behörden und Partei in vielen ökonomischen Gebieten noch zahlreiche Einflussmöglichkeiten. Politische und Verwaltungsaufgaben werden in der VR China dabei von zwei Organen wahrgenommen, die trotz ihrer formalen Trennung eng miteinander verbunden sind: der Kommunistischen Partei Chinas (KPCh) sowie der Regierungsorganisation. Auf verschiedenen Ebenen besitzen diese beiden sehr ähnliche Strukturen. Während die KPCh dabei die Richtlinien der Politik vorgibt, werden letztere von den einzelnen Regierungsebenen umgesetzt. Die Regierung handelt als Agent der Partei. Sanktionsmöglichkeiten resultieren aus dem Recht der Partei, Regierungsposten zu besetzen und Mitglieder zu fördern. In der Praxis führte dies zu einer führenden Rolle der KPCh in Fragen der Politik, die sich unter anderem in der engen personellen Verflechtung beider Organe zeigte. Höchste Instanzen sind der Nationale Parteikongress (für die KPCh) und der Nationale Volkskongress (für die Regierung).[93]

Im Gegensatz zu MOE/GUS-Ländern kam es in China nicht zu einem politischen Umbruch. Statt dessen war es gerade die KPCh, von der die Reformen ausgingen und kontrolliert wurden. Bis heute existiert sie de facto als einzige Partei in der Parteienlandschaft, weitere „demokratische Parteien“ sind lediglich Konsultativorgane. Was dem Reformprozess dabei zugute kam, war die in vielen Punkten übereinstimmende Meinung breiter Teile der Führungsspitze. Die in den 80er Jahren auftretenden innerparteilichen Konflikte nahmen in den 90er Jahren ab. Die Gründe für diesen Zusammenhalt liegen dabei neben dem Aus-

[93] Vgl. Mackeras (1998), S. 9f.; Shirk (1994), S. 13.

scheiden radikaler Vertreter in dem Schrecken der „sowjetischen Lektion" mit der Einsicht, dass nur bei andauernden Reformerfolgen die Macht der KP China gesichert werden könnte.[94]

Trotzdem bleibt die Frage, wie es der KP China und ihren einzelnen Organen möglich ist, ein so großes Land wie die VR China zu kontrollieren und zu regieren. Eine stilisierte Darstellung einzelner politischer und Regierungsebenen zeigt die starke Untergliederung innerhalb der Organe Verwaltung und Partei. Auf verschiedensten Ebenen werden die Organe tätig und setzen staatliche Vorgaben um (vgl. Abbildung 6). Die hier nur für die obersten beiden Ebenen aufgezeigte Kette setzt sich auch von der Provinz- auf die Bezirksebene und von hier weiter auf Distriktebene fort. Dabei kristallisiert sich als zentrales Kontrollelement, welches zwischen Kontrollebenen und Individuen geschaltet ist und Individuen in ihrem Verhalten unmittelbar beeinflusst, die „danwei" heraus. Sie dient als Stelle, die offizielle Anliegen zu den Menschen trägt (siehe dazu 3.2.3).

Abbildung 6: Ebenen von Verwaltung und Politik in China (am Beispiel der Provinzen)

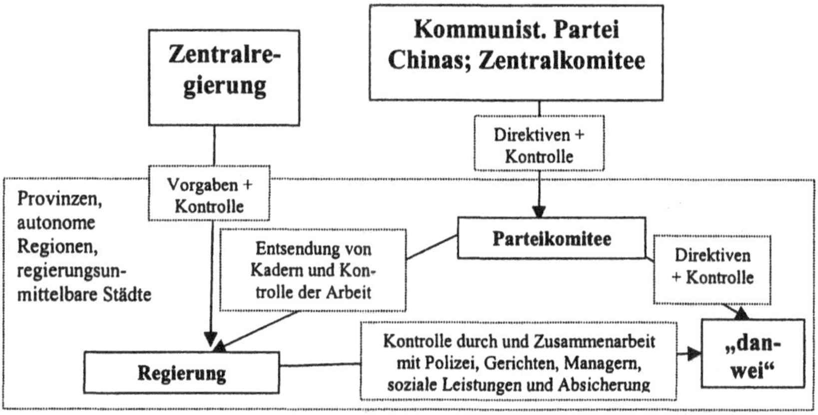

Direktiven = ideologische Vorgaben; Quellen: Jacobs (1998), S. 144f.; Shaw (1996), S. 12; eigene Darstellung.

Die bisher geschilderte formale Vorgehensweise galt allerdings nur ab gewissen Verwaltungsebenen. „Townships" gehören zwar formal zum Regierungsapparat, waren aber an der gesamten Entscheidungsfindung nicht mehr beteiligt und

[94] Vgl. Heilmann (1996), S. 30f. Eine Erneuerung dieser „Ängste" zeigte sich in der Jugoslawien-Krise vom Herbst 2000. Nach Zusammenbruch der Macht der kommunistischen Nachfolgepartei unter Milosevic zeigte sich überraschenderweise auch die chinesische Führung bereit, über die Einführung „grundlegender demokratischer Strukturen" zu diskutieren, ohne allerdings die Ein-Parteien-Herrschaft in Frage zu stellen.

konnten daher nur Sachfragen beeinflussen, die ihre Verwaltungseinheit betrafen.[95] Ebenen unterhalb der „townships" sind nicht mehr dem Regierungsapparat zugerechnet. Sie stellen sowohl aus politischer wie aus ökonomischer Sicht eine Besonderheit dar und werden daher separat analysiert (vgl. 6.2.1).

Kontrolliert wurde die Umsetzung der politischen Vorgaben durch ein permanentes „Monitoring von innen". Da auf allen Ebenen Parteimitglieder in den Verwaltungen saßen, konnten diese ihrem jeweiligen Parteikomitee das Vorgehen berichten, das Komitee wiederum gab die Informationen an die nächsthöhere politische Ebene weiter.[96] Neben diesen formalen Strukturen existierten weitere informelle Regeln, die mindestens ebenso bedeutend waren. Diese informellen Strukturen sind unter dem Aspekt der Legitimität eines Führers zu analysieren. Das als „Kryptopolitik" bekannt gewordene Vorgehen verschafft einzelnen Führern, unabhängig von ihrer formalen Stellung, eine Machtposition im System, basierend auf persönlichem Prestige, Anciennität und einem politischen Schutzpatron.[97] Ein (für den Reformprozess zentrales) Beispiel ist die Macht Deng Xiaopings, die sich in den 90er Jahren nicht allein auf seine Position als Vorsitzender des Militärrates stützte. Eine zusätzliche Legitimierung erhielt Deng dadurch, dass er sowohl Teilnehmer des „langen Marsches" war als auch unter Mao Zedong zwei Verbannungen hinnehmen musste.[98]

Doch trotz der ausgefeilten Struktur bestand auch für Politik und Verwaltung die Notwendigkeit von Reformen. Diese ergab sich aus der Problematik, dass die Verwaltungseinheiten grundsätzlich nicht dafür ausgebildet waren, die durch den umfassenden institutionellen Wandel auftretenden Änderungen im politischen und ökonomischen Bereich einzelner Provinzen steuern zu können.[99] Insbesondere zeigte sich, dass die zentralen Stellen in Peking zu weit von den Vorgängen in einzelnen Provinzen entfernt sind. Dementsprechend mussten die Strukturen der Beziehungen zwischen einzelnen Ebenen reformiert werden.

3.2.1.2 Dezentralisierung in China

Das Verhältnis zwischen Zentralregierung und regionalen Entscheidungsträgern ist gerade in einem von starken Informationsasymmetrien geprägten Land wie

[95] Vgl. Perotti et al. (1999), S. 159.
[96] Vgl. Shirk (1994), S. 14. Sie bezeichnet dieses System als „intensive method of parallel rule".
[97] Vgl. Heilmann (1996), S. 24.
[98] Vgl. Shirk (1994), S. 25.
[99] Vgl. Li (1998), S. 393.

China von besonderer Bedeutung, da daraus eine Prinzipal/Agent-Problematik entsteht.[100] Es stellt einen wichtigen Faktor für den Erfolg von Reformmaßnahmen dar, weil nur bei einer guten Zusammenarbeit und effizienten Kontrollmechanismen zentral angeordnete Schritte umgesetzt werden und ein auf Stabilisierung ausgerichteter Reformkurs Erfolg haben kann. Für die Entwicklung in China wird dabei argumentiert, dass die Reformen eine Verschiebung der Befugnisse auf niedrigere Ebenen bewirkt haben.[101] Die Betrachtungen in 2.1.1 haben allerdings gezeigt, dass sich in China vor 1978 trotz einer tendenziell zentralistischen Ausrichtung bei Entscheidungen schon Strukturen herausgebildet hatten, die den Provinzregierungen Spielraum bzw. sogar die Kontrolle eigener Industriezweige zugestanden und somit einen weit geringeren Zentralisierungsgrad bewirkten, als dies bspw. in der ehemaligen Sowjetunion der Fall war.

Eine massive Ausweitung regionaler Kompetenzen erfolgte nach 1978. Einerseits war allen Beteiligten auf verschiedensten Ebenen klar, dass die Dynamik der ländlichen Reformen notwendig war, um eine Verbesserung der wirtschaftlichen Situation zu erreichen. Daher wurden lokale Politiker zu Experimenten ermutigt.[102] Andererseits musste Deng Xiaoping, um Verbündete für seinen in der Zentrale nicht unumstrittenen Reformkurs sammeln zu können, auf Entscheidungsträger in den Provinzen bauen. Deren Macht erhöhte sich dadurch, dass sie seit den 80er Jahren einen signifikanten Block in den Entscheidungsorganen des Zentralkomitees darstellen. Die Zustimmung zu den Wirtschaftsreformen wurde erkauft, indem die Provinzen durch eine Dezentralisierung von fiskalischen und wirtschaftspolitischen Entscheidungen verstärkt selbst profitieren konnten.[103] Die Dezentralisierung äußerte sich in der Aufteilung der Gesamteinnahmen auf den Staat und die Regionen. Während zunächst bis 1984 eine starke Zentralisierungstendenz zu beobachten war, führten die ersten Reformschritte zu einem stark ansteigenden Anteil der Regionen an den Gesamteinnahmen, der auf fast 80 % wuchs (vgl. Abbildung 7). Erst ab 1993 erfolgte eine gravierende Trendwende. Mit der zu dieser Zeit in Kraft getretenen Steuerreform erfolgte eine massive Verschiebung der Einnahmen hin zum Staat. Dies gelang durch die Beseitigung zahlreicher undurchsichtiger Steuerregelungen, an deren Stelle eine zentral erhobene Mehrwertsteuer trat.[104]

---

[100] Vgl. Qian (1999), S. 7.
[101] Vgl. Heilmann (1996), S. 12.
[102] Vgl. Luo (1994), S. 117.
[103] Vgl. Heilmann (1996), S. 42f.
[104] Vgl. Ma (2000), S. 17ff.

Der von Deng Xiaoping eingeschlagene Kurs („to play to the provinces“[105]) war insofern erfolgreich, als dass nicht nur seine politischen Vorstellungen umgesetzt werden konnten, sondern auf regionaler Ebene eine dynamische Wirtschaftsentwicklung initiiert wurde. Allerdings profitierten nicht alle Provinzen gleichermaßen von dieser Politik. Die Reformpolitik zielte vielmehr darauf ab, die komparativen Vorteile der Küstenprovinzen (geographische Nähe zu potenziellen Auslandsinvestoren aus Japan, Taiwan und Hong Kong; bessere Infrastruktur) auszunutzen.[106] Dieses Ziel wurde umgesetzt und führte zu einer wachsenden Disparität, die sich an der Differenz des jährlichen Pro-Kopf-Einkommens von Shanghai (23.062,53 RMB Yuan, reichste Provinz) und Guizhou (2.199,06 RMB Yuan, ärmste Provinz) zeigt.

Abbildung 7: Aufteilung der Gesamteinnahmen auf Staat und Regionen

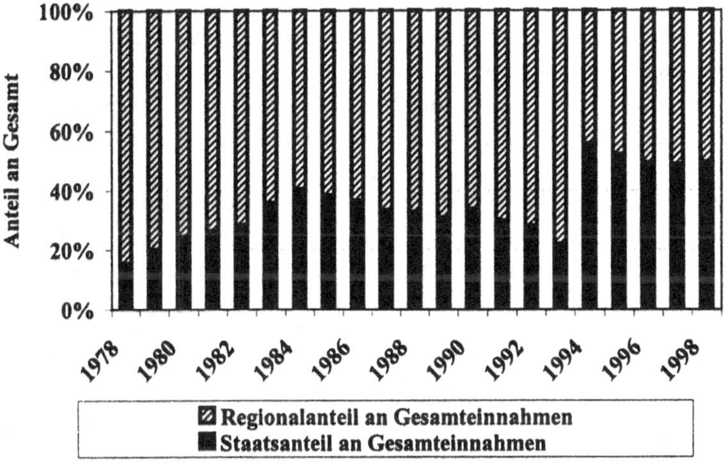

Quelle: China Statistical Yearbook (1999), CD-Rom.

Die Politik der frühen Dezentralisierung in China leistete einen erheblichen Beitrag zu der Reformdynamik, da für regionale Entscheidungsträger Anreize geschaffen wurden, die Reformen zu unterstützen. Zudem konnte mit diesem Vorgehen ein für China nicht anwendbares „one size fits all“-Reformprogramm vermieden und statt dessen regionalen Ideen Raum gelassen werden: „One notable feature of China's reform approach is **regional experimentation,** ***which is possible because of regional decentralization. [...], experimentation is a way to minimize costs through structured learning.“***[107]

[105] Shirk (1994), S. 30.
[106] Vgl. Yang/Zheng (1998), S. 35.
[107] Qian (1999), S. 8.

Allerdings ergaben sich in den letzten 20 Jahren auch Probleme durch die Reformschritte. Aufgrund der abweichenden Ziele und geringeren Kontrolle liegen die zentralen politischen Probleme sowohl in Kompetenzstreitigkeiten zwischen verschiedenen politischen Ebenen (vgl. 3.2.1.3.1) als auch in der um sich greifenden Korruption (vgl. 3.2.1.3.2).

3.2.1.3 Probleme im Rahmen der Dezentralisierung

3.2.1.3.1 Konflikte zwischen einzelnen Ebenen

Die Reformen gaben regionalen und lokalen Behörden stärkere Autonomie bei ihren Entscheidungen. Zudem weckten die steigenden Einkommensaussichten vermehrt Begehrlichkeiten bei Entscheidungsträgern untergeordneter Verwaltungsebenen. Diese weisen aber eine differierende Zielfunktion auf, da sie sich weniger auf ideologische Ziele und deren Einhaltung konzentrieren, sondern statt dessen eine Förderung der Wirtschaft anstreben.[108] Auch steht eine „von oben" verordnete Politik dem spontanen Entstehen dynamischer Tendenzen „von unten" entgegen.[109] Dies führte im Verlauf des Reformprozesses zu einem Abweichen von staatlichen Vorgaben und zu verschärften Spannungen zwischen den Ebenen.[110] Die von erheblichen Divergenzen belastete Zusammenarbeit zwischen zentralen und regionalen Verwaltungen stellt für die Zentralregierung ein schwerwiegendes Problem dar. In Bereichen wie Erhebung und Verteilung von Steuern, Fragen der Devisenbewirtschaftung sowie der Industriepolitik kommt es immer wieder zu Unstimmigkeiten (vgl.Box 2).[111]

Ebenso zeigen sich abweichende Vorgehensweisen beim Erlassen von rechtlichen Vorschriften. Obwohl lokale Verwaltungen bei allen von ihnen implementierten Vorschriften Vorgaben und Bewilligung der zentralen Organe berücksichtigen sollen, weichen sie aufgrund ihrer eigenen Präferenzen von zentralen Richtlinien ab.[112] Im Rahmen dieses „Kompetenzgerangels" kann beobachtet werden, dass die Zentralregierung immer weniger Druckmittel besitzt, um die Provinzen zu sanktionieren. Denn auch wenn letztere von den übergeordneten Ebenen ernannt (und abberufen) werden können, so entstand im Laufe der Reformen eine Machtinterdependenz, da die reformwilligen Zentralpolitiker in den Entscheidungsgremien auf die Zustimmung aus den Provinzen angewiesen

---

[108] Vgl. Jin (1994), S. 114f.
[109] Vgl. Luo (1994), S. 115.
[110] Vgl. Shirk (1994), S. 15.
[111] Vgl. Heberer (1998), S. 382f.
[112] Vgl. Fan/Xin (1998), S. 12.

sind.[113] Zudem unterliegen die Entscheidungsträger auf Provinzebene oftmals den Anweisungen verschiedener übergeordneter Ebenen. Ihre Direktiven divergierten oftmals stark von denen der Zentralregierung, was Provinzbehörden ausnutzten.[114]

Box 2: Konfliktpotenziale zwischen Verwaltungsebenen in China

Ein zentrales Streitthema in China ist die Aufteilung von Steuern unter einzelnen Verwaltungsebenen. In jedem auch nur geringe dezentrale Elemente aufweisendem Staatssystem versucht jede Ebene, die eigenen Einnahmen zu maximieren. Bei den von kommunalen Behörden erhobenen Steuern kommt es in China nicht nur bezüglich der Verteilung selbiger zwischen einzelnen Ebenen, sondern auch über die Höhe zu Unstimmigkeiten. Dies resultiert aus den unterschiedlichen Zielen einzelner Ebenen. Während die Zentralregierung in Beijing neben allgemeinen wirtschaftspolitischen Zielen vor allem eine halbwegs erträgliche soziale Ausgewogenheit wünscht, zielen kommunale Politiker auf ihre persönliche Einkommensmaximierung ab. So wurden staatliche Verordnungen, welche der Verbesserung der Einkommenssituation von ländlichen Bevölkerungsteilen dienen, gar nicht bekannt gegeben oder nicht umgesetzt. Eine 1993 erlassene Bestimmung, dass die Steuerbelastung der Landwirte 5 % ihres Vorjahreseinkommens nicht übersteigen darf, wurde dadurch verwässert, dass die Einkommensstatistiken gefälscht oder die Verordnung geheim gehalten wurde (Heberer, 1998). Provinzen förderten zudem die Produktion der Güter, die die lokalen Steuereinnahmen erhöhten (z.B. Tabak in Henan). Weiterhin unternahmen insbesondere die reichen Provinzen Versuche, Steuerabführungen zu umgehen und vernachlässigten dementsprechend die Erhebung von Steuern (van Kemenade, 1998). Die Zentralregierung reagierte mit dem ständigen Erlassen neuer Steuern, so dass 1993 über 37 verschiedene, teilweise sich widersprechende Steuern existierten, die zudem noch einzelne Unternehmensformen unterschiedlich belasteten (Ma, 2000). Letzter Schritt war eine umfassende Steuerreform, die der Zentrale weitreichendere Befugnisse sicherte (Heilmann, 2000). Auch bei den außenwirtschaftlichen Reformen ergaben sich zunehmend Divergenzen, da regionale Behörden keine makroökonomischen, stabilitätsorientierten Ziele mehr verfolgten, sondern statt dessen allein die Maximierung provinzieller Erträge wünschten. Über den Aufbau weiterer Wirtschaftsförderzonen, Genehmigen ausländischer Investitionsprojekte und Investitionsförderungen hofften die Provinzpolitiker, die Erträge steigern zu können. Die von staatlicher Seite gewünschte Zurückhaltung, mittels derer eine Abkühlung der überhitzten Wirtschaft Anfang der 90er Jahre erreicht werden sollte, wurde nicht berücksichtigt, sondern noch konterkariert (Shirk, 1994).

Quellen: Heberer (1998), S. 387; Heilmann (2000), S. 200; Ma (2000), S. 17; Shirk (1994), S. 31; van Kemenade (1998), S. 269, 271.

Das für die Zentralregierung letztlich stärkste **Druckmittel** zur Machtausübung besteht in der **Verteilung von Zuweisungen an einzelne Provinzen**. Aber auch hier ist ihr Einfluss im Laufe des Reformprozesses stark gesunken. Die erfolg-

[113] Vgl. Shirk (1994), S. 31.
[114] Vgl. Huang (1996), S. 30.

reichen Provinzen (v.a. in den Küstenregionen) sind Nettozahler und damit vom Staat finanziell unabhängig. Somit kann die Zentralregierung ihren Einfluss nur noch bedingt auf diese Provinzen geltend machen. Dies zeigte sich auch bei der Umsetzung der Steuerreform von 1994. Diese konnte erst unter Ausübung von massivem Druck auf die regionalen Entscheidungsträger und unter Androhung personeller Konsequenzen umgesetzt werden.[115]

Weiterhin führte die Dezentralisierung und die dabei hervorgerufenen Einkommensdisparitäten zu erheblichen **Konflikten zwischen Provinzen**. Durch die Spezialisierung zahlreicher Provinzen auf Lieferung bestimmter Rohstoffe und Nahrungsmittel bestanden Abhängigkeiten anderer Provinzen im Bezug auf die Lieferungen. Dies versuchten rohstoffreiche Provinzen (wie z.B. Shanxi bei Kohle oder Hunan bei Reis) durch exorbitante Preissteigerungen auszunutzen, um an den Einkommenssteigerungen insbesondere der reichen Küstenprovinzen zu partizipieren. Ende der 80er Jahre, in der „Hochphase" der Dezentralisierung, kam es in Extremfällen sogar zu regionalen Armee-Einsätzen auf Wunsch einer Provinzregierung, um „Ausfuhren" in andere Provinzen zu „Niedrigpreisen" zu verhindern.[116] Auch wurde von verschiedenen Regionalverwaltungen versucht, den Wettbewerb zwischen einzelnen Provinzen zu unterbinden. Als Mittel dienten (neben Milizeinsätzen) Straßengebühren sowie erhöhter bürokratischer Aufwand für auswärtige Güter. Zwischen 1985 und 1988 kam es so zu zahlreichen Woll-, Tabak- und Tee-„Kriegen".[117] Bemerkenswert an diesen Vorkommnissen und relevant für die weiteren Betrachtungen ist dabei, dass auch diese Konflikte nur auf regionaler Ebene stattfanden, die untersten lokalen Verwaltungen hatten nicht genügend Macht.

Die Dezentralisierungspolitik der 80er Jahre sorgte nicht nur für erhöhte ökonomische Anreize in den Provinzen, sondern schuf massive politische und ökonomische Probleme, die in einer „Balkanisierung Chinas"[118] zu gipfeln drohten. Neben dem Verlust an makroökonomischer Steuerungsfähigkeit für die Zentralregierung kam es zu einem Anstieg an Konflikten zwischen Provinzen und zu einer ineffizienten Industrie- und Handelspolitik.

3.2.1.3.2 „Korruption" in China

Trotz des bisherigen Machterhalts drohen von verschiedenen Seiten Gefahren sowohl für die Zukunft der KPCh als auch für die Effizienz staatlicher Instituti-

[115] Vgl. Heilmann (2000), S. 200.
[116] Vgl. van Kemenade (1998), S. 271.
[117] Vgl. Heilmann (1996), S. 44.
[118] van Kemenade (1998), S. 271.

onen. Ein **zentrales Problem** stellt die immer **stärker um sich greifende Korruption** dar, die auftreten kann, weil bis heute durch Reglementierungen in allen Bereichen des öffentlichen und Wirtschaftslebens eine starke Abhängigkeit von Entscheidungen verschiedener Verwaltungsebenen besteht. Korruption ist dabei definiert als das Ausnutzen von öffentlichen Ämtern zum Erzielen privater Vorteile in einer Art und Weise, dass Gesetze und andere formale Regeln verletzt werden.[119] Das Ausmaß der Korruption in China zeigt sich anhand eines internationalen Vergleichs: 2001 wird China im Korruptionsindex von „Transparency International" auf einer Ebene mit Argentinien und noch hinter Ländern wie El Salvador, Ägypten und der Türkei geführt.[120] Korruption ist aber kein rein chinesisches Phänomen. In aufstrebenden Volkswirtschaften wie auch in Industrieländern kommt es immer wieder zu zahlreichen Unregelmäßigkeiten bei der Abwicklung von Transaktionen, an denen öffentliche Stellen beteiligt sind. Dementsprechend ist auch für China zum Verständnis der Korruptionsdebatte eine Unterscheidung relevant, die eine Divergenz von juristischen und ökonomischen Aspekten berücksichtigt. Zahlreiche, eher als „informelle Kooperation" denn als Korruption zu bezeichnende Transaktionen resultieren aus der Problematik, dass es keine umfassenden formalen Regeln gibt. Aus der Zeit der Zentralverwaltungswirtschaft war dieses Verhalten unter ineffizienten Institutionen bereits gegeben. Das Wirken informeller Institutionen ist gerade für China ein relevanter Aspekt, um institutionelle Schwächen zu heilen (vgl. 3.2.4).

Somit ist eine Abgrenzung zwischen legalen Aktivitäten und Korruption nur schwer zu vollziehen. Ein Versuch zu einer (nur qualitativ messbaren) Unterteilung in „schädigende Korruption" und „informelle Kooperation" könnte dann darin bestehen, das Ausmaß der Aktivitäten auf die Entwicklung der Gesamtwohlfahrt zu messen. Die Duldung von „informeller Kooperation" wird oftmals insofern positiv gesehen, als sie in China erst eine erfolgreiche **„reform without losers"** ermöglichte.[121] Damit kann eine Blockadepolitik zentral gewünschter Reformen durch mächtige „Provinzfürsten" verhindert werden. Dies geschieht aber zu einem hohen Preis: dem potenziellen Verlust der ökonomischen Steuerungs- und Funktionsfähigkeit des gesamten Landes.[122]

---

119 Vgl. Fan/Grossman (2000), S. 5.

120 Aus dem Korruptionsindex 2001: http://www.transparency.org.

121 Diese Bezeichnung wurde von Lau et al. (2000) in diesem Zusammenhang eingeführt und kennzeichnet treffend die Vorteile des graduellen Reformvorgehens in Verbindung mit den polit-ökonomischen Implikationen.

122 So kam es bei Staatsunternehmen dazu, dass Güter zu niedrigeren Preisen an Lokalpolitiker verkauft wurden. Die Politiker erzielten einen Gewinn aus dem Weiterverkauf zu höheren Preisen, das Unternehmen erhielt im Gegenzug vergünstige Preise auf Inputfaktoren; vgl. Naughton (1995), S. 230f. Geschädigt wurden bei solchen Transaktionen der Staat

Im folgenden soll bei der Debatte nur die verstärkt systematisierte Korruption als negativ analysiert werden: Darunter fallen kriminelle und im großen Maße organisierte illegale Aktivitäten, die Beamten und den ihnen nahestehenden Personen erlaubt sind, aber bei anderen Bürgern strafrechtlich verfolgt werden.[123] Dies hat in China bereits sehr stark um sich gegriffen: Es scheint, als existiere ein „Leitfaden zur persönlichen Bereicherung öffentlicher Würdenträger", betrachtet man das systematisierte Ausmaß der Betrugsfälle. Fan/Grossman (2000) diskutieren unter diesem Aspekt die Frage, wieso in China die Ausnutzung öffentlicher Ämter für private Zwecke lange Zeit geduldet wurde. Sie erklären dies mit der Notwendigkeit neuer Anreize für lokale Verwaltungen im Rahmen der Wirtschaftsreformen. Ihre zentrale Begründung basiert auf dem Argument, dass die zusätzlichen „Erträge" einen Anreiz darstellten, die Reformen zu unterstützen. Ohne diese Vorteile würden sich die Verwaltungsangestellten als Verlierer der Reformen fühlen, da andere Gruppen größere Einkommenszuwächse erzielen. Ein Ausufern der Korruption wird dadurch verhindert, dass die Zentralregierung selektiv gegen bekannt gewordene Fälle von ausufernder Korruption vorgeht. Entsprechend der Argumentation von Fan/Grossman (2000) sehen sich Politiker einem Entscheidungskalkül in der Form gegenüber, dass sie unter Abwägen von Erträgen und potenziellen Strafen der Korruption ihr Vorgehen auswählen müssen.[124]

Kosten von Korruption

Zwei zentrale Annahmen, die der Argumentation aller Autoren zugrunde liegen, stellen das Problem in ihren Begründungen dar. Erstens wird in allen Analysen ein Denken in „Gut und Böse" in der Form verwendet, dass nur die unteren Ebenen, nicht aber Ebenen der Zentralregierung selbst korrupt sind. Die Ereignisse der Jahre 1999 und 2000 haben aber gezeigt, dass gerade Zentralpolitiker von den schwachen Institutionen ihres Landes profitieren. Das zweite Problem ist die unterstellte Sanktionsfähigkeit der Zentralregierung. Dem „unermesslichen

---

(durch entgangene Steuereinnahmen) und potenzielle Konkurrenten (durch höhere Input- und Outputpreise).

[123] Dazu gehören bspw. Schmuggelaktivitäten in breitem Umfang. Eine detaillierte Schilderung der Arten von Korruption und ihren Auswirkungen auf die Volkswirtschaft findet sich bei van Kemenade (1998), S. 18ff.

[124] Vgl. Fan/Grossman (2000), S. 6ff. Ebenso argumentieren Blanchard/Shleifer (2000). Sie erweitern die Analyse um einen Effizienzvergleich der Verwaltungen in China und Russland. Ihre zentrale Erkenntnis ist, dass Chinas Vorteil vor allem in der starken Position der Zentralregierung besteht, während Russland von einem Verfall an staatlichen Institutionen gekennzeichnet sei; vgl. Blanchard/Shleifer (2000), S. 2, 8.

Korruptionsstreben" von unteren Verwaltungsebenen soll eine Zentralregierung durch strenge Strafen entgegentreten können. Ob diese Macht der Zentralregierung aber tatsächlich vorhanden ist, muss angesichts der starken Dezentralisierungstendenzen bezweifelt werden. Ein weiterer Aspekt, der bei Analysen der Korruption nicht diskutiert wird, ist die Willkürlichkeit der Entscheidungen. Diese werden nicht anhand von (wie auch immer zu definierender) Marktkriterien getroffen, sondern bevorzugen einzelne Gruppen. Dementsprechend versucht die chinesische Zentralregierung in jüngerer Zeit, die immer massiver zutage tretenden Auswüchse von Korruption zu bekämpfen, da zahlreiche Gruppen (v.a. ausländische Investoren) nicht mehr gewillt sind, die willkürlichen Zustände hinzunehmen.[125]

Die in China zu beobachtende „Verselbständigung der Verwaltungsebenen" hat kaum zu einer effizienteren Umsetzung von Reformen auf unteren Ebenen beigetragen. Den „Effizienzgewinnen" stehen Verluste in weit höherem Maße gegenüber, da bestimmte Industriezweige und Unternehmensformen massiv behindert wurden.

3.2.2 Rechtssystem in der VR China: Merkmale und Reform

3.2.2.1 Chinas Rechtssystem vor 1978

Die Entwicklung des chinesischen Rechtssystems nach Ende des Zweiten Weltkriegs wurde durch die vorherrschende kommunistische Ideologie und die Installation planwirtschaftlicher Elemente geprägt. Die rechtstheoretische Grundlage für die Funktion eines Rechtssystems basierte auf dem marxistisch-leninistischen Denken. In diesem bewirkt das Recht die Etablierung der sozialistischen Gesellschaft und die Durchsetzung des Willens der Regierenden. Das Recht dient als Überbau für die gegebenen ökonomischen Verhältnisse.[126] Die politische Führung Chinas stand einem unabhängigen Rechtswesen nach dem Vorbild westlicher Staaten negativ gegenüber. Auch bei der Untermauerung ökonomischer Aktivitäten wurde keine Notwendigkeit für das Bestimmen umfassender rechtlicher Vorschriften gesehen, da alle Aktivitäten durch ein vereinheitlichtes Staatsmanagement koordiniert werden sollten.[127]

Die zunächst vielversprechende Tendenz der Jahre 1954-57, als 731 Gesetze und Verordnungen erlassen wurden (darunter Bestimmungen für den Umgang

---

[125] Vgl. Sieren (2000), S. 42. Dieser verweist auf die Besonderheit Chinas, dass dort nicht nur Schmiergelder bezahlt würden, sondern Genehmigungsverfahren durch zusätzliche Schikanen gekennzeichnet sind.

[126] Vgl. Heuser (1999), S. 148f.

[127] Vgl. Xin (1999), S. 333f.

mit staatlich-privaten Joint Ventures)[128], hielt deshalb nicht lange vor. Auf die massive Kritik an der Politisierung und mangelnden Wissenschaftlichkeit des Rechtssystems, die 1957 im Rahmen der „100 Blumen"-Kampagne erfolgte, reagierte die KPCh mit der „Rechtsabweichlerkampagne" (1958). Vorschläge, Anleihen aus westlichen Rechtssystemen zu übernehmen, wurden durch Inhaftierung oder Zwangsversetzung der Juristen unterdrückt. Die Regierung folgte der Ansicht, dass eine vollständige Kodifizierung lähmend wirken und den notwendigen Experimentalismus behindern würde.[129] Die Ergebnisse der „Rechtsabweichlerkampagne" und der „Kulturrevolution" waren aus Sicht des Rechtssystems verheerend. Gesetze und Gerichte wurden bedeutungslos. Die Inanspruchnahme rechtlicher Mittel durch Beschuldigte wurde ebenso beseitigt wie Gerichtsbarkeiten für spezielle Sachfragen. Sämtliche Institutionen, die öffentliche Sicherheit, Anklagebehörden und Gerichte betrafen, wurden unter einer Behörde für öffentliche Sicherheit, Politik und Gesetz zusammengefasst.[130] Somit verfügte die VR China 1978 nicht über ein - auch nur in den Grundzügen - funktionierendes Rechtssystem.

3.2.2.2 Entwicklung des Rechtssystems in China seit 1978

Die im Rahmen der Wirtschaftstransformation begonnenen Reformen im Rechtssystem sollten dazu dienen, sowohl eine Festigung des politischen Systems mit der Einparteien-Herrschaft der KPCh als auch eine nach ihren Vorstellungen durchzuführende Modernisierung (Gewährleistung der Wirtschaftsleistung) zu erreichen.[131] Ein erster Schritt in Richtung einer durch Gesetze fundierten Regierungs- und Verwaltungspraxis erfolgte mit dem Inkrafttreten der Verfassung von 1982. In dieser wurde erstmalig formal einer Anerkennung der Delegation von Gesetzgebungskompetenzen zugestimmt.[132] Rein zahlenmäßig ist seitdem die Entwicklung weit fortgeschritten. Zwischen 1979 und 1995 wurden auf staatlicher Ebene 280 Gesetze erlassen und 700 Verordnungen festgelegt, hinzu kamen noch über 4000 regionale Bestimmungen.[133] Allerdings zeigt Übersicht 6, dass ein großer Teil der Gesetzgebung erst ab Mitte der 80er Jahre, also 10 Jahre nach Reformbeginn, erfolgte. Dies ist auch ein Ergebnis der Tatsache, dass Gesetzgebungsverfahren in China extrem lange dauern und erst nach

---

[128] Vgl. Fan/Xin (1998), S. 2f.
[129] Vgl. Heuser (1999), S. 152ff.
[130] Vgl. Xin (1999), S. 331f.
[131] Vgl. Heuser (1999), S. 260f.; von Senger (1994), S. 97.
[132] Vgl. Lo (1998), S. 133.
[133] Vgl. Fan/Xin (1998), S. 10f.

zahlreichen Diskussionen und geänderten Vorlagen durch den Nationalen Volkskongress beschlossen werden können.[134]

Übersicht 6: Neue allgemeine Rechtsvorschriften in China seit 1978

Titel	Datum
Gesetz über lokale Volkskongresse und Lokalverwaltungen	04.07.1979
Verfassung der VR China	04.12.1982
Gesetz über den Nationalen Volkskongress	10.12.1982
Gesetz über den Staatsrat	10.12.1982
Allgemeine Prinzipien für Zivilgesetze	12.04.1986
Gesetz über die Dorfkomitees	24.11.1987
Erweiterung der Verfassung der VR China	12.04.1988
Bestimmungen über das Abhalten des Nationalen Volkskongress	04.04.1989
Gesetz über die Durchführung der Steuererhebung	04.09.1992
Erweiterung der Verfassung der VR China	29.03.1993
Gesetz über den Staatsetat der VR China	22.03.1994
Gesetz über Berufung und Status von Richtern	28.02.1995
Gesetz über Rechtsanwälte	15.05.1996
Gesetz über Dorfkomitees	04.11.1998

Quelle: Xin (1999), S. 819 - 839.

Da zahlreiche Gesetze, die die Funktionsfähigkeit einer Marktwirtschaft untermauern, spät im Transformationsprozess erlassen und nicht immer effizient umgesetzt wurden, muss die Entwicklung eines funktionsfähigen Rechtssystems weiter vorangetrieben werden. Die bisherige Zurückhaltung basiert auf zwei Ursachen. Einerseits steht der Machterhaltungswille der KPCh umfassenden Reformen entgegen. Eine durch Gesetzesänderungen fundierte Neuorientierung hätte formal die Abkehr vom Planmechanismus und damit von einem wesentlichen Pfeiler der Macht der KPCh signalisiert.[135] Andererseits ist die Rechtsreform kein Gebiet, für das die Regierung konkrete Pläne ausgearbeitet hatte. Es ergab sich vielmehr dauerhaft die Notwendigkeit eines politischen Kurswechsels in Folge des ökonomischen Wandels. Die neu umzusetzende Politik musste durch rechtliche Vorschriften untermauert werden. Problematisch daran war, dass juristische Änderungen niemals mit den aktuellen Gegebenheiten mithalten konnten.[136] Das graduelle Reformvorgehen im Rechtssystem führte somit dazu, dass viele Transaktionen in einem „rechtsfreien Raum" vorgenommen wurden (vgl. 3.2.4).

---

[134] Vgl. von Senger (1994), S. 59f., der dies am Beispiel des Strafgesetzbuches aufzeigt, für dessen Erlaß Chinas gesetzgebende Organe 23 Jahre und etwa 35 Entwürfe benötigten.

[135] Vgl. Heilmann (1996), S. 20f.

[136] Vgl. Fan/Xin (1998), S. 11.

3.2.2.3 Umsetzung von Gesetzen und Urteilen

Die tatsächliche Umsetzung rechtlicher Vorschriften zeigt ein weniger positives Bild als offizielle Zahlen. Die Gerichte unterliegen einer starken Kontrolle durch die Zentralregierung:

- Die Tatsache, dass die Gerichte als ein Element der Regierungsbürokratie gesehen werden, führt dazu, dass verschiedene Regierungsebenen dementsprechend „Interessen" oder Anweisungen zu einzelnen Fällen an die jeweiligen Gerichte weitergeben.[137]
- Weiterhin ist die chinesische Rechtssprache in der Regel sehr ungenau gehalten. Damit wird verhindert, dass eine einheitliche Rechtssprechung existiert. Statt dessen kann so der staatliche Einfluss auf Fälle von besonderem Interesse weiterhin genutzt werden.[138]
- Auch werden Richter nur zeitlich befristet eingestellt. Die Amtszeit des Gerichtspräsidenten ist an die Wahlperiode des NVK gekoppelt. Im Richtergesetz von 1995 wird zudem explizit die Möglichkeit der Amtsenthebung von Richtern fixiert.[139]
- Die Unabhängigkeit der Gerichte wird zudem durch **finanzielle Restriktionen** beschränkt. Die Gerichte verfügen nicht über eigene Budgets. Sie müssen sich durch Mittelzuweisung der zugehörigen Regierungsebene oder Einnahmen aus Strafen finanzieren.[140]

Die beiden letzten Faktoren können vor dem Hintergrund der Debatte um die Unabhängigkeit einer anderen staatlichen Institution, der Zentralbank eines Landes, betrachtet werden. Auch für sie wird aufgrund ihrer Relevanz eine umfassende Unabhängigkeit gewünscht.[141] Zwei Elemente für die politische Unabhängigkeit einer Zentralbank sind die Unabhängigkeit ihrer Organe von der Wiederberufung durch die ernennenden Gremien und die finanzielle Unabhängigkeit von der Regierung.[142] Wendet man diese beiden Kriterien auf die Ge-

---

[137] Vgl. Finder (1996), S. 20. Siehe auch Lubman (1996), S. 2: „[...] the judicial system is in practice only one of a number of bureaucratic hierarchies that make up the apparatus of the Chinese state."

[138] Vgl. von Senger (1994), S. 173f.

[139] Vgl. Heuser (1999), S. 243.

[140] Vgl. Fan/Xin (1998), S. 14.

[141] Unabhängigkeit einer staatlichen Institution wird definiert durch die Fähigkeit der Institution, ihre Aufgaben ohne formale oder informelle Weisungen der Regierung verfolgen zu können; vgl. Bofinger et al. (1996), S. 184. Unabhängigkeit ist nicht zur verwechseln mit sinkender Kontrolle einer Institution durch Außenstehende.

[142] Vgl. Bofinger et al. (1996), S. 197.

richte in China an, so kann ihnen keine politische Unabhängigkeit attestiert werden.

Selbst wenn ein Kläger von einem Gericht einen vollstreckbaren Titel erhält, so stellt die Umsetzung dieses Rechtstitels eine weitere Herausforderung dar. Ohne effiziente Umsetzungsmechanismen ist das beste Gesetzeswerk sinnlos. In China scheitert die Umsetzung schon an der personellen Ausstattung und den geringen Anreizen der Verfolgung im nichtstrafrechtlichen Bereich der Gerichte. Weiterhin ist die Umsetzung der Urteile, die von regionalen Gerichten gefällt werden, problematisch, da lokale Gerichte und andere Behörden ihre Beklagten gegen Kläger aus anderen Regionen „schützen".[143] Außerdem sehen zahlreiche Chinesen auch keine Notwendigkeit, die Gerichte zu bemühen, um Auseinandersetzungen zu lösen, die oftmals auf andere Weise behoben wurden (vgl. Box 3).

Box 3: Durchsetzung von Ansprüchen und Rechtsverständnis in China

Ein Aspekt, der Rückgriff und Durchsetzbarkeit formaler Regeln einschränkt, ist die persönliche Einstellung der Individuen gegenüber diesen Regeln. Dieser wird für China kontrovers diskutiert. Einerseits wird unterstellt, dass die Akzeptanz rechtlicher Vorschriften im Reformprozess stark angewachsen ist. Andererseits ergeben Untersuchungen, dass aufgrund von Ineffizienzen und Wandel im Rechtssystem informelle Lösungsmechanismen Vorrang genießen. Die Vertreter der ersten Sichtweise (siehe bspw. Heuser, 1999) berufen sich auf Umfragen, die auf dem chinesischen Land durchgeführt wurden. Demnach hätten zwar wenige Befragte tatsächlich umfassendes Wissen über die geltenden rechtlichen Vorschriften, allerdings würden sie dem Recht eine wichtigere Stellung beimessen als den (in der kommunistischen Herrschaft stark beeinträchtigten) sozialen Mechanismen. Der Lösung durch ein Gerichtsurteil wird vor allem eine höhere Unparteilichkeit und Gerechtigkeit unterstellt. Demgegenüber wird von anderer Seite konstatiert, dass in China auch nach Einführung umfassender Rechtsvorschriften und einer verstärkten Aktivität der Gerichte in vielen Fällen weiterhin eine außergerichtliche Einigung bevorzugt wird. Das Land kann nicht auf eine lange rechtliche Tradition zurückblicken (van Kemenade, 1998). Eine gerichtliche Durchsetzung würde zudem den Eindruck einer feindlichen Gesinnung vermitteln. Somit war es bei interpersonellen Konflikten üblich, auf Mechanismen wie Überzeugung und frühzeitige Ausbildung zu bauen (Clarke, 1996). Diese zweite Sichtweise ist angesichts der bisher schon diskutierten Entwicklung in China insofern plausibler, als die erste Meinung sehr stark auf einer - nicht gegebenen - Unabhängigkeit der Gerichte und vor allem auch der effizienten Umsetzung von Urteilen basiert. Nicht berücksichtigt werden die Probleme, dass ein gefälltes Urteil auch akzeptiert und vollstreckt werden muss.

Quellen: Clarke (1996), S. 69; Heuser (1999), S. 179ff.; van Kemenade (1998), S. 18.

[143] Vgl. Clarke (1996), S. 68ff.; Finder (1996), S. 17, 20.

Die Gesamtheit der bisher für das chinesische Rechtssystem eruierten Bedingungen kann anhand des von der EBRD für Transformationsländer aufgestellten Anforderungskatalogs an ein effizientes Rechtssystem beurteilt werden. Übersicht 7 zeigt, dass die theoretischen Anforderungen an die formale Institution „Rechtssystem" in China noch nicht erfüllt sind. Nichtsdestotrotz zeigen sich bei den Rechtsreformen leicht positive Tendenzen. Die Rechtssprechung für Streitfragen, welche ausländisch-investierte Unternehmen betrifft, hat sich in den 90er Jahren verbessert. Die chinesische Regierung hat in ihrem Bemühen zur Vereinheitlichung der Rechtssprechung zwei Aufsichtsbehörden geschaffen, die als Mittler bei Streitfragen zwischen chinesischen und ausländisch-beteiligten Parteien agieren sollen.

Übersicht 7: Anforderungen an ein transparentes Rechtssystem - Anwendung auf China

Element	theoretische Anforderung	in China gegeben?
Staats-system	Institutionen und Entscheidungsträger unterliegen gesetzlichen Vorschriften und stehen nicht über selbigen	Nein
Gesetze I	Transparenz, Umsetzbarkeit, Gleichheit der Individuen	Nein
Gesetze II	Gesetze zum Schutz ziviler, politischer und ökonomischer Rechte der Individuen	seit Mitte der 90er Jahre bedingt gegeben
Judikative	fair, effizient, geführt durch unabhängige Judikative	Nein

Quelle: EBRD (1998), S. 108f.; eigene Darstellung.

Bemerkenswert an der Entwicklung des Rechtssystems in der VR China nach 1978 ist, dass erst lange nach Umsetzen einzelner Reformschritte deren rechtliche Fixierung erfolgte und der Reformprozess durch einen Mangel an formalen Regeln gekennzeichnet war. Sowohl durch ein sehr inflexibles und unüberschaubares Gesetzgebungsverfahren als auch durch staatliche Einflussnahme auf die Rechtssprechung ergab sich ein „institutionelles Vakuum" für chinesische und ausländische Wirtschaftssubjekte.

3.2.2.4 Rechtliche Vorschriften zur Wirtschaftsreform

Zur rechtlichen Fundierung wirtschaftlicher Aktivitäten mussten die ab 1979 formulierten Vorschriften so breit gefasst sein, dass sie sowohl Plan- als auch Marktwirtschaft abdeckten.[144] Trotzdem war auch beim Wirtschaftsrecht eine den tatsächlichen Ereignissen hinterherhinkende Entwicklung zu beobachten. Dies lag einerseits an dem experimentellen Vorgehen, andererseits sorgten die Unruhen auf dem Tiananmen-Platz 1989 für eine Verschiebung weiterer Liberalisierungsschritte. Übersicht 8 zeigt, dass wesentliche Gesetze als Grundlage für die Reformen erst im Laufe des Prozesses erlassen wurden.

[144] Vgl. Lo (1998), S. 134f.

Übersicht 8: Wichtige Bestimmungen zur Wirtschaftsreform

Titel	**Erlassen**
Gesetz über „equity joint ventures“	01.07.1979
Resolution zu Regulierungen für die Sonderwirtschaftszonen in Guangdong	26.08.1980
Wirtschaftsvertragsgesetz	13.12.1981
Außenwirtschaftsvertragsgesetz	21.03.1985
Gesetz über die Rechnungslegung	01.07.1985
Gesetz über ausländisch investierte Unternehmen („wholly foreign owned“)	12.04.1986
Unternehmenskonkursgesetz	02.12.1986
Provisorische Bestimmungen für Privatunternehmen	01.07.1988
Gesetz gegen unlauteren Wettbewerb	02.09.1993
Unternehmensgesetz	29.12.1993
Außenhandelsgesetz	12.05.1994
Gesetz für Kapitalgesellschaften	01.07.1994
Gesetz über die Wirtschaftsprüfung	31.08.1994
Zentralbankgesetz	18.03.1995
Geschäftsbankengesetz	10.05.1995
Preisgesetz	29.12.1997
(allgemein gültiges) Vertragsgesetz	01.10.1999

Quellen: Paglee (2000); Scheil et al. (1999); Xin (1999).

Box 4: Rechtsgrundlagen zum Vertragsrecht in der VR China

Ein in der ökonomischen Theorie relevanter Bereich ist das ***Vertragsrecht***. Die Existenz eines allgemeinen Vertragsrechts stellt eine notwendige Voraussetzung für das Zustandekommen zahlreicher, vor allem nichtstandardisierter Transaktionen dar. Die Analyse dieses Bereiches ist für die Unternehmensfinanzierung speziell von Bedeutung, als dass die effiziente Ausgestaltung und gegebenenfalls rechtliche Durchsetzung von geschlossenen Verträgen (v.a. Darlehensverträgen) einen ex post auftretenden Opportunismus einer Vertragspartei verhindern oder zumindest die Wahrscheinlichkeit für das Auftreten dieses Ereignisses reduzieren kann. Das Vertragsrecht in der VR China gehört (im Gegensatz zu anderen Bereichen) zu einem der wenigen Gebiete, auf welchem schon relativ früh erste gesetzliche Bestimmungen entwickelt wurden. Allerdings litt es bis zum Jahr 1999 vor allem darunter, dass viele Bestimmungen zum Zivilrecht existierten, die sich in zahlreichen Bereichen des Vertragsrechts überschnitten. Zentrale Grundlage für alle zivilrechtlichen Fragen waren die ***„Generellen Prinzipien des Zivilrechts“***, die im Jahr 1986 erlassen wurden. Daneben bestanden aber noch weitere Bestimmungen, die je nach Sachlage ihre Anwendung fanden: das Gesetz für Wirtschaftsverträge, das Gesetz für Außenwirtschaftsverträge, das Gesetz für Industrieunternehmen öffentlichen Eigentums sowie das Gesetz für Technologieverträge. Alle Gesetze wurden vor 1986 erlassen und boten sowohl Entscheidungshilfen als auch „Schlupflöcher“ bei Sachfragen (Xin, 1999). Damit existierte ***weder eine einheitliche Rechtsgrundlage noch die dazugehörige Rechtssprechung im Vertragsrecht***. Änderungen ergaben sich erst 1999 mit dem Inkrafttreten des neuen Vertragsgesetzes, welche alle bestehenden Bestimmungen zum Vertragsrecht ungültig werden ließ (für eine ausführliche Darstellung der Bestimmungen siehe Scheil et al., 1999).

Quellen: Scheil et al. (1999), S. 9ff., 16f., 20f. sowie 26f.; Xin (1999), S. 475, 495f.

Anhand von drei Bereichen, die für die in dieser Arbeit analysierte Unternehmensfinanzierung wichtig sind, soll die graduelle Entwicklung des chinesischen Rechtssystems verdeutlicht werden. Eine klare Definition von Eigentumsrechten ist Grundlage jedes marktwirtschaftlichen Systems. Zudem ist eine allgemein gültige Vorschrift zur Behandlung ineffizienter Unternehmen und Banken (in Form eines Konkursrechts) für einen umfangreichen Wandel erforderlich. Weiterhin ist unter dem Aspekt der Dokumentation und der Informationsübermittlung zwischen verschiedenen Akteuren auch der Umfang der Rechnungslegungsvorschriften relevant. Besondere Aspekte eines weiteren wichtigen Bereichs, des Vertragsrechts, werden nur kurz analysiert, da dort im Reformprozess keine einheitlichen Grundlagen existierten (vgl. Box 4). Weitere, speziell die Banken oder einzelnen Unternehmensformen betreffenden Vorschriften werden in den jeweiligen Abschnitten separat behandelt.

3.2.2.4.1 Eigentumsrecht in China

Ein wesentliches Versäumnis im Bereich der rechtlichen Reformen in China, welches auf den gesamten Unternehmenssektor durchschlägt, stellen die unzureichenden Vorschriften zum Eigentumsrecht dar. Erst Anfang der 80er Jahre wurde die Gestaltung rechtlicher Eigentumskategorien in Anfängen umgesetzt.[145] Im sozialistischen Denken war hingegen das gesamte „Produktiveigentum" als öffentlich angesehen, nur das „Konsumeigentum" ist persönliches Eigentum.[146] **Klare Vorschriften** bestehen **für** die **Staatsunternehmen** (SOEs). Ohne Ansätze einer Eigentumsreform einzubeziehen wurde im Jahr 1988 das Gesetz zu Staatsunternehmen erlassen. Mittels der zugehörigen, 1994 umgesetzten Eigentumsregelungen zu SOEs wird festgelegt, dass SOEs als **Eigentum des gesamten Volkes** anzusehen sind. In dessen Vertretung übt der Staatsrat die Eigentumsrechte aus.[147]

Die Sichtweise des **„öffentlichen Eigentums"** betrifft dabei aber nicht nur die Staats-, sondern **auch die Kollektivunternehmen.**[148] Aufgrund der kontinuierlich bestehenden Unklarheit bei der konkreten Zuweisung des Eigentums nichtprivater Unternehmen wird die Ausübung von Verfügungsrechten, welche aus dem Eigentum heraus entspringen müssten, massiv behindert. Beim Landeigentum zeichnete sich erst ab 1988 eine Änderung ab. Bis dahin war Landbesitz

[145] Vgl. Hermann-Pillath (1998b), S. 45.
[146] Vgl. Heuser (1999), S. 347f.
[147] Vgl. Weltbank (1997b), S. 20.
[148] Vgl. Naughton (1995), S. 322.

kategorisch ausgeschlossen. Eine leichte Aufweichung dieser Restriktion ergab sich lediglich durch den legalen, gegen Entgelt vorgenommenen Handel von Bodennutzungsrechten.[149]

Konkrete Schritte zur formalen Änderung der Eigentümerstruktur von öffentlichen Unternehmen wurden im **Gesellschaftsgesetz von 1994** vorgenommen. Dieses hatte zum Ziel, ein „modernes System von Unternehmen" zu etablieren und die „Rechte von Anteilseignern und Kreditoren" zu schützen.[150] In 11 Kapiteln (230 Artikel) werden konkrete Vorschriften für Kapitalgesellschaften (GmbH, AG) fixiert. Es beinhaltet Vorschriften für die Gründung und den Betrieb von Kapitalgesellschaften, welche in der Form einer GmbH oder einer AG geführt werden können.[151] Neben der legalen Fundierung für neue Unternehmen, für die damit erstmals eine allgemein gültige Rechtsgrundlage mit klaren Maßgaben für die Gründung (Art. 19 - 36 für GmbH sowie Art. 73 - 101 für AG) sowie Management- und Kontrollmechanismen (Art. 37 - 63 für GmbH sowie Art. 102 - 123 für AG) existiert, bietet sich durch das Gesetz auch die Umwandlung von Staatsunternehmen in Kapitalgesellschaften. Damit war in diesem Bereich theoretisch erstmals eine klarere Eigentumsdefinition möglich.

Bis zum Erlass des Gesellschaftsgesetzes gestaltete sich die **Eigentumsfrage für** neu entstehende **Privatunternehmen** in China **besonders schwierig**. So wurde zwar 1988 in einem Zusatz zur 1982 neu erlassenen Verfassung erstmalig eine (offizielle) schriftliche Erlaubnis zum Betreiben privater Unternehmen innerhalb der „Grenzen des Gesetzes" gegeben.[152] Die rechtliche Anerkennung von Privatunternehmen bedeutete aber nicht, dass die Rechte des oder der Privateigentümer gegenüber dem Staat und der lokalen Gemeinschaft klar definiert waren. Vielmehr wurde unter der jeweiligen politischen und institutionellen Situation die materielle Bestimmung des privaten Eigentums vorgenommen.[153]

„Eigentumsrechte in der VR China lassen sich also ganz allgemein als Zuweisung von Verfügungs- und Nutzungsrechten an Personen und Organisationen im Rahmen komplexer regional-korporatistischer institutioneller Arrangements begreifen."[154]

[149] Vgl. Heuser (1999), S. 348.
[150] Artikel 1 des Gesellschaftsgesetzes von 1994.
[151] Artikel 2 des Gesellschaftsgesetzes von 1994.
[152] Vgl. Fan/Xin (1998), S. 10.
[153] Vgl. Herrmann-Pillath (1998b), S. 54f.
[154] Hermann-Pillath (1998b), S. 55.

3.2.2.4.2 Konkursrecht in China

Die Entwicklung von Konkursvorschriften, aufgrund der sich verschlechternden Finanzsituation zahlreicher Staatsunternehmen ein durchaus dringliches Thema, ist in China nur langsam vorangeschritten. Diese Vorschriften genießen aber deshalb eine große Relevanz, weil nur durch diese eine verbesserte Sanktionierung verlustbringender Unternehmen oder Finanzinstitutionen erzielt werden kann. Seit Erlass des **ersten Unternehmenskonkursgesetzes 1986** wird in China eine Ausweitung der Bestimmungen diskutiert. Diese beschränken sich jedoch auf Staatsunternehmen und stellen auch für diese zahlreiche Ausnahmen auf. Zudem wurden die für Umsetzung des Gesetzes notwendigen Durchführungsvorschriften vom Staatsrat niemals erlassen. Auch weitere, in den 80er Jahren formulierte Bestimmungen haben niemals einen für die gesamte VR China geltenden Status erreicht, sondern beschränkten sich auf einzelne Unternehmensformen (Kollektivunternehmen in Shenyang, ausländisch investierte Unternehmen in Guangdong).[155]

Eine **Ausweitung des Konkursrechts** erfolgte in der **am 9.4.1991** erlassenen Zivilprozessordnung. In den §§ 199 bis 206 wird das „Verfahren zur Begleichung von Schuldnern beim Konkurs von juristischen Unternehmenspersonen" aufgelistet. Konkretisiert wurden diese kurzen Festlegungen durch zwei Ausführungen („Ansichten") des obersten Gerichts vom November 1991 sowie Juli 1992. In diesen wird eine genaue Auslegung der allgemein gehaltenen gesetzlichen Bestimmungen vorgenommen. Besonders die 1992 formulierten „Ansichten" sind hervorzuheben, da bspw. in deren Punkt 240 die Konkursbestimmungen der Zivilprozessordnung auf nicht-staatliche Unternehmensformen ausgeweitet werden.[156] Befürworter der Umsetzung von Konkursen sind teilweise in den Reihen der Bezirks- und Provinzverwaltungen sowie ihrer SOEs zu finden. Dieses Verhalten erscheint nur auf den ersten Blick paradox. Der Konkurs wird von zahlreichen Verwaltungen als Möglichkeit angesehen, sich der Schulden gegenüber den Geschäftsbanken zu entledigen. Aber auch wenn diese ein Konkursverfahren durchführen, dann mangelt es in der Regel an einer rechtstreuen Umsetzung der Bestimmung sowie der Einschaltung von Gerichten zur Klärung der Lage.[157]

Behindert werden die Konkursrechtsbestimmungen nicht nur ideologisch, sondern auch durch wirtschaftliche Argumente. Kern zahlreicher Argumentationen

---

[155] Vgl. Hieker (1999), S. 37ff.
[156] Vgl. Hieker (1999), S. 58.
[157] Vgl. Weltbank (1997b), S. 28.

ist die Sozialverträglichkeit der Unternehmensreform. Aufgrund zahlreicher Besonderheiten, wie bspw. dem noch immer nicht existenten Sozialsystem (vgl. die Ausführungen zur „danwei" in 3.2.3), kann kein allgemeines Konkursrecht ohne Berücksichtigung weiterer Reformschritte erlassen werden. Konkurse sind im Verständnis zahlreicher Zentralpolitiker diesem Ziel nicht förderlich und werden dementsprechend bekämpft. Ein Urteil über die bestehenden Konkursrechtsbestimmungen aus einer rein marktwirtschaftlichen Sicht heraus fällt daher ernüchternd aus:

> ***„Die wesentlichen Funktionen des Gesetzes (Konkurs, d. Verf.) bestehen vor allem darin, durch Ausnahmebestimmungen möglichst die eigene Anwendung zu verhindern [...]."***[158]

3.2.2.4.3 Vorschriften zur Rechnungslegung für Banken und Unternehmen

Zu dem für eine effiziente Unternehmensfinanzierung notwendigen institutionellen Rahmen zählen auch die Rechnungslegungsvorschriften in einer Volkswirtschaft (vgl. 7.3.3). Diese sind bezüglich der Finanzierung sowohl für Anleger als auch für die Geschäftsbanken relevant. Die Anleger gewinnen durch Veröffentlichungs- sowie Eigenkapitalvorschriften Informationen und Sicherheit über die Finanzsituation der einzelnen Banken oder der an den Finanzmärkten notierten Unternehmen. Die Geschäftsbanken wiederum benötigen einheitliche Richtlinien, um die Ertragslage der um Kredit ersuchenden Unternehmen beurteilen zu können.

Für eine Analyse der Gegebenheiten in der VR China können aber nur die Rechnungslegungsvorschriften für Unternehmen diskutiert werden. Vorschriften zur Transparenzerhöhung bei chinesischen Geschäftsbanken sind schlichtweg nicht vorhanden. Zwar hat die Transparenz chinesischer Banken dergestalt zugenommen, dass heutzutage Geschäftsberichte in englischer Sprache herausgegeben und im Internet veröffentlicht werden. Darin finden sich auch detaillierte Bilanzen, Gewinn- und Verlustrechnungen sowie Angaben zu Vorsorgerückstellungen für notleidende Kredite. Diese Entwicklung ist aber erst in den letzten Jahren vollzogen worden. Die staatlichen Geschäftsbanken waren bis 1994 nicht als unabhängig agierende Einheiten anzusehen, wie selbst offizielle Verlautbarungen zugeben (vgl. dazu detailliert 8.4).[159] Damit war eine Publikationspflicht gegenüber den privaten Anlegern nicht vorgesehen.

---

[158] Hieker (1999), S. 96.
[159] Vgl. Almanac (1995), S. 7.

Unternehmen

Im Gegensatz zum Finanzsektor wurden für den Unternehmenssektor bereits früh rechtliche Grundlagen und Standards zur Rechnungslegung erlassen. Im Mai 1985 traten das **„Gesetz zur Rechnungslegung"** und die dazugehörigen **„Rechnungslegungsstandards"** in Kraft.[160] Von den allgemein gehaltenen Bestimmungen im Gesetz (die sich formal an Standards in Gesetzen von Industrieländern anpassen) ist nur der § 27 interessant zu deuten. In diesem wird die schon zuvor erwähnte Regel erläutert, dass sowohl die Buchhaltungsabteilungen als auch die Wirtschaftsprüfer keine Belege akzeptieren sollen, deren Wahrheitsgehalt fragwürdig ist. Im § 27 selbst wird dann eine Bestrafung dieser beiden Gruppen festgelegt für den Fall, dass sie solche Belege akzeptieren und keine schriftliche Mitteilung an die Unternehmensführung abgeben. Die praktische Bedeutung dieser Vorschrift ist, dass Buchhalter und Wirtschaftsprüfer gegebenenfalls die Initiatoren eines Betrugsfalls (die Unternehmensführung selbst) schriftlich über die Kenntnisnahme informieren sollen. Dieser Tatbestand ist unter rein rationalen Gesichtspunkten schwer vorstellbar und wird angesichts der Abhängigkeiten in einem Unternehmen nicht auftreten, so dass hier kein funktionsfähiger Kontrollmechanismus existiert.

Die **Standards zur Rechnungslegung** entsprechen den Grundsätzen, die auch in entwickelten Volkswirtschaften vorzufinden sind. Allerdings bestehen einige **grundlegende Einschränkungen**, welche die Aussagekraft einzelner Daten unterminieren. Einerseits identifizieren die chinesischen Standards nicht die Investoren und Kapitalgeber als Primärbenutzer. Statt dessen muss die Rechnungslegung vorrangig die Umsetzung makroökonomischer Kontrollen durch staatliche Institutionen unterstützen. Andererseits wird bei den Bemessungsgrundlagen für die konkrete Bestimmung von Finanzstatements eine Vielzahl von Optionen angeboten (u.a. historische Kosten, gegenwärtige Kosten, realisierbarer Wert oder gegenwärtiger Wert).[161] Bei der konkreten Bewertung von Vermögensgegenständen ergibt sich somit Handlungsspielraum, welcher zu einer Überzeichnung der Vermögensbestände führen kann:[162]

- So wird bei der Bewertung von kurzfristigen Vermögensgegenständen der Anschaffungswert als benchmark vorgeschrieben. Damit werden potenzielle Verluste aus einem Wertverfall der in einem Unternehmen befindlichen Vermögenswerte nicht bilanziert.

---

[160] Für die folgenden Ausführungen vgl. Department of Accounting (ohne Jahr), S. 9 - 17 (Gesetz zur Rechnungslegung) sowie 31 - 46 (Standards für die Rechnungslegung).

[161] Vgl. Weltbank (1997b), S. 66f.

[162] Vgl. die §§ 26 und 30, zitiert aus Department of Accounting (ohne Jahr), S. 34 - 37.

- Zudem kann bei Abschreibungen auf das Anlagevermögen sowohl die Nutzungsdauer selbst festgelegt als auch ein Wiederverkaufswert mit eingerechnet werden. Dadurch werden Abschreibungen potenziell zu niedrig und der verbleibende Wert zu hoch angesetzt.

Während für die Unternehmen bereits früh Bestimmungen zur Rechnungslegung (allerdings mit „chinesischen Besonderheiten") aufgestellt wurden, bestehen keinerlei Anzeichen, die Finanzsituation von Banken detailliert offen zu legen.

3.2.3 Bedeutung der „danwei" in China

Ein prägendes Element der Gesellschaftsordnung in China ist die „danwei".[163] Die Entwicklung dieser Einheiten kann historisch bis zur Industrialisierung zurückverfolgt werden, als Landarbeiter in die Städte geholt wurden. Da diese keine Wurzeln in städtischen Gebieten hatten, stellten die Arbeitgeber auch Wohnräume und eine soziale Mindestversorgung bereit. Eine Institutionalisierung von staatlicher Seite erfolgte nach Machtergreifung der KPCh und Einführung von Planelementen Anfang der 50er Jahre. Eine Mitgliedschaft sicherte den Zugang zu rationierten Lebensmitteln.[164] Sowohl auf dem Land als auch in den Städten ist die „danwei" eine Organisationsform, die auf der Basis einer produktiven Tätigkeit strukturiert ist. Unterteilt wird dabei anhand von zwei verschiedenen Kriterien. Einerseits wird gemäß der Eigentumsform in öffentliche, kollektive und private Einheiten unterschieden. Andererseits wird gemäß der Art der Produktionstätigkeit in 12 Teilbereiche untergliedert.[165]

3.2.3.1 Merkmale der „danwei"

Eine „danwei" stellt nicht nur die gegenwärtige Arbeits- oder Ausbildungseinheit einer Privatperson in China dar. Sie ist zudem Ort des täglichen Lebens, der politischen Integration und weiteren Ausbildung, also eine wichtige Basis der

---

[163] Bjorklund (1986), S. 19, übersetzt „danwei" mit Arbeitseinheit. Die Übersetzung für den Begriff „danwei" lautet: Einheit, Organisationseinheit („xin hande cidian" [Neues Lexikon Chinesisch-Deutsch], S. 161).

[164] Vgl. Ivory (1998), S. 223; You (1998), S. 15.

[165] Vgl. Shaw (1996), S. 3. Die 12 Bereiche sind: 1.) Land- und Forstwirtschaft; 2.) Industrie; 3.) Geowissenschaften; 4.) Baugewerbe; 5.) Telekommunikation und Verkehr; 6.) Handel und Dienstleistungen; 7.) öffentliche Verwaltungen; 8.) Gesundheitswesen, Sozialdienste und Sport; 9.) Bildung und Medien; 10.) wissenschaftliche Forschung und technische Dienstleistungen; 11.) Banken und Versicherungen; 12.) Regierungsbehörden, Parteiinstitutionen und soziale Organisationen.

chinesischen Gesellschaft.[166] Da sie unter anderem auch für die Konfliktbehebung zwischen ihren Mitgliedern verantwortlich ist, ohne jedoch in das Rechtssystem offiziell eingebunden zu sein, beinhaltet sie neben den formalen Kontrollmechanismen zusätzlich noch informelle Regeln.[167] Hebel (1997) schließt aus einem Vergleich verschiedener „danwei"-Studien, dass die Übereinstimmung bezüglich der konkreten Beschreibung sehr groß ist und die „danwei" eine politische, kulturelle und sozioökonomische Relevanz aufweist (vgl. auch Anhang).[168] Aus der Charakterisierung einer „danwei" unter neo-institutionalistischen Aspekten zeigt sich, dass sie im Sinne der NIÖ eine Institution darstellt (vgl. Übersicht 9) und daher auch einen ökonomischen Einfluss ausübt.[169]

Übersicht 9: Die „danwei" als Institution

Kennzeichen einer Institution	**Merkmal der „danwei"**
allgemein: Bindeglied verschiedener Disziplinen	politisch, kulturell und ökonomisch relevant
System von Normen (einschl. Regeln)	Regeln für Arbeits- und Freizeitleben
auf bestimmtes Zielbündel ausgerichtet	Kontrolle und soziale Stabilität
Zweck, das Verhalten der Individuen zu steuern	gegeben (siehe „Zielbündel")
formgebunden und/oder formungebunden	Integration in formale und informelle Regeln

Quelle: eigene Darstellung (in Anlehnung an die Darstellung in Kapitel 3.1.1).

Die „danwei" ist geprägt von zwei organisatorischen Besonderheiten, die einen weitreichenden Einfluss auf das Verhalten und die Anbindung der in ihr organisierten Individuen bewirken. Zum einen sind die Leiter einer Einheit nur gegenüber vorstehenden Verwaltungsstellen verantwortlich, nicht aber gegenüber den Mitgliedern. Die Verantwortung besteht dabei sowohl gegenüber der KP China für die Umsetzung politischer Vorgaben als auch gegenüber Regierungsstellen, welche die Einhaltung der Planvorgaben überwachen.[170] Zum anderen ist durch die Existenz von „danweis" die Umsetzung des Haushaltsregistrierungssystems („hukou dengji tiaoli") möglich. Dieses unterteilt die Bevölkerung in landwirt-

---

[166] Vgl. Romich (1994), S. 448.

[167] Vgl. Shaw (1996), S. 32.

[168] Vgl. Hebel (1997), S. 12ff. Sie unterscheidet soziologische und ökonomische Analyseformen. Die soziologischen Analysen stilisieren die Betriebe zur lokalen Überfamilie hoch und vernachlässigen ökonomische Funktionen, ökonomische Untersuchungen berücksichtigen nicht die Multifunktionalität der Einheiten.

[169] Vgl. Heilmann (1996), S. 16. Dieser führt an, dass die kulturspezifische Argumentation zu singularisierend ist und Veränderungen anderer Bereiche (Gesellschaft, Technologie, Wirtschaft) nicht einbezieht.

[170] Vgl. Shaw (1996), S. 11.

schaftliche und städtische Gebiete. Jeder Einwohner hatte sich bei der örtlichen Polizeistation zu registrieren und erhielt nur dann eine „danwei" zugewiesen, was wiederum die Garantie für eine Beschäftigung und die Zuteilung von Lebensmitteln beinhaltete. Damit wurde ein internes Passwesen geschaffen.[171] Auch kann die Einheit bestimmen, ob und wann welches Mitglied Empfehlungsbriefe erhält, die wiederum allein die Möglichkeit darstellen, außerhalb der Einheit zu reisen oder berufstätig zu sein.[172]

3.2.3.2 Mobilität im „danwei"-System

Die Existenz des Haushaltsregistrierungssystems („hukou") führte dazu, dass bis Ende der 80er Jahre Migration massiv behindert wurde. Vor allem den funktionsfähigen Kommunen war es möglich, eine massive Landflucht zu verhindern.[173] Durch die umfassende Kontrolle herrschten massive Mobilitätshemmnisse für den Faktor Arbeit, und bei räumlicher Veränderung ging der Anspruch des Einzelnen an dem gemeinsamen Eigentum verloren.[174] So führte die Tatsache, dass ein massiver Abfluss qualifizierter Arbeitnehmer verhindert werden konnte, zu einer qualitativ wie quantitativ höherwertigen Wettbewerbssituation auf den ländlichen Arbeitsmärkten, welche von den ländlichen Unternehmen ausgenutzt werden konnte.[175] Aus der „danwei" ergeben sich somit ökonomische Konsequenzen, die das Verhältnis von Einzelpersonen und Firmen betreffen. So ist es den Unternehmen möglich, Arbeitskräfte zu kontrollieren, wenn sie innerhalb der „danwei" oder sogar aus ihr heraus wechseln (vgl. auch Box 5).

Erste Lockerungen der Registrierungsbestimmungen erfolgten Ende der 80er Jahre, als temporäre Aufenthaltserlaubnisse mit einer Laufzeit von einem Jahr und zweimaliger Verlängerungsmöglichkeit für Wanderarbeiter ausgegeben wurden.[176] Dies fand so großen Anklang, dass 1990 bereits 21 Mio. Chinesen, ein Großteil davon schlecht ausgebildete Männer aus kleinen Dörfern, eine solche Aufenthaltserlaubnis für eine der Boom-Regionen (Beijing, Shanghai, Guangdong) besaßen und über ein Jahr nicht an ihrem regulären Wohnsitz lebten.[177]

---

[171] Vgl. Heuser (1999), S. 309f.; Ivory (1998), S. 223; Romich (1994), S. 450f.
[172] Vgl. Shaw (1996), S. 16.
[173] Vgl. Byrd/Lin (1990), S. 4.
[174] Vgl. Byrd/Gelb (1990), S. 360.
[175] Vgl. Perotti et al. (1999), S. 168.
[176] Vgl. Heuser (1999), S. 311. Er betont aber, dass mit dieser temporären Arbeitserlaubnis kein Anspruch auf Partizipation an öffentlichen Dienstleistungen verbunden ist.
[177] Vgl. Romich (1994), S. 453. Er und auch Heuser (1999) weisen darauf hin, dass Verwaltungen dazu übergingen, eine Aufenthaltserlaubnis für mehrere tausend DM zu verkaufen.

Box 5: Der Wechsel einer „danwei" - Ursachen und Probleme

Im Rahmen der Weiterentwicklung der Berufs- und Bildungsmöglichkeiten in China stellte sich, häufiger als zuvor, der Wechsel eines Individuums von einer Einheit in eine andere ein. Abgesehen von einen im Rahmen der Ausbildung („normal") erfolgenden Wechsel traten mehr Individuen aus einzelnen Einheiten aus. Ein Austritt erfolgte hauptsächlich dann, wenn zugesicherte Leistungen nicht eingehalten wurden oder ein offener, durch Gremien innerhalb der „danwei" nicht lösbarer Konflikt mit einer Führungsperson ausgebrochen war. Weiterhin stellte die Unzufriedenheit einzelner mit der Gesamtentwicklung der Einheit im Vergleich zu anderen (z.B. Staatsunternehmen im Vergleich zu privaten oder kollektiven) einen gewichtigen Austrittsgrund dar. Allerdings stellt der Wechsel einer „danwei" in der Regel nur die letzte Option der Konfliktlösung oder Verbesserung dar, denn er ist mit zahlreichen Hindernissen verbunden, die zu überwinden einiges Geschick erfordert und zudem nicht immer steuerbar sind:

- Zunächst muss eine neue Einheit gefunden werden, welche bereit ist, die Person zu akzeptieren.
- Dann muss von der alten „danwei" ein „Entlassungsschein" ausgestellt werden. Dieses stellt das zentrale Hindernis für viele Wechsel dar, das offiziell nur dann umgangen werden kann, wenn die neue Einheit die Person auch ohne Bescheinigung der alten akzeptiert.[178]
- Auch bei „offiziell" durchgeführten Wechseln fallen hohe „Gebühren" und lange Wartezeiten an.
- Schließlich hat die Person noch damit zu kämpfen, dass die Anpassung an eine neue Einheit erfolgen muss und ihr von Mitgliedern der neuen und alten „danwei" Misstrauen entgegenschlägt.

Quelle: Shaw (1996), S. 201f.

Die Existenz der „danwei" hatte auch Auswirkungen auf nicht-staatliche Unternehmen (vgl. Box 6). Es ergeben sich für das Individuum Verluste bei einem Wechsel aus der „danwei" heraus, die den Anreiz eines Orts- und Arbeitsplatzwechsels mindern. Somit kann ein Unternehmen sicherer planen, dass sich die in die Ausbildung eines Arbeitnehmers investierten Kosten auch rentieren.

Ein Orts- und Arbeitsplatzwechsel ist vor allem deshalb einfacher geworden, weil insbesondere in ärmeren ländlichen Gegenden die „danwei" (nahezu) vollständig zusammengebrochen sind. Nur in Gebieten, in welchen der chinesische Staat noch wirtschaftliche Interessen hat, ist die Funktionsfähigkeit der Einheiten gewährleistet.

[178] Eine weitere, illegale Möglichkeit besteht darin, an einem der mittlerweile in großen Städten zahlreich vorhandenen „Dokumentenstände" einen Entlassungsschein zu erwerben. Dies funktioniert vor allem dann, wenn zwischen den beiden Einheiten keine Kontakte bestehen.

Box 6: Konkurrenz privater Unternehmen mit SOEs hinsichtlich der „danwei“

Ein zentrales Element des „danwei“-Systems ist die umfassende Versorgung der Mitglieder in den Bereichen Wohnen, Kranken- und Altersversorgung. Dementsprechend liefen Individuen bei einem Verlassen der Einheit Gefahr, Versorgungsansprüche vollends oder teilweise zu verlieren. Damit standen neue, vor allem private Unternehmen vor der Herausforderung, Anreizmechanismen zu schaffen, um qualifiziertes Personal anwerben und halten zu können. Sofern lediglich das auszuzahlende Gehalt bei den Privatunternehmen höher lag, konnte es trotzdem für Arbeiter rentabler sein, bei einem Staatsunternehmen zu bleiben, da die Zusatzleistungen das geringe Gehalt mehr als kompensierten.

Eine umfassende Analyse über das Verhalten privater Unternehmen bezüglich der Lohnpolitik existiert bis heute nicht. Allerdings liegen Erkenntnisse für Unternehmen aus dem High-Tech-Bereich vor, die im Rahmen einer Unternehmensbefragung erhoben werden konnten (Francis, 1996). Die zusätzliche Entlohnung in diesem Industriezweig erfolgte über verschiedene Angebote:

- **Wohnen**: Analog zu Staatsunternehmen unternahmen Anstrengungen, ihren Angestellten Wohnungen bereitzustellen. Die Finanzierung der neu gebauten Apartments erfolgte aus Unternehmensgewinnen oder über einen dafür extra einbehaltenen Teil des Lohns (so dass die Angestellten als Wohnungseigentümer ein Schuldverhältnis mit dem Unternehmen eingingen).
- **Medizinische Leistungen**: In vielen Fällen wurden 80-100 % der Kosten vom Unternehmen übernommen, vor allem für höhere Angestellte. Allerdings gingen die Leistungen nicht so weit wie bei der staatlichen Versorgung.
- **Altersversorgung**: Nahezu alle untersuchten Unternehmen trafen Vorsorge für eine später an den Angestellten zu zahlende Rente. Bei entsprechender Kapitalausstattung wurde eine einmalige Rücklage gebildet, andernfalls erfolgte die Kapitalbildung mittels monatlicher Zahlungen. Dieser Bereich ist der Einzige, welcher über staatliche Institutionen (Versicherungen) abgewickelt wird.

Aus diesen Leistungen ergaben sich für einzelne Arbeitnehmer aber nicht nur Vorteile. Das Management des Arbeitgebers besaß nun Druckmittel, um einen Arbeitsplatzwechsel massiv erschweren oder sogar verhindern zu können. Der Verlust von Rentenansprüchen und die Androhung der Kündigung von Betriebskrediten wogen oftmals schwerer als bessere Chancen an einem neuen Arbeitsplatz.

Quelle: Francis (1996), S. 845ff.

3.2.3.3 Rechte der Mitglieder einer „danwei“

Aus der „danwei“ ergeben sich für ein Wirtschaftssubjekt aber nicht nur soziale Pflichten und Überwachung, sondern auch Rechte („Versicherungs- und Versorgungsprinzip“[179]). Die Zugehörigkeit zu einer Einheit bedeutet sowohl eine Arbeitsplatzgarantie als auch die lebenslange Gewährleistung von Sozialleistungen, wie bspw. Krankenversorgung, Kindergartenplätze und Alterssicherung. Die allumfassende, auch im Reformprozess nicht beseitigte Absicherung von „danwei“-Mitgliedern wird als **„eiserne Reisschale“** bezeichnet.[180] Die „danwei“ kümmert sich weiterhin auch um die Organisation und den Schutz der Mitglieder. Sie gesteht ihnen einen Anteil an dem Eigentum der Gemeinschaft zu, welcher allerdings nicht veräußert werden kann. Aufgrund all dieser Leistungen wurde der Bereich innerhalb der „danwei“ als vollständig organisiert und „sicher“ für einzelne Personen angesehen. Demgegenüber stellt der Trans-„danwei“-Bereich eine große, nicht eindeutig organisierte Unbekannte dar.[181]

Die Entlohnung war bis 1978 durch egalitäre Formen geregelt. Dies galt allerdings nur für die Lohnstrukturen innerhalb einer Einheit, zwischen verschiedenen Einheiten (ländlichen und städtischen; kollektiven und staatlichen) gab es erhebliche Differenzen. Somit konnte das Ziel, die Entstehung verschiedener Klassen zu verhindern, nicht erreicht werden.[182] Ab 1978 entwickelte sich dann die Leistung der Einzelpersonen als Rekrutierungs- und Belohnungskriterium. Trotzdem waren die Einheiten aufgrund staatlichen Einflusses nicht in der Lage, ihre Beschäftigungszahl und Entlohnungsmechanismen ausreichend effizient zu gestalten.[183]

Die Beziehungen zwischen Mitgliedern und Leitern der Einheit sind nicht-kontraktueller Natur, woraus eine wechselseitige Abhängigkeit resultiert („persönliche Beziehungen sind wichtiger als Arbeitsverträge“). Informelle Kontrollmechanismen entstehen durch diese engen nicht-kontraktuellen Beziehungen. Da eine mehrstufige Agency-Problematik existiert, sind Arrangements notwendig, um eine Überwachung einzelner Agenten gewährleisten zu können. Für die Prinzipale von Unternehmen, den Staat, existieren weiterhin Sicherungs- und Überwachungsinstrumente, die sowohl von ihm selbst (über den Parteiapparat) als auch von den Arbeitern wahrgenommen werden.[184]

---

[179] Hebel (1996), S. 17.
[180] Vgl. Shaw (1996), S. 229.
[181] Vgl. Hebel (1997), S. 17; You (1998), S. 13.
[182] Vgl. Ivory (1998), S. 224.
[183] Vgl. Romich (1994), S. 454.
[184] Ein wichtiges Instrument ist die Signalfunktion, die von einer verstärkten Abwanderung von Arbeitern zu anderen (oft privaten) Unternehmen hervorgeht. Dadurch wird das Insiderwissen der Arbeitnehmer über den Betrieb (schlechte Sozialleistungen, geringe Löhne, mangelnde Unternehmensperspektiven) offenkundig.

Beurteilung der „danwei"

Die „danwei" ist eine gesellschaftliche Grundorganisation, die als politische Basis der Parteikontrolle ein herrschaftssicherndes Instrument darstellt. Die Hauptaufgabe liegt im produktiven Bereich, aber daneben übernehmen „danwei" auch weitere gesellschaftliche Funktionen, u.a. im sozialen Bereich.[185] Eine Analyse der „danwei" im internationalen Kontext zeigt weiterhin Analogien zu und Vorteile gegenüber anderen Ländern:[186]

- Eine enge Übereinstimmung existiert mit großen Firmengruppen in Japan und Taiwan, welche ähnliche materialistische Arbeitgeber/-nehmer-Beziehungen haben.
- Die andauernde Existenz der „danwei" im Reformprozess bewirkte gegenüber anderen Transformationsländern eine Ausgewogenheit zwischen Freiheit und sozialer Sicherheit, so dass es nicht zu einer Blockade der Reformen durch „potenzielle Verlierer" kam.

Die „danwei" erfüllt für ihre Mitglieder im Reformprozess zwei ökonomische Funktionen. Einerseits bietet sie den weniger dynamischen Mitgliedern eine sichere Zukunft. Andererseits dient sie auch den nach neuen Beschäftigungen suchenden Mitgliedern als sichere Basis, von der aus weitere Aktivitäten gestartet werden konnten: „work on the side for money, work at your regular job for security in old age".[187] Gleichzeitig stellt sie aber sowohl ein soziales Konfliktpotenzial bei der Altersversorgung ihrer Mitglieder als auch ein Hindernis für eine Umsetzung weiterer Reformschritte dar.

3.2.4 Informelle Institutionen in China

Die Betrachtung des formalen institutionellen Rahmens in der VR China hat gezeigt, dass dieser bis heute unvollständig ist. Dies wirft die Frage auf, warum trotzdem über viele Jahre hinweg eine erfolgreiche Transformation mit effizient strukturierten Transaktionen zu beobachten war, wo doch die Betrachtungen zur Institutionenökonomie die Relevanz formaler Regeln betonen. Dazu gehörte in erster Linie ein Rechtssystem, welches allgemein gültige Regeln fixiert und für deren Umsetzung sorgt. Merkmale formaler Regeln waren aber zugleich, dass sie erst in einem gewissen Zeitraum eingeführt werden konnten, und dass sie hohe fixe Kosten verursachten, da Gesetze erlassen sowie interpretiert und ausreichend Personal für die Umsetzung eingestellt werden mussten.[188] Damit ist

---

[185] Vgl. Hebel (1997), S. 12; You (1998), S. 12.
[186] Vgl. You (1998), S. 15ff.
[187] Romich (1994), S. 455.
[188] Vgl. Economist (2000a), S. 7*.

auch für China die Existenz und Wirksamkeit informeller Regeln als Ergänzung zu formalen Institutionen zu untersuchen.

Die Existenz informeller Institutionen in China ist ein vielfach diskutierter Erklärungsansatz, warum die Entwicklung in China trotz der institutionellen Mängel in einem „unsicheren Raum" voranschreiten konnte. Betrachtet man die Situation Chinas zu Beginn des Reformprozesses, so kann eine stark vergangenheitsgeprägte, bis in die Gegenwart erhaltene Sozialstruktur festgestellt werden. Dadurch waren grundlegende Mechanismen der Ordnung zwischen verschiedenen Individuen gegeben. Es hatten sich über lange Zeit informelle Institutionen mit einer umfangreichen Geltung gebildet.[189] Informelle Regeln ergänzen formale Institutionen und tragen zu deren Entwicklung bei. Ein Rückgriff auf formale Regeln kann unter Einbeziehen informeller Regeln vermieden und damit eine Reduzierung von Transaktionskosten erreicht werden.[190] Das Ganze muss für China dabei auch vor dem Hintergrund des Konfuzianismus als eine das individuelle Verhalten beeinflussende Philosophie gesehen werden.

3.2.4.1 Der Konfuzianismus als Ordnungslehre in China

Die chinesische Kultur weist eine sehr lange Geschichte auf. Über mehrere Jahrtausende hinweg haben sich verschiedenste Regierungsformen gebildet und sind wieder zerfallen. Nichtsdestotrotz hat sich in China eine „überlebensfähige" Ordnung gebildet, welche grundlegend bestehen blieb. Dieses wird auf die Lehre des Konfuzianismus zurückgeführt. Der Konfuzianismus als wesentlicher Faktor zur Bildung einer dauerhaften Sozialordnung gewann erstmals in der Han-Dynastie (ab etwa 200 v. Chr.) an Bedeutung, als diese Dynastie den von der vorherigen Qin-Dynastie geprägten „Legalismus" verdrängte und statt dessen den **Konfuzianismus als beherrschende Philosophie** einführte. Diese Lehre geht zurück auf Konfuzius (551 - 479 v. Chr.), ein „Berater" chinesischer Fürsten.[191] Dieser versuchte mit seiner Lehre, traditionelle Rollen in der Gesellschaft und Hierarchien in Institutionen mit moralischem Verhalten zu verknüpfen. Dies mündete in der Vorstellung, dass alle Mitglieder einer Gesellschaft (Gelehrte, Herrscher und Untertanen, Eltern und Kinder, Männer und Frauen)

---

[189] Vgl. Herrmann-Pillath (1998b), S. 9 u. 50.

[190] Vgl. Raiser (1997b), S. 3, der einen umfassenden Vergleich zu der Bedeutung informeller Institutionen in einzelnen Transformationsländern vornimmt und deren Interdependenz zu formalen Institutionen aufzeigt.

[191] Die Bezeichnung „Berater" soll wertfrei verstanden werden. Die Tatsache, dass Konfuzius zahlreiche Lehren formulierte und verschiedensten Herrschern (unaufgefordert) antrug, bedeutet nicht, dass diese Lehren zu seiner Zeit erfolgreich und/oder praktikabel waren.

die ihnen zugewiesene Rolle übernahmen.[192] Der Herrscher hat dabei durch seine moralischen Vorstellungen und die „Kraft seines persönlichen Wesens" zu führen, nicht durch Erlasse:

> „Wenn man durch Erlasse leitet und durch Strafen ordnet, so weicht das Volk aus und hat kein Gewissen. Wenn man durch Kraft des Wesens leitet und durch Sitte ordnet, so hat das Volk Gewissen und erreicht (das Gute).[193]

Zu betonen ist, dass der Konfuzianismus (im Gegensatz zu Taoismus und Buddhismus) nicht den Religionen zuzuordnen ist, sondern moralphilosophische Vorstellungen beinhaltet. Entsprechend der Abkehr vom Legalismus, welcher auf die Macht von Gesetzen baute, wird der Konfuzianismus nicht von Verfassungen und Gesetzestexten geregelt, sondern baut auf (durch Sozialisation internalisierte) ethische Prinzipien (vgl. Übersicht 10).

Übersicht 10: Ethische Prinzipien des Konfuzianismus

Prinzip	Übersetzung	Deutung
ren	Wohlwollen, Gutherzigkeit	humanes Verhalten gegenüber den Mitmenschen
li	Riten, Ritual	Besinnen auf Traditionen und eingeübte Verhaltensweisen
xin	Vertrauen	
xiao	Pietät	Achtung den Älteren gegenüber
zhi	Erkenntnis, Weisheit	permanentes Streben nach Ausbildung

Quelle: Redding (1990), S. 48f.; eigene Darstellung und Übersetzung.

Die Beziehungen, die durch diese Prinzipien geregelt werden, sind die zwischen Herrscher und Untertanen, Vater und Sohn, Ehemann und -frau, älterem und jüngeren Bruder sowie zwischen Freunden. Vorrangig für das Regeln von Beziehungen sind dabei die Prinzipien des „ren" und des „li". Dabei zeigt sich bei einer genaueren Analyse dieser Beziehungen, dass immer wieder ein Kernelement hervortritt: die **Bedeutung der Familie („jia") bzw. familienähnlicher Beziehungen**. Dies geht im Konfuzianismus so weit, dass Familie und familienähnliche Beziehungen über die Loyalität gegenüber anderen Institutionen gestellt werden.[194] Der Einfluss des Konfuzianismus äußert sich dabei sowohl in allgemeinen sozialen Strukturen als auch bei der Gestaltung persönlicher Beziehungen (vgl. Abbildung 8).

---

[192] Vgl. Ebrey (1996), S. 42f.
[193] Aus den Gesprächen des Konfuzius, zitiert aus Ebrey (1996), S. 46.
[194] Vgl. Fukuyama (1995), S. 109f.

Abbildung 8: Kulturelle Einflüsse auf individuelle Werte in China

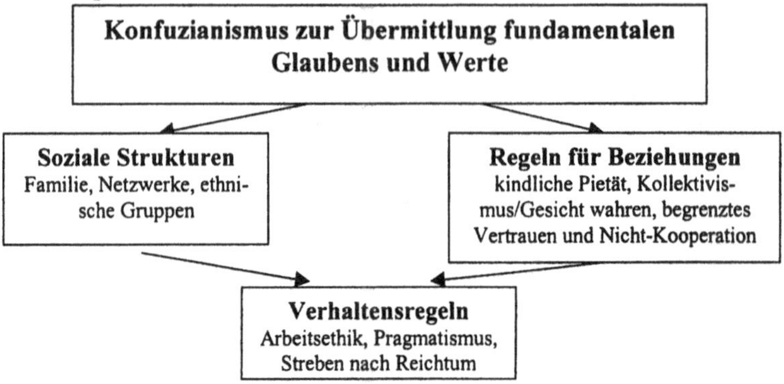

Quelle: Redding (1990), S. 43.

Bezüglich der jüngeren Diskussion um die Rolle des Konfuzianismus in der chinesischen Wirtschafts- und Gesellschaftsordnung kann von einer „Neuentdeckung" gesprochen werden. Dies steht auch in Zusammenhang mit der erfolgreichen Wirtschaftsentwicklung, wie sie in benachbarten asiatischen Tigerstaaten zu beobachten waren, sowie der daraus entstehenden Diskussion um „asiatische Werte".[195] Lange Zeit wurde der Konfuzianismus von chinesischen wie westlichen Forschern als Entwicklungshindernis für China angesehen.[196] Das Aufleben der Rückbesinnung auf konfuzianische Traditionen in China ist auch auf die Erkenntnis der KPCh zurückzuführen, dass wesentliche ethische Grundlagen des Konfuzianismus über die Jahrtausende hinweg bestehen blieben, gleich welches politische Regime vorherrschte:

> „Even the present-day Communists, after all their iconoclasm and destruction, have realized that political tides, classes, and dynasties come and go, but that Confucius remains."[197]

In den ethischen Regeln des Konfuzianismus sieht die herrschende Klasse in China große Vorteile für ihre Ziele. Für ein Regime, welches den Transformationsprozess in einem so großen Land steuern soll, sind gewisse Grundregeln von Relevanz, um die Durchsetzbarkeit staatlicher Vorgaben zu ermöglichen. Dazu zählen eine grundlegende Ordnung, Disziplin, moralisches Verhalten und Ausbildung. All diese Regeln sind wesentliche Bestandteile des Konfuzianismus, so dass diese Moralphilosophie auch einen Nutzen für die herrschende Partei lie-

---

[195] Vgl. Lackner (1998), S. 437.
[196] Vgl. Economist (1998), S. 23.
[197] van Kemenade (1998), S. 371.

fert.[198] Disziplin darf aber nicht mit permanent schweigender Zustimmung verwechselt werden. Zwar sind nur wenige Aussagen von Konfuzius selbst schriftlich übermittelt, doch ist bekannt, dass er zu offener Kritik gegenüber dem jeweiligen Herrscher aufruft.[199] Dies wird aber von zahlreichen Regimen, die sich auf Konfuzius berufen, geflissentlich übersehen.

Allerdings hat dieser Nutzen für die Herrscher auch eine Kehrseite. Wichtig für jeden Herrscher ist die Legitimation seines Regimes. Gemäß der Vorstellung im Konfuzianismus vom **„Mandat des Himmels“** („dao“ = Weg des Himmels) müssen die Untertanen einem Herrscher bedingungslos Treue beweisen, wenn dieser eben jenes Mandat besitzt. Diese Vorstellung basiert auf der Sichtweise des Konfuzianismus, dass der Staat als Familie und der Herrscher als gutes Oberhaupt anzusehen ist. Zu erkennen ist das „Mandat des Himmels“ an Signalen. Solche Signale können bspw. in Erfolg oder Misserfolg bei Ernten, Naturkatastrophen oder einer besonders prosperierenden Entwicklung des Landes gesehen werden.[200] Auf die heutige Situation bezogen würde dies für die KPCh bedeuten, dass die wirtschaftliche Entwicklung der letzten 20 Jahre als ein positives Zeichen ihrer Legitimation angesehen werden kann. Allerdings würden die Naturkatastrophen der letzten Jahre (Missernten, Überschwemmungen im Süden, Dürre im Norden) sowie die grassierende Korruption signalisieren, dass das Fundament der Legitimation erschüttert ist.

Einfluss des Konfuzianismus auf Wirtschaftssubjekte

Die durch den Konfuzianismus vermittelten Werte haben Einfluss auf die Abwicklung von Transaktionen. Die wesentlichen Merkmale, die für diesen Einfluss relevant sind, bestehen neben den bereits angeführten allgemeinen Grundwerten der Familienbetonung sowie den Ritualen in zwei weiteren Elementen. Wichtig ist die Bedeutung exemplarischer Führerpersönlichkeiten sowie die Betonung von Konsens und Selbstkultivierung. Als ein zentraler Begriff taucht auch hier wieder die **„Disziplin“** auf. Sie stellt das Bindeglied für zahlreiche kulturelle Exkurse bezüglich konfuzianisch geprägter Gesellschaften dar.[201]

Der zentrale Einfluss der konfuzianischen Ethik auf die Wirtschaft in China äußert sich somit vor allem darin, dass das **Zusammenleben in einer Gruppe durch** (mit moralischen Aspekten untermauerte) **Netzwerke gewährleistet** wird

---

[198] Vgl. van Kemenade (1998), S. 371.
[199] Vgl. Economist (1998), S. 24.
[200] Vgl. Ebrey (1996), S. 53.
[201] Vgl. Lackner (1998), S. 437.

(vgl. 3.2.4.2). Die Bildung informeller Mechanismen erfolgte unter verschiedensten Regimen (kaiserliche Dynastie, Kommunismus), da die Abhängigkeit von Autoritäten (aufgrund fehlender rechtlicher Sicherheit) sehr hoch war und ein breites Netz an Beziehungen die eigene Position in der Gesellschaft sichern konnte.[202] Bezogen auf das individuelle Verhalten bewirkte die kollektiv zu beurteilende Zielsetzung beispielsweise, dass Einzelpersonen potenziell auf Verwirklichung eigener Wünsche verzichten sollten. Dies äußerte sich unter anderem in einer hohen Sparquote, um Ersparnisse für soziale Aufwendungen innerhalb der Familie (Ausbildung der Kinder, Altersversorgung der Eltern/Großeltern) bilden zu können.[203] Das Streben nach Ansehen in einer Gruppe durch die zugehörigen Mitglieder kann aber auch dazu führen, dass die individuellen Interessen der einzelnen Gruppe für wichtiger erachtet werden als die von „Außenstehenden" (wie bspw. der Gesamtgesellschaft).

Box 7: Diskussion über „kulturelle Werte in Asien" - kritische Aspekte

Trotz der scheinbar verführerisch einfachen kulturellen Regeln muss der Einfluss kultureller Werte auf überregionale Gruppen vorsichtig gehandhabt werden. Dies zeigt sich nicht nur für China, sondern noch deutlicher an der Diskussion über „asiatische Werte", welche im Rahmen der beeindruckenden Wirtschaftsentwicklung ostasiatischer Volkswirtschaften geführt wird. Problematisch ist, dass immer wieder von „chinesischen/asiatischen Werten" gesprochen wird. Allein die chinesische Gesellschaft, vor allem aber die Gruppe der Länder in Ost- und Südasien ist so groß und heterogen (über 60 % der Weltbevölkerung), dass hier wohl kaum einheitliche Werte vorhanden sein werden (Economist, 1998). Weiterhin treten auch ***Widersprüche in Detailfragen*** auf. So wird als eine „Eigenschaft der Chinesen" der Respekt gegenüber Gesetz und Ordnung angeführt, im nächsten Satz aber von der Loyalität innerhalb der Familie und familienähnlichen Gebilden gesprochen (Lau, 1989). Hier werden widersprüchliche Aussagen vermengt, um die eigene These zu stützen. Generell zeigt sich auch hier, dass die Diskussion über kulturelle Einflüsse in China nur dort geführt werden sollte, wo Verhaltensweisen von Wirtschaftssubjekten in überschaubaren Gruppen erklärt werden sollen. Die Anwendung auf die Wirtschaftsentwicklung in Staatengruppen ist kritisch zu beurteilen. So dienten die kulturellen Einflüsse in der Diskussion über Ursachen der erfolgreichen Wirtschaftsentwicklung sowie der Wirtschaftskrise in Ostasien als Argumentationshilfe. Bis zum Ausbruch der Asienkrise 1997 war die „asiatische Kultur" eine vielzitierte Begründung für die rasante Entwicklung. In Folge der Diskussion über Ursachen der Krise mussten die gleichen Gründe auf einmal als Nachteile herhalten (vgl. Übersicht 11). Letztendlich liegt die „Wahrheit" in einer ausgewogenen Betrachtung und nicht in der weit verbreiteten Vorgehensweise, nur die Aussagen von Konfuzius heranzuziehen, die gerade genehm sind.

Quellen: Economist (1998), S. 23; Lau (1989), S. 10.

[202] Vgl. Redding (1990), S. 44, 232f. Die Absicherung hat sich insbesondere bei verschiedensten politischen Kampagnen als vorteilhaft erwiesen.

[203] Vgl. Lau (1989), S. 10.

Übersicht 11: Wandel „asiatischer Werte" in der Diskussion

„Asiatischer Vorteil" vor 1997	**„Asiatischer Nachteil" nach 1997**
Bedeutung persönlicher Beziehungen	Vetternwirtschaft
Konsens-Denken	Korruption
Traditionsbewusstsein, Respekt gegenüber Autorität	mangelnde Innovationsfähigkeit
Ausbildungserfolge in der Gesellschaft	stures Lernen, fehlende Kritik am System

Quelle: Economist (1998), S. 23.

Die Existenz informeller Regeln in China (geprägt durch den Konfuzianismus) sorgt dafür, dass bei Wirtschaftssubjekten die Anpassungsfähigkeit auf institutionelle Mängel gegeben ist. Als wesentliche Elemente der Lehre des Konfuzianismus konnten die enge Bindung in Familien und familienähnlichen Gruppen, die daraus resultierenden Netzwerke sowie das vorrangig auf kollektive Ziele ausgerichtete Verhalten betrachtet werden. Die kulturelle Komponente kann aber nicht als Erklärung für überregionale Erfolge dienen, denn dazu treten zu viele Widersprüche auf.

3.2.4.2 Mythos „guanxi"?

Die chinesische Bezeichnung für eine zentrale informelle Regel lautet **„guanxi"**. In der ursprünglichen Bedeutung kann dieses Wort als „festmachen von zwischenmenschlichen Systemen" interpretiert werden, gängige Übersetzungen sind „Verbindung" oder „Beziehung".[204] Zu bemerken ist, dass die Pflege zwischenmenschlicher Beziehungen keine chinesische Besonderheit ist, sondern in zahlreichen Gesellschaften auftritt. Die Besonderheit Chinas liegt darin, dass Beziehungen eine vorrangige Bedeutung eingeräumt wird.[205] Der Bezug auf informelle Institutionen ist in China äußerst verbreitet, der Rückgriff auf informelle Netzwerke („guanxi") wird in allen Ebenen des politischen und ökonomischen Lebens analysiert.[206]

Merkmale von „guanxi"

Der Aufbau von zwischenmenschlichen Beziehungen und Vertrauen ist für chinesische Wirtschaftssubjekte deshalb von Vorteil, weil dadurch die Stellung innerhalb einer sozialen Gruppe und auch in einem unsicheren institutionellen Rahmen gestärkt wird. In die Beziehungen einbezogen werden dabei aber nicht nur Familienmitglieder, sondern - je nach Bedarf - auch Klassenkameraden,

[204] Vgl. Li/Li (2000), S. 1.
[205] Vgl. Standifird/Marshall (2000), S. 22.
[206] Von ökonomischer Bedeutung ist „guanxi" auch für Direktinvestitionen sowie den Absatz von Produkten. Auf politischer Ebene spielen die Netzwerke ebenfalls eine wichtige Rolle; vgl. Potter (2000), S. 1.

Dorfmitbewohner und Freunde von Freunden (familienähnliche Gruppen).[207] Durch die Netzwerke wird die Abwicklung ökonomischer Transaktionen beeinflusst:

> „Investment tends to be shaped by what economists call relation-based governance, which means that **most transactions are based on personal and implicit agreements**, not on formal contracts that are enforceable by courts."[208]

Die Bildung der Beziehungsnetzwerke erfolgt in der Form, dass entweder gute Bekannte und Verwandte einbezogen oder aber neu Hinzukommende überprüft werden. Die Überprüfung kann dann wiederum durch Empfehlung eines Netzwerkteilnehmers als auch durch eigene Recherchen erfolgen, wobei der erste Weg der üblichere und vor allem kostengünstigere erscheint. Damit kommt es für einzelne Personen des Netzwerkes, die als „Mittler" fungieren, dazu, dass sie ihre „Ansprüche an" und „Pflichten bei" Mitgliedern tauschen (so z.B., wenn Mitglied B seinem Anspruch ggü. D und seiner Verpflichtung ggü. C dadurch nachkommt, dass er C in das Netzwerk von D einführt; vgl. Abbildung 9). Die Ausnutzung von informellen Regeln bedeutet nicht, dass eine Transaktion nicht auch schriftlich fixiert werden kann, auch unter Bekannten. Ein Rückgriff auf formale Institutionen bei der Durchsetzung von Ansprüchen hingegen ist selten üblich, statt dessen wird versucht, über gemeinsame Freunde und Bekannte den Schuldner an seine Zahlungsverpflichtung zu erinnern.[209]

Abbildung 9: Mögliche Beziehungsnetze („guanxi")

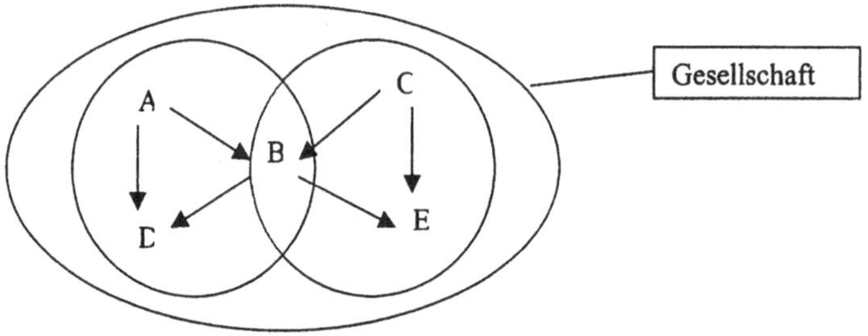

Die Pfeilrichtung gibt beispielhaft die Ansprüche an.

Durch die besondere Art der Einführung und Absicherung bei neu hinzukommenden Netzwerkteilnehmern kann die Umsetzung der impliziten Vereinbarungen bei Fehlverhalten einer Person somit leichter gewährleistet werden. Der Prinzipal weiß, durch welche Maßnahmen der Agent getroffen werden kann:

[207] Vgl. Whyte (1996), S. 11f.
[208] Li/Li (2000), S. 1.
[209] Vgl. Potter (2000), S. 2.

durch „Gesichtsverlust", Verwertung seines Vermögens oder - im Extremfall - Kidnapping von ihm oder einem seiner Familienangehörigen.[210] Die Mechanismen lassen sich relativ einfach umsetzen, da wie bei den Transaktionen selbst nicht auf formale Institutionen zurückgegriffen werden muss/kann. Da aber auch alle Beteiligten an Reputation verlieren können, ergeben sich vielfältige Kontrollmechanismen. Selbst wenn ein Geschädigter (C) keine direkte Beziehung mit dem Partner (A) vor der Transaktion hatte, so bleiben ihm zwei Sanktionsmechanismen: der direkte Zugriff auf seinen Partner oder der Weg über den Netzwerkteilnehmer (B), welcher den Partner A einführte (vgl. Abbildung 10).

Abbildung 10: Beziehungen und Sanktionsmechanismen zwischen Akteuren

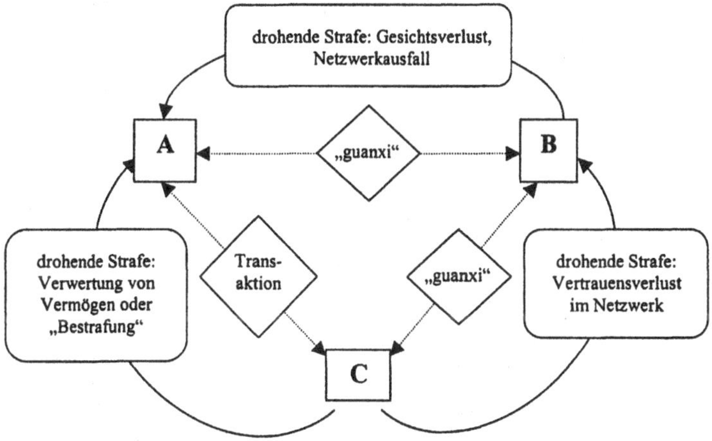

Die Bedeutung der Netzwerke zeigt sich auf verschiedensten Ebenen. Neben der engen Bindung innerhalb einer Familie (und der nahen Verwandtschaft) spielt auch die Zugehörigkeit zu einer bestimmten Berufsgruppe eine Rolle. Bei dem Wechsel des Wohnortes finden sich in Städten zudem Gruppen zusammen, die eine gemeinsame geographische Herkunft verbindet. Letzteres ergibt sich insbesondere auch über die chinesischen Grenzen hinaus, was in engen Beziehungen der Auslandschinesen („huaqiao") zum Heimatland resultiert.[211] Die Existenz persönlicher Beziehungen zeigt sich auch an der Relevanz, die die „danwei" im Transformationsprozess genossen und in persönlichen Bereichen eingenommen hat (vgl. 3.2.3). Ihr Einfluss führt dazu, dass persönliche Beziehungen innerhalb einer Einheit, aber vor allem im weniger geregelten „Trans-danwei"-Bereich,

---

210 Vgl. Economist (2000a), S. 7*.

211 Vgl. Herrmann-Pillath (1998b), S. 14.

notwendig sind, um das Erreichen eigener Ziele zu gewährleisten.[212] Die Ausnutzung persönlicher Beziehungen in China bedeutet aber nicht, dass Transaktionen oder Informationsübermittlung ohne ihre Existenz nicht zustande kommen können und dass Chinesen diese Netzwerke mit Vorliebe pflegen:

> „Contrary to popular belief, the **Chinese aren't in love with** the relation-based business tool known as **guanxi**. They just don't have a reliable legal resource to use in its place."[213]

Nachteile und Grenzen von „guanxi"

Die Existenz persönlicher Netzwerke scheint für ein Transformationsland vorteilhaft, um institutionelle Mängel heilen zu können. Dabei darf allerdings nicht vergessen werden, dass sich diese Vorteile nur entfalten können, wenn

1. eine gewisse „Vorgeschichte" in dem Land gegeben ist,
2. keine persönliche Vorteilnahme erfolgt,
3. die Existenz der Netzwerke auch massive Behinderungen mit sich bringt, und
4. Transaktionen in einem geographisch und personell überschaubarem Rahmen ablaufen.

Verzerrungen durch „guanxi"

Aus der Existenz enger Verbindungen können sich für einzelne, außenstehende Akteure massive Nachteile ergeben. Diese treten in China vor allem dann auf, wenn Personen, die als Vermittler oder Beurteilender zwischen zwei anderen Akteuren auftreten sollen, gute „guanxi" zu einem der Beteiligten haben. Zu beobachten ist dies insbesondere bei der Rechtssprechung. Die Vorgehensweise für Richter und Staatsanwälte bei der Nachforschung in einem Fall lässt sehr viel Spielraum und gestattet ihnen, sich mit einer der beteiligten Parteien zu treffen, um weitere Informationen zu erlangen. Dies stellt die Grundlage für „Mauscheleien" zu Lasten des Dritten, der nicht über gute „guanxi" verfügt.[214]

Die Existenz von Netzwerken muss auch nicht unbedingt förderlich für die Wirtschaftsentwicklung sein. So kann das Beharren auf traditionellen Strukturen die Innovationsfähigkeit des Unternehmens mindern, indem besser ausgebildete jüngere Mitglieder nicht an die entscheidenden Positionen gelangen bzw. ganze

---

[212] Vgl. Hebel (1997), S. 17.
[213] Li/Li (2000), S. 1.
[214] Vgl. Potter (2000), S. 4f.

Gruppen (wie z.B. Frauen) komplett an den Rand gedrängt werden. Weiterhin verkürzt sich eventuell der Planungshorizont von Unternehmen dadurch, dass durch ineffiziente Nachfolgeregeln Vermögenswerte vernichtet werden.[215]

Grenzen von „guanxi"

Bezüglich der Übersichtlichkeit der Transaktionen ist zu bemerken, dass die Ausnutzung von „guanxi" vor allem in kleineren Kreisen bei einer überschaubaren Gruppe erfolgt:

> „[...] between friends and family members resistance to the requirements of formal rules was greater."[216]

Bei einer Ausweitung der Transaktionen vergrößert sich der Kreis der Kooperationspartner erheblich. Die Merkmale von „guanxi" liegen darin, dass Personen aus dem eigenen Vertrauenskreis einbezogen werden. Dies ist ab einer gewissen Ebene nicht mehr möglich. Da aber einzelne Akteure nicht nur für sich, sondern auch für die Reputation der im Netzwerk beteiligten Teilnehmer bürgen müssen, steigen somit die durch Prüfung und Überwachung entstehenden Transaktionskosten.[217] Es ergibt sich daher eine **progressive Kostenentwicklung bei der Ausnutzung informeller Beziehungen**. Ab einem gewissen Umfang des Netzwerkes ist dann der Transaktionskostenvorteil gegenüber den formalen Institutionen nicht mehr gegeben. Die formalen Institutionen zeichnen sich durch hohe Fixkosten (für den Staat), aber marginale Kosten der Nutzung (für die Privaten) aus.[218] Allerdings kann daraus keine detaillierte wirtschaftspolitische Empfehlung erarbeitet werden. Neben der genauen Festlegung des Punktes, ab dem formale Institutionen einen Kostenvorteil aufweisen, scheitert eine Steuerung der Nutzung beider Institutionen an dem **Dilemma unterschiedlicher beteiligter Akteure**. Der Staat kann lediglich eine Verbesserung formaler Institutionen (v.a. des Rechtssystems) unter Inkaufnahme hoher Fixkosten implementieren, hat aber keinen Einfluss auf die Nutzung durch die Privaten.

Damit ist der Mechanismus persönlicher Beziehungen nicht geeignet, die institutionellen Mängel in Chinas Volkswirtschaft vollständig auszugleichen. Die als Vorteil aus einer niedrigen Ebene und geringeren formalen Vorgaben resultierenden geringeren Transaktionskosten entfallen mit Ausweitung des Aktions-

---

215 Vgl. Whyte (1996), S. 12f.

216 Potter (2000), S. 2. Diese Aussage wurde auf Basis einer Umfrage in chinesischen Dörfern bezüglich der Ausgestaltung eines Kreditgeschäftes getroffen.

217 Vgl. Economist (2000a), S. 7*.

218 Vgl. Li/Li (2000), S. 2.

kreises. Dies kennzeichnet einen wichtigen Abschnitt in Chinas Entwicklung: Die zunächst noch vorherrschende Meinung, Beziehungen seien ein guter Ersatz zu formalen Regeln, schlägt seit Anfang der 90er Jahre auch bei chinesischen Entscheidungsträgern um. Statt dessen reift die Erkenntnis, dass formale Regeln unabdingbar sind, um Transaktionen zu ermöglichen, die durch informelle Mechanismen nicht mehr abgesichert werden können.

Die Existenz persönlicher Beziehungen („guanxi") hat in den ersten Reformphasen Chinas erfolgreich dazu beigetragen, institutionelle Mängel zu beheben und Konflikte zu vermeiden bzw. zu beheben. Mit einer Ausweitung von Reformen und Transaktionen auf nationale und globale Ebene steigt aber die Notwendigkeit, formale Regeln zu fixieren, da „guanxi" allein auf den höheren Ebenen nicht mehr greifen kann.

4 Basis der Wirtschaftstransformation in China: „Private Schweine" und „geöffnete Fenster"

Die Gründe für das im Transformationsprozess erzielte hohe Wirtschaftswachstum in China können anhand verschiedener Reformschritte analysiert werden. In den ersten Jahren nach dem Amtsantritt von Deng Xiaoping wurden zwei Maßnahmen implementiert, denen eine große Bedeutung beigemessen wird.[219] Diese repräsentieren zudem die beiden potenziellen Quellen (Inland versus Ausland) der Mittelherkunft zur Unternehmensfinanzierung. Einerseits stellte die Agrarreform den Startschuss für die Transformation und einen ersten Produktivitätssprung dar. Andererseits bemühte sich die chinesische Regierung um eine außenwirtschaftliche Öffnung, um durch Exportförderung und ausländische Direktinvestitionen die Finanzierungs- und Absatzlage inländischer Unternehmen zu verbessern.[220]

4.1 Agrarreform: Eine zweite „Umzingelung der Städte durch das Land"

„Es begann mit dem privaten Schwein je Familie"[221] - diese (nicht bildlich zu verstehende) Aussage ist das treffendste Kennzeichen der chinesischen Wirtschaftsreformen nach 1978. Die beeindruckende makroökonomische Performance wurde zwar in der Gesamtheit durch verschiedene Maßnahmen hervorgerufen. Die **„Initialzündung" war** jedoch **die Agrarreform**. Der Umbruch im landwirtschaftlichen Sektor stellte den ersten weitreichenden Schritt der Regierung für Reformen des Wirtschaftssystems in Richtung einer Marktwirtschaft dar (auch wenn dieses heute durchaus realistische Ziel damals von niemandem ernsthaft ins Kalkül gezogen wurde[222]).

Zweifellos stellte die Entscheidung der Regierung, die Reformen in diesem Sektor zu beginnen, einen guten Beschluss dar. Der Agrarsektor war in der Zeit vor 1978 durch eine sehr strenge Regulierung gekennzeichnet. Die Enteignung von Grundbesitzern nach der Machtergreifung der KPCh 1949 („Kollektivie-

---

[219] Hu/Khan unterteilen die für den Produktivitätsanstieg relevanten Bereiche in drei Gruppen: 1.) Agrarreform; 2.) Anstieg des Anteils nicht-staatlicher Unternehmen an der Produktion; 3.) Außenwirtschaftsreformen; vgl. Hu/Khan (1996), S. 14. Ebenso Naughton (1995), S. 6; Perkins (1988), S. 621.

[220] Vgl. Lardy (1996), S. 103; Shirk (1994), S. 2f.

[221] Thielbeer (1999), S. 20.

[222] „It is likely that no one in the Chinese government realized how far the process would take them when they started out on the task of rural reform after the Third Plenum held in December 1978"; Perkins (1988), S. 607.

rung") und die im folgenden eingeführte Entlohnung nach „Arbeitspunkten" (vgl. 2.1.3) zerstörten jede Form von Arbeitsanreizen und Eigeninitiative in den landwirtschaftlichen Kommunen. Auf dieser Basis konnte eine unmittelbare Produktivitätssteigerung erzielt werden.[223]

Außerdem war der **Agrarsektor auch aus makroökonomischer Sicht relevant**. Da die Produkte dieses Sektors (als Grundversorgungsmittel) in einem Entwicklungs- und Transformationsland wie China einen wesentlichen Teil des repräsentativen Warenkorbes ausmachen, wirken sich die Reformen - je nach Wahl der Preisreform - mehr oder weniger stark auf die Entwicklung der Inflationsrate aus. Bei einer unkontrollierten Liberalisierung hätte der Staat über seine (noch schwachen) wirtschaftspolitischen Instrumente stabilisierend eingreifen müssen, was die Reaktionsfähigkeit auf andere Schocks eingeschränkt hätte. Und schließlich leistet die ausreichende Versorgung der Bevölkerung einen großen Beitrag zur sozialen Stabilität und damit auch zur gesamten Unterstützung der Reformen.

4.1.1 Umsetzung der Agrarreform - Selbstverantwortung und duales Preissystem

Die bei der Agrarreform zu beobachtenden Produktivitätssteigerungen resultierten aus verschiedenen Errungenschaften und bieten daher verschiedene Erklärungsansätze für den Erfolg der Maßnahmen. Analysen zur Wirtschaftstransformation haben dabei verschiedene Determinanten für das Produktivitätswachstum im Agrarsektor gefunden (vgl. Tabelle 6):

1. Zur ersten Phase der Agrarreform von 1979 bis 1984 trug das **„Househould Responsibility System" (HRS)** allein nahezu die Hälfte des Produktivitätswachstums bei.
2. Verbesserungen bei chemischen Produkten (Dünger) sowie bei Investitionsgütern führten in allen Phasen zu weiteren Produktivitätszuwächsen.

Das **HRS**, welches über die Verbesserung der Arbeitsanreize (vgl. Box 8) zu Produktivitätswachstum führte, **betonte die Dekollektivierung landwirtschaftlicher Einheiten und die Eigenverantwortlichkeit der Individuen**. Seine Einführung erfolgte ebenfalls nicht in einer zentral gesteuerten Maßnahme. Es wurde vielmehr seit 1949 mehrfach verboten und auch nach 1978 lediglich als Ausnahmeregelung für besonders arme Gebiete zugelassen. Erst nach seinem

[223] Vgl. Perkins (1988), S. 613.

beeindruckenden Erfolg in den Testregionen wurden 1982 alle Restriktionen aufgehoben. 1983 erfolgte die ideologische Fundierung.[224]

Tabelle 6: Determinanten des Outputwachstums im Agrarsektor

	Beitrag zum Wachstum in %	
Determinante	**1979 - 84**	**1984 - 87**
Inputs, davon:		
Land	-1,8	-38,2
Arbeit	4,5	-70,1
Kapital	10,8	44,7
Dünger	32,2	53,7
Produktivitätswachstum:		
HRS	46,9	0
Sonstige	1,8	48,7
Residuum	2,35	61,28

Quelle: Lin (1992), S. 45; er untersucht dabei insgesamt 7 Determinanten und das Residuum; zwei Determinanten des Produktivitätswachstums sind unter „sonstige“ zusammengefasst.

Box 8: Das HRS als Lösung für Anreizprobleme in Chinas Landwirtschaft

Die Umsetzung der Agrarreform beinhaltete zahlreiche Elemente. Das zunächst nicht genehmigte HRS kann als das tragende Element für den Erfolg identifiziert werden. Seine Einführung im Rahmen der Reform in der Landwirtschaft nach 1978 ist ein klassisches Beispiel für das erfolgreiche Beseitigen eines „Prinzipal-Agent-Problems“, mit dem Staat als Prinzipal und den einzelnen Mitgliedern eines Produktionsteams als Agenten. Die Zielfunktionen der Akteure können dabei so definiert werden, dass der Staat eine Outputmaximierung (zur Versorgung der Bevölkerung) anstrebt, die Teammitglieder aber ihren individuellen Nutzen maximieren wollen. Dazu zählen neben dem individuellen Einkommen auch noch die verfügbare Freizeit, so dass der Arbeitseinsatz als „Arbeitsleid“ den Gesamtnutzen mindert. Die Gleichbehandlung der Teammitglieder vor 1978 führte zu einem verzerrten Anreizsystem, da Arbeitseinsatz nicht mehr belohnt, sondern im Gegenteil der Entzug von Arbeit quasi gefördert wurde. Eine Bestrafung des Verhaltens mussten die Arbeiter nicht befürchten, da die Monitoring-Kosten viel zu hoch und somit keine Überwachungsmechanismen installiert waren. Mit Einführung des HRS änderte sich die Ausgestaltung des P/A-Problems. Durch dieses System wurde die entscheidende Komponente eingeführt, mit der eine Outputsteigerung erreicht werden konnte: die Beteiligung der Teammitglieder am Output. Damit sahen diese den Arbeitseinsatz nicht mehr als reines „Leid“, denn ihr persönliches Einkommen stieg mit dem geleisteten Arbeitseinsatz an. Durch die Beteiligung der Haushalte an dem erzielten Output (nach Erfüllung einer fixen Quote) wurde die Notwendigkeit des „Monitoring“ vom Arbeitseinsatz des Agenten beseitigt. Damit zeigt sich, dass die von der Regierung schrittweise geförderte Landwirtschaftsreform angemessen war, um die in der Landwirtschaft aufgebauten Verzerrungen gezielt zu beseitigen.

---

224 Vgl. Lin et al. (1996), S. 132f.

Tabelle 7: Anzahl der am HRS teilnehmende Haushalte

Jahr	1979	1980	1981	1982	1983	1984
Anteil in %	1	14	45	80	98	99

Quelle: Lin (1992), S. 38.

Das **HRS** beinhaltete folgende **Elemente**:[225]

- Jedem Haushalt wurde eine Parzelle Land zur Nutzung zugewiesen.
- In einem Vertrag wurde der Haushalt verpflichtet, Steuern zu zahlen, staatlich vorgegebene Produktionsquoten zu erfüllen und abzuliefern, sowie dem lokalen Produktionsteam eine gewisse Summe für soziale Zwecke zu zahlen.
- Nach Ableistung der angeführten Verpflichtungen konnte der Haushalt alle weiteren erzielten Erträge für sich einbehalten und auf neu entstehenden, freien Märkten verkaufen.

Neben den Produktivitätszuwächsen, die durch Einführung des HRS hervorgerufen wurden, bewirkte dieses aber noch eine weitere Veränderung. Durch die Aufhebung der traditionellen Verwaltungsstrukturen in ländlichen Bereichen ergaben sich mehr Kompetenzen für die „townships". Sie konnten die Steuerung des Agrarsektors besser vornehmen und auch die Erträge bündeln und in andere Bereiche investieren.[226]

Die **zentrale makroökonomische Maßnahme zur Untermauerung der mikroökonomischen Reformen** war die **Preisreform**. Das System zentraler Planung wurde schrittweise abgeschafft. Zwar existierten für einige Grundversorgungsbereiche noch Kontrollmechanismen, aber die Möglichkeit, die Überschussproduktion zu höheren Preisen auf freien Märkten verkaufen zu können, schaffte weitere Produktionsanreize. Ergänzend bemühte sich der Staat noch um eine Verbesserung der Einkommen von Bauern, indem er die Preise für abzuliefernde Quoten stark erhöhte (vgl. Tabelle 8).[227]

Tabelle 8: Staatliche Preise für Agrarprodukte

	1978	1979	1980	Anhebung
Weizen	272,2	329,6	314,4	15,5 %
Mais	176,0	214,4	214,4	21,8 %
Sojabohnen	401,2	461,4	692,1[a]	72,5 %
Baumwolle	2.304,8	2.765,0	3.065,8[a]	33,0 %
Tabak	1.369,6	1.369,6	1.680,0[a]	22,7 %

Quelle: Wong (1996), S. 48; die Preise sind in RMB Yuan per Tonne angegeben; [a] 1981.

---

[225] Vgl. Liew (1997), S. 45ff.; Wong (1996), S. 45.
[226] Vgl. Choe (1996), S. 246.
[227] Vgl. Perkins (1988), S. 609.

Durch die Preisreform ergab sich ein **„duales Preissystem"**. Die von staatlicher Seite fixierten Preise für die festgeschriebenen Quoten lagen noch immer erheblich unter den Preisen, die für die auf freien Märkten abgesetzte Überschussproduktion erzielt werden konnten. Als dritte Kategorie existierten die „Richtpreise". Die Marktpreise gewannen im Transformationsprozess nach und nach an Gewicht. Die staatlichen Vorgaben waren bis 1993 nahezu vollständig beseitigt, die regulierten Produkte machten nur noch 10 % des gesamten Outputs aus.[228] Die verstärkte Bedeutung von Marktpreisen bedeutete aber nicht, dass der Staat auf alle Kontrollmechanismen verzichtete. Bei Getreide erfolgt weiterhin Produktion nach staatlichen Vorgaben, die Erfüllung von Mindestquoten sowie der Verkauf aller Produkte zu vom Staat kontrollierten Preisen. Hinzu kommt, dass noch heute nur staatliche Firmen und Landwirtschaftsbehörden berechtigt sind, Getreide direkt von Farmern zu kaufen. Diese kaufen zu Mindestpreisen an, um die Landwirte bei den stark sinkenden Preisen vor Einkommensverlusten zu schützen. Andere Händler müssen ihre Einkäufe über oben genannte staatliche Stellen tätigen.[229]

Die kontrollierte Preisfreigabe im Agrarsektor führte zu einer einmaligen „Anpassungsinflation" (vgl. Abbildung 11). Der Preisindex für landwirtschaftliche Produkte weist größtenteils eine stabile Entwicklung auf, die aber dreimal von sprunghaften Anstiegen unterbrochen wurde. Die Schwankungen sind ein Zeichen dafür, dass durch die Preisliberalisierung ein wechselndes Angebots- und Nachfrageverhalten auftrat. Die Beruhigung erfolgt vor allem in der Phase nach 1989 durch staatliche Eingriffe, um die Inflation einzudämmen.[230] Der massive Sprung 1994 erklärt sich aus einer missglückten Liberalisierung des Getreidemarktes (vgl. 4.1.3). Insgesamt zeigt sich, dass die Phasen mit höheren Inflationsraten (1979, 1988, 1994) in China durch die Anstiege der Preise für landwirtschaftliche Produkte erklärt werden können.

In Verbindung mit der Preisreform wurden die zu zahlenden Steuern reduziert, um eine weitere Aufbesserung der ländlichen Einkommen zu erreichen (vgl. Tabelle 9). Der Anstieg des gesamten Steueraufkommens lag bis 1984 unter dem Zuwachs des Agraroutputs, so dass der Steuersatz zurückging. Allerdings konnte die von der Zentralregierung verfolgte Politik nicht wie gewünscht umgesetzt werden. Schon die Betrachtungen zu Konflikten bei der Dezentralisierung haben gezeigt, dass lokale Behörden in ländlichen Gebieten ihre Machtpo-

---

228 Vgl. Herrmann-Pillath/Lackner (1998), S. 621.
229 Vgl. Schlotthauer (1999a), S. 133.
230 Der Unmut über die steigende Inflation und sinkende Einkommen in 1988/89 kulminierte in den Unruhen des Juni 1989 auf dem Tiananmen-Platz.

sition ausnutzen und zusätzliche Abgaben erhoben, die die Landwirte über Gebühr belasteten. Dies zeigt auch die Zuwachsrate der Steuern nach 1984.

Abbildung 11: Preisanstieg bei Agrarprodukten und Konsumgütern

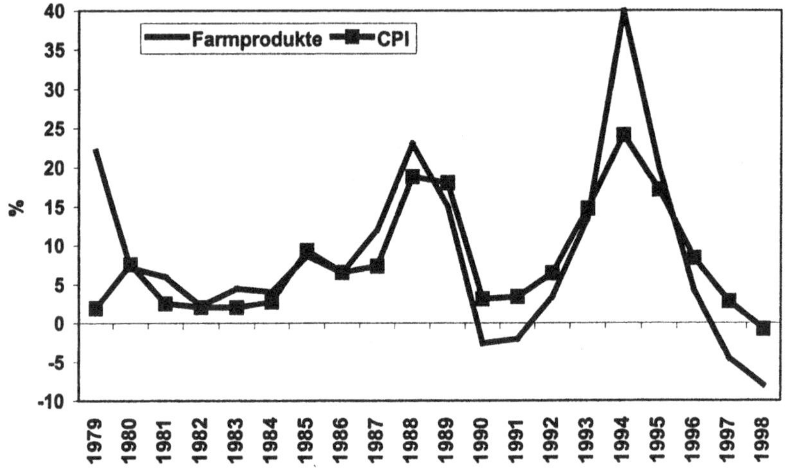

Quelle: China Statistical Yearbook (1998), S. 301 und (1999), CD-Rom.

Tabelle 9: Steueraufkommen im Landwirtschaftssektor, 1978 - 1987

	1978 - 1984	1984 - 1987
jährl. Zuwachsrate der erhobenen Steuern	2,95 %	9,92 %
jährl. Zuwachsrate des Agraroutputs	7,7 %	4,1 %

Quellen: China Statistical Yearbook (1998), S. 274; Lin (1992), S. 35.

Die Umsetzung der Agrarreform hat einen großen Erfolg erzielt, weil im Agrarsektor zusätzliche Arbeitsanreize durch die Umstellung auf das Selbstverantwortungssystem geschaffen werden konnten. Gleichzeitig besaß der Staat aber den Vorteil, weiterhin Steuerungsmechanismen für die Preisentwicklung einsetzen zu können.

4.1.2 Auswirkungen der Agrarreform

Output-Effekte der Agrarreform: In der Phase nach den ersten Preis- und Distributionsreformen kam es in China mit gut 30 % realen Wachstums zu einem sprunghaften Anstieg des realen Outputs (vgl. Abbildung 12). Dies zeigt, dass die Reformen unmittelbar zu einer Verbesserung der Produktions- und Versorgungssituation landwirtschaftlicher Güter führten. Das überdurchschnittlich hohe Wachstum mit fast 10 % jährlich über einen Zeitraum von weiteren fünf Jahren zeigt, dass auch mittelfristig eine Verbesserung erzielt werden konnte. Nach 1985 ist ein starker Rückgang des Outputwachstums zu beobachten. Dies erklärt sich durch eine zurückgehende Wachstumsrate bei der Nutzung technischer Hilfsmittel.[231] Der 1990 zu verzeichnende überproportionale Anstieg wiederum wurde durch eine geänderte Wirtschaftspolitik hervorgerufen, da nach den Unruhen von 1989 der Agrarsektor verstärkt gefördert wurde.

Abbildung 12: Jährliches reales Wachstum des Agraroutputs in China

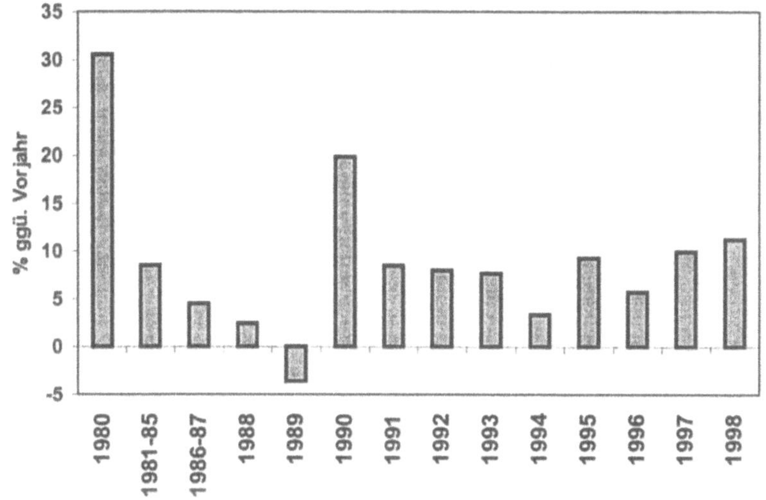

Quelle: China Statistical Yearbook (1998), S. 301 und 390 sowie (1999), CD-Rom.

Einkommenseffekte bei der ländlichen Bevölkerung: Die Agrarreform ergab einen unmittelbaren Anstieg der Einkommen ländlicher Haushalte (vgl. Abbildung 13). Danach stagnierten die Einkünfte jedoch bis ins Jahr 1990. Der dann zu beobachtende massive Einkommensanstieg erklärt sich durch die Förderung der Landwirte im Rahmen des Politikwechsels nach 1989. Auch die höheren Zuwachsraten nach 1994 gehen auf staatliche Eingriffe im Zuge der Neuordnung des Getreidemarktes zurück.

Analog zur Einkommensentwicklung kam es zu einem **Anstieg der Sparquote.** Diese betrug schon in den 80er Jahren über 30 % und stieg ab 1990 auf etwa 40 % an. Eine Aufgliederung der Sparquote zeigt, dass vor allem die Haushalte zu dem massiven Anwachsen der Sparquote beigetragen haben. Ihr Anteil an der Gesamtersparnis war bis 1990 auf über 33 % angestiegen und kompensierte somit den Rückgang des staatlichen Sparens (vgl. Abbildung 14).

[231] Vgl. Lin (1992), S. 48.

Abbildung 13: Wachstum der Realeinkommen ländlicher Haushalte

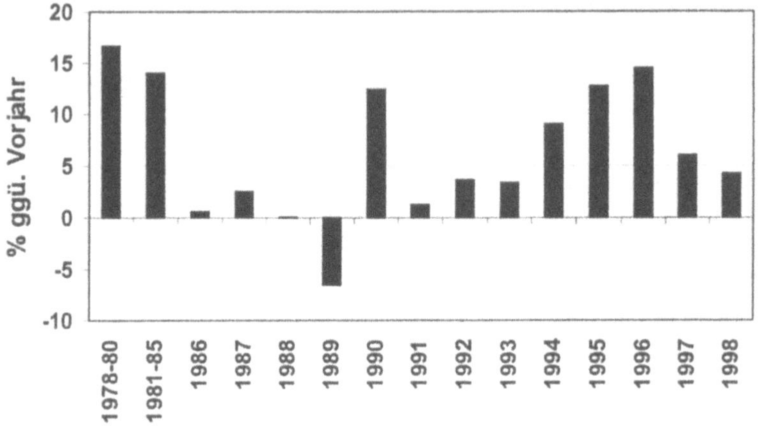

Quelle: China Statistical Yearbook (1998), S. 325 und (1999), CD-Rom; eigene Berechnung.

Abbildung 14: Sparquote und ihre Zusammensetzung in der VR China, 1978 - 90

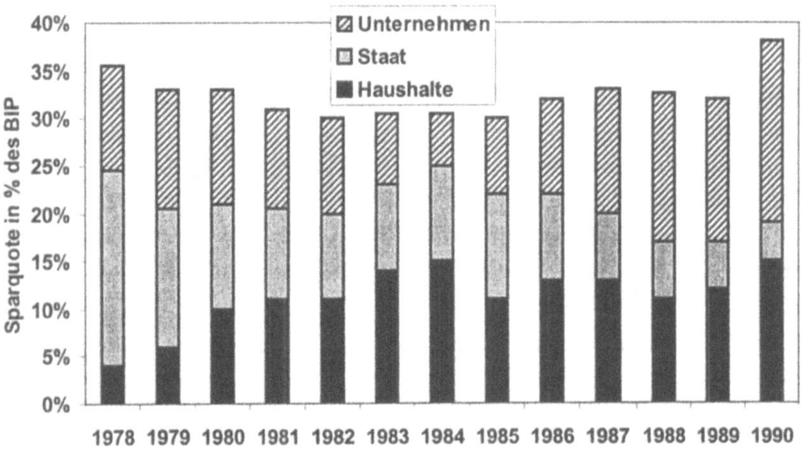

Quelle: Naughton (1995), S. 143.

Die ländlichen Haushalte waren vornehmlich für den Anstieg der Haushalts-Sparquote verantwortlich (vgl. Tabelle 10).[232] Die Einkommenssteigerungen der ländlichen Haushalte, verbunden mit der hohen Sparquote, führten somit zu einer wachsenden Vermögensbildung der privaten Wirtschaftssubjekte insgesamt.

Tabelle 10: Sparquoten in städtischen und ländlichen Regionen

	1983	1984	1985	1986	1987	1988	1989	1990	1991	1993	1994	1995
ländliche Sparquote	29,0	32,1	30,4	27,8	26,6	25,5	23,8	24,8	22,1	17,1	k.A.	k.A.
städtische Sparquote	3,8	8,0	3,5	5,8	6,0	5,8	3,5	9,2	7,3	31,4	43,7	35,9

Quelle: Wei (1999), S. 87.

Angesichts der Entwicklung des Sparverhaltens der ländlichen Bevölkerung sind für die Analyse der Unternehmensfinanzierung **zwei Fragen** zu klären:

1. **Bei welchen Finanzintermediären wurden die Spareinlagen hinterlegt?** In den ländlichen Regionen waren die staatlichen Geschäftsbanken mit ihrem Filialnetz so gut wie gar nicht vertreten. Daher muss es weitere Intermediäre gegeben haben, die die Einlagen entgegennahmen.

2. Wenn die Intermediäre identifiziert werden können, kann untersucht werden, inwieweit sie eine **Effizienzsteigerung bei der Abwicklung von Finanzierungsverträgen** darstellten. Dabei wird sowohl ihr Verhältnis gegenüber den Einlegern als auch ihre Politik der Mittelvergabe untersucht.

Die Landwirtschaftsreformen haben zu einem starken Produktivitätsanstieg und zu höheren Einkommen der ländlichen Haushalte geführt. Dieses Einkommen hat wiederum einen massiven Anstieg der Ersparnis bewirkt. Es verbleibt die Frage, wie die Intermediation dieses zusätzlichen Vermögens erfolgte.

4.1.3 Probleme bei der Agrarreform

Rückgang der Investitionen: Die Agrarreform erzeugte einen massiven Anstieg bei der Arbeitsproduktivität. Durch das HRS waren die Wirtschaftssubjekte bereit, sich stärker mit ihrer Arbeitkraft zu engagieren. Nachteilig an der Beseitigung der zentralen Kontrollen war, dass für die produzierenden Haushalte kein Anreiz bestand, in öffentliche Anlagen (Bewässerung, Maschinen) zu investieren. Diese vormals von der Kommune bereitgestellten Ressourcen stellten ein öffentliches Gut dar, da alle getätigten Investitionen der Gesamtheit zugute ka-

[232] Vgl. Qian (1988), S. 595. In einzelnen ländlichen Bezirken stieg in Folge des Sparquotenanstiegs das Volumen der Spareinlagen um fast 500 %; vgl. Du (1990), S. 51.

men.[233] Weiterhin führte das Aufbrechen der Kollektiven und die Bereitstellung von Land an einzelne Haushalte dazu, dass die Größe an bewirtschafteter Fläche pro Haushalt auf 0,55 Hektar zurückging. Damit war eine kapitalintensive Bearbeitung nicht mehr effizient.[234] Diese Entwicklungen führten dazu, dass die Investitionen im Agrarsektor sanken. Choe (1996) sieht diesen starken Rückgang an Investitionen im Agrarsektor auch als Begründung dafür, warum das hohe Outputwachstum nicht dauerhaft gesichert werden konnte.

Probleme durch staatliche Eingriffe: Kosten und Ineffizienz: Die Situation im Agrarsektor nach 1978 ist dadurch gekennzeichnet, dass der Staat in einigen, für die Grundversorgung bedeutenden Bereichen weiterhin eingreift, aber andere Segmente vernachlässigt. Die fortdauernde Kontrolle des Staates in wichtigen Versorgungsbereichen äußerte sich darin, dass er für Getreide weiterhin weitreichende Kontrollmechanismen installierte. Zur Sicherung der Grundversorgung existierten auch 1998 noch Quotenvorgaben.[235] Gleichzeitig war der Staat aber bestrebt, die Einkommen der Landwirte zu sichern. Die Sicherung der Einkommen erfolgte durch eine Subventionierung in der Form, dass deren Produkte zu überhöhten Preisen angekauft und zu niedrigeren Preisen an den Konsumenten weiterverkauft wurden. Die Verkaufspreise waren dabei teilweise noch auf dem Niveau der 60er Jahre, die Ankaufspreise erhöhten sich aber kontinuierlich.[236] Die Praxis der Getreidesubventionierung belastete den Staatshaushalt erheblich, sowohl über den Preiseffekt (Anhebung der Ankaufspreise) als auch über den Outputeffekt (starkes Mengenwachstum). Bis 1984 waren die Preissubventionen so stark angestiegen, dass sie 24,6 % des Staatsbudgets ausmachten.[237] Für die 90er Jahre wird geschätzt, dass die Verluste aus diesem System sich auf über 25 Mrd. US-Dollar beliefen.[238]

Fehlende staatliche Eingriffe zeigen sich wiederum in Naturkatastrophen. Bereits angesprochen wurde das Problem, dass einzelne Haushalte nicht bereit sind, Investitionen zu tätigen, die der Gesamtheit zugute kommen. Zudem ist auch kein Haushalt bereit, aus ökonomischen oder ökologischen Gründen auf zusätzliche Produktion zu verzichten. Daher häufen sich Überschwemmungen in den Flussgebieten und Wasserknappheit in anderen Anbaugebieten:

---

[233] Vgl. Choe (1996), S. 244f.; Dong (1988), S. 12.
[234] Vgl. Dong (1988), S. 12.
[235] Vgl. Schlotthauer (1999a), S. 133.
[236] Vgl. Perkins (1988), S. 610.
[237] Vgl. Lin (1992), S. 36.
[238] Vgl. Schlotthauer (1999a), S. 133.

> „Most years at the end of summer, China looks back on a season of disastrous flooding. The deads are counted, the damage is tallied, and promises are made to ensure that future floods will not be so bad. [...] A far greater worry was the drought, which in some areas this year has been China's worst in decades."[239]

Betrugsfälle im dualen Preissystem: Unter dem dualen Preissystem häuften sich die Betrugsfälle. Da die Preise der abgeführten Quotenmengen niedriger als die Marktpreise lagen, gingen zahlreiche lokale Funktionäre dazu über, die von den Landwirten gelieferten Pflichtmengen selbst auf freien Märkten mit hohem Gewinn weiterzuverkaufen.[240] Persönliche Vorteilnahme war auch bei versuchten Reformen Anfang der 90er Jahre zu beobachten. Eine versuchte Preis- und Quotenliberalisierung scheiterte 1993 an dem Verhalten beteiligter Marktakteure. Das Aufheben der Pflichtabgaben bei Getreide führte dazu, dass entweder die Bauern in der Hoffnung auf höhere Absatzpreise ihr Getreide horteten oder an „Spekulanten", welche diese hohen Preise bereitwillig zahlten, verkauften. Dies führte zu einer Verknappung und damit zu höheren Marktpreisen[241], was sich in der auf 24 % angestiegenen Inflationsrate für 1994 zeigte. Die Regierung machte die Reformen daraufhin rückgängig.

Trotz aller Probleme kann die Strategie der Regierung, die Verbesserung der wirtschaftlichen Situation durch Reformschritte im Agrarsektor anzugehen, als gelungen und adäquat bezeichnet werden. Dieser Sektor stellte nicht nur den für die Versorgung der Bevölkerung und damit die Stabilisierung der Gesellschaft wichtigsten Bereich dar, sondern bot das Potenzial für erhebliche Produktivitätszuwächse, die sich aus erhöhten Anreizen ergaben.

4.2 Außenwirtschaftsreform in China: „Öffnen des Fensters und Bau von Brücken"

Die Öffnung des Landes für ausländische Investitionen und Güter war eines der ersten Elemente, welches auch einen bedeutenden Einfluss auf die Entwicklung der heimischen Industrie hatte. Die chinesische Regierung war sich bewusst, dass mit einer fortgesetzten Abschottung keine Weiterentwicklung möglich gewesen wäre. Dementsprechend wurden Handel und Direktinvestitionen gefördert.[242] Untermauert wurde die außenwirtschaftliche Reform auf währungspolitischer Ebene durch das Regime eines festen Wechselkurses.

---

239 Economist (2000b), S. 82.
240 Vgl. Naughton (1995), S. 230.
241 Vgl. Schinke (1996), S. 160.
242 Vgl. Shirk (1994), S. 34.

4.2.1 Wechselkurspolitik in der VR China

4.2.1.1 Erfolg des Systems eines festen Wechselkurses

Erfahrungen von Transformationsländern haben gezeigt, dass der Wahl eines geeigneten Wechselkursregimes eine große Bedeutung zukommt. Zur monetären Stabilisierung besteht die Option der Fixierung des Wechselkurses, was zu einem „Import" von Geldwertstabilität führt.[243] Dabei muss ein Verlust an geldpolitischer Autonomie hingenommen werden,[244] im Falle divergierender Inflationsraten droht zudem eine reale Aufwertung (= Verlust an Wettbewerbsfähigkeit). Dies stellt für Transformationsländer ein großes Problem dar, weil eine eigenständige Geldpolitik (mit einem gegenüber dem Ausland tendenziell höheren Zins) aus binnenwirtschaftlicher Sicht notwendig ist, um über Variation der Zinsen die Inflationsrate zu stabilisieren. Aber auch die Wahl völlig flexibler Wechselkurse stellt kein sinnvolles Konzept dar. Flexible Wechselkurse orientieren sich kurzfristig nicht an den Fundamentaldaten, führen daher nicht (wie theoretisch zu erwarten wäre) zu einem Ausgleich der Zahlungsbilanz und üben einen verzerrenden Einfluss auf Güterströme aus.[245]

Die VR China ist dieser Problematik durch zwei Maßnahmen begegnet: Einerseits verfolgte sie das **Regime eines festen Wechselkurses mit dem US-Dollar als Ankerwährung** (Abbildung 15). Bei Bedarf wurden einmalige Anpassungen vorgenommen, so dass es sich nicht um ein vollständig starres System handelte. Andererseits wurde der **Kapitalverkehr massiv eingeschränkt:** Leistungs- und Kapitalbilanztransaktionen unterlagen strengen Kontrollen. Bis zum Jahr 1994 wurde zudem mit dem System eines gespaltenen Wechselkurses gearbeitet.

Die Entwicklung des Wechselkurses zeigt, dass es der chinesischen Zentralbank seit 1980 gelungen ist, starke Wechselkursschwankungen zu vermeiden. Der Kursverlauf deutet bis 1994 auf eine stetige Abwertung hin, ohne dass diese in großen Sprüngen erfolgte. Die beiden massiven Abwertungen Ende 1989 und Anfang 1994 ergaben sich aus den Besonderheiten des Wechselkursregimes mit dem gespaltenen Wechselkurs.

---

[243] Dieser Ansatz basiert auf der Kaufkraftparitätentheorie („law of one price"). Das inländische Preisniveau entspricht demnach dem mit dem Wechselkurs multiplizierten ausländischen Preisniveau. Dadurch soll sich bei Fixierung des Wechselkurses eine Stabilisierung des inländischen Preisniveaus ergeben.

[244] Der Verlust geldpolitischer Autonomie ergibt sich aus der ***Zinsparitätentheorie***. Diese besagt, dass die Zinsdifferenz zwischen in- und ausländischen Zinsen der erwarteten Wechselkursänderung in der Zinsperiode entsprechen muss. Bei einer Wechselkursfixierung muss ein Land seine Zinsen an die des Ankerwährungslandes anpassen.

[245] Vgl. dazu detailliert Bofinger (2001), Kapitel 12 und 13.

Abbildung 15: Wechselkursentwicklung des RMB Yuan

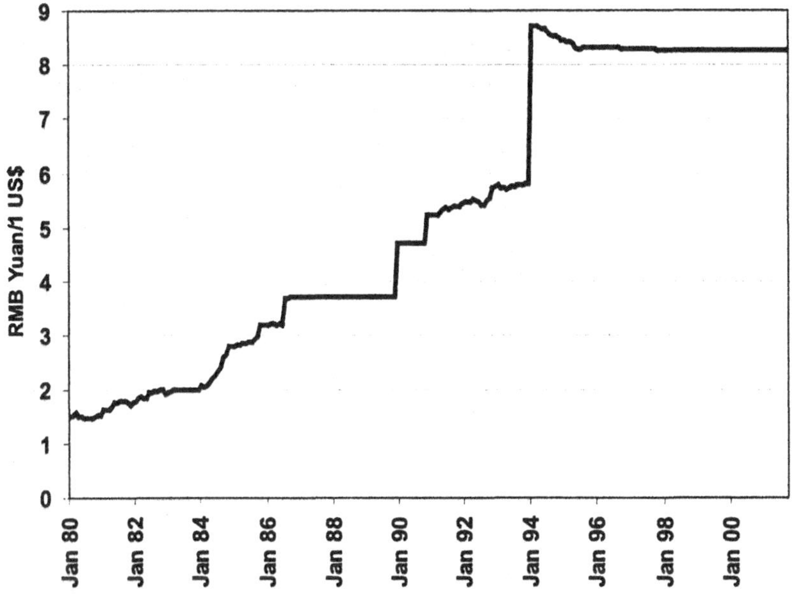

Quelle: IMF International Financial Statistics CD-Rom.

Von der stabilitätsorientierten Wechselkurspolitik profitierten chinesische Unternehmen und (nach 1994) auch ausländische Investoren. Einerseits gelang es der chinesischen Regierung mit den seit 1988 gezielt vorgenommenen Abwertungen, einen Verlust an Wettbewerbsfähigkeit zu verhindern. Dies schlug sich in einer positiven Entwicklung der Leistungsbilanz nieder (vgl. Tabelle 11). Insbesondere mit der letzten großen Abwertung 1994 konnte die Leistungsbilanzentwicklung deutlich verbessert werden (zu Lasten anderer asiatischer Volkswirtschaften). Andererseits führte die Politik, dass auf einmalige Abwertungen eine Phase von Wechselkursstabilität folgte, auch zu einer Reduzierung des Wechselkursrisikos für ausländische Investoren.

Tabelle 11: Leistungsbilanzsaldo der VR China, seit 1987

	1988	1989	1990	1991	1992	1993	1994	1995	1996	1997	1998	1999	2000
Leistungsbilanz, in % des BIP	-1,0	-1,2	3,4	3,4	1,4	-2,0	1,3	0,2	0,9	3,3	3,0	1,6	1,9

Quelle: International Financial Statistics CD-Rom, eigene Berechnung

Als weiterer Indikator für den Erfolg einer Politik des festen Wechselkurses dient der reale (effektive) Wechselkurs. Da sich in einem Regime fester Wechselkurse fundamentale Veränderungen nicht in Wechselkursschwankungen niederschlagen können, kann durch den realen effektiven Wechselkurs (unter Einbeziehung von Inflationsdifferenzen zu den Handelspartnern) die Stabilität des Regimes überprüft werden. Hier ist für die VR China zu erkennen, dass lediglich in der Phase nach 1994 die reale Aufwertung ein bedeutendes Ausmaß annahm. In den Jahren 1994 und 1995 betrug die Inflationsrate 24,1 bzw. 17,1 %, so dass trotz der massiven Abwertung Ende 1994 der Preisanstieg nicht vollständig kompensiert werden konnte. In der Phase nach Juli 1997, als andere asiatische Länder nominale Abwertungen ihrer Währungen zwischen 25 und 40 % hinnehmen mussten, fiel die moderate Aufwertung Chinas hingegen moderat aus (vgl. Abbildung 16).

Abbildung 16: Realer Wechselkurs in China

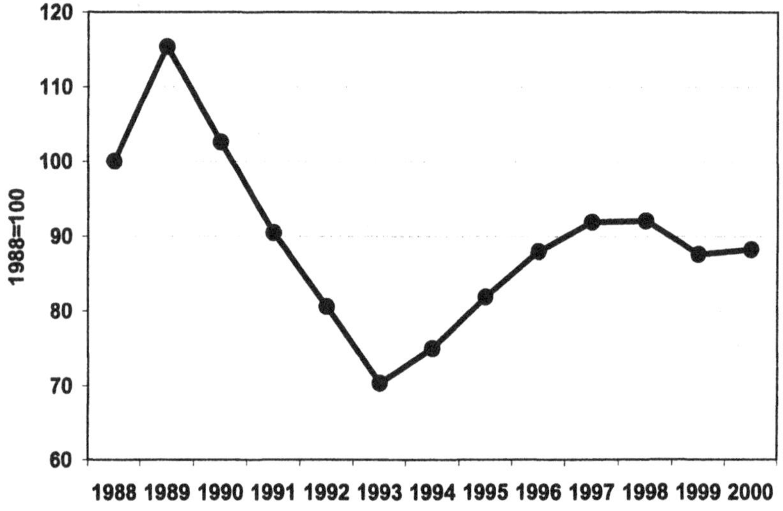

Quelle: IMF International Financial Statistics CD-Rom; ein Anstieg des realen Wechselkurses entspricht einer realen Aufwertung, ein Absinken einer realen Abwertung.

Was die Wechselkurspolitik für die Notenbank vereinfachte, war der ständig steigende Bestand an Währungsreserven (vgl. Abbildung 17). Daher konnte Chinas Währung nicht (wie seine asiatischen Nachbarn) durch einen massiven Abfluss ausländischer Mittel unter Druck geraten. Die Währungsreserven stellen das Interventionspotenzial der chinesischen Notenbank dar, um Ungleichgewichte am Devisenmarkt ausgleichen und Wechselkursschwankungen vermeiden zu können. Zudem verhinderten die strengen Kapitalverkehrskontrollen einen starken Zustrom kurzfristiger Fremdwährungskredite.

Abbildung 17: Währungsreserven der chinesischen Zentralbank

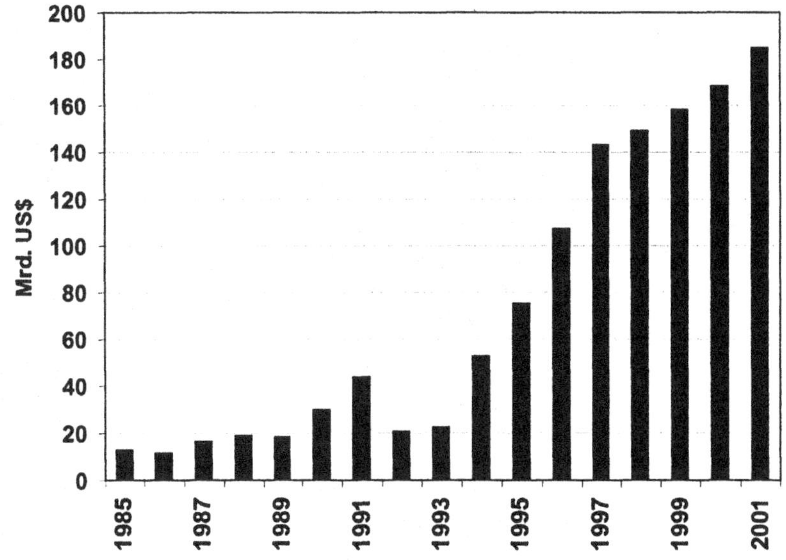

Quelle: IMF International Financial Statistics CD-Rom.

4.2.1.2 Schutz vor Destabilisierung: Kapitalverkehrskontrollen in der VR China

Ergänzend zur Wechselkursfixierung wurden in China weitreichende **Kapitalverkehrskontrollen** eingeführt. Diese schränkten die Möglichkeiten in- und ausländischer Akteure, Fremdwährungsbestände zu halten, massiv ein. Sowohl chinesische als auch ausländische Devisennachfrager müssen bei der „State Administration of Foreign Exchange" (SAFE, früher: „State Administration of Exchange Control") Dokumente vorlegen, die einen Nachweis über den Bedarf an Fremdwährung liefern können.[246] Akteure, die über Devisen verfügen, müssen je nach Quelle der Einnahmenerzielung einen gewissen Prozentsatz an die Behörden abliefern. Die Quoten für die abzuliefernden Devisenbestände wurden im Rahmen des „foreign retention system" festgelegt (Übersicht 12).

[246] Vgl. Almanac (1995), S. 9; Gordon/Li (1999), S. 3.

Übersicht 12: Vorschriften über die Devisenabführung

Zeitraum	an zentrale Stellen abzuführende Quoten
1979 bis 1988	50 bis 95 %, je nach Region und Aktivität des Unternehmens
1988 bis 1991	• 75 %: „normale Unternehmen" • 70 %: Unternehmen in Guangdong und Fujian • 0 %: ausländisch investierte Unternehmen in SWZ, Unternehmen in Tibet, Unternehmen der Volksbefreiungsarmee
ab 1991	• 30 %: Einnahmen aus dem Export von elektr. und Kapitalgütern • 50 %: Einnahmen aus dem Export sonstiger Güter • 96 %: Einnahmen aus dem Export von Öl

Quelle: Fukasaku/Wall (1994), S. 33; Weltbank (1994), S. 32.

Für die überschüssigen Devisenbestände bei Unternehmen und Banken wurden nur graduell Genehmigungen vergeben, mit diesen zu handeln. Dabei wurden aber keine effektiven Beträge gehandelt, sondern RMB Yuan gegen die einem Unternehmen vom Staat zugewiesenen Einbehaltungsquoten. Der **Handel** musste **in offiziellen „Swap-Centern"** getätigt werden. Der erste dieser Art wurde 1985 in Shenzhen (Sonderwirtschaftszone bei Hong Kong) eröffnet, 1986 folgten weitere in anderen Sonderwirtschaftszonen und in Shanghai. Bis 1988 existierten diese im ganzen Land. Mit Existenz der regionalen Märkte ging ein gespaltener Wechselkurs einher, da die dort vereinbarten Kurse generell höher lagen als die offiziell fixierten. Erst 1994 wurde durch eine Konzentration aller „Swap-Center" auf einen nationalen Markt in Shanghai der duale Wechselkurs beseitigt. Diese Maßnahme erklärt auch den im Januar zu beobachtenden massiven Anstieg des offiziellen Wechselkurses.[247]

Von der bis 1994 verfolgten Politik des gespaltenen Wechselkurses besonders belastet waren Joint-Venture-Unternehmen im Bezug auf ihre Investitionen und ihre zurückzutauschenden Profite. Umtausch von Investitionsmitteln und Rücktausch erzielter Profite wurde zum jeweils ungünstigeren Wechselkurs vorgenommen (vgl. Box 9).[248] Gewinner dieser Politik war die Verwaltung auf staatlicher und Provinzebene, die den gespaltenen Wechselkurs als Mittel zur Förderung bestimmter Zielgruppen einsetzen konnten, da diesen ein jeweils „günstiger" Wechselkurs für ihre Transaktionen gewährt wurde (vgl. 4.2.3.2).

Was allerdings trotz aller Kontrollen in den 90er Jahren nicht verhindert werden konnte, war ein **Anstieg der Kapitalflucht**. Zwar liegen dafür keine offiziellen Zahlen vor, aber als Schätzgröße kann der statistische Fehler in der Zahlungsbilanz dienen. Deren Betrag, in dem alle nicht erfassbaren Transaktionen enthalten sind, ist seit 1990 erheblich angestiegen. In den 90er Jahren sind selbst nach of-

---

[247] Vgl. Almanac (1995), S. 8f.; Mehran et al. (1996), S. 55ff.
[248] Vgl. Shirk (1994), S. 57, 60.

fiziellen Angaben über 125 Mrd. US-Dollar ohne Registrierung aus China abgeflossen (vgl. Tabelle 12). Dies deutet auf steigende Ineffizienzen bei den Kapitalverkehrskontrollen, resultierend in einer höheren Kapitalflucht, hin.

Box 9: Auswirkungen des gespaltenen Wechselkurses auf Direktinvestitionen in China

Direktinvestitionen in der VR China wurden bis 1994 dadurch mit zusätzlichen Kosten belastet, dass die für Investitionen und Profitabführung geltenden Wechselkurse eine große Differenz aufwiesen, die weit über den an Devisenmärkten üblichen Geld-/Briefspannen lagen. Durch den gespaltenen Wechselkurs reduzierte sich die Investitionsrendite in dem Moment, wenn ein Teil der erzielten Gewinne an die Mutterfirma im Ausland abgeführt werden sollte. Dies kann an einer einfachen Rechnung demonstriert werden. Die folgende Darstellung basiert dabei auf dem Beispiel für Ende 1989, als der offizielle Wechselkurs 4,72 RMB Yuan je 1 US-Dollar und der Kurs in den Swap-Centern 5,4 RMB Yuan je 1 US-Dollar betrug (Mehran et al., 1996). Ausgegangen wird von einer Investitionssumme in Höhe von 100.000 US-Dollar. Für den Umtausch in RMB Yuan galt der offizielle Wechselkurs, so dass diese Summe einem Investitionsvolumen von 472.000 RMB Yuan entspricht. Anhand des für Profite geltenden höheren Wechselkurses kann nunmehr berechnet werden, welche Rendite eine Investition erbringen müsste, um überhaupt die Wechselkursdifferenzen ausgleichen zu können:

$$\frac{e_{Swap-Center}}{e_{offiziell}} = (1+i) \Rightarrow \frac{5,4}{4,72} = (1+i) \Rightarrow i = 14,41\ \%,$$

mit i als Investitionsrendite. Damit zeigt sich, dass Investoren, die ihre erwirtschafteten Gewinne aus China abführen wollten, erst ab einer Rendite von über 15 % überhaupt nennenswerte Gewinne erzielten. Diese Bestimmungen galten bis 1994 und stellen einen Grund dafür dar, warum die ausländischen Direktinvestitionen erst ab diesem Zeitpunkt nennenswert anstiegen.

Quelle: Mehran et al. (1996), S. 56; eigene Darstellung und Berechnung

Tabelle 12: Der statistische Fehler in Chinas Zahlungsbilanz

	1990	1991	1992	1993	1994	1995	1996	1997	1998	1999	2000
statistischer Fehler (in Mrd. US$)	-3,2	-6,8	-8,2	-10,1	-9,1	-17,8	-15,5	-22,1	-18,9	-17,6	-11,8

Quelle: IMF International Financial Statistics CD-Rom.

4.2.2 Öffnung des Landes für ausländische Direktinvestitionen

4.2.2.1 Förderung ausländischer Direktinvestitionen

Seit Öffnung des Landes für Handel und Investitionen hat sich die Investitionstätigkeit von Ausländern in China erhöht. Ausländische Direktinvestitionen sind zu einem wichtigen Faktor für die Weiterentwicklung Chinas geworden. China konnte nach einer zunächst wenig erfolgreichen Wachstumsphase bis Anfang der 90er Jahre (vgl. dazu 4.2.2.2) seitdem ein beeindruckendes Wachstum der Direktinvestitionen aufweisen (vgl. Abbildung 18). Die Direktinvestitionen in China machen etwa 15 % aller in Entwicklungs- und Transformationsländer gegangenen Direktinvestitionen aus.[249]

Abbildung 18: Ausländische Direktinvestitionen in China

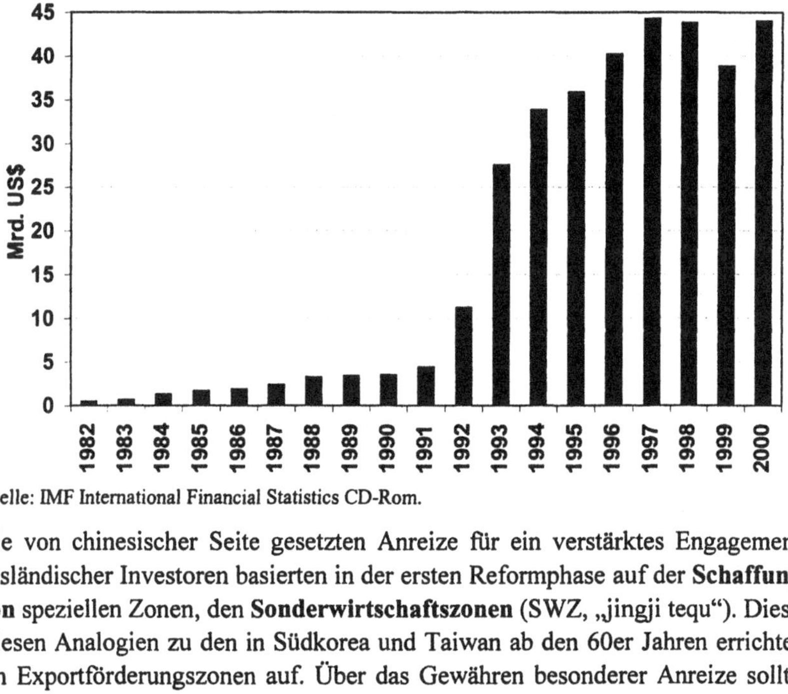

Quelle: IMF International Financial Statistics CD-Rom.

Die von chinesischer Seite gesetzten Anreize für ein verstärktes Engagement ausländischer Investoren basierten in der ersten Reformphase auf der **Schaffung von** speziellen Zonen, den **Sonderwirtschaftszonen** (SWZ, „jingji tequ"). Diese wiesen Analogien zu den in Südkorea und Taiwan ab den 60er Jahren errichteten Exportförderungszonen auf. Über das Gewähren besonderer Anreize sollte eine erhöhte Investitionstätigkeit von chinesischen und ausländischen Unternehmen, vor allem für das Exportgeschäft, erreicht werden.[250] Die Etablierung der SWZ wurde frühzeitig rechtlich untermauert. Bereits 1979 wurde das Gesetz über deutsch-chinesische „equity joint ventures" erlassen. 1980/81 folgten dann Regularien für Guangdong und Fujian, welche die Kompetenzen der Provinzregierungen für ihre SWZ definierten. Ab 1980 wurden dann auch zahlreiche Bestimmungen erlassen, die den Betrieb von Joint-Ventures regelten (Einkommensteuer, Steuersondervergünstigungen, zivilrechtliche Vorschriften).[251] We-

---

[249] Vgl. Weltbank (1996), S. 167.
[250] Vgl. Bell et al. (1993), S. 38f.; Shirk (1994), S. 35.
[251] Vgl. Fukasaku/Wall (1994), S. 37.

sentliches Merkmal der rechtlichen Vorschriften für die SWZ war, dass eine Delegation vom Kompetenzen auf untere Ebenen erfolgte. Provinzregierungen konnten eigenständig für Steuern, Importvorschriften und andere, für die Produktion relevante Bereiche Bestimmungen erlassen.

Merkmale der Sonderwirtschaftszonen

Mit den SWZ sollten zwei Schritte gleichzeitig vollzogen werden. Auf der einen Seite erhoffte man sich, durch **„Öffnung des Fensters“** ausländische Investoren für China interessieren und inländischen Unternehmen neue Technologien vermitteln zu können. Nach einem Blick durch das „Fenster“ könnten dann „Brücken“ in der Form gebaut werden, dass Ausländer in China investieren und produzierte Güter ins Ausland exportiert würden. Auf der anderen Seite sah man in den **SWZ** auch ein **Experimentiergebiet für marktwirtschaftliche Reformen** in Bereichen des Arbeitsmarktes, Investitionsrecht u.ä., ohne dass diese gleich auf das gesamte Land ausgedehnt werden mussten.[252] Bei Aufbau der ersten Zonen waren sich die Reforminitiatoren durchaus der Problematik bewusst, dass vor allem die Öffnung zum Ausland in Partei und Regierung kritisch gesehen wurde. Dies führte dazu, dass zunächst nur vier Sonderwirtschaftszonen[253] eingerichtet wurden. Um dieses Experiment vor dem Scheitern zu bewahren, wurden einschränkende **Regelungen** getroffen. Diese hoben bspw. die Planbestimmungen für die SWZ auf und gaben einer neuen Behörde die Vollmacht, in Streitfragen über die SWZ schlichtend einzugreifen.[254] Für die chinesisch-ausländischen Unternehmen, die sich in den SWZ niederließen, wurden Vergünstigungen verschiedenster Art erlassen, die die Provinzregierungen direkt erlassen konnten. Drei der wichtigsten Vorteile waren:[255]

- **Steuervergünstigungen**: Die Einkommensteuer betrug nur 15 % gegenüber ursprünglich 33 %. Für Unternehmen mit einer erwarteten „Lebensdauer“ von über 10 Jahren waren Gewinne der ersten beiden Jahre steuerfrei, die der nächsten drei Jahre wurden nur zur Hälfte besteuert.

---

[252] Vgl. ebenda, S. 42ff.

[253] Drei der Sonderwirtschaftszonen (Shenzhen, Zhuhai, Shantou) liegen in der Provinz Guangdong, welche direkt an Hong Kong grenzt. Die vierte Zone wurde in Xiamen in der Provinz Fujian, „gegenüber“ von Taiwan, errichtet. Damit sollten vor allem die wohlhabenden Überseechinesen als vorrangige Zielgruppe zu einem Engagement motiviert werden.

[254] Vgl. Shirk (1994), S. 36.

[255] Vgl. Bell et al. (1993), S. 39f.

- **Importbestimmungen**: Die Unternehmen in den SWZ unterlagen nicht den strengen Importvorschriften für Inputgüter. Auch Konsumgüter waren teilweise befreit. Ab 1990 wurde diese Befreiung auf alle Importe ausgedehnt.
- **Produktionsautonomie**: Die in den SWZ tätigen chinesischen Unternehmen unterlagen nicht mehr den Planvorgaben der Ministerien, sondern konnten eigene Entscheidungen bzgl. Investition, Produktion und Vertrieb treffen.

Die positiven Erfahrungen mit den SWZ führten dazu, dass auch andere Provinzen und regierungsunmittelbare Städte von der Öffnung profitieren wollten. Daher genehmigte die Zentralregierung im Dezember 1984 weitere Schritte und erklärte 14 Hafenstädte zu „offenen Küstenstädten". Sie konnten danach die gleichen Vergünstigungen an chinesische und ausländische Investoren gewähren wie die SWZ.[256] Auch diese konnten eine beeindruckende Performance erzielen. Dadurch wurde dann auch der Boden für weitere Reformen geschaffen, denn immer mehr inländische Provinzen lehnten sich gegen die steigende innerchinesische Ungleichheit auf und wollten ebenfalls von dem Boom profitieren. Von der Errichtung der SWZ sowie der „offenen Küstenstädte" profitierten aber nicht nur Investoren, sondern auch Provinzbehörden. Die Provinzen Guangdong und Fujian erhielten (auch als „Gegenleistung" für Unterstützung des Reformprozesses) Zugeständnisse von der Zentralregierung bei Steueraufteilung und Devisenmanagement. Die an die Zentrale abzuführenden Steuern wurden auf geringste Beträge fixiert, die durch Investitionen erzielten Deviseneinnahmen durften vollends einbehalten werden.[257]

Die Errichtung von SWZ führte nicht unmittelbar zu einem Anstieg an ausländischen Direktinvestitionen, stellte aber eine wichtige Basis für weitere Reformen dar, sowohl durch die Öffnung des Landes für in- und ausländische Unternehmen als auch als Experimentierfeld für eine Abkehr von planwirtschaftlichen Elementen.

4.2.2.2 Kritische Betrachtung des Beitrags ausländischer Direktinvestitionen

China gilt als „Magnet" für ausländische Direktinvestitionen.[258] Zahlreiche Analysen zu China konzentrieren sich dementsprechend auf den Beitrag ausländischer Direktinvestitionen zum Wirtschaftswachstum. Diesen wird eine wichtige

[256] Vgl. Rosen (1999), S. 37. Zu den 14 Städten gehören bspw. Dalian, Tianjin, Qingdao, Shanghai, Guangzhou und Beihai; vgl. Bell et al. (1993), S. 35.

[257] Andere Provinzen mussten weiterhin 25 % der Deviseneinnahmen abführen; vgl. Shirk (1994), S. 37f.

[258] Vgl. z.B. Weltbank (1996), S. 78 für einen Vergleich zu anderen Transformationsländern.

Rolle bei der Entwicklung Chinas zugeschrieben.[259] Auf den ersten Blick scheint sich diese Sichtweise auch zu bestätigen, denn China konnte zwischen 1982 und 1999 insgesamt einen Zufluss an Direktinvestitionen von fast 300 Mrd. US-Dollar verzeichnen. Die positive Einschätzung zur Entwicklung der ausländischen Direktinvestitionen relativiert sich, wenn man nicht nur die 90er Jahre betrachtet, sondern die Zahlen der ersten Reformjahre denen anderer Transformationsländer gegenüberstellt (vgl. Tabelle 13). Dann zeigt sich, dass China bei den Direktinvestitionen gegenüber erfolgreichen osteuropäischen Ländern hinterherhinkt.[260]

Tabelle 13: Ausländische Direktinvestitionen in Transformationsländer

Jahr nach Reformbeginn	1	2	3	4	5	6	7	8
FDI in China (% des BIP)	0,49	0,60	0,69	0,73	0,81	0,97	0,99	1,11
FDI in Ungarn (% des BIP)	4,43	4,22	6,67	2,90	11,33	4,79	5,00	4,17
FDI in Polen (% des BIP)	0,40	0,93	2,34	2,04	2,95	3,36	3,68	4,53
FDI in Tschechien (% des BIP)	-	-	1,96	2,08	4,95	2,49	2,65	4,19

Quelle: IMF International Financial Statistics CD-Rom; für China sind die Jahre 1984 bis 1991, für die anderen Länder die Jahre 1991 bis 1998 (bzw. für Tschechien erst ab 1993) aufgezeigt.

Ein Aspekt, der bei aller Betonung des Beitrags ausländischer Direktinvestitionen (FDI) zur Wirtschaftsentwicklung in China nicht übersehen werden darf, ist die Herkunft der Mittel. Das Außenwirtschaftsministerium der VR China (MOFTEC) weist auf seiner Internetseite die Direktinvestitionen nach Land des Investors aus. Zwischen 1978 und 1998 kamen über 50 % aller FDI aus Hongkong und Macao. Dies könnte zunächst dergestalt gedeutet werden, dass zahlreiche Auslandschinesen über ihre Gesellschaften in der ehemaligen Kronkolonie ein Engagement in China initiierten. Realistischer erscheint da schon die Vermutung, dass der Finanzplatz Hongkong von Festland-Chinesen genutzt wurde, um eigene Gelder zunächst außer Landes zu schaffen und dann formal als Direktinvestitionen wieder einzuführen. Dadurch konnten nicht nur zahlreiche Vergünstigungen in Anspruch genommen, sondern auch potenzielle Schwarzgelder vor chinesischen Behörden gesichert werden.

Auch der Beitrag der Sonderwirtschaftszonen wird für die ersten Jahre hervorgehoben. Gemessen wird dies an den massiven Outputzuwächsen, die in den

---

259 Dies stellt z.B. einen zentralen Punkt der Analyse von Laffont/Qian (1999), S. 1113f., dar. Sie weisen dem Einfluss der ausländischen Direktinvestitionen in der von ihnen als zweite Phase definierten Periode von 1984 bis 1993 eine wichtige Bedeutung für das hohe Wachstum zu.

260 Die Unterschiede ergeben sich aus der Wahl des Betrachtungszeitraumes. Während man bei vielen Darstellungen für China analog zu osteuropäischen Staaten die Zeit ab 1989 heranzieht, werden in dieser Arbeit die ersten Reformjahre betrachtet, denn nur dann besteht ein passender Vergleich zu anderen Ländern.

SWZ erzielt werden konnten. Dabei darf allerdings nicht übersehen werden, dass die SWZ ein zentrales Ziel, den Technologietransfer nach China, verfehlten. Die **erste SWZ in Shenzhen** stellte vielmehr einen **„Produktionshinterhof" von Hongkong** dar, wo Konsumgüter produziert wurden.[261] Außerdem dürfen die Outputzuwächse insgesamt nicht überbewertet werden, denn sie wurden durch staatliche Verzerrungen begünstigt:

> „In a country with the size of China, if resources are collected throughout the country by governments, banks and enterprises and invested in four or five relatively small locations, then it should not be too surprising if the physical impact is dramatic.[...] The fact is that much of domestic investment in the SEZs has been attracted by policy measures that have artificially raised the rate of return to capital invested there."[262]

Auch der Anteil an Exporten, der auf ausländisch investierte Unternehmen zurückgeht, zeigt auf, dass deren Bedeutung erst in den 90er Jahren massiv anstieg (vgl. Tabelle 14). Zuvor waren die Exporte so gering, dass sie weniger als ein Achtel der Gesamtexporte ausmachten.

Tabelle 14: Anteil der ausländisch investierten Unternehmen an Gesamtexporten

	1985	1988	1990	1991	1992	1993	1994	1995	1996	1997	1998
Anteil in %	1,1	5,2	12,6	16,8	20,4	27,5	28,7	31,5	40,7	41,0	44,1

Quelle: China Statistical Yearbook (1999), CD-Rom; Rosen (1999), S. 128.

Die schwache Entwicklung der Direktinvestitionen in der Phase bis 1992 erklärt sich sowohl durch einen Mangel an Rechtssicherheit als auch eine nicht den Bedürfnissen der Investoren entsprechende Infrastruktur.[263] Abgesehen vom Joint-Venture-Gesetz und steuerlichen Bestimmungen wurden wichtige Vorschriften zu Außenhandelsverträgen, der Errichtung ausländischer Tochterunternehmen und der Devisenpolitik erst ab Mitte der 80er Jahre erlassen.[264] Damit waren die Vergünstigungen für ausländische Investoren nicht ausreichend, da es zwar Zusicherungen von Seiten verschiedener Behörden gab, aber die juristische Grundlage für eine Durchsetzung dieser Ansprüche fehlte. Die institutionellen Mängel verhinderten somit ein stärkeres Engagement ausländischer Investoren. Hinzu kamen noch zahlreiche Regulierungen beim Kapitalverkehr, die ein weiteres Hindernis darstellten, insbesondere die sich aus dem gespaltenen Wechselkurs ergebenden Verluste (vgl. 4.2.1).

---

[261] Vgl. van Kemenade (1998), S. 163.

[262] Fukasaku/Wall (1994), S. 85.

[263] Vgl. Zhang (1999), S. 13.

[264] Vgl. Fukasaku/Wall (1994), S. 53f., für eine ausführliche Darstellung von relevanten Investitionsgesetzen.

Die Betrachtungen zur außenwirtschaftlichen Reform zeigen, dass in den ersten erfolgreichen Reformphasen bis 1992 kein großer Beitrag ausländischer Direktinvestitionen zum Wirtschaftswachstum erfolgte. Die Entwicklung wurde durch inländische Mittel finanziert.

4.2.3 Das Außenhandelsregime in China nach 1978

4.2.3.1 Reformen in der Außenhandelsabwicklung

Die zu den ersten ökonomischen Reformzielen gehörende außenwirtschaftliche Öffnung beseitigte schrittweise die Autarkie Chinas. Gegenüber der Phase vor 1978 gewann der Außenhandel immer mehr an Bedeutung. Innerhalb von 10 Jahren stieg die Außenhandelsquote auf über 20 % (vgl. Abbildung 19). Chinas Anteil am Welthandel steigerte sich kontinuierlich, so dass 1997 im weltweiten Vergleich bereits Platz 10 erreichte (gegenüber Platz 32 in 1980).[265]

Abbildung 19: Außenhandelsquote der VR China nach 1978

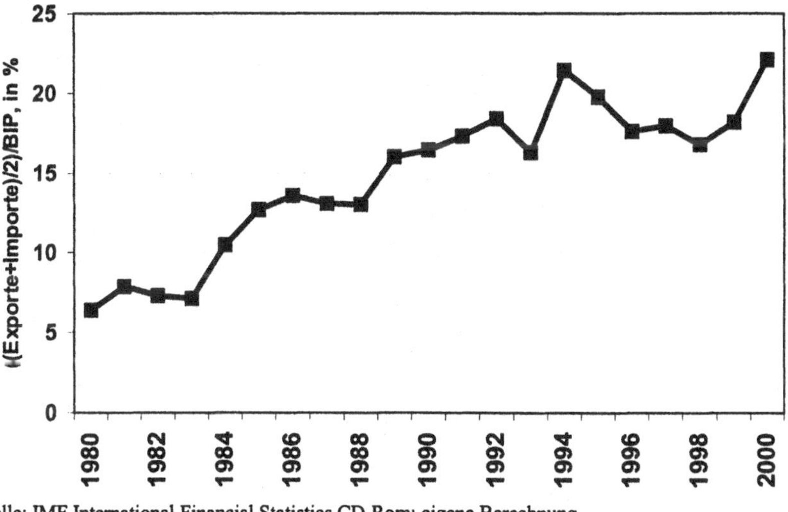

Quelle: IMF International Financial Statistics CD-Rom; eigene Berechnung.

An der Außenhandelsentwicklung ist ersichtlich, dass der wesentliche Anstieg in den Jahren nach 1984 erfolgte. Eine Verbesserung konnte vor allem in der Phase erreicht werden, als die zentral gesteuerten Handelspläne an untere Ebenen delegiert und zudem effiziente Maßnahmen zur Exportförderung eingesetzt wurden (vgl. Übersicht 13). Bei diesen Reformschritten ab 1984 wurde erstmals die

[265] Vgl. Ma (2000), S. 118.

zentralstaatliche Planung aufgegeben und durch ein System ersetzt, das Planvorgaben und „Richtlinien" mit Marktmechanismen kombinieren sollte.[266]

Übersicht 13: Handelspolitik in der VR China

Phase	Reformvorgehen
1978 - 83	• Ausweitung der Exporte über zentral gesteuerten Handelsplan.
1984 - 89	• Dezentralisierung der Außenhandelspläne. • Exportanreize über erhöhte Deviseneinbehaltungsquoten.
1991 - 94	• Ökonomische Anreize zur Exportsteigerung über Wechselkurspolitik. • Erste Schritte zur Liberalisierung der Importbestimmungen.
ab 1995	• Liberalisierung des Handelsregimes im Rahmen der WTO/GATT-Verhandlungen.
ab 2002	• Graduelle Öffnung des Landes im Rahmen des WTO-Beitritts.

Quelle: Harrold (1995), S. 136.

Die Aufgabe der Isolierung Chinas rief die Notwendigkeit von Kontrollmechanismen hervor, um eine unkontrollierte Liberalisierung verhindern zu können. Daher wurden sowohl Export- als auch Importkontrollen eingeführt. Diese - zunächst nur auf Regierungsvorgaben basierenden - Kontrollelemente fanden dann im Außenhandelsgesetz von 1994 Niederschlag. In den Paragraphen 15 bis 18 werden Regeln fixiert, die dem Staat bei zahlreichen, nur vage definierten Gelegenheiten Eingriffsmöglichkeiten geben und weiten Interpretationsspielraum gewähren (vgl. Anhang 7). Bei der Reform des Außenhandelsregimes zeigt sich, dass Erfolge im Rahmen der Dezentralisierungsstrategie mit einer Verlagerung der Handelskompetenzen auf Provinzebene erzielt werden konnten. Durch eine Verringerung der Anzahl der Güter, welche zentralen Ex- und Importkontrollen unterlagen, war ein erster Schritt für eine Dezentralisierung vollzogen. Darauf folgend förderte die Zentralregierung lokale Initiativen, indem die Zulassung zahlreicher lokaler Außenhandelsgesellschaften ermöglicht wurde.[267]

4.2.3.2 Staatliche Handelsmonopole, Exportförderung und Importkontrollen

Die **Liberalisierung der Bestimmungen für die Außenhandelsgesellschaften (FTCs)** war ein wichtiger Schritt zur Ankurbelung des Außenhandels. Dadurch wurde das staatliche Außenhandelsmonopol aufgebrochen. Die Verantwortlichkeiten für das erzielte Ergebnis bei der Abwicklung des Außenhandels wurden ab 1984 in einem „Vertragsverantwortungssystem" an die FTCs übertragen, und die Kompetenzen für Kontrolle bestehender und Genehmigung neuer FTCs gin-

[266] Vgl. Fung (1996), S. 9.
[267] Vgl. Fukasaku/Solignac (1996), S. 14.

gen teilweise an Provinzregierungen über.[268] Zusätzlich waren Bezirke und Ministerien befugt, eigene Gesellschaften zu eröffnen. Dadurch entstanden permanent neue FTCs, deren Überwachung aber auch immer schwieriger wurde (vgl. Tabelle 15). Mitte 1988 sah sich das MOFERT[269] als Überwachungsbehörde gezwungen, über 2000 FTCs zu schließen, da diese äußerst riskant agiert hatten. Sie hatten, um mehr Einnahmen zu erzielen, permanent neue Handelsverträge abgeschlossen, die sie nicht einhalten konnten. Um die Reputation Chinas nicht zu beschädigen, wurde von staatlicher Seite die Schließung angeordnet.[270] Weiterhin waren große Staatsunternehmen mit einem Exportvolumen von über 750.000 US-Dollar berechtigt, eigenständig ihren Handel abzuwickeln.[271]

Tabelle 15: Anzahl der Außenhandelsgesellschaften in der VR China

	1979	1986	1987	1991	1996	1999
Anzahl	12	ca. 800	über 5.000	3.673	>7.000	>8.800

Quelle: Europäische Union (2000), S. 6; Ma (2000), S. 120; Shirk (1994), S. 45.

Die Abwicklung des Außenhandels über FTCs erfolgte nach 1984 auf Basis eines gemischten Systems, wobei alle Transaktionen zu zentral fixierten Preisen abgewickelt wurden:[272]

- ***Exportpläne***: Von staatlicher Seite existierten zwei Formen der Vorgabe, ein Pflichtplan und ein „guidance plan". Der Pflichtplan wurde von zentraler Stelle den einzelnen FTCs und Provinzen fix mit Zahlen vorgegeben, der ergänzende Plan bestand lediglich aus Mengenvorgaben an regionale Stellen, welche Freiheiten bei der Erfüllung besaßen.
- ***Importpläne***: Hier bestanden drei Komponenten: ein Pflichtplan für zentrale Rohstoffe, ein zentrales Devisenzuteilungssystem für Importe von förderungswürdigen Investitionsprojekten sowie ein Importlizensierungssystem.

Exportförderung

Bei der außenwirtschaftlichen Reform führte China ein System von Exportlizenzen ein, um die Kontrolle über die Ausfuhr von Gütern nicht zu verlieren. Dieses wurde bis 1986 dergestalt ausgedehnt, dass 235 Produktgruppen, die 66 % des gesamten Exportwertes ausmachten, erst nach Gewährung einer staatlichen

---

[268] Vgl. Bell et all. (1993), S. 33.

[269] MOFERT = Ministry of Foreign Economic Relations and Trade; die Bezeichnung änderte sich später in MOFTEC = Ministry of Foreign Trade and Economic Cooperation („dui waimaoyi jingji hezuo bu").

[270] Vgl. Fung (1996), S. 9.

[271] Vgl. Fukasaku/Wall (1994), S. 28.

[272] Vgl. Weltbank (1994), S. 24ff.

Lizenz exportiert werden durften.[273] Um aber die Exporte trotzdem steigern zu können, erfolgte ab 1986 eine verstärkte Bevorzugung von exportierenden Unternehmen. Für diese wurden zahlreiche Vergünstigungen eingeführt:[274]

- Steuernach- und -erlässe auf Exportprofite und reinvestierte Gewinne, wenn das Unternehmen als exportorientiert eingestuft war.
- Zollbefreiung für importierte Rohstoffe, wenn sie zur Herstellung von Exportgütern verwendet wurden. Damit wurde China zu einem Verarbeitungsland, welches seinen komparativen Vorteil des billigen Produktionsfaktors Arbeit ausnutzen konnte.
- Exportförderung auch über die **Devisen- und Wechselkurspolitik** (bessere Deviseneinbehaltungsquoten und gespaltener Wechselkurs).

Durch die Fördermaßnahmen wurde eine massive Exportsteigerung erreicht. Dabei konnte beobachtet werden, dass die Exportzuwächse von zwei Unternehmensgruppen getragen wurden. Neben den ausländisch investierten Unternehmen (vgl. dazu Tabelle 14) waren es „Township and Village Enterprises", deren Anteil an den Gesamtexporten stetig zunahm (vgl. Tabelle 16).[275]

Tabelle 16: Anteil der TVEs an den Gesamtexporten Chinas

	1987	1988	1989	1990	1991	1992	1993	1994
Anteil in %	11	15,2	20	16,3	17,5	25,5	41,5	32,6

Quelle: Wu/Cheng (1999), S. 21.

Importkontrollen

Die im Rahmen der Öffnung eingeführten Importkontrollen bestehen aus drei Säulen: Zöllen, Mengenbeschränkungen sowie der „Kanalisierung", was über die Gewährung von Importlizenzen an bestimmte Einheiten geschah.[276] Sie wurden weitestgehend zum Schutz inländischer Produzenten eingesetzt. Dementsprechend konnte beobachtet werden, dass bspw. für den Import von Konsumgütern und Produkten zu schützender Branchen (wie der chemischen Industrie) hohe Zollsätze galten.[277] Somit dominieren bei den Importen vor allem Maschinen, Elektrotechnik, Textilien und Zwischenprodukte. Die Zollsätze verweilten auf hohem Niveau (vgl. Tabelle 17). Im Vergleich zu anderen aufstrebenden asiatischen Volkswirtschaften zeichnete sich China sowohl durch einen hohen

---

[273] Vgl. Lardy (1992), S. 44.
[274] Vgl. Ma (2000), S. 124f.
[275] Vgl. Lardy (1996), S. 114.
[276] Vgl. Harrold (1995), S. 138.
[277] Vgl. Lardy (1996), S. 116, der als Beispiel Zollsätze für chemische Produkte von über 110 % anführt.

Durchschnittszoll, durch hohe Zollsätze über 100 % sowie durch massive Einflussnahme auf die Struktur importierter Güter aus. Die umfassenden Importvorschriften bedeuteten aber nicht, dass von zentralen Stellen wie auch Provinzseite keine flexiblere Reaktion auf besondere Bedürfnisse einzelner Gruppen erfolgen konnte. Um die gewünschte Exportförderung erreichen zu können, wurden immer wieder zahlreiche Ausnahmegenehmigungen bzw. Einfuhrzollminderungen für verschiedenste Importe (Herstellung von Exportgütern, Technologieprodukte, Rohstoffe und Zwischenprodukte für SWZ) gewährt.[278]

Tabelle 17: Einfuhrzölle und Mengenbeschränkungen in Chinas Außenhandel

		durchschnittl. Zollsatz in %	Bandbreite der Zollsätze in %	Anteil der Güter mit Mengenbeschränkungen in %
	1986/87	38,1	-	-
China	1992	43,0	0 bis 143,0	70
	1993	36,4	-	<50
Südkorea	1992	11,1	3,0 bis 22,3	2,6
Malaysia	1992	12,8	0,9 bis 45	2,1
Thailand	1990	11,4	-	<5
Vietnam	1991	11,0	0 bis 150,0	100

Quelle: Fukasaku/Solignac (1996), S. 22; der Zollsatz wurde ohne Gewichtung der Importmengen berechnet.

Die Außenhandelsstrategie der VR China war von zwei wesentlichen Elementen geprägt: Einerseits erfolgte eine Dezentralisierung zahlreicher Kompetenzen, andererseits wurden Exporte gefördert und Importe massiv behindert. Damit war eine relativ unkomplizierte Abwicklung von Außenhandelstransaktionen für Unternehmen nur dann gewährleistet, wenn es auf einer der Verwaltungsebenen eine bevorzugte Stellung genoss.

278 Vgl. Fukasaku/Solignac (1996), S. 19.

Box 10: Konsequenz der Handelskontrollen - Schmuggel mit offizieller „Unterstützung“

Ein zentrales Problem, welches sich im Transformationsprozess herausbildete und das ebenfalls unter den Aspekt „Korruption“ (vgl. 3.2.1.3.2) fällt, ist der zunehmende inoffizielle Außenhandel, im folgenden als „Schmuggel“ bezeichnet. Ebenso wie bei den Kapitalverkehrskontrollen, deren Existenz mittelfristig zu zunehmenden illegalen Kapitalströmen führte (vgl. 4.2.1), sorgten auch die strengen Handelskontrollen für verstärkte inoffizielle Aktivitäten. Aufgrund der Importzölle und Handelshemmnisse wurde es im Laufe der Transformation reizvoll, die dadurch möglichen „Renten“ abzuschöpfen (Fung, 1996). Der Schmuggel gewann insbesondere in der Reformphase nach 1992 an Bedeutung. Er konzentrierte sich auf den Import von Gütern, die mit hohen Zöllen belegt wurden, da durch zahlreiche Sonderregelungen „Schlupflöcher“ bestanden. Die gegenüber früher zu beobachtende Besonderheit lag ab 1992 aber darin, dass sich auch offizielle Stellen massiv beteiligten. Das Volumen der geschmuggelten Importgüter betrug bis 1998 etwa 10 % des legalen Handels. Das Ausnutzen dieses Potenzials war deshalb so einfach und lukrativ, weil durch die Dezentralisierung vermehrt Kompetenzen bei Provinz- oder Bezirksregierungen lagen. Deren Entscheidungsträger wiederum waren mit örtlichen Unternehmen eng verbunden und schöpften mit diesen zusammen die Renten ab. Auch die Art der geschmuggelten Güter zeigt die Beteiligung offizieller Stellen und vor allem der Armee, denn sowohl die Umstände des Transports als auch die geschmuggelten Mengen können nicht unbemerkt bleiben (vgl. Übersicht 14). Auch die scheinbaren Erfolge jüngerer „Anti-Schmuggel-Kampagnen“ werden nicht von Dauer sein, wenn keine weitere Reform des Außenhandelssystems erfolgt. Dementsprechend wird in der Zukunft interessant sein, inwiefern der WTO-Beitritt und die dabei vorgesehenen Liberalisierungen von der Zentralregierung wirklich umgesetzt werden kann. Das Entstehen von Schmuggel ist ein weiteres Beispiel für die Folgen einer unkontrollierten Dezentralisierung:
„Der organisierte Schmuggel ist insofern nichts Systemfremdes, sondern Resultat und fester Bestandteil eines intransparenten Außenhandelsregimes, das auf einer diskretionären Handhabung durch lokale Verwaltungen und auf deren Sonderabsprachen mit Unternehmern und Investoren beruht.“ (Heilmann et al., 2000)

Quellen: Fung (1996), S. 24; Heilmann et al. (2000), S. 769f., 779.

Übersicht 14: Große Schmuggelfälle in Chinas Außenhandel

Ort	geschmuggelte Güter	Beteiligte Personen	Schaden
Xiamen, Fujian (2000)	• Elektronikprodukte; • Öl; • Autos.	ltd. Funktionäre des Zollamtes, der Polizei und der Stadtregierung; Filialen der Staatsbanken; lokale Militäreinheiten; Import-Export-Gesellschaft Fujian	ca. 25 Mrd. DM
Zhanjiang, Guangdong (1999)	• Autos; • Öl; • Rohstoffe. auch Handel mit Zolldokumenten	ltd. Funktionäre des Zollamtes; Stellvertr. Bürgermeister, Stadtparteisekretär und dessen Sohn; Filialen der Staatsbanken; lokale Militäreinheiten sowie ltd. Grenzschutzoffiziere	ca. 160 Mio. DM

Quellen: Erling (1999 und 2000); Heilmann et al. (2000), S. 783f.; nicht genannt sind diejenigen, deren Anteil an der Affäre noch nicht geklärt war (in beiden Fällen bspw. der stellvertr. Minister für öffentliche Sicherheit).

5 Staatsunternehmen in China: Artenschutz für Dinosaurier

Die Unterteilung von Unternehmen in China erfolgt zunächst anhand der formal deklarierten Eigentumsform. Es werden staatliche und nicht-staatliche Unternehmen als Obergruppen gewählt.[279] Innerhalb der Gruppe nicht-staatlicher Unternehmen erfolgt noch eine Unterteilung in der von chinesischer Seite üblichen Form (vgl. Anhang 3). Dabei können als wichtigste Hauptgruppen die drei Unternehmensformen Kollektiv-, private und die ausländisch investierten Unternehmen identifiziert werden. Am Beitrag einzelner Unternehmensformen zum Gesamtoutput lässt sich dabei erkennen, dass bis Anfang der 90er Jahre der wesentliche Beitrag von nur zwei Unternehmensformen geleistet wird. Einerseits trugen Staatsunternehmen (SOEs) einen bedeutenden Teil zum Gesamtoutput bei. Auf der anderen Seite beeindruckt insbesondere die Entwicklung der Kollektivunternehmen, welche eine tragende Säule des Reformprozesses darstellen (vgl. Abbildung 20). In den 90er Jahren kamen dann Individualunternehmen immer stärker auf.

Abbildung 20: Anteil einzelner Unternehmensgruppen am Output in China

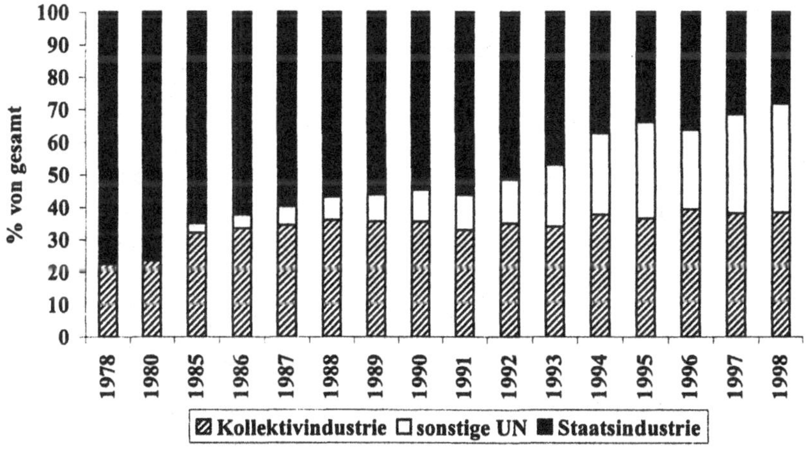

Quellen: China Statistical Yearbook (1998, 1999); Jefferson/Rawski (1999), S. 27.

Bemerkenswert ist, dass - im Gegensatz zu anderen Transformationsländern - der Anteil der Staatsunternehmen auf einem Niveau von 30 % verweilt. Als eine

---

279 „The non-state sector in China includes all enterprises not in the state-sector." Qian/Xu (1993b), S. 543.

zentrale Grundlage für die positive Wirtschaftsentwicklung Chinas nach 1978 wird aber die steigende Bedeutung der Kollektivunternehmen angesehen.[280] Die Entwicklung anderer Unternehmensformen wird in der vorliegenden Arbeit nicht weiter diskutiert. Sie haben zwar in den 90er Jahren deutlich an Bedeutung gewonnen. Allerdings besteht bei Ihnen in Eigentums- und Finanzierungsstruktur kein großer Unterschied zu Unternehmensformen anderer Volkswirtschaften. Zudem stellen die Privatunternehmen und ausländisch investierten Betriebe einen separaten Themenbereich dar. Ziel dieser Arbeit soll aber sein, die Besonderheiten der Institutionenbildung in Chinas Transformationsprozess zu analysieren. Daher werden die Privatunternehmen in dieser Arbeit lediglich kurz im Zusammenhang mit der „Erfolgsstory" der Kollektivunternehmen diskutiert (vgl. 6.2.3.3). Die folgende Analyse konzentriert sich auf zwei Fragen:

1. Inwieweit war es den Staatsunternehmen über einen so langen Zeitraum im Transformationsprozess überhaupt möglich, weiterhin eine bedeutende Stellung in der Volkswirtschaft zu halten (und zu finanzieren)?
2. Was sind die Besonderheiten der ländlichen Kollektivunternehmen, und wie wurde ihr Wachstum finanziert?

5.1 Staatsunternehmen im Transformationsprozess

In einer Volkswirtschaft besteht eine enge Interdependenz zwischen Unternehmens- und Finanzsektor. Diese basiert auf den Entscheidungen und dem Verhalten der Akteure im realen Sektor. Deren intertemporale Entscheidungen (Sparen, Investieren) begründen erst die Notwendigkeit eines Finanzsystems.[281] Zustand und Entwicklungen im Unternehmenssektor müssen daher bei jeder Analyse des Finanzsystems berücksichtigt werden:

> „No first class financial sector without a first class real sector."[282]

Beim Übergang von der Plan- zur Marktwirtschaft führen Besonderheiten bei Eigentümerstruktur, Rechtsform und Vermögenssituation der Staatsunternehmen zu einer besonders massiven Interdependenz zwischen Unternehmens- und Finanzsystemreform. Diese ergibt sich dabei nicht nur aus der Vergangenheit, sondern vor allem auch aus der potenziell zentralen Rolle des Finanzsystems bei der Umstrukturierung der Staatsunternehmen. Da sich alle Institutionen des

---

[280] Vgl. bspw. Hu/Khan (1996), S. 14 oder Laffont/Qian (1999), S. 1112f. sowie die in 6.2 zitierte Literatur.

[281] Vgl. Krahnen/Schmidt (1994), S. 3.

[282] Bokros (2000).

Staates wandeln oder sogar komplett auflösen, ist es dem Staat kaum noch möglich, die Staatsunternehmen zu kontrollieren.[283] Zur Kontrollnotwendigkeit gehört nicht nur die nominelle Umverteilung von Unternehmensanteilen, sondern auch notwendige Rahmenbedingungen, zu denen insbesondere effiziente Kontrollen der Manager (über den Kapitalgeber) gehören.[284]

In der Planwirtschaft existierten vorrangig staatliche Unternehmen, deren produktive Tätigkeit durch zentral installierte Pläne bereits detailliert fixiert worden war. Auch die Versorgung mit Inputfaktoren (Rohstoffe, Arbeit, Finanzierung) musste nicht auf Unternehmensebene organisiert werden. Dementsprechend waren die Unternehmen zu Beginn der Reformen nicht auf Wettbewerbsdruck und eine Strukturierung betrieblicher Ablaufprozesse nach Effizienzkriterien eingestellt. Im Reformprozess verschlechterte sich die Ertragslage der (ehemaligen) Staatsunternehmen massiv. Neben der Tatsache, dass verschärfte Rechnungslegungsvorschriften die Unternehmen überhaupt erst dazu verpflichteten, ihre Vermögenssituation offen zu legen, trugen folgende Aspekte zu dieser Entwicklung bei:[285]

- Die traditionellen Absatzmärkte im In- und Ausland brachen rapide weg.
- Die Preisliberalisierung ergab einen erheblichen Einbruch bei den Unternehmenserträgen.
- Aufgrund der Umstrukturierung kam es teils zu diffusen Eigentümerstrukturen, da der Staat entweder nicht mehr zuständig oder aber aufgrund des Umbruchs nicht in der Lage war, die Handlungen der Manager zu kontrollieren. Dies führte zu einer ineffizienten, nicht an Gewinnmaximierung orientierten Geschäftspolitik, die sich in einer starken Ausweitung von Investitions- und Produktionstätigkeit der SOEs trotz fehlender Nachfrage äußerte, resultierend aus der Tatsache, dass die Manager nicht für Verluste haftbar gemacht werden konnten.

Die Umstrukturierung der Staatsunternehmen ist eines der Kernelemente, von deren Gelingen der Erfolg weiterer Maßnahmen abhängt. Dabei stellt sich die Frage, ob eine sofortige umfassende Privatisierung erfolgen sollte. Im Falle nicht unmittelbar vorgenommener umfangreicher Umstrukturierungen bestünde einerseits die Gefahr, dass die unrentablen SOEs keiner Kontrolle unterliegen,

---

[283] „Governments cannot manage and finance a deep restructuring process across the economy. They lack the information to even monitor such a process."; Gelb (1997), S. 452; vgl. auch Raiser (1997a), S. 24f.

[284] Vgl. Lipton/Sachs (1990b), S. 294.

[285] Vgl. Dittus (1994), S. 105.

aber (mit der Drohung, ansonsten zahlreiche Angestellte zu entlassen) weiterhin durch staatliche Gelder am Leben erhalten werden („soft budget constraint“).[286] Im Gegensatz zu anderen Unternehmen verfügen sie weiterhin über uneingeschränkte Investitionsmittel und könnten damit unbegrenzt weiter produzieren.[287] Durch diese Agency-Probleme verfolgen die Unternehmen Ziele, die von denen eines (privaten) Unternehmenseigentümers abweichen.[288]

Als Reaktion auf die Problematik des „soft budget constraint“ wird die **Herbeiführung eines „hard budget constraint“** vorgeschlagen. Der Staat streicht seine Zuwendungen, bleibt aber weiterhin Eigentümer. Dieser Vorschlag würde zwar die finanzielle Belastung des Staates verringern, aber nicht die „Agency-Problematik“ beseitigen. Zudem besteht dabei die Gefahr, dass es zu einem erheblichen Anstieg der zwischenbetrieblichen Verschuldung als Reaktion auf die sich verschärfende Finanzsituation der Unternehmen kommt.[289] Dies würde die Steuerungsmöglichkeiten der Wirtschaftspolitik einschränken und weitere Reformschritte erheblich verzögern.[290]

Je nach Art der gewählten Umstrukturierung ergeben sich auch unterschiedliche Zielsetzungen sowie darauf aufbauende **Agency-Probleme**. Behält der Staat einen Großteil der Anteile, dann wird er weiterhin gesamtwirtschaftliche Ziele verfolgen (Anbieten öffentlicher Güter, höherer Beschäftigungsgrad, Gewinnen politischer Zustimmung). Privatisierte Unternehmen hingegen werden von den Eigentümern nur dann mit dem Ziel der Gewinnmaximierung geführt, wenn sie selbst außerhalb des Unternehmens arbeiten, andernfalls werden die „Insider“ vor allem ihre eigene Arbeitsplatzsicherung verfolgen.[291]

Bei einer Konzentration der Anteile auf wenige „strategische Investoren“ wiederum könnten Mechanismen geschaffen werden, um Minderheitenanteilseigner mit geringem Einfluss zu benachteiligen. Diese Minderheiten besitzen keine

---

286 Vgl. Kornai (1990), S. 62f.; Raiser (1997a), S. 23f. „Soft budget constraints“ bezeichnet die Erwartungen des Managements eines Unternehmens, dass im Fall von Verlusten staatliche Kompensation gezahlt wird. Somit sind sie bei der Investitionsplanung nicht gezwungen, Finanzierungsaspekte mit in die Analyse einzubeziehen; vgl. Raiser (1997a), S. 30. Dementsprechend bedeutet „hard budget constraint“ die Durchführung einer Rentabilitätsrechnung für eine Investition in der Form, dass die Investitionsrendite mit Finanzierungskosten bzw. einer sicheren Kapitalmarktanlage verglichen werden muss.

287 Vgl. Richter/Furubotn (1999), S. 109f.

288 „In fact, each organization of the governmental sphere tends to spend the money of the citizen in an unbridled manner.“; Kornai (1990), S. 60.

289 Vgl. Anderson/Kegels (1998), S. 191ff.

290 Vgl. Bofinger (2000), S. 72.

291 Vgl. EBRD (1995), S. 134f.

„exit option“, da aufgrund des geringen Umsatzes beim Handel der Unternehmensanteile ein Verkauf nicht ohne weiteres möglich ist.[292]

Es zeigt sich, dass die Umstrukturierung innerhalb des Unternehmenssektors nicht das Problem der Umsetzung einer reinen Änderung der Eigentümerstruktur ist. Finanzierungsrestriktionen und weitere Kontrollmechanismen, vor allem auch die Gewährleistung der Wirksamkeit von Sanktionsmechanismen, stellen einen zentralen Kern der Herausforderung dar. Eine Privatisierung allein beinhaltet noch nicht die Garantie einer Kontrolle von außen.[293] Aus dieser Erkenntnis ergibt sich die Interdependenz zwischen Finanzsystem- und Unternehmensreform und weitere Herausforderungen, aber auch Restriktionen für die Geschäftsbanken. Die Möglichkeit für Unternehmen, Zugang zu externer Finanzierung zu erhalten, stellt einen wichtigen Faktor nicht nur für die erfolgreiche Restrukturierung von Unternehmen dar, sondern auch für die effiziente Umsetzung von Kontrolle und den Schutz ihrer Eigentümer und Kreditgeber.[294] Damit zeigt sich auch hier die unbedingte Notwendigkeit, dass neu entstehende, vor allem kleinere und mittlere Unternehmen[295] eine Wachstumsdynamik entfachen müssen (vgl. 6.1), da die Privatisierung der großen SOEs kompliziert und langwierig ist.

5.2 Chinas Staatsunternehmen: „asset or liability?“

5.2.1 Empirische Entwicklung der Staatsunternehmen

Die Anteile einzelner Unternehmensformen am Output im Laufe des Transformationsprozesses zeigen, dass die Staatsunternehmen weiterhin einen der zentralen Bestandteile des chinesischen Unternehmenssektors darstellten. Tabelle 18 liefert eine vertiefende Darstellung von Kennzahlen der Staatsunternehmen (SOEs). Daraus sind folgende Sachverhalte ersichtlich: Die Beschäftigung bei den Staatsunternehmen ist über den Zeitablauf hinweg relativ konstant geblieben. Ihr Anteil an der Gesamtbeschäftigung in Industrieunternehmen ging unwesentlich zurück. Ebenso zeigt die steigende Anzahl von SOEs, dass diese im Reformprozess nicht von umfassenden Schließungen betroffen waren. Diese Fak-

---

[292] Vgl. Berglöf/von Thadden (1999), S. 12.

[293] Vgl. EBRD (1995), S. 128. Ebenso auch Kornai (1990), S. 82: „The point now is not to hand out the property, but rather to place it into the hands of a really better owner.“

[294] Vgl. Pistor et al. (2000), S. 327.

[295] Vgl. Winkler (1999b), S. 42. Die EBRD führt ebenfalls Zahlenmaterial dafür an, dass es sich bei 89 % der Mikro- (bis zu neun Angestellte) und 82 % der kleinen Unternehmen (10 bis 49 Angestellte) um neu enstandene Unternehmen handelte; vgl. EBRD (1999), S. 150.

ten können aber nicht so gedeutet werden, dass die SOEs erfolgreich arbeiteten und sich am Markt behaupten konnten. Die SOEs hatten mit einem massiven Einbruch bei den Gewinnen zu kämpfen (vgl. Abbildung 21). Der tatsächliche Anteil kann dabei noch höher liegen, da unbezahlte Verbindlichkeiten aufgrund mangelhafter Bilanzierungsvorschriften von den SOEs nicht ausgewiesen werden.

Tabelle 18: Entwicklung chinesischer Staatsunternehmen im Industriesektor

	1980	1985	1988	1990	1993	1995	1997
Anzahl der SOEs (in Tsd.)	83,4	93,7	99,0	104,4	104,7	118,0	98,6
Anzahl der Beschäftigen (Mio.)	32,5	-	-	43,6	44,98	43,97	40,40
Anteil an Beschäftigten (%)	50,0[a]	45,7	43,8	45,0	43,0	40,6[b]	-

Quelle: China Statistical Yearbook (1998), S. 431f.; Herrmann-Pillath/Lackner (1998), S. 629; Jefferson/Rawski (1999), S. 25; Perkins (1999), S. 19; Abbildung 20; [a] = 1981, [b] = 1994.

Abbildung 21: Gewinnentwicklung von Chinas Staatsunternehmen

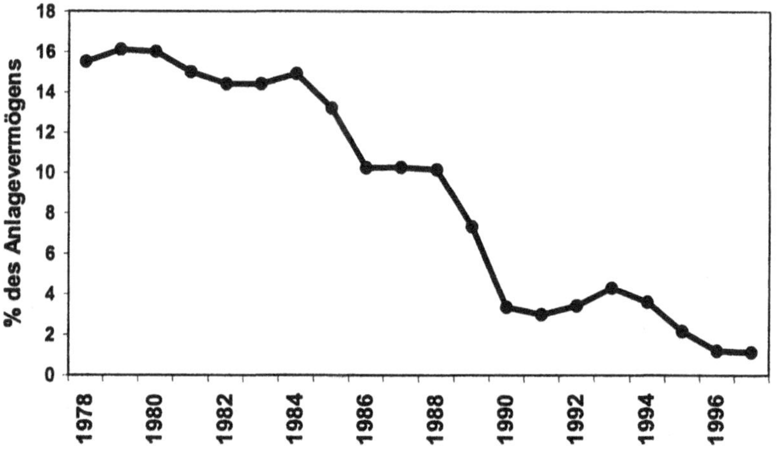

Quelle: Choe/Yin (2000), S. 100; Harvie (1999), S. 22.

Eine sektorale Betrachtung zeigt, inwieweit einzelne Branchen von diesem Gewinnrückgang betroffen waren. Bis 1992 war es in den durch gesetzliche Bestimmungen geschützten Branchen noch nicht zu einem massiven Einbruch gekommen. Die chinesische Regierung war weiterhin bemüht, einige Sektoren vor Konkurrenz zu schützen. So wurden im März 1981 12 Vorschriften erlassen, welches die Gründung von Neuunternehmen untersagte, die mit bestehenden

Unternehmen um Rohstoffe konkurrieren würden.[296] Trotz aller staatlichen Unterstützung gelang es bis 1997 aber lediglich dem Sektor „Stromerzeugung", seine Gewinnsituation stabil zu gestalten (vgl. Abbildung 22).

Abbildung 22: Gewinn chinesischer Staatsunternehmen in einzelnen Sektoren

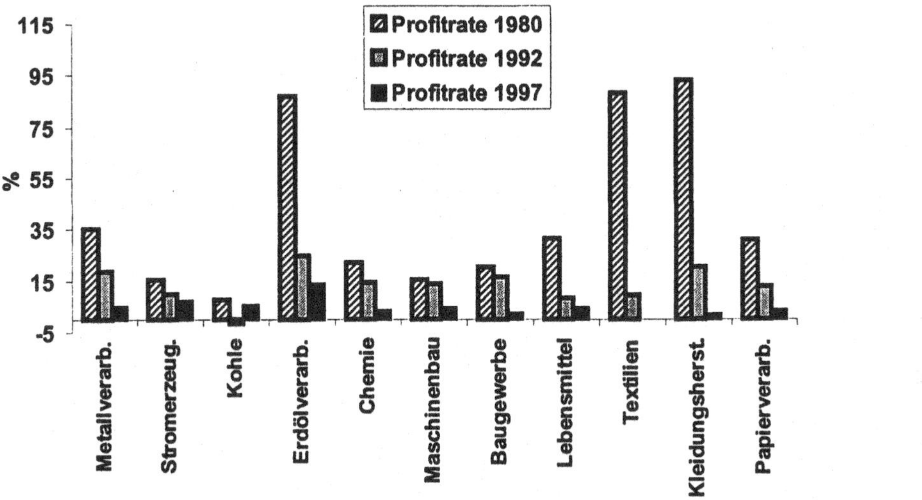

Profitrate = Gewinn vor Steuern dividiert durch Wert des Anlagevermögens; Quellen: China Statistical Yearbook (1998), S. 462, 512, 519; Raiser (1997a), S. 175.

Bei der Profitrate handelt es sich jedoch lediglich um Durchschnittswerte. Eine Studie der Entwicklung von Unternehmen aus sechs Branchen zeigt, dass sich auch der Anteil der verlustbringenden Unternehmen in den 90er Jahren massiv erhöht hat. Hinzu kommt, dass trotz der sinkenden Profite die Löhne immer weiter anstiegen. Gerade in Phasen des Profitrückgangs wuchs der Index der gesamten Lohnsumme weiter (vgl. Tabelle 19). Dies erklärt sich auch durch das gruppenspezifische Verhalten, welches durch kulturelle Einflüsse geprägt wird (vgl. 3.2.4.1). Für den Manager eines Staatsunternehmens ist es wichtig, innerhalb seiner sozialen Gruppe Ansehen zu erreichen.

Ebenfalls von Bedeutung ist die Zuordnung der Staatsunternehmen zu einzelnen Verwaltungsebenen. Nicht alle SOEs unterstanden direkt der Zentralregierung. Zahlenmäßig war die Mehrheit der Unternehmen den in der Hierarchie unteren Verwaltungsebenen zugeordnet, bei Output und Anlagevermögen zeigt sich aber eine Konzentration auf die Provinz- und staatliche Ebene. Bei großen, in Schlüsselbranchen positionierten SOEs behielt die Zentralregierung bzw. einzelne Pro-

[296] Vgl. Jin (1994), S. 100.

vinzen weiterhin die Kontrolle und konnte so wichtige Reformen steuern respektive blockieren.[297]

Tabelle 19: Performance von SOEs und Reallöhne, 1980 - 1994

	1980	1982	1985	1987	1989	1990	1991	1992	1993	1994
Anteil SOEs mit Verlusten (%)	13,3	20,0	5,5	8,6	11,9	34,9	40,9	34,0	48,5	54,9
Lohnindex (1980 = 100)	100	114	172	238	358	350	383	461	552	642

Quelle: Huang/Woo (1998), S. 8.

5.2.2 Managementreformen in chinesischen Staatsunternehmen nach 1984

Wesentliche Bestandteile des Reformprogramms für Staatsunternehmen waren eine größere Autonomie für einzelne Unternehmen sowie die Beteiligung selbiger an den erzielten Gewinnen. Dabei wurden auch hier (analog zu den Reformen in Land- und Außenwirtschaft) zunächst regionale Maßnahmen in der Provinz Sichuan umgesetzt und später auf weite Teile Chinas ausgedehnt.[298] Eine **Änderung der Eigentumsverhältnisse** ist **bis heute nicht vorgesehen**, statt dessen wird das staatliche Eigentum weiterhin als ein Kernbestandteil der chinesischen Industrie angesehen.[299] Die Reformen hinsichtlich des Managements beschränkten sich auf Managementverträge zur Erhöhung des Entscheidungsspielraums.

5.2.2.1 Management und Kontrolle der Staatsunternehmen

Zuständigkeit verschiedener Ebenen und Einfluss auf Management

Das Management eines Staatsunternehmens war sowohl in der Planwirtschaftsphase als auch in den ersten Reformjahren durch einen großen Einfluss verschiedener Träger der jeweiligen Verwaltungsebene gekennzeichnet (vgl. Abbildung 23). Trotz zahlreicher Ansätze zu größerer Autonomie für die SOEs bestand weiterhin eine planwirtschaftliche Steuerung.[300] Die Einflussnahme äußerte sich konkret durch folgende **Beschränkungen**:[301]

1. Es bestand keine Unterteilung zwischen Entscheidungsrechten und deren Kontrolle.

---

[297] Vgl. Wong (1996), S. 188.
[298] Vgl. Huang/Woo (1998), S. 5.
[299] Vgl. IFC (2000), S. 8f. sowie die Darstellung in 6.2.3.3 über die Restriktionen für private Unternehmen.
[300] Vgl. Huang et al. (1999), S. 2.
[301] Vgl. Lee (1991), S. 32f.

2. Der Staat besaß alle Ansprüche auf die von SOEs erzielten Erträge.
3. Alle Beteiligten erhielten Fixzahlungen ohne erfolgsabhängige Komponente.

Abbildung 23: Steuerung von Staatsunternehmen zu Beginn der Reformen

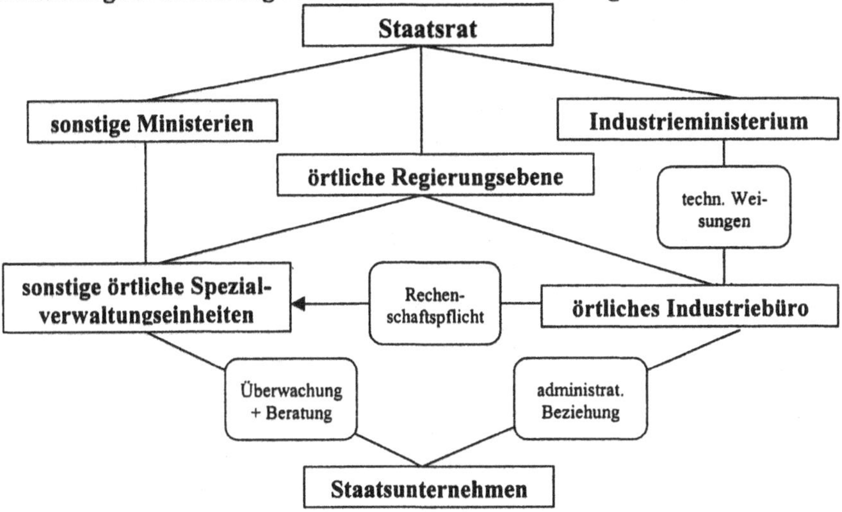

Quelle: Child (1994), S. 22.

Die Spezialministerien stellten die Behörde dar, die Eingriffe bei den Staatsunternehmen vornahm, um die allgemeinen Interessen des Staates zu verfolgen. Einzelne örtliche Büros spezialisierten sich auf Fragen der Besteuerung, Rechnungslegung, Preisfestsetzung, Investitionsfinanzierung, Angebot an Arbeitskräften und sonstigen Inputs sowie Beschäftigungsfragen. Sie wurden wiederum von der örtlichen Regierungsebene überwacht. Das **örtliche Industriebüro**, ebenfalls unter Kontrolle der Regierung, **übernahm Verwaltungsaufgaben**, zu denen der Abschluss von Verträgen (bspw. dem Managementvertrag) mit dem Unternehmen sowie die Berufung des Betriebsdirektors gehörte. Selbstredend blieb bei der Bestimmung der Unternehmensleitung der Einfluss von Organen der KPCh bestehen.[302]

1988 installierte der Staatsrat eine neue Behörde, in welcher verschiedenste Organisations- und Überwachungsformen vereint wurden. Das „National Administrative Bureau for state-owned Property“ (NABSOP) übernahm die Führung ähnlicher Behörden auf unteren Verwaltungsebenen („State Asset Operating Companies“, SAOCs). Die SAOCs kamen dadurch zustande, dass zuständige

---

[302] Vgl. Child (1994), S. 24f.

Ministerien auf unteren Ebenen ihre Abteilungen zusammenlegten. Alternativ dazu wurden Unternehmensgruppen gegründet, welche innerhalb des jeweiligen Geltungsbereichs die Leitung von Betrieben einer bestimmten Branche übernahmen. Dadurch wurde die direkte Kontrolle von staatlichen Stellen ausgelagert (vgl. Abbildung 24).[303]

Abbildung 24: Steuerung von Staatsunternehmen nach Umsetzung von Reformen

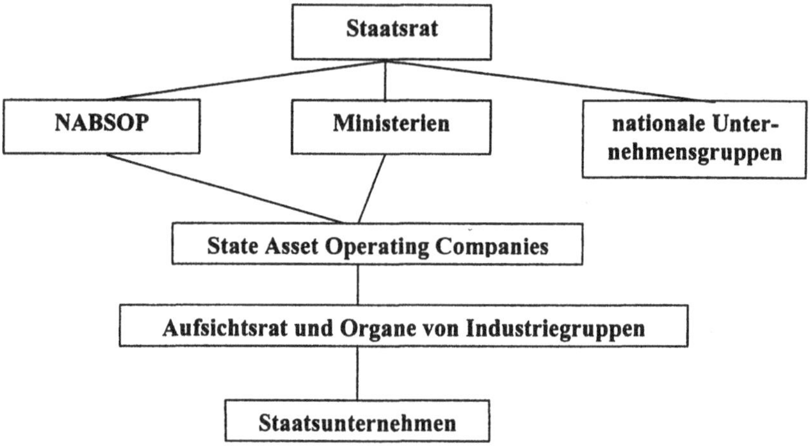

Quelle: Weltbank (1997b), S. 34.

Die unterschiedliche Kompetenzverteilung war eine die Leitung der SOEs beeinträchtigende Regelung. Sie bewirkte, dass selbst für einzelne Unternehmen unterschiedliche Behörden sowohl auf verschiedenen Ebenen als auch innerhalb einer Verwaltungsebene zuständig waren. So konnte es passieren, dass im Bereich der Distribution eine zentrale Behörde zuständig war, während das SOE bezüglich der Verfügungsgewalt über Eigenmittel auch regionalen Gebietskörperschaften untergeordnet war. Auch konnten sich Unklarheiten durch divergierende Anweisungen verschiedener Abteilungen einer Verwaltung ergeben (bspw. gegeben durch die gleichzeitige Zuständigkeit von Planungsbehörde und Wirtschaftsbehörde für die Investitionsentscheidung). Somit entstand trotz der Tatsache, dass mit dem Staat formal ein eindeutiger Eigentümer bestand, eine **„Problematik multipler Prinzipale“**.[304] Der Manager eines Staatsunternehmens war auf vier Ebenen in externe Abhängigkeiten eingebunden:[305]

---

303 Vgl. Weltbank (1997b), S. 33ff.
304 Vgl. Herrmann-Pillath (1998b), S. 51.
305 Vgl. Child (1994), S. 26.

1. Vertikale Abhängigkeit von Verwaltung und Partei;
2. Politische Abhängigkeit von anderen, politisch bestimmten Mitgliedern der Unternehmensführung;
3. Sozio-politische Abhängigkeit gegenüber der Partei und den Arbeitervertretungen;
4. Abhängigkeit von Beziehungen außerhalb des Marktes zur Behebung von Versorgungsengpässen.

Ein weiterer relevanter Aspekt ist die **Existenz der „danwei“** (vgl. 3.2.3). Mit diesem Kontrollorgan konnten Institutionen der Partei auf die Entscheidungsvorgänge in den Staatsunternehmen einwirken, was die Stellung staatlicher Behörden noch untermauerte:

> **„Even in today's China, the party still regards state-owned enterprises both as productive units and as the setting for political and ideological control.“**[306]

Kompetenzausweitung für das Management von Staatsunternehmen

Die chinesische Regierung hat sich bemüht, graduell Reformschritte beim Management der Staatsunternehmen einzuleiten. Schon vor 1978 hatten sich verschiedenste Formen des Managements ergeben, so bspw. eine kollektive Führung in der Zeit der Kulturrevolution. Danach wurde das bis heute gültige System des Betriebsdirektors wieder eingeführt.[307] In der ersten Hälfte der 80er Jahre lag der Schwerpunkt auf Experimenten bei der Besteuerung. Hinzu kamen Reformen, die dem Management eines SOEs weitere Autonomie zubilligten (vgl. Tabelle 20). Sie sollten die Position örtlicher Ebenen sowie des Betriebsdirektors stärken.[308] Eine Eigentumsreform mit Umwandlung der SOEs in nichtstaatliche Unternehmen stand jedoch nicht zur Debatte.[309] Die Abneigung des chinesischen Staates gegenüber einem weitreichenden Umbruch manifestiert sich auch in der Tatsache, dass nur in wenigen Firmen „neue Köpfe“ ans Ruder kamen. In fast 90 % aller Fälle blieben alte Seilschaften am Ruder.

Zwei Elemente der neu gewonnenen Autonomie waren die **Produktions- und Lohnsetzungsautonomie**. Ersteres beinhaltete Entscheidungsfreiheit bei der Outputmenge und eine freie Wahl der Produktpalette, der verwendeten Technologie, des Exportvolumens sowie der Produktionspläne. Im Lohnbereich sollte mehr Freiheit bezüglich firmenspezifischer Lohnpläne, die nach Entwicklung

[306] You (1998), S. 32.
[307] Vgl. Lee (1991), S. 35f.
[308] Vgl. Child (1994), S. 27.
[309] Vgl. Weltbank (1997b), S. 1.

der Produktivität aufgestellt werden, erreicht werden. Während die Produktionsautonomie bis Ende der 80er Jahre stark an Bedeutung gewann, wurde bei der Festsetzung der Löhne sehr viel mehr Einfluss von Seiten des Staates geltend gemacht.

Tabelle 20: Autonomie bei Staatsunternehmen, 1980-89

	1980	1981	1982	1983	1984	1985	1986	1987	1988	1989
Anteil der SOEs mit Produktionsautonomie (%)	7	8	10	14	25	35	40	53	64	67
Anteil der SOEs mit Lohnsetzungsautonomie (%)	1	1	1	2	5	9	12	20	32	35
Anteil der SOEs mit „Contract Resp. System" (%)	0	0	0	1	2	4	8	42	83	88
Anteil der SOEs mit Managementwechsel (%)	9	1	6	10	16	14	7	15	10	9

Bei den betrachteten Unternehmen handelt es sich um 769 Firmen aus 21 Städten in den vier Provinzen Sichuan, Jiangsu, Jilin und Shanxi, wobei die Firmen durchschnittlich 931 Angestellte haben; Quelle: Xu (2000), S. 154.

Ein weiterer Bereich, in dem die Abhängigkeit des SOEs von staatlichen Stellen reduziert werden sollte, war die Berufung des Betriebsdirektors (im folgenden Manager). Durch Wiedereinführung des Arbeiterkongresses wurde formal eine Beteiligung der Betriebsangehörigen an der Bestimmung der Betriebsleitung installiert. Diese formal auf Mitbestimmung ausgerichtete Maßnahme gewann aber in der Praxis nie an Bedeutung. Die **Wahlen zum Betriebsdirektor** wurden entweder **von Parteiorganen** schon vorher **arrangiert**, oder aber der Direktor wurde unmittelbar von selbigen berufen.[310] Eine Befragung von Unternehmen ergab, dass in über 90 % der befragten Unternehmen der Betriebsdirektor auch weiterhin durch die zuständige Verwaltungsebene bestimmt wurde.[311]

Als das zentrale Reformelement wurde das **„Contract Responsibility System" (CRS)** eingeführt. Dieses besteht aus einem Vertrag zwischen dem Manager (Betriebsdirektor) eines Staatsunternehmen und der zuständigen staatlichen Behörde mit einer Laufzeit von drei bis fünf Jahren. In diesem Vertrag werden die Manager auf ein bestimmtes Gewinnziel hin verpflichtet.[312] Der Steuersatz für Gewinne innerhalb dieser festgelegten Grenze liegt dabei erheblich höher als derjenige für darüber hinaus erzielte Gewinne.[313] Dies spornte den Anreiz der Manager an, höhere Gewinne zu erzielen, von denen sie einen größeren Anteil

---

[310] Vgl. Lee (1991), S. 36.
[311] Vgl. Jefferson et al. (1999), S. 49.
[312] Vgl. Xu (2000), S. 155f.; auf Basis der Kompetenzverteilung findet sich auch die Bezeichnung „Director responsibility system"; vgl. Child (1994), S. 65.

zur eigenen Verfügung hatten. Durch das CRS reduzierten sich formal die Eingriffe der überwachenden Behörde auf den Abschluss von Vertragszielen.[314] Ergänzend zu den im Vertrag formulierten Gewinnzielen sollte dem Direktor ein Vorschlags- und Mitbestimmungsrecht bei den durch übergeordnete Ebenen zu treffenden Entscheidungen eingeräumt werden.

Weitere Kompetenzen sollten dem Manager im Innenverhältnis durch die Befugnis gewährt werden, die Besetzung von Posten der unteren und mittleren Managementebenen selbst vornehmen zu können.[315] Damit hätte das Management eines SOEs mittelfristig durch eine Besetzung mit Experten zu einer effizienteren Entwicklung beitragen können. Angesichts der Fülle von Unternehmen, bei denen das CRS bis 1989 bereits eingeführt worden war, hätte eine vollständige Umsetzung dieser Vorschrift große Veränderungen bei der Managementbesetzung bewirkt. Aber auch hier zeigt die Realität ein anderes Bild. Bei der Besetzung des Managements wurde in großen SOEs weiterhin ein Parteisekretär der KPCh berücksichtigt. Auch wenn formal durch einen Vertrag die Einstellungspolitik beim obersten Manager lag, so wurde dies in der Realität durch den Parteisekretär bestimmt (vgl. Tabelle 21).

Tabelle 21: Kompetenzaufteilung bei der Besetzung von Posten in SOEs

	Management	**Parteisekretär**	**Betriebsrat**
Berufung von Direktoren (Anteil in %)	13,1	85,0	1,9
Berufung von mittlerem Management (Anteil in %)	26,6	72,8	0,6

Quelle: Jefferson et al. (1999), S. 50.

Die ab 1986 verstärkt umgesetzte Einführung des CRS - das industrielle Gegenstück zum „Household Responsibility System" der Agrarreformen - wurde als einschneidender Schritt bei der Reform der Staatsunternehmen favorisiert, da mit Performance Contracts als Anreizsystem agiert wurde. Aufgrund der Beibehaltung des Staatseigentums sowie den im Agrarsektor erzielten Erfolgen genoss dieser Schritt breite politische Unterstützung.[316] Allerdings wurde das CRS nicht simultan in allen Staatsunternehmen eingeführt. **Firmen mit kapitalintensiver Produktion erhielten kein CRS**. Bei diesen handelt es sich tendenziell um große Unternehmen in wichtigen Branchen. Daher besteht der Staat auf weiterer Kontrolle, um eine kurzfristige Produktivitätssteigerung zu Lasten des Kapitalstocks zu verhindern. Sie erhalten auch keine Produktionsautonomie, dafür aber

[313] Vgl. Wong (1996), S. 193.
[314] Vgl. Bell et al. (1993), S. 19.
[315] Vgl. Child (1994), S. 66.
[316] Vgl. Huang et al. (1999), S. 2.

erhebliche staatliche Mittel als Investitionsgelder.[317] Zudem ergaben sich regionale Abweichungen bei der Unternehmensautonomie (vgl. Box 11 sowie Tabelle 22 und Tabelle 23).

Bezüglich der Reformen bei SOEs muss konstatiert werden, dass zahlreiche Schritte vom Wunsch staatlicher Institutionen nach Machterhalt behindert wurden. Der Staat zog sich nur unvollständig zurück: Angesichts seiner sinkenden Kontrolle einzelner Manager kam es zu einem deutlichen Anstieg von Betrugsfällen.

Box 11: Fortschritte bei der Autonomie von SOEs?

Von Interesse bei der Umsetzung des Managements ist weiterhin, inwiefern im Laufe des Reformprozesses eine Ausweitung der Reformen stattgefunden hat. Eine Analyse zu der Verteilung von Entscheidungskompetenzen bei Staatsunternehmen Mitte der 90er Jahre zeigt, dass dem Management in einigen Bereichen umfassende Autonomie gewährt wurde. Die betrachteten Städte und in ihnen gelegenen SOEs gehören dabei zu den dynamischsten Regionen Chinas im Küstengürtel des Ostens und Südens. Dementsprechend können die erzielten Reformen als „Obergrenze" für die in China erzielten Managementreformen betrachtet werden. Bei genauerer Analyse zeigt sich aber, dass sich die gewährte Autonomie nur auf Tätigkeiten bezog, die zum Tagesgeschäft gehören (vgl. Tabelle 22). Auch bleibt angesichts der fortgesetzten Beteiligung übergeordneter Verwaltungs- und Parteistellen zweifelhaft, ob diese Autonomie vom Management tatsächlich vollständig genutzt werden konnte. Die Autonomie blieb eingeschränkt bei Fragestellungen der Unternehmensführung. Dazu zählt die Planung von neuen Investitionen, die Kompetenzverteilung innerhalb des Unternehmens sowie die Beschäftigungs- und Lohnpolitik. In diesen, von staatlichen Stellen als zentral erachteten Gebieten hingegen wurde weiterhin vom Board of Directors gesteuert und massiv kontrolliert (vgl. Tabelle 22). Das „board of directors" wurde traditionell von den Vertretern staatlicher Institutionen und daneben von den Arbeitnehmervertretern dominiert. Auch die legale Fundierung des CRS, die „Autonomous Management Rights Regulations" von 1992, enthielt für zahlreiche Kompetenzen die Einschränkung, dass die Zustimmung der zuständigen Verwaltungsebene eingeholt werden musste (Weltbank, 1997b).

Eine weitere Untersuchung von Raiser/Nunnenkamp (1997) betrachtet Unternehmen in den Provinzen Shanxi, Jilin und Sichuan. Diese Befragung ist an die zuvor zitierte von Perkins/Raiser bezüglich der analysierten Inhalte angepasst. Die untersuchte Region beinhaltet aber wenige fortschrittliche, im Binnenland gelegene Provinzen, in denen vorwiegend Schwer- und Rüstungsindustrie vorzufinden sind. Für diese zeigt sich, dass die Investitionstätigkeit weniger stark reglementiert wird als in den Küstenprovinzen, wohingegen die Regierung den Arbeitsmarkt stark kontrolliert (vgl. Tabelle 23). Dies erklärt sich durch die makroökonomische Entwicklung in einzelnen Regionen. Während der Staat in den Küstenprovinzen durch seine Kontrolle vor allem eine Überhitzung der Investitionstätigkeit verhindern wollte, dienten die Staatsunternehmen im Binnenland zur Stabilisierung der Arbeitsmarktlage.

Quellen: Raiser/Nunnenkamp (1997), S. 28f.; Weltbank (1997b), S. 21.

[317] Vgl. Xu (1997), S. 9f.

Tabelle 22: Entscheidungskompetenzen in SOEs, Küstenprovinzen

Kompetenz für (Anteil in %)	Firma	Aufsichtsbehörde	Firma + Aufsichtsbehörde	Board of Directors	Betriebsrat
Produktion neuer Produkte	64	1	11	23	-
Neuinvestitionen	22	12	47	17	1
Zahl der Beschäftigten	50	4	20	22	2
Verkauf außerhalb des Plans	67	1	4	26	2
Interne Aufgabenzuweisung	36	-	14	47	4
Lohnfestlegung	39	11	17	19	15
Entlassung von Mitarbeitern	39	3	13	27	18

Quelle: Raiser (1997a), S. 148.

Tabelle 23: Entscheidungskompetenzen in SOEs, Binnenland

Kompetenz für	Firma	Aufsichtsbehörde	Firma + Aufsichtsbehörde	Direktor	Aufsichtsrat	Betriebsrat
Neuinvestitionen	56	18	18	6	2	0
Zahl der Beschäftigten	7	27	62	2	2	1
Verkauf außerhalb des Plans	82	0	7	10	0	0
Produktpreisfestlegung	74	2	14	10	0	0
Entlassung von Mitarbeitern	2	2	2	27	2	65

Quelle: Raiser/Nunnenkamp (1997), S. 27.

Was bisher diskutiert wurde, betraf lediglich die Autonomie der Staatsunternehmen im innerbetrieblichen Verhältnis und die Beziehungen zu den Behörden. **Vernachlässigt wird in zahlreichen Studien die Schnittstelle „Staatsunternehmen - Geschäftsbanken“.** Gerade diese Beziehung ist aber im Transformationsprozess von großer Bedeutung, da ansonsten über einen „soft budget constraint“ eine Effizienzverbesserung verhindert würde.

5.2.2.2 Effizienzentwicklung der Staatsunternehmen - Effekte der Reformen

Analysen befassen sich mit den Auswirkungen einzelner Reformschritte auf die Performance von SOEs. Als eine Messgröße wird dabei das Wachstum der totalen Faktorproduktivität (TFP) herangezogen. Xu (2000) kommt zu dem Ergebnis, dass für die 80er Jahre ein Anstieg der TFP von jährlich 12,5 % vorlag. Konkret wogen innerhalb der Dezentralisierungsmaßnahmen die Erhöhung des Wettbewerbs (gemessen an der Situation auf den Produktmärkten über die dort geltenden Preise) mit 17 % sowie der Wechsel des Managers mit 12,8 % am stärksten. Auch die Autonomie über die Lohnfestsetzung (9,7 %) ist positiv zu beurteilen.[318] Insbesondere aufgrund der Ausgestaltung der Anreizverträge für das Management bei der Gewinneinbehaltung wäre zu erwarten, dass diese einen großen Anteil an der Entwicklung der SOEs hätten. In einer für die 80er Jahre vorgenommenen Analyse über die Entwicklung von Staatsunternehmen unter verschiedenen Reformschritten kommt Xu allerdings zu einem anderen Ergebnis: Die **Anreizverträge zeigten von allen Reformschritten den geringsten Effekt**. Konkrete Gründe für dieses Reformversagen sieht er in den Informationsvorteilen der Manager, welche diese zum Aushandeln niedrigerer „performance"-Ziele in den Folgeperioden ausnutzen können. Weiterhin führte auch die relativ kurze Laufzeit der Verträge dazu, dass Erfolge aus Reformmaßnahmen nicht internalisiert werden konnten. Letztlich fehlte aufgrund mangelnder Konkursvorschriften (vgl. 3.2.2.4.2) auch ein Sanktionsmechanismus für ineffiziente SOEs.[319] Die **fehlenden Sanktionen** werden auch von anderen Autoren als zentrale Versäumnis angesehen. Letztlich bestand durch mögliche Nachverhandlungen und den Verweis auf „ungünstige" Marktentwicklungen immer eine Chance für die Manager, den Sanktionen zu entgehen. Dadurch bestand ein „soft penalty".[320]

Der zu beobachtende **Rückgang der Ertragslage bei SOEs** stellt bei der Diskussion über die Beurteilung der Unternehmensreform in der VR China einen strittigen Punkt dar. Trotz aller Maßnahmen ist es nicht gelungen, zahlreiche Staatsunternehmen vor einem Abrutschen in die Verlustzone zu bewahren. Entsprechend der Profitabilität muss somit den SOE-Reformen ein Misserfolg bescheinigt werden. Für manche Ökonomen ist dies ein klares Anzeichen für die sich nun zeigenden, bisher durch Subventionen versteckten hohen Kosten der zahlreichen Versäumnisse und damit des graduellen Vorgehens. Für diese Argumentation spricht eine Gegenüberstellung der Gewinnentwicklung und der direkten Subventionen (vgl. Abbildung 25). Andere sehen den Gewinnrückgang demgegenüber als eine Folge der steigenden Konkurrenz. Die Konkurrenz ergibt sich durch die steigende Entwicklung nichtstaatlicher Unternehmen sowie der zurückgehenden Protektion der SOEs im Zuge der Preis- und Handelsliberalisierung. Gerade in der Entwicklung einer privatwirtschaftlich organisierten Konkurrenz sehen sie ein wichtiges Argument für den Niedergang der Staatsunternehmen.[321] Dies ist aber insbesondere für das China vor 1995 nicht zutreffend, da dort die Privatunternehmen einen bescheidenen Anteil ausmachten.

---

[318] Vgl. Xu (2000), S. 166.
[319] Vgl. Xu (2000), S. 158, 166.
[320] Choe/Yin (2000), S. 102.
[321] Vgl. Raiser (1995), S. 344.

Abbildung 25: Vergleich der Gewinnentwicklung von SOEs und direkten Subventionen

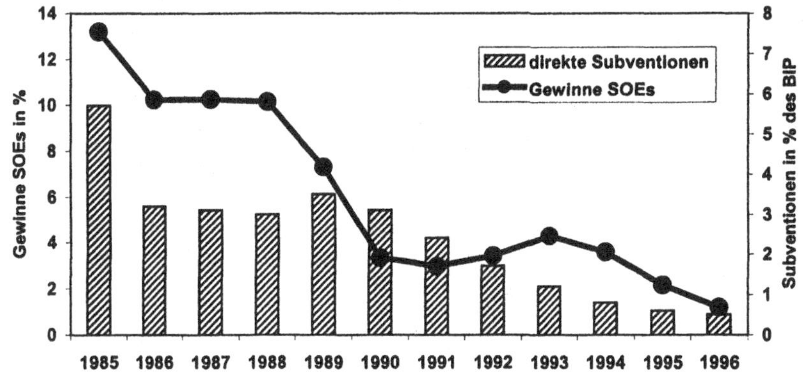

Quellen: Choe/Yin (2000), S. 100; Harvie (1999), S. 22; Lardy (1998), S. 37.

Neben diesen beiden Argumenten bieten sich aber noch weitere Erklärungsansätze für den Gewinnrückgang, die auf der hohen Gewinnbesteuerung und den Anreizen zur Gewinnverschleierung basieren. Einerseits könnten die SOEs ihre tatsächlichen Gewinne verheimlichen und damit ihre Steuerlast reduzieren. Zudem stellte die andauernde Subventionierung ineffizienter Staatsunternehmen einen Anreiz dar, Verluste auszuweisen, da dadurch weitere Zuweisungen gesichert werden konnten. Andererseits könnten sie aber auch potenzielle Gewinne in höhere Lohnzahlungen umwandeln oder die Vermögenswerte des Unternehmens zur privaten Bereicherung nutzen. Damit würden höhere Erträge nur den „Insidern" zugute kommen.[322]

Die Reform der SOEs hat nicht zu umfassenden Effizienzsteigerungen geführt. Aufgrund zahlreicher staatlicher Eingriffe sowie verzerrter Anreizmechanismen verfolgten die Manager der Unternehmen vielfältige Ziele, die in den seltensten Fällen dem Wohl der Unternehmen dienten. Ursache für diese Entwicklung ist die fehlende Eigentumsumwandlung und unzureichende „corporate governance".[323]

Angesichts der häufigen Fehlschläge bei der Reform der Staatsunternehmen sehen zahlreiche Politiker Chancen für eine Verbesserung der Situation, wenn die Staatsunternehmen formal in Kapitalgesellschaften umgewandelt werden. Doch selbst dieser - für chinesische Verhältnisse weitreichende - Reformschritt hat bisher keine positiven Impulse gebracht (vgl. Box 12).

---

[322] Vgl. Huang et al. (1999), S. 6; Lardy (1998), S. 53.
[323] Vgl. Lardy (1998), S. 52.

Box 12: Wandlung der Rechtsform von SOEs in Aktiengesellschaften als Lösung?

Die empirische Entwicklung der SOEs zeigt eine rapide Verschlechterung der Finanzsituation. Nachdem die umgesetzten Reformen im Management und bei den Allokationsmechanismen wenig Verbesserung brachten und vor allem die mangelnden Anreizmechanismen offensichtlich wurden, bildete sich die Einsicht heraus, dass die nicht vorgenommenen Eigentumsänderungen eine wesentliche Ursache darstellen könnten. Auf der Suche nach Lösungsansätzen, die nicht in eine unmittelbare Privatisierung mündeten, ergaben sich neue Reformvorstellungen für eine tatsächliche Reform der SOEs, die zu einer Verbesserung führen sollte. Diese beinhaltete den Plan, die 1000 größten Staatsunternehmen in Staatseigentum zu belassen. Alle sonstigen SOEs sollten „liberalisiert" werden (Huang et al., 1999). Unter Liberalisierung wurde die Diversifikation der potenziellen Eigentumsformen im Unternehmenssektor verstanden (Lardy, 1998). So entstand der Vorschlag, Aktien auf die Unternehmensanteile auszugeben, so dass SOEs zu Kapitalgesellschaften transformiert werden (Lin et al., 1996). Rechtliche Grundlage aller Eigentumsreformen hin zu einer Kapitalgesellschaft ist das Gesellschaftsgesetz von 1994 (vgl. 3.2.2.4.1). Auf Grundlage der Artikel 21 und 75 können die SOEs in eine GmbH oder AG umgewandelt werden. Dieses würde formal auch eine klarere Ausübung einzelner Eigentumsrechte ermöglichen, zumal in den Artikeln 68f. die Besetzung des „board of directors" sowie die Berufung des Managers geregelt wird. In der Praxis zeigt sich aber, dass der Staat mit dieser Vorgehensweise lediglich sämtliche Haftungsbeschränkungen nutzen will, die sich für eine Kapitalgesellschaft ergeben, ohne weitere Reformen zuzulassen (Steinmann et al., 1995). So kann der Aufsichtsrat die ihm zugedachte Funktion der Managementkontrolle nicht ausüben, da es keine rechtlichen Vorschriften gibt, welche konkret die Weisungsbefugnis definieren. Damit verkommt der Aufsichtsrat zu einem Organ, welches wohlklingende Titel erlaubt sowie als Auffangbecken für ältere, im Unternehmen nicht direkt benötigte Manager dient (Comberg, 2000). Zudem ist der Aufsichtsrat weitestgehend mit staatlichen Vertretern besetzt, deren Anteile an den Gesamtmitgliedern weit über die Unternehmensanteile staatlicher Institutionen hinausgehen (Xu/Wang, 1999). Ein weiteres Beispiel für das Fortbestehen alter Regelungen zeigt sich in Artikel 17, welcher für GmbHs und AGs weiterhin die Existenz und Arbeit von Organen der KPCh vorschreibt. Neben den beschriebenen mangelhaften Kontrollmöglichkeiten krankt das Gesellschaftsgesetz von 1994 an den mangelhaften Detailvorschriften, die für den Fall von Streitfällen notwendig sind. Es fehlen klare Bestimmungen zur Beschreibung der Haftung von Management und Aufsichtsrat gegenüber den Aktionären. Dies beeinträchtigt vor allem den Schutz von Minderheitsaktionären, deren Einfluss quasi gegen Null tendiert (Comberg, 2000). Die Anfechtung von Hauptversammlungsbeschlüssen ist gemäß Art. 111 chin. GesG bei einem Verstoß gegen Rechtsvorschriften zwar möglich, dabei wird aber klar unterschieden zwischen anfechtbaren und von Anfang an nichtigen Beschlüssen. Diese strikte Trennung mit großem Interpretationsspielraum ist deshalb installiert worden, um den Einflussbereich staatlicher Institutionen in den Aktiengesellschaften zu sichern (Steinmann et al., 1995). **Die Vorschriften zu Aktiengesellschaften in China kranken noch an zahlreichen Detailfragen. Der Staat hat weiterhin über zahlreiche AGs die Kontrolle inne.**

Quellen: Comberg (2000), S. 203, 206ff.; Huang et al. (1999), S. 3; Lardy (1998), S. 24: Lin et al. (1996), S. 144; Steinmann et al. (1995), S. 15, 52f.; Xu/Wang (1999), S. 82f.

5.2.3 Finanzierungsquellen der SOEs

5.2.3.1 „Sichtbare Finanzierungsquellen"

Für Staatsunternehmen in China bieten sich verschiedene Finanzierungsquellen. Direkte Zuweisungen aus dem Staatshaushalt stellen eine permanent verfügbare Quelle dar. Weiterhin ergeben sich die für alle Unternehmen gleichsam existierenden Quellen in Form von Bankkrediten, Selbstfinanzierung aus einbehaltenen Gewinnen sowie die Eigenkapitalfinanzierung durch alte oder neue Eigentümer (bspw. ausländische Direktinvestitionen oder Emission von Aktien). Von all diesen Möglichkeiten können für China ohne Vorbehalt nur die Selbstfinanzierung aus Gewinnen sowie die Finanzierung über ausländische Direktinvestitionen als Finanzierung unter einem „hard budget constraint" bezeichnet werden. Alle weiteren Formen unterlagen noch immer dem Einfluss verschiedener Verwaltungsebenen und konnten somit aufgeweicht werden.

Auf der Basis von Zahlen zu Quellen der SOE-Finanzierung zeigt sich, dass sich der **Staat** aus der **direkten Finanzierung** der ihm zugeordneten Unternehmen **weitestgehend zurückgezogen** hat. Der Anteil der Planzuweisungen an der Gesamtfinanzierung macht nur einen geringen Teil aus (vgl. Abbildung 26). Bei der chinesischen Rechnungslegung für SOEs war es aber üblich, dass auch die von Branchenbehörden und Provinz- sowie Bezirksverwaltungen gewährten Finanzierungsmittel als Eigenmittel klassifiziert werden.[324] Damit war der Anteil de facto höher als offiziell ausgewiesen.

Abbildung 26: Quellen der Finanzierung von SOEs im Reformprozess

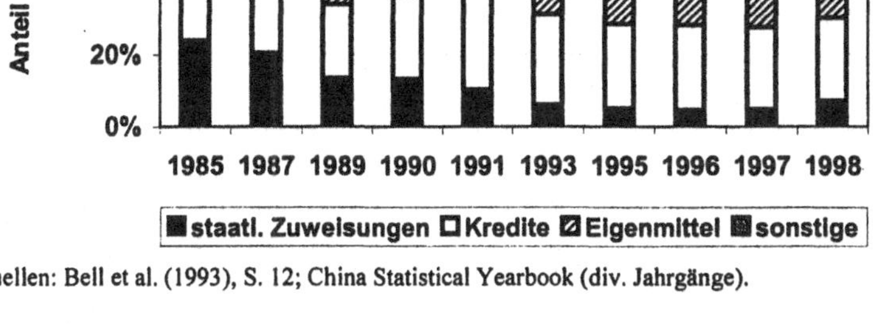

Quellen: Bell et al. (1993), S. 12; China Statistical Yearbook (div. Jahrgänge).

[324] Vgl. Chen (1996), S. 106, Fn. 164.

Ähnliche Zahlen zur Staatsbeteiligung ermitteln auch Perkins/Raiser (1994). Sie erhalten allerdings für die anderen Positionen abweichende Anteile. So kommt in ihrer Untersuchung den **Bankkrediten in allen Perioden zwischen 1980 und 1993 sehr viel größere Bedeutung** zu, deren Anteil an der Gesamtfinanzierung beträgt 75 %.[325] Dies kann damit begründet werden, dass die Mittelbereitstellung durch die zuständige Lokalverwaltung ebenfalls als Darlehen betrachtet wird bzw. von letzterer über die regionale Filiale einer Staatsbank „organisiert" wurde. Zu einer ähnlichen Schlussfolgerung kommt Xu (1997). Problematisch ist aber, dass die wachsende Finanzierung über „Eigenmittel" und Bankkredite von den Autoren als ein Zeichen von effizienterer Finanzierung interpretiert wird. Dies ist jedoch für China kritisch zu betrachten. Die Folgerung setzt voraus, dass bei der Finanzierung über Bankkredite solche Banken als Finanzintermediäre auftreten, die unabhängig von staatlicher Beeinflussung eine eigenständige Kreditvergabepolitik durchführen können. Dies wäre nur dann gegeben, wenn die Geschäftsbanken ihre Kredite wirklich nach Effizienzkriterien vergeben würden.

5.2.3.2 Pensionsansprüche als „unsichtbare" Finanzierungsquellen

Eine weitere Finanzierungsform der Staatsunternehmen sind die zu bildenden Rückstellungen für Pensionsleistungen aktiver und ehemaliger Arbeitnehmer. Die Analyse der „danwei" (vgl. 3.2.3) hat dargelegt, dass im Rahmen des Konzeptes der „eisernen Reisschale" den Arbeitnehmern von SOEs eine lebenslange Versorgung mit diversen Grundbedürfnissen (Krankenversorgung, Wohnen) zusteht. Das Rentensystem in China arbeitet auf der Basis eines „pay as you go"-Schemas (Umlageverfahrens), bei welchem die Rentenleistungen der gegenwärtigen Rentner durch Zahlung der gegenwärtig berufstätigen Generation sowie der Unternehmen geleistet werden („Generationenvertrag"). Im Gegensatz zu Ländern wie bspw. Deutschland wird die Abwicklung der Rentenzahlungen in China aber nicht über den Staat vorgenommen, sondern von jedem Unternehmen separat abgewickelt. Daher müssen sich die Rentner auf Finanzkraft und Zahlungsbereitschaft ihres ehemaligen Arbeitgebers verlassen. Insbesondere die Zahlungsbereitschaft ist nicht unbedingt selbstverständlich, denn die Leistungen müssen aus den Gewinnen nach Steuern abgeführt werden.[326]

Die Staatsunternehmen konnten somit einen finanziellen Vorteil verbuchen, welcher sich als Differenz aus zwei Positionen ergab. Auf der einen Seite steht ein „rentenversicherungsfreier Lohn", welcher als reine Nettoverpflichtung des

---

[325] Vgl. Perkins/Raiser (1994), S. 33.
[326] Vgl. Fan et al. (1998), S. 42.

Unternehmens gegenüber einem Arbeitnehmer angesehen werden kann. Diesem steht ein „rentenversicherungsbelasteter Lohn" gegenüber, der sich aus dem (in China relativ niedrigen) Grundgehalt sowie den durch das Staatsunternehmen zu bildenden Rückstellungen für die später zu leistende Altersversorgung (im Rahmen der Ansprüche aus der „danwei") zusammensetzt. Bis heute ist aber nicht ersichtlich, dass die chinesischen Staatsunternehmen solche Rückstellungen vorgenommen haben. Die Differenz zwischen rentenversicherungsbelastetem und -freien Lohn ist somit eine zusätzliche Finanzierungsquelle für chinesische Staatsunternehmen.[327]

Kalkulationen für eine detaillierte Bestimmung des Volumens liegen bisher kaum vor, aber anhand der zunehmenden „Abhängigkeitsquote" in Staatsunternehmen (vgl. Abbildung 27) zeigt sich jetzt das Ausmaß der Vorsorge, das hätte getroffen werden müssen. Während 1978 fast 30 Arbeitnehmer für einen Rentner zahlten, werden diese Leistungen 1996 nur noch durch vier Arbeiter getragen. Erste Schätzungen der Weltbank ergaben eine Gesamtlast aus dem Reformversäumnis in Höhe von 50 % des BIP, sie spricht daher von einer „pension crisis in its state enterprises".[328]

Abbildung 27: Entwicklung der Relation Rentner/Arbeiter in Staatsunternehmen

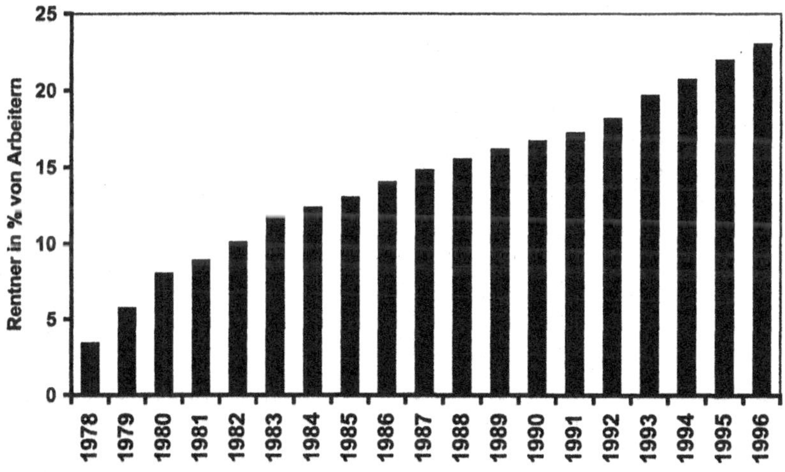

Quelle: Fan et al. (1998), S. 44.

[327] Vgl. Lardy (1998), S. 44.
[328] Vgl. Weltbank (1997c), S. 52f.

Auch zaghafte Reformschritte führten bisher nicht zum Erfolg. Auf Bezirksebene sollte durch die jeweilige Bezirksverwaltung ein „pooling“ durchgeführt werden mit dem Ziel, die Belastungen gleichmäßig nach Leistungsfähigkeit zu verteilen. Dies hat aber weder eine Verbesserung der Finanzlage von SOEs noch eine erhöhte Absicherung der Altersversorgung erbracht.[329] Zusätzliche staatliche Gelder schafften eine weitere Finanzierungsquelle für SOEs. Die für Rentenverpflichtungen zur Verfügung gestellten Mittel in Höhe von 12 Mrd. US-Dollar wurden von den SOEs zur Begleichung anderer Zahlungsverpflichtungen genutzt.[330] Die Regierung hat daraufhin mit weiteren Maßnahmen reagiert. Einerseits soll in diesem Bereich eine Öffnung für ausländische Fondsgesellschaften erfolgen, um die nötigen Mittel zum Aufbau eines landesweiten Rentensystems mobilisieren zu können. Andererseits wurde im Jahr 2001 die Vorschrift erlassen, dass bei der Börsennotierung von SOEs eine 10%-ige Abgabe zur Sicherung von Rentenansprüchen geleistet werden muss. Aber gerade die letzte Bestimmung wird nur bedingt umgesetzt, da selbst innerhalb von Regierungsstellen keine Klarheit über die Vorgehensweise besteht. Letztlich wurde diese Bestimmung wieder auf Eis gelegt. Die Finanzierung der Altersvorsorge und die dabei wichtige Frage über die Rolle der Staatsunternehmen bleibt ungelöst.

---

[329] Vgl. Fan et al. (1998), S. 44.
[330] Vgl. Kynge (2001), S. 5.

6 Kleine und mittlere Unternehmen: „Motor des Kapitalismus“

Im vorangehenden Kapitel lag der Fokus auf den Staatsunternehmen. Dabei ergab sich folgende zentrale Erkenntnis: Neben der Problematik fehlender institutioneller Rahmenbedingungen zeigt sich, dass die **Unternehmensreform weit mehr als nur die Privatisierung bestehender Staatsunternehmen (SOEs)** umfasst. Von den SOEs geht der Outputrückgang aus, nicht jedoch der innovative Reform- und Produktionsprozess. Dies zeigt die Notwendigkeit eines breiteren Ansatzes zur Umstrukturierung des Unternehmenssektors:

> „Indeed, capitalism is best grown from modest beginnings in small-scale enterprises that provide an sorting mechanism for successful and unsuccessful entrepreneurs.“[331]

In tragenden Bereichen der Volkswirtschaft (Industrie, Handwerk und Dienstleistung) muss es eine neue Schicht an kleinen und mittleren Unternehmen geben, die einen durch den starken Outputrückgang bedingten Anstieg der Arbeitslosenquote verhindern. Von staatlicher Seite müssen dabei transparente Vorschriften erlassen werden, die sowohl den ungehinderten Zugang (Markteintritt) und das Ausscheiden (Konkurs) von Unternehmen ermöglichen als auch ein klar formuliertes Vertrags- und Eigentumsrecht festschreiben.[332] In diesem Kapitel werden zunächst grundlegende Aspekte der Entwicklung kleiner und mittlerer Unternehmen diskutiert. Darauf folgend konzentrieren sich die Betrachtungen auf die Besonderheit des chinesischen Unternehmenssektors: Existenz und Erfolg der Kollektivunternehmen.

6.1 Entstehen kleiner und mittlerer Unternehmen in der Transformation

Die Bedeutung der Entwicklung kleiner und mittlerer Unternehmen (KMU) im Transformationsprozess und ihr Beitrag zum Gelingen des Übergangs ist durch empirische Evidenz belegt.[333] Die KMU bringen einer Volkswirtschaft sowohl Wachstum und Innovation als auch eine stärkere Flexibilität im Rahmen einer Umstrukturierung, da sie **„capitalism close to the people“** betreiben. KMU besitzen Vorteile gegenüber etablierten Großunternehmen bei der Entwicklung marktfähiger, innovativer Produkte:[334]

---

[331] McKinnon (1993), S. 240.

[332] Vgl. EBRD (1997), S. 50.

[333] Vgl. Winkler (1999b) und für eine umfassende Darstellung im internationalen Vergleich OECD (1999).

[334] Vgl. EBRD (1999), S. 9ff.

- **Marktnischen**: Die KMU drängen in Bereiche, welche großen Unternehmen nicht rentabel erscheinen, für KMU aber ein großes Potenzial besitzen.
- **Struktur**: Die Organisationsstruktur ist flexibel und somit potenziell kostengünstiger.
- **Mitarbeiter**: Die Angestellten eines KMU weisen eine höhere Motivation und Verständnis von „corporate identity" auf.
- **Produktauswahl**: KMU konzentrieren sich auf Innovationen, da bei gängigen Produkten die großen Unternehmen bereits eine Marktposition und Skalenerträge generiert haben.

Innerhalb dieser Unternehmensgruppe kann dabei für Transformationsländer unterschieden werden zwischen den Unternehmen, die aus der „kleinen Privatisierung" hervorgegangen sind und denen, die neu gegründet wurden. Letztere sind aus zwei Gründen wichtiger. Erstens war aufgrund der Bevorzugung der Großindustrie in den sozialistischen Ländern die Anzahl der KMU zu Reformbeginn tendenziell sehr gering.[335] Neu entstandene KMU bringen zweitens den Vorteil mit sich, dass sie als neue Akteure auch eher in der Lage sind, neue Produkte zu entwickeln und damit neue Märkte zu erschließen, während die ehemaligen Staatsunternehmen bis dahin lediglich eine formale Umstrukturierung durchlaufen haben.[336]

Die Erfahrungen bei Entstehung von KMU zeigen, dass diese selbst in entwickelten Volkswirtschaften zahlreiche Hemmnisse überwinden müssen, so dass für Transformationsländer eine mindestens ebenso große Problematik zu erwarten ist. Die Behinderungen sind zunächst im institutionellen Bereich zu suchen (komplexe und hohe Steuerlasten, Korruption zugunsten der Staatsunternehmen und verzerrter Wettbewerb). Baygan/Freudenberg (2000) weisen für Industrieländer extrem komplizierte Antragsverfahren nach (vgl. Übersicht 15). Dementsprechend muss die Empfehlung für Transformationsländer lauten, dass der Gründungsprozess so transparent und kurz wie möglich gestaltet werden muss.

---

335 Vgl. Winkler (1999b), S. 42, Fn. 49.

336 Vgl. Abele (1998), S. 227; EBRD (1995), S. 141.

Übersicht 15: Index für die Behinderung der Unternehmensgründung durch Behörden

	Minimale Kosten (in Euro)	Maximale Verzögerung (Wochen)	Minimum an benötigten externen Diensten	Minimum an Vorgängen	Indikator
USA	200	2	2	2	0,50
UK	900	1	1	4	0,75
Schweden	1.130	4	1	6	1,25
Japan	4.600	4	1	13	2,25
Deutschland	750	24	2	8	2,50
Frankreich	2.200	15	1	21	3,25

Quelle: Baygan/Freudenberg (2000), S. 39; die Berechnung des Indikators ergab sich durch Zuweisung einer Bewertung zwischen 0 und 6 (0 = besonders gut; 6 = besonders schlecht) für jedes Ergebnis; diese gingen dann mit jeweils 25 % in das Endergebnis ein.

Studien internationaler Finanzinstitutionen haben ergeben, dass sich neben den allgemeinen institutionellen Problemen der **fehlende Zugang zu Finanzierungsmitteln** als ein Problem für neu entstehende KMU darstellt.[337] Die Finanzierungsquellen von KMU im Laufe ihrer Entwicklungsphasen (vgl. Übersicht 16) deuten denn auch darauf hin, dass die externe Finanzierung erst spät an Bedeutung gewinnt.

Übersicht 16: Entwicklungsphasen von kleinen und mittleren Unternehmen

Phase	Merkmale	Finanzierung durch
Gründung	Rechtliche und operationale Struktur primitiv.	Eigenmittel, Eigenkapital von Freunden/Verwandten
Start up bzw. frühes Wachstum	Entwicklung eines Geschäftsplans. Verbesserung der Struktur	zusätzlich über Risikokapital
Wachstum	verbesserte Struktur, Herstellungsprozess startet	Gewinnthesaurierung Handelsfinanzierung
stabiles Wachstum	Wachstum über längere Perioden, Ansammeln von Vermögenswerten	Bankkredite

Quelle: Suzuki/Lacktorin (1999), S. 26f.

Das zentrale Finanzierungsproblem kleiner und mittlerer Unternehmen in Transformationsländern besteht darin, dass sie (sowie weitere Eigenkapitalgeber) keine Eigenmittel zur Verfügung haben, um eine ausreichende interne Finanzierung durchführen zu können.[338] Existiert noch Geldvermögen aus der Vor-Reformphase, so wurde dieses durch inflatorische Anpassungsprozesse oder eine Währungsreform in großem Umfang vernichtet. Sonstige Vermögenswerte konnten kaum bestehen, da im Sozialismus kein Privateigentum existierte. Somit waren die **KMU schon früh auf eine Finanzierung durch Außenstehende**

[337] Vgl. EBRD (1999), S. 10; Honma (1999), S. 41.

[338] Vgl. Honma (1999), S. 41.

angewiesen.[339] Dies konnte nur durch die Mittelaufnahme bei externen Kapitalgebern erfolgen.

Empirisch ergibt sich, dass auch fast ein Jahrzehnt nach Reformbeginn die KMU noch immer Probleme haben, Kredite bei den Geschäftsbanken zu erhalten. In allen MOE/GUS-Ländern lag das Volumen der Kredite mit 5 - 20 % des BIP weit unter dem Niveau entwickelter Industrieländer, in denen selbige mehr als 50 % des BIP ausmachen.[340] 1998 betrugen selbst im weiter entwickelten Ungarn die an die KMU vergebenen Kredite nur 4 % des Gesamtvolumens.[341] Die Gründe können einerseits in der durch institutionelle Schwächen bedingten Flucht dieser Unternehmen in den informellen Sektor (vgl. Box 13), andererseits aber auch in Restriktionen durch das Finanzsystem gesehen werden.

Box 13: Erstarkender informeller Sektor als Reaktion auf Entwicklungshindernisse

Ein Aspekt, der in den bisherigen Betrachtungen zur Unternehmensreform nicht explizit zum Ausdruck kam, ist das verstärkte Agieren zahlreicher Akteure im informellen Sektor. Dieses ist sowohl für die allgemeine Evaluierung des Transformationsverlaufs von Bedeutung als auch relevant für die Effizienz wirtschaftspolitischer Maßnahmen. Die Größe des informellen Sektors gibt Auskunft über die (mehr oder weniger vorhandene) Leistungsfähigkeit formaler Institutionen in Transformationsländern: Zahlreiche Unternehmer verlagern ihre Tätigkeit in den informellen Sektor, weil die Kosten für die Durchsetzung von Ansprüchen im formalen Sektor prohibitiv hoch sind und sie somit von formalen Institutionen nicht profitieren können (Soltysinski, 1998).

Die Definition des Begriffs „informeller Sektor" beinhaltet in der engen Fassung lediglich die Unternehmen, welche bei der Um- und Durchsetzung von Ansprüchen nicht auf das Rechtssystem des Landes zurückgreifen (Krahnen/Schmidt, 1994). Für MOE/GUS-Länder gehen die Schätzungen über den Anteil des informellen Sektors von allgemein mindestens 20 % des BIP über 26 % in Ungarn, 30 % in Russland bis zu 50 % in der Ukraine (Klein, 1999). Die informelle Tätigkeit resultiert aus den zahlreichen Barrieren, welche sich neu entstehenden Unternehmen stellen, allen voran exzessiv hohe Steuern und ineffiziente, durch Korruption geprägte Behörden. Die Existenz dieses Sektors beinhaltet dabei Vor- und Nachteile:

- Nachteilig wirkt sie sich auf die Steuereinnahmen des Staates und seine wirtschaftspolitischen Einflussmöglichkeiten aus.
- Positiv hingegen ist die Tatsache zu sehen, dass durch diese Form der Tätigkeit neue Unternehmen entstehen, die effizient arbeiten und dadurch Arbeitsplätze schaffen. Zudem relativieren sich unter diesem Gesichtspunkt die in Tabelle 2 dargestellten Outputeinbrüche.

Quellen: Klein (1999), S. 17; Krahnen/Schmidt (1994), S. 33; Soltysinski (1998), S. 73.

---

339 Vgl. Suzuki/Lacktorin (1999), S. 26.
340 Vgl. Honma (1999), S. 42.
341 Vgl. EBRD (1999), S. 227.

6.2 Kollektivunternehmen in China: Die tragende Rolle der „TVEs"

Eine der Besonderheiten in der Struktur des chinesischen Unternehmenssektors stellt die Existenz der Kollektivunternehmen dar. Sie bilden neben den Staatsunternehmen sowie den von Individuen oder sonstigen Personen betriebenen Unternehmen die dritte Gruppe in den chinesischen Statistiken und nehmen insbesondere in den ersten Reformphasen der 80er Jahre eine bedeutende Rolle ein (vgl. Abbildung 20). Die Kollektivunternehmen unterteilen sich - je nach regionaler Entstehung - in städtische und ländliche Betriebe.[342] Ein Großteil des Outputwachstums dieser Unternehmensgruppe wurde dabei von den ländlichen Kollektivunternehmen getragen, den **„Township and Village Enterprises" (TVEs)** (vgl. Tabelle 24).

Tabelle 24: Anteil einzelner Kollektivunternehmen am Industrieoutput in China (in %)

	1985	1990	1993	1994	1995	1996
TVEs	14,6	20,2	21,8	25,3	25,9	27,8
sonstige Kollektiv-UN	17,5	15,4	12,2	12,4	10,7	11,6

Quelle: China Statistical Yearbook (1998), S. 431; Jefferson/Rawski (1999), S. 27.

Eine allgemeine **Definition** bezeichnet ein **TVE als ein Unternehmen, das allen Einwohnern der jeweiligen Gemeinde oder des jeweiligen Dorfes gehört.** Die TVEs sind dem nicht-staatlichen Sektor zuzurechnen, da sie der Kontrolle der politischen Ebene der jeweiligen Gemeinschaft unterliegen. Diese Gemeinschaft kann ein „township" (ca. 3500 Haushalte) oder ein Dorf (ca. 200 Haushalte) sein.[343]

6.2.1 Besonderheiten der Verwaltungsebenen „township" und „village"

Die Betrachtungen zu TVEs sind vor dem Hintergrund des in 3.2.1 beleuchteten politischen Systems zu sehen. Zugrunde gelegt werden der Analyse der Institutionen die folgenden Übersetzungen: Ein „township" wird als Gemeinde betrachtet, ein „village" als Dorf.[344] Diese Ebenen weisen viele Gemeinsamkeiten auf, wobei zwei Unterschiede von Relevanz sind:

---

[342] Vgl. Qian/Xu (1993a), S. 139.

[343] Vgl. Byrd/Lin (1990), S. 1; Che/Qian (1998), S. 1.

[344] Die chinesischen Bezeichnungen, aus denen die Übersetzungen hervorgegangen sind, lauten „xiang" (= „ländliche Einheit zwischen Dorf- und Kreisebene") für „township" sowie „cun" (= „Dorf") für „village". Zu den „townships" zählen zudem auch noch die „zhèn" (= „Marktstädte").

1. **Zuordnung zum Regierungsapparat**: Gemeinden gehören noch dem offiziellen Regierungsapparat an, Dörfer aber nicht mehr.
2. **Ausmaß des politischen Wandels**: In Dörfern wurden politische Reformen zur partiellen Mitbestimmung umgesetzt und erreichten auch einen bedingten Einfluss.[345]

6.2.1.1 Merkmale der Gemeinden („Townships“)

Bei der Diskussion des politischen Systems zeigte sich, dass eine **Gemeinde** die **unterste Ebene des chinesischen Regierungsapparats** ist. Die Berufung und Bezahlung der Verwaltungsleiter erfolgt durch übergeordnete staatliche Institutionen, die das Verhalten der Gemeindeleiter kontrollieren (vgl. 3.2.1.1). Doch auch wenn eine Gemeinde formal dem politischen System angehört, so besitzt sie eine **begrenzte Autonomie**. Aufgrund der Möglichkeiten, die politischen und ökonomischen Geschicke lenken zu können, ergibt sich die Chance, in großem Maße die Wirtschaftsentwicklung der eigenen Gemeinde zu forcieren. Dies äußert sich in verschiedenen Instrumenten für die Gemeindeverwaltung:[346]

- Gründung von und Eigentum an Kollektivunternehmen.
- Freie Entscheidung über die Verwendung der erzielten Überschusseinnahmen.
- Förderung verschiedener Unternehmen.

Die Anzahl an Instrumenten, über die ein lokaler Parteikader verfügen kann, begründet allein aber noch nicht seine Motivation, lokale Industrieunternehmen zu fördern und ihre Effizienz zu kontrollieren. Ihm könnte das Erreichen seiner Position genügen, so dass sich für ihn kein Anreiz ergäbe, sich in seinem Amt zu engagieren. Die Motivation lässt sich aus zwei Gründen herleiten: dem lokalen Zwang zur Selbstfinanzierung und den persönlichen Zielen der Kader.

Der lokale Zwang zur Selbstfinanzierung

Im Laufe des Reformprozesses veranlasste die Zentralregierung eine fiskalische Dezentralisierung, was eine weitreichende Autonomie bezüglich der Finanzierung des Haushalts von Gemeinden hervorrief. Somit war eine Gemeinde darauf angewiesen, ihren Etat selbst zu decken. Erhöhte Einnahmen waren notwendig, um die steigenden Ausgaben zu finanzieren. Die erzielten Einnahmen durften

[345] Die Unterscheidung in „townships“ und „villages“ stellt einen zentralen Problembereich der Literatur zu TVEs dar. Zahlreiche Quellen differenzieren nicht zwischen diesen beiden Ebenen; vgl. bspw. Byrd/Lin (1990); Che/Qian (1998); Harvie (1999); Perotti et al. (1999).

[346] Vgl. Byrd/Lin (1990), S. 5.

dabei zu einem Großteil einbehalten werden, und seit 1982 konnten die Lokalverwaltungen sogar zusätzlich eigene Abgaben erheben. Die Einnahmenerzielung stellte die große Motivation für Gemeindeverwaltungen dar, Kollektivunternehmen zu gründen, die im Erfolgsfall den Wohlstand der Gemeinde steigern konnten.[347]

Eine Alternative zur Gründung von Kollektivunternehmen hätte in der Förderung von Privatunternehmen bestanden, deren Steuerzahlungen dann die Finanzierung des Etats hätte gewährleisten können. Das **Betreiben von eigenen Kollektivunternehmen** wies jedoch **Vorteile gegenüber der Steuerfinanzierung** auf. Während das Erheben von Steuern komplizierter und schwerer durchsetzbar war, konnte mit Kollektivunternehmen ein direkter Gewinnabführungsvertrag geschlossen werden.[348] Auch beinhaltete die Gründung von Privatunternehmen noch zahlreiche Unsicherheiten aufgrund der unklaren politischen Einstellung ihnen gegenüber (vgl. 6.2.3.3). Die erzielten Gewinne mussten zudem nicht (wie Teile der Steuern) an höhere Ebenen abgeführt werden.[349]

Das Errichten von TVEs stellte für die lokalen Führer die Chance dar, die Kontrolle über ländliche Vermögenswerte in kontinuierliches Einkommen umzuwandeln.[350]

Die „Schwäche" der „townships" im Entscheidungsprozess

Ein Aspekt, der für die Finanzierung einzelner Unternehmensformen von Bedeutung ist, ergibt sich ebenfalls aus der Stellung der Gemeinden im nationalen Entscheidungsprozess. Die Gemeinden als unterste Ebene der politischen Hierarchie hatten nur einen sehr begrenzten Einfluss auf die Entscheidungen der Planaufstellung und -durchführung. Dies führte dazu, dass die Verwaltung der „townships" nicht über einen umfangreich nutzbaren Zugriff auf staatliche Institutionen wie das Bankensystem verfügte, was höheren Verwaltungsebenen ohne Probleme möglich war.[351] Außerdem ist die **Verwaltung eines „townships" nicht** - wie bspw. Provinzregierungen - **in der Lage, die einheimischen Unternehmen vor Konkurrenz zu schützen** (was im Sinne der Unternehmensentwicklung durchaus positiv einzuschätzen ist).[352] Als ein zentrales Ergebnis der Dezentralisierung hatte sich ergeben, dass es zwischen einzelnen Provinzen fast zu „Wirtschaftskriegen" kam, als einheimische Unternehmen geschützt

---

[347] Vgl. Jin/Qian (1998), S. 804; Oi (1992), S. 103; Yusuf (1994), S. 306.
[348] Vgl. Raiser/Nunnenkamp (1997), S. 26.
[349] Vgl. Oi (1992), S. 114; Wong (1996), S. 147.
[350] Vgl. Naughton (1994), S. 268.
[351] Vgl. Che/Qian (1998), S. 2.
[352] Vgl. Perotti et al. (1999), S. 159.

werden sollten. Sowohl aufgrund der geringen Marktgröße als auch durch die geringen Einflussmöglichkeiten der „townships" bestand diese Option für Gemeinden nicht.

Ziele der örtlichen Gemeindekader

Die Motivation der lokalen Kader, das Wachstum in der eigenen Gemeinde zu fördern, basierte auf drei Gründen. Erstens bestand für einen nicht altruistisch, sondern eigennützig denkenden Kader die Option, sich durch Förderung kollektiver Unternehmen zu bereichern. Diese Option erscheint aber nur in den Gemeinden möglich, die eine gewisse Größe aufweisen, welche eine „schützende Anonymität" bewirkt. Zum zweiten war in zahlreichen Gemeinden das Einkommen der Vorsteher der Gemeindeverwaltung nicht unbeschränkt von der Partei festgesetzt. Statt dessen existierte in diesen Fällen eine Einkommensobergrenze, gekoppelt an die wirtschaftliche Performance der Gemeinde. Byrd/Gelb (1990) nennen Beispiele (z.B. in Wuxi), in denen das Einkommen der Leiter der örtlichen Verwaltung maximal das Doppelte des Einkommens der TVE-Angestellten betragen darf.[353]

Drittens konnte durch ein großes Wachstum lokaler Industrien und eine damit verbundene bessere Beschäftigungssituation eine positive Eigenwerbung betrieben werden. Dies steigerte nicht nur das Ansehen bei den Mitbewohnern der Gemeinde (siehe 6.2.1.2), sondern eröffnete auch größere Chancen für einen politischen Aufstieg.[354] Tatsächlich zeigten Befragungen bei Verwaltungen von „townships", dass lokale Parteikader als Verantwortliche der untersten Ebene angehalten wurden, die vorgegebenen Wachstumsziele und das Streben der KPCh nach sozialer Stabilität zu erreichen.[355]

6.2.1.2 Reputation und „Grassroot democracy" in Chinas Dörfern

Für die in den Dörfern arbeitenden Verwaltungsmitarbeiter gelten weitestgehend auch die Anreizmechanismen, wie sie bereits für die Kader von „townships" formuliert wurden. Wesentliche Ausnahme ist, dass die Leiter der Dörfer keinen unmittelbaren Anreiz für einen Aufstieg hatten, da sie nicht mehr zum formalen politischen System zählten. Sie unterstanden auch nicht dem Einfluss-System der KPCh, da sie nicht von ihr ernannt und bezahlt wurden. Damit entfiel ein

---

[353] Vgl. Byrd/Gelb (1990), S. 372f.
[354] Vgl. Putterman (1997), S. 1645.
[355] Vgl. Chen (2000), S. 28.

wichtiger Anreizmechanismus, der auf die Leiter der Gemeindeverwaltung wirkte. Eine Kompensation dieses Mangels bestand aus den beiden Mechanismen **Reputation** („das Gesicht wahren“) sowie **politischer Mitbestimmung**.

Reputation als Anreiz in Chinas Dörfern

Dem Argument des Strebens nach Reputation kommt eine wichtige Bedeutung zu. Die Vorsteher eines Dorfes sind selbst Einwohner dieser Einheit. Da ein Dorf in der Regel etwa 300 Haushalte (ca. 1000 bis 2000 Bewohner) umfasste, war er allen bekannt. Die Überschaubarkeit eines Dorfes machte es dementsprechend auch möglich, den Erfolg der Tätigkeit des Vorstehers zu kontrollieren. Die erfolgreiche Performance der heimischen Industrie sorgte dafür, dass dem Dorfvorsteher ein größeres Ansehen zuteil wurde:

> „When I saw many residents in our neighboring village had built new houses, I was really ashamed. My fellow villagers had elected me as the director, hence, it is incumbent upon me to improve their life. I then made my mind and promised to set up more and better enterprises in our village than our neighbor's.“[356]

Der Wunsch nach Anerkennung in der eigenen Gemeinde kann als eine Ausprägung des konfuzianisch geprägten Denkens interpretiert werden. Gemäß den wichtigsten Prinzipien zählen die Familie und familienähnliche Gebilde sowie das Ansehen innerhalb dieser Gruppen („das Gesicht wahren“) zu einem wichtigen Bestandteil des täglichen Lebens (vgl. 3.2.4.1). Das Streben nach Ansehen im eigenen Dorf ging sogar so weit, dass Konflikte zwischen den Dorfvorstehern und übergeordneten politischen und Verwaltungsebenen die Regel waren. Sie fühlten sich in weiten Teilen des Landes eher dem eigenen Dorf als der KPCh verbunden:

> „Unlike township government officials, village leaders are indigenous village residents and keep their status as ‚peasants‘ instead of ‚cadres‘ in almost all cases.“[357]

Auf Dorfebene herrschten ebenso effiziente Anreize für die Leiter der Verwaltung, an der positiven Entwicklung des eigenen Dorfes mitzuarbeiten, wie es bei den Gemeinden der Fall war. Teilweise kann das Streben nach Reputation auch als Anreizmechanismus für die Ebene der Gemeinden gedient haben, aber dies hing wesentlich von deren Größe ab.

[356] Chen (2000), S. 31.
[357] Chen (2000), S. 26.

Die Bedeutung von Wahlen in Chinas Dörfern

In der Diskussion von Reputation als Anreizmechanismus klang bereits an, dass Dorfvorsteher von ihren Mitbürgern gewählt wurden. Diese Tatsache resultiert aus einem auf Dorfebene umgesetzten politischen Reformelement, das auf keiner höheren politischen Ebene vorzufinden ist. Es handelt sich um die Durchführung von **Wahlen für Dorfkomitees**, welche in Dörfern seit 1988 abgehalten werden. Rechtliche Grundlage ist das im November 1987 erlassene Gesetz über „Dorfkomitees der VR China“. Ziel dieses Gesetzes ist die Verbesserung der Kontrolle der Verwaltung durch die Einwohner. Dies soll durch eine direkte Wahl von Vorsitzenden, Vize-Vorsitzenden und Mitgliedern des Dorfkomitees gewährleistet werden.[358] Ein Dorfkomitee wiederum ist eine der untersten Kontrollebenen, die im Rahmen der Dezentralisierung eingerichtet wurden. Sie werden von oberen Behörden zwar kontrolliert, sollen aber für sich selbst sorgen und ihre Angelegenheit regeln können.[359] Zur Absicherung der Unabhängigkeit der Kandidatenberufung wurde beschlossen, dass die Dorfbewohner Vorwahlen abhalten, in welcher sie über ihrer Meinung nach geeignete Kandidaten aus allen Bewerbern entscheiden. Danach stellen sich **die beiden Besten der Vorwahlen in einer Stichwahl** nochmals den Wählern, der Gewinner erhält den Posten.[360] Natürlich stellen sich auch Parteimitglieder dieser Wahl, aber sie laufen im Fall einer Niederlage Gefahr, Parteiposten zu verlieren, weil sich die Partei von nicht erfolgreichen Führern trennen will.

Die Implikationen aus den Wahlen werden unterschiedlich interpretiert: Optimisten sehen in den Dorfwahlen ein Entgegenkommen der KPCh gegenüber der Bevölkerung in der Form, dass deren Wille bei der Besetzung von Ämtern berücksichtigt wird. Pessimisten befürchten, dass auch dies nur ein Mechanismus der KPCh ist, um die Kontrolle über alle Bereiche der Gesellschaft zu behalten. Für die Einschätzung der Bedeutung von TVEs ist die folgende Aussage des Einflusses dörflicher Wahlen und des dabei gewählten Dorfkomitees relevant:

> „The power and the influence of villagers‘ committees differ widely from being virtually invisible in agriculture-based areas to being all-powerful in newly industrialized areas.“[361]

Durch diese Einschätzung werden sowohl die Ansichten der Optimisten wie auch der Kritiker eingeschränkt. Die Optimisten vergessen, dass in den weniger entwickelten ländlichen Regionen die Organe der KPCh eine nahezu unum-

---

[358] Vgl. Mackeras (1998), S. 90.
[359] Vgl. Shaw (1996), S. 3.
[360] Vgl. Lawrence (2000), S. 16.
[361] Chen (2000), S. 26.

schränkte Machtfülle besitzen und damit auch das Nominierungs- und Abstimmungsverhalten der Bevölkerung kontrollieren. Die Pessimisten lassen sich hingegen von einigen Negativbeispielen leiten[362] und vergessen darüber die Fortschritte, die in anderen Regionen durch das Abhalten von Wahlen erzielt werden konnten.

Durch die Wahlmöglichkeit konnten Fortschritte bei der Kontrolle der Dorfverwaltung vor allem in industrialisierten Gebieten erzielt werden, wie die Stellungnahme des Verlierers einer Stichwahl zeigt: „I was particularly worn out from mediating economic disputes".[363]

Übersicht 17: Anreiz-, Kontroll- und Sanktionsmöglichkeiten auf lokaler Ebene

Ebene	Anreiz für Leiter	Kontrolle durch	potenzielle Sanktionen
Gemeinde	• Karrierechancen; • Einkommensanstieg; • höhere Reputation.	• höhere Ebenen der KPCh; • Bewohner.	• Abberufung durch KPCh; • (Gesichtsverlust.)
Dorf	• Wahl zum Vorsteher; • höheres Einkommen; • höhere Reputation.	• Dorfbewohner	• Abwahl; • Verlust an Ansehen.

In Klammern gesetzte Optionen stehen je nach Größe der Gemeinde nicht unbedingt zur Verfügung.

6.2.2 Entwicklung der TVEs im Reformprozess

6.2.2.1 Empirische Entwicklung der TVEs

Die wachsende Bedeutung der TVEs nach 1978 wurde bereits anhand des steigenden Beitrags zum Gesamtoutput verdeutlicht (vgl. Tabelle 24). Die Unternehmensform TVE hat sich zu einer der tragenden Säulen der chinesischen Wirtschaft entwickelt (vgl. Tabelle 25). Anhand der Beschäftigtenzahlen ist ersichtlich, dass die TVEs in ländlichen Gebieten eine partielle Absorption der in der Agrarreform freigesetzten Arbeitskräfte vornehmen und damit zur Stabilisierung der Arbeitsnachfrage in China beitragen.

[362] So der Bericht in Economist (2001), S. 68, der ein Fallbeispiel aus einem Dorf („Daling") in der Provinz „Hebei" anführt und dies verallgemeinert mit der Aussage: „.The problems faced by Daling's 3,800 villagers illustrate how, ***in many places***, the elections have exacerbated tensions between various tiers of rural administration." Allerdings erfolgt keine Angabe über eine zugrundeliegende wissenschaftliche Erhebung.

[363] Lawrence (2000), S. 16.

Tabelle 25: Entwicklung der Township and Village Enterprises

	1978	1980	1985	1990	1995	1997	1998
Anzahl der TVEs (in Mio.) [364]	1,5	1,4	12,2	18,5	22,0	20,2	20,0
Beschäftigtenzahl in Mio.	28,3	30,0	69,8	92,7	128,6	130,5	125,4
Beschäftigte in % der landwirtschaftlichen Beschäftigten	9,2	9,4	18,8	22,1	28,6	26,4	-
Beschäftigtenzahl in % aller Beschäftigten	7,0	7,1	14,0	16,3	18,9	18,8	17,9
Steuern der TVEs in % der nationalen Steuereinnahmen	4,2	4,5	6,7	13,9	21,6	-	-

Quellen: China Statistical Yearbook (1998), S. 127 und (1999) CD-Rom, 420, 431; Chen (2000), S. 5.

TVEs spezialisieren sich nicht auf eine Branche, sondern betätigen sich sowohl im industriellen Sektor (Leichtindustrie, Handwerk) als auch im Servicebereich (Transport, Handel). Ihre Mitarbeitergröße von durchschnittlich 50 bis 99 Mitarbeitern weist sie als kleine und mittlere Unternehmen aus.[365] Über die Hälfte der TVEs hat sich als Industrieunternehmen etabliert. Weiterhin machten auch die im Dienstleistungsbereich tätigen TVEs einen bedeutenden Anteil am Gesamtoutput der TVEs aus (vgl. Tabelle 26). Die Merkmale der TVEs zeigen sich anhand weiterer Indikatoren: Beschäftigtenanzahl und zahlenmäßiges Auftreten. Bei den Industrie-TVEs handelt es sich tendenziell um mittlere Unternehmen. Die Dienstleistungsunternehmen hingegen sind eher kleinere Unternehmen.

Tabelle 26: Aufteilung der TVEs nach Sektoren, 1997

	Industrie	Dienstleistung	Bau	Landwirtschaft
Anteil des Outputs in %	57,8	34,6	6,0	1,6
Anteil der Beschäftigten, in %	47,1	41,0	9,8	2,1
Anteil an Gesamtanzahl, in %	18,8	78,1	2,1	1,1

Quelle: China Statistical Yearbook (1998), S. 421.

Die „Erfolgsstory" der TVEs zeigt sich an ihrer **Rentabilität.** Diese lag **Mitte der 80er Jahre über 20 %** und erreichte **in den 90er Jahren kontinuierlich ein Niveau von 15 %** (vgl. Abbildung 28). Damit hat sie zwar im Verlauf des Transformationsprozesses abgenommen, aber dies ist angesichts der hohen Gewinnaussichten und relativ niedrigen Eintrittsbarrieren ein normaler Unternehmensentwicklungsprozess. Statt dessen muss positiv bemerkt werden, dass sich die Renditen trotz wachsender Konkurrenz weiterhin auf einem hohen Niveau bewegen und vor allem die der SOEs (vgl. Abbildung 22) erheblich übertreffen.

---

[364] Die Anzahl der TVEs ist aber für sich sollte nicht übergewichtet werden, da vielfach anstelle einer einzelnen Betriebsstätten ein neues Unternehmen gegründet wurde, um dadurch eine Steuerbefreiung von mehreren Jahren zu erlangen; vgl. Chen (2000), S. 64.

[365] Vgl. Ody (1992), S. 1.

Abbildung 28: Rendite der TVEs

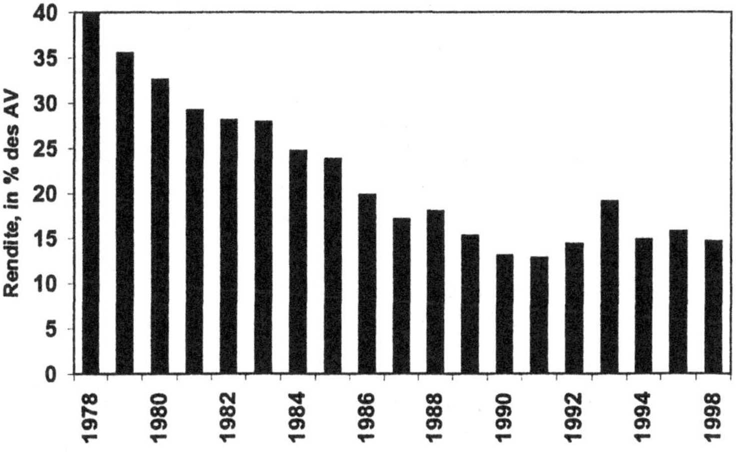

Quellen: China Statistical Yearbook (1998), S. 424 und (1999), CD-Rom; Harvie (1999), S. 22.

Untersuchungen auf Provinzebene zeigen die Gewinnentwicklung und Effizienz von Sanktionsmechanismen (drohender Konkurs) der TVEs auf. Der Anteil von TVEs, die Verluste aufwiesen, war sehr gering (vgl. Tabelle 27). Zudem zeigte eine Vergleichsbetrachtung über mehrere Perioden dieser Gruppe von TVEs, dass die **Mehrzahl** von ihnen **nur in einer Periode Verluste machte**, aber nicht in mehreren hintereinander.[366]

Tabelle 27: Gewinnentwicklung von TVEs der Provinzen Sichuan und Zhejiang

	1987		1988		1989	
	Anzahl	**Anteil**	**Anzahl**	**Anteil**	**Anzahl**	**Anteil**
TVEs mit Gewinn	148	85,0 %	200	90,1 %	233	88,9 %
TVEs ohne Gewinn oder Verlust	1	0,6 %	2	0,9 %	2	0,8 %
TVEs mit Verlusten	25	14,4 %	20	9,0 %	27	10,3 %

Quelle: Sjöberg/Zhang (1996), S. 7.

6.2.2.2 Rechtsgrundlage für TVEs

Die für TVEs relevante Rechtsgrundlage ist die 1990 erlassene **„Regulation on Township and Village Collective Enterprises of the People's Republic of China"**. Darin werden allgemeine Bestimmungen für diese besondere Unter-

[366] Vgl. Sjöberg/Zhang (1996), S. 7.

nehmensform fixiert. Dadurch existieren Regeln für die Eigentumsfrage, die Bestellung und Kontrolle der Manager sowie die Verwendung etwaiger Gewinne (vgl. die englische Übersetzung der wichtigsten Vorschriften im Anhang). Analog zu der Entwicklung rechtlicher Vorschriften in anderen Bereichen ist die **Absicherung der TVEs durch gesetzliche Bestimmungen** ebenfalls **erst lange nach ihrem Entstehen** vorgenommen worden. Diese späte Legalisierung muss vor dem Hintergrund der zunächst großen Skepsis von Seiten des Staates gesehen werden. Trotz ihrer ansteigenden Bedeutung nach 1978 und ihrem Beitrag zu Wirtschaftswachstum und Stabilität in ländlichen Regionen wurden die TVEs vom Staat zunächst kritisch betrachtet und behindert. Eine offizielle Genehmigung dieser Unternehmensform erfolgte erst 1984.[367] Doch selbst danach dauerte es noch weitere sechs Jahre, bis umfassende Rechtsvorschriften erlassen wurden.

Eine weitere für TVEs und andere Unternehmen relevante Rechtsvorschrift, das chinesische Vertragsgesetz, wurde sogar erst im Jahr 1999 erlassen. In diesem werden die grundlegenden Vorschriften zum Vertragsabschluß geregelt, so der Inhalt eines Vertrags (§ 12) und der Abschluss von Darlehensverträgen (§§ 196ff.).[368] Die späte rechtliche Fundierung von Detailfragen bewirkte, dass die TVEs über 20 Jahre hinweg versuchen mussten, Regelungen von Fall zu Fall zu erzielen. Ein Rückgriff auf Rechtsinstitutionen war für sie unmöglich.

Die TVEs agierten in ihrer erfolgreichsten Phase in einem nahezu rechtsfreien Raum. Ein potenzielles Substitut für die fehlenden formalen Institutionen ergab sich jedoch über den Schutz durch die Lokalverwaltung.

6.2.2.3 Regionale Streuung von TVEs

Ein Großteil der TVEs befindet sich in industrialisierten Gebieten der Küstenregionen oder benachbarten Provinzen. Dort trugen sie einen bedeutenden Anteil zum Industrieoutput bei (vgl. Übersicht 18).[369] Durch die Nähe zu Industriestandorten ergaben sich zusätzliche Auftragsmöglichkeiten, da die Staatsunternehmen dazu übergingen, bedeutende Teile ihrer Produktion an die TVEs auszulagern. Insbesondere in der ersten Entstehungsphase bis Ende der 80er Jahre konnten die TVEs solche Aufträge akquirieren. Dadurch wurde in den Regionen

---

[367] „[...] TVEs were discriminated against and discouraged by the central government in their early stages for their ‚competition with state-owned sectors for raw materials and markets‘ [...]“; Chen (2000), S. 30.

[368] Vgl. Scheil et al. (1999), S. 45, 78ff.

[369] Vgl. Yusuf (1994), S. 324.

um die regierungsunmittelbaren Städte Beijing, Tianjin und Shanghai über 60 % des gesamten TVE-Outputs durch Aufträge von Staatsunternehmen generiert.[370]

Übersicht 18: Schwerpunkte des Auftretens von TVEs und Merkmale der Standorte

Zentrale Standorte der TVEs	Anteil am Output aller TVEs, 1998 (in %)	Merkmal des Standortes
Provinz Liaoning	6,2	Zentrum der chinesischen Schwerindustrie
Provinz Hebei	6,8	Nähe zu Beijing und Hafenstadt Tianjin
Provinz Shandong	9,2	Nähe zu Beijing und Tianjin, Küstenprovinz
Provinz Jiangsu	8,9	Nähe zu Shanghai, Küstenprovinz
Provinz Zhejiang	9,5	Nähe zu Shanghai und Taiwan
Provinz Guangdong	8,6	Nähe zu Hong Kong

Quelle (für Schwerpunkte): „The National Economic Atlas of China" (1994), Oxford University Press, S. 43f., 66f.; für Outputanteil: China Statistical Yearbook (div. Jahrgänge).

Die Konzentration der TVEs auf diese Regionen ergab sich aus folgendem Kalkül:[371]

- Für SOEs bestand die Möglichkeit, Kosten zu reduzieren. Sowohl durch den Zugang zu günstigen Ressourcen wie Land und Arbeitskräften, aber auch, weil die Arbeits- und Umweltschutzbestimmungen in ländlichen Gebieten niedriger waren, konnten die SOEs ihren Gewinn steigern.
- Durch Zuwanderung aus umliegenden ländlichen Gebieten erhöhte sich in den Städten der Anteil der Arbeitskräfte, welche eine familiäre Beziehung zwischen Stadt und Land aufwiesen. Dies erleichterte die Geschäftsanbahnung und -durchführung.
- Nicht zuletzt brachte die Nähe zu städtischen Gebieten für die TVEs den Vorteil, dass die Ausfälle durch die mangelhafte Infrastruktur gering blieben.

Die Tatsache, dass ein Schwerpunkt der TVEs in industrialisierten Gebieten lag, muss auch in Zusammenhang mit dem in Dörfern gewählten „Villager's Committee" gesehen werden. Dessen Macht war insbesondere in industrialisierten Gebieten sehr hoch, und es konnte einen starken Einfluss auf die Entwicklung des Dorfes ausüben. Somit war mit ihrer Existenz auch eine bedeutende Kontrollinstanz für die Lokalverwaltung in den Dörfern vorhanden.

---

[370] Vgl. Perotti et al. (1999), S. 163.
[371] Vgl. Harvie (1999), S. 4; Naughton (1995), S. 154ff.; o.V. (2000), S. 1.

6.2.3 Gründung von und Eigentum an TVEs

Studien zu Eigenschaften der TVEs zeigen, dass diese keine homogene Unternehmensgruppe sind. Statt dessen haben sich im Laufe des Reformprozesses **fünf Formen von TVEs** gebildet, bei denen Leitungsbefugnis, Kontrolle und Haftung divergieren (vgl. Übersicht 19).[372] Das Aufkommen der verschiedenen Formen lässt sich mit der Initiative zur Gründung eines TVEs erklären. Die ersten drei Formen von TVEs weisen jeweils die Gemeinsamkeit auf, dass das Eigentum kollektiv ist und sich lediglich unterschiedliche vertragliche Ausgestaltungsformen zwischen Verwaltung und Management ergeben. Ihre Existenz wurde auch bei Erlassen der Regulierungen von TVEs in Artikel 18 offiziell berücksichtigt. Die Typen 4) und 5) werden in einem separaten Abschnitt diskutiert, da sie als Privatunternehmen agieren.

Übersicht 19: Verschiedene Formen von Eigentum und Kontrolle bei TVEs

	Konventionell öffentlich	**liberalisiert öffentlich**	**Vertragspartnerschaft**	**Leasingvertrag**	**Privat**
Entlohnung der Manager	normale Angestellte mit Gehaltsanspruch	erfolgsabhängige Verträge	anteiliges Residualeinkommen	vollständiges Residualeinkommen	Einkommen abzgl. „Allianz-Zahlungen“
Einkommen der Verwaltung	Alle Gewinne und Steuern	Restliche Gewinne und Steuern	anteiliges Residualeinkommen und Steuern	fixe Rente von Manager und Steuern	Steuern
Leitung durch...	Verwaltung	Manager	Manager	Manager	Manager
Übernahme von Risiko	Verwaltung	Manager (Einkommenshöhe); Verwaltung	Manager und Verwaltung	Manager	Manager
Überwachung von	Arbeitseinsatz, erzieltes Ergebnis	Projektwahl und erzieltes Ergebnis	Projektwahl und erzieltes Ergebnis	erzieltes Ergebnis	-

Quelle: Weltbank (1999), S. 89; für die Spalte Überwachung: eigene Darstellung

Den Formen der TVEs stehen aber nur drei Akteure mit Anreizen zur Gründung gegenüber:[373]

- **Gründung durch die Lokalverwaltung**: Dies trat auf, wenn die TVEs in dem Gebiet schwach vertreten waren und/oder die Lokalverwaltung ein Produkt entdeckte, welches bisher von keinem Unternehmen in ihrem Einzugsbereich produziert wurde.

---

[372] Vgl. Weltbank (1999), S. 89.

[373] Vgl. Byrd (1990), S. 195f.

- **Gründung durch bestehende Unternehmen**: In diesem Fall wurden aus bestehenden Unternehmen Teile zur Vertiefung einer vielversprechenden Produktion ausgegliedert.
- **Gründung durch „junge Unternehmer"**: Hierbei entsprang die Initiative der unternehmerischen Tätigkeit einer Einzelperson, welche sich dann in eine Partnerschaft mit anderen Unternehmen oder der Lokalverwaltung begab.

Angesichts der Rechtsbestimmungen müsste die Eigentumsfrage nicht weiter diskutiert werden, denn formal sind alle Einwohner einer Verwaltungsebene die Eigentümer. Aufgrund der verschiedenen Vorgehensweisen bei Gründung eines TVEs soll aber die „de facto"-Eigentümerschaft anhand zweier Gruppen weiter unterschieden werden, die die Extremausprägungen von TVEs darstellen. Einerseits existiert das „Modell von Süd-Jiangsu" mit der Lokalverwaltung als Initiator. Andererseits bestehen „quasi-private" Kollektivunternehmen, deren Ausprägung als das „Wenzhou-Modell" (in Süd-Zhejiang) bezeichnet wird.[374]

6.2.3.1 Tatsächliche Kollektivunternehmen

Die bisher verwendete Definition eines TVEs definiert das Eigentum an diesen Unternehmen dergestalt, dass alle TVEs einer/s Gemeinde/Dorfes gemeinsames Eigentum aller Einwohner sind. Die Unternehmen sind demnach zwar dem nichtstaatlichen Sektor zuzuordnen, können aber nicht als Privatunternehmen nach westlichem Muster angesehen werden, da sie der Regulierung offizieller Stellen unterstehen und ihr Eigentum auf eine kollektive Gruppe übertragen ist, deren Vertreter für das Kollektiv die Eigentumsrechte ausüben (Artikel 18). Aufgrund ihrer weitreichenden Eingriffsmöglichkeiten werden daher die **Einwohnerschaft als „de jure"-Eigentümer** und die **Verwaltung als „de facto"-Eigentümer** betrachtet.[375] Nimmt man trotz aller Besonderheiten einen Vergleich mit Unternehmensformen in einer Marktwirtschaft vor, so kann die Gesamtheit aller TVEs innerhalb einer Gemeinde oder eines Dorfes als **„Holding" mit einer dreistufigen Struktur** verstanden werden (vgl. Abbildung 29).

Der Erfolg der TVEs wird insbesondere hinsichtlich der unsicheren Eigentumsrechte diskutiert. Die Tatsache, dass sie als Kooperativen unter Eigentum der gesamten Gemeinde oder des Dorfes geführt werden, führt zu einer unklaren Definition der Eigentumsverteilung.[376] Dies steht in Einklang mit der unklaren

---

[374] Vgl. Dong (1988), S. 15ff.
[375] Vgl. Weitzman/Xu (1994), S. 128.
[376] Vgl. ebenda, S. 121.

Eigentumsstruktur bei Staatsunternehmen, welche ebenfalls einer nur grob spezifizierten Gruppe gehören. Der wesentliche Unterschied (und Vorteil) für die TVEs besteht darin, dass die Besitzergruppe sehr viel überschaubarer und damit auch besser zu organisieren ist.[377] Zwei Merkmale zum Eigentums an TVEs schränken die Rechte der Bewohner (als „de jure"-Eigentümer) ein:

- **Veräußerbarkeit**: Das einzelne Mitglied einer Gemeinde oder eines Dorfes besitzt keine „exit option". Es kann seine Anteile an den Unternehmen nicht weiterveräußern, verliert aber alle Ansprüche bei Wechsel des Wohnorts in andere Einheiten.[378]
- **Gewinnverwendung**: Der einzelne Einwohner kann keine unmittelbare Gewinnausschüttung - basierend auf seinem Eigentumsanteil - erwarten, wie dies bspw. Aktionäre als Teilhaber bei einer AG erhalten.

Abbildung 29: „Holding"-Struktur von TVEs

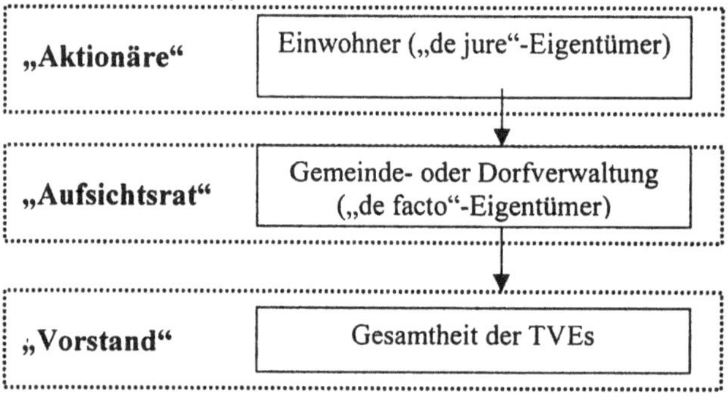

Quelle: Che/Qian (1998), S. 7f.; eigene Darstellung; für eine detaillierte Diskussion vgl. Abbildung 31.

Wie die Vorschriften des Gesetzes besagen, soll ein Großteil (60 %) der erzielten Gewinne einbehalten und reinvestiert werden. Die Aufteilung der übrigen 40 % ist nicht explizit geregelt. Sie kommen den Einwohnern teilweise direkt zugute, da kleine Teile der Gewinne als Bonuszahlungen an die Arbeiter ausgeschüttet werden. Der Rest geht als Zuweisung an die Lokalverwaltung. Davon profitieren die Einwohner als Eigentümer indirekt, da die Zuweisungen der TVEs an die Verwaltung ein deutlich besseres Angebot an öffentlichen Gütern bewirken.[379] Zudem bewirkt die Existenz erfolgreicher TVEs eine grundlegende Verbesserung des Lebensstandards und der Beschäftigungsmöglichkeiten.[380]

---

[377] Vgl. Chen (2000), S. 50.
[378] Vgl. Che/Qian (1998), S. 4.
[379] Vgl. Chang/Wang (1994), S. 439f.
[380] Vgl. Byrd/Gelb (1990), S. 371.

Entsprechend der vagen Eigentumsrechte ist auch strittig, ob die TVEs der Gruppen 1) bis 3) als eine Form „versteckter Privatunternehmen" zu beurteilen sind. Angesichts der massiven Eingriffsmöglichkeiten von Seiten der lokalen Verwaltung kann statt dessen eher festgestellt werden, dass sich Unternehmen und lokale Verwaltung zu einer gemeinsamen kollektiven Unternehmensgruppe unter massiver öffentlicher Beteiligung zusammengeschlossen haben:

„[...] what is taking place is hidden government doing business".[381]

6.2.3.2 „Quasi-private" Kollektivunternehmen

Im Reformprozess haben sich zwei Formen spezieller TVEs gebildet, die nicht mehr als Kollektivunternehmen im eigentlichen Sinne gelten können. Unter dem Deckmantel der TVEs ist eine **große Anzahl von „quasi-privaten" Kollektivunternehmen** entstanden. Deren Bildung erfolgt entweder über ein Leasing-Arrangement oder aber in der Form, dass die Eigentümer (= Manager) eines Kleinunternehmens eine Allianz mit Verwaltungsmitgliedern eingehen. Bei dieser Vorgehensweise liegen Eigentum (und Kontrolle) beim Management, das auch das Unternehmensrisiko trägt. Die Verluste gehen ebenfalls zu Lasten des Unternehmens, welches aber Steuern (und eine Leasing- oder „Lizenzgebühr") zahlt.[382] Es liegen eindeutig private Eigentumsrechte zugrunde, da lediglich der Kooperationsvertrag mit der Verwaltung einen Unterschied zu einem reinen Privatunternehmen darstellt:

„Many privately owned enterprises 'wear a red hat' (dài hóngmào) and are formally designated as collectives."[383]

Der Anteil der „quasi-privaten" Kollektivunternehmen an allen TVEs beläuft sich nach jüngsten Schätzungen auf etwa 90 %. Zu dem von allen TVEs produzierten Output trugen sie hingegen nur 34 % bei.[384] Die quasi-privaten Kollektivunternehmen sind somit vorrangig die Kleinunternehmen, wie sie in anderen Volkswirtschaften als Dienstleistungs-, Handwerks- und kleine Produktionsbetriebe auftreten. Lediglich in großen Wirtschaftszentren traten quasi-private TVEs auch als bedeutende Akteure in ihrem Marktsegment auf (vgl. Box 14). Die Gründe, warum ein Privatmann sich unter die Leitung einer lokalen Verwaltung begeben und dadurch seine Gewinne schmälern sollte, werden separat analysiert (vgl. 6.2.3.3).

---

381 Edin (2000), S. 114.
382 Vgl. Weltbank (1999), S. 89.
383 Jefferson/Rawski (1999), S. 29.
384 Vgl. Edin (2000), S. 65.

Box 14: Entstehen und Legalisieren eines quasi-privaten Kollektivunternehmens

Eines der bekanntesten Privatunternehmen Chinas im High Tech-Bereich, die „Stone Group", wurde 1984 in Beijing als Kollektivunternehmen von vier Wissenschaftlern der Chinesischen Akademie für Wissenschaften und eines Computerkonzerns gegründet. Die offizielle Registrierung erfolgte als Kollektivunternehmen der Gemeinde „Sijiqing" im Bezirk Haidan. Abgesehen vom offiziellen Status fungierte das Unternehmen nicht als Kollektiv-, sondern als Privatunternehmen und erhielt somit weder Kapital noch Direktiven von offiziellen Stellen. Zusammen mit drei 1986 gegründeten Subunternehmen wurde eine Holding mit dem formalen Status eines Kollektivs formiert. Diese ging 1987 ein Joint Venture mit einem japanischen Konzern ein. 1992 wurde das erste der Tochterunternehmen (SET) ausgegliedert und als Aktiengesellschaft an der Börse Hong Kong notiert. Über „stock options" wurde ein Großteil der frei verfügbaren Aktien an das Management und die Angestellten vergeben. 51 % der Aktien verblieben bei der Holding, so dass auch die Aktiengesellschaft letztendlich den formalen Status eines Kollektivunternehmens besaß, was zu großer rechtlicher Unsicherheit führte. Nach Verhandlungen zwischen Management, Arbeitervertretung der Lokalverwaltung und der Börsenaufsicht wurden die Aktien Mitte 1999 größtenteils auf das Management übertragen oder an der Börse verkauft. Somit besitzt dieses Unternehmen auch formal den legalen Status eines Privatunternehmens.

Quelle: IFC (2000), S. 24.

Die Form des **Leasing-TVEs** (Typ 4) entstand in den 80er Jahren, als einige größere Kollektivunternehmen von Privatpersonen übernommen wurden. Sie wurden vor allem auch deshalb weiterhin als Kollektivunternehmen deklariert, da es bis 1988 keinerlei rechtliche Klassifizierung für rein private Unternehmen gab.[385] Das „Leasing-TVE" (als „quasi-privates" Kollektivunternehmen) gewann aufgrund der ansteigenden Probleme von TVEs an Bedeutung. Zahlreiche TVEs wiesen Verluste auf und belasteten den lokalen Etat. Daher war die Verwaltung an dem Abstoßen dieser Unternehmen interessiert. Dies geschah durch eine Auktion, bei der ein Wandel am Eigentum vollzogen wurde, so dass - abgesehen vom Landbesitz - in der Realität ein Privatunternehmen entstand (vgl. Box 15).

Oftmals drohte eine Auktion daran zu scheitern, dass potenzielle Käufer nicht über ausreichende Finanzierungsmittel verfügten und daher mittlere und große Unternehmen für sie zu teuer waren.[386] Gelöst wurde dieses Problem durch spezielle Vertragsvereinbarungen. Neben Ratenzahlungen beim Kauf war es vor allem üblich, das TVEs durch Privatpersonen geleast wurden. Dies erklärt auch das Aufkommen von TVEs des Typs 4). Auch diese sind von ihrer tatsächlichen Ausgestaltung her private Unternehmen und entstanden aufgrund fehlender Eigenmittel und unterentwickelter Finanzmärkte sowie aus dem Wunsch vieler

---

[385] Vgl. IFC (2000), S. 9.

[386] Vgl. Chen (2000), S. 99f.

Lokalverwaltungen heraus, verlustbringende Unternehmen abzustoßen. Fallstudien zeigen, dass oftmals die eigenen Unternehmensmanager die TVEs übernahmen und dabei ihre Informationsvorteile bezüglich des Unternehmens sowie ihre guten Beziehungen zur Lokalverwaltung (nützlich für Nachverhandlungen) ausnutzen konnten. Diese Vorgehensweise stellt einen Lösungsansatz dar, dessen Erfahrungswerte auch für die potenzielle Privatisierung von kleinen und mittleren Staatsunternehmen dienen könnten. Für weitreichendere Privatisierungen muss aber eine Verbesserung der Finanzierungsstruktur erreicht werden.

Box 15: Versteigerung von TVEs in China

Chen (2000) zeigt in zwei Fallstudien, wie die „Privatisierung" von TVEs durchgeführt wurde und welche Probleme sich dabei ergeben konnten. Grundlegendes Merkmal beider TVEs war dabei, dass es sich um verlustbringende Unternehmen handelte, von denen sich die jeweilige Verwaltung trennen wollte. Zudem ergab sich bei beiden Privatisierungen das Problem, dass die Übertragung des Eigentums an mangelnden Finanzmitteln des Interessenten zu scheitern drohte.

Die „Fushihao Printing and Dyeing Mill" in der Provinz Zhejiang unterstand einer Gemeinde und erbrachte dieser jährliche Verluste von etwa 1 Mio. RMB Yuan. Im August 1993 wurde eine Überschuldung konstatiert, da dem Kapital in Höhe von 5,14 Mio. RMB Yuan Schulden über 8,19 Mio. RMB Yuan gegenüberstanden. Daher wurde eine Auktion beschlossen, um das Unternehmen zu einem Preis von 4 Mio. RMB Yuan zu verkaufen. Für dieses Angebot fanden sich drei Interessenten, von denen der Höchstbietende (der vorherige Firmenmanager) das TVE für 4,21 Mio. RMB Yuan erwarb. Der Kaufpreis wurde in zwei Raten gezahlt. 628.000 RMB Yuan (= 15 %) flossen in Barmitteln, über die restliche Summe wurde die Vereinbarung getroffen, dass der Käufer die Kredite des TVEs bei der Bank übernahm und innerhalb von 12 Jahren zurückzahlt. Alle Management- und Kontrollrechte wurden von der Lokalverwaltung abgegeben. Die neue Unternehmensführung zahlte fixe Abgaben für die Landnutzung und eine Managementgebühr. Sie entließ etwa die Hälfte der Arbeiter, änderte ihre Betriebsausstattung und erreichte 10 Monate später erstmalig die Gewinnzone.

Die „Friendship Casting Factory" in der Provinz Jiangsu war ein TVE, welches Maschinenteile im Auftrag größerer Unternehmen herstellte, und beschäftigte etwa 35 Mitarbeiter. Es unterstand einem Dorf. Da sich bis zum Jahr 1994 hohe Verluste angehäuft hatten, beschloss das Dorfkomitee, das Unternehmen über eine Auktion zu verkaufen. Der erste Preis in Höhe von 380.000 RMB Yuan errechnete sich aus dem Nettokapital des Unternehmens. Nachdem die erste Auktion erfolglos verlief, wurde eine Vereinbarung mit dem Manager des TVEs getroffen. Dieser übernahm, unterstützt durch zahlreiche Vergünstigungen (Stundung des zu zahlenden Kaufpreises, keine Abgabepflicht an die Dorfverwaltung), das Unternehmen und führte es als Privatbetrieb weiter. Er zahlte der Verwaltung eine fixe monatliche Rente für das Land und zudem variable Abgaben für Elektrizität.

Quelle: Chen (2000), S. 99ff.

6.2.3.3 Behinderung von Privatunternehmen als Ursache für die TVE-Entwicklung

Eine Frage bei der Entwicklung der TVEs ist, warum sich diese „quasi-privaten" Unternehmen nicht als reines Privatunternehmen etablierten. Ein Erklärungsansatz für dieses Verhalten besteht in den Repressionen, die gegenüber Privatunternehmen auftreten. Diese wurden im Transformationsprozess Chinas lange Zeit auf unterschiedlichste Art und Weise behindert. Grundsätzlich wiesen sie - gegenüber staatlichen und kollektiven Unternehmen - den Nachteil auf, dass sie erst zu Reformbeginn neu auftraten und somit auch keine formalen oder informellen Regeln für ihren Betrieb existierten. Eine schriftliche Fixierung der Vorschriften zur grundsätzlichen Genehmigung von Privatunternehmen mit einer signifikanten Größe erfolgte erst 1988. Die Entwicklung des privaten Sektors kann in drei Phasen eingeteilt werden:[387]

- **Phase 1 (1978 - 83):** In dieser Phase wurden private Unternehmen massiv behindert und mussten ohne rechtliche Absicherung operieren. Zugelassen wurden lediglich Kleinstunternehmen (getihu) mit einer Beschäftigtenzahl bis zu 8 Personen.
- **Phase 2 (1984 - 92):** Die Bildung von größeren Privatunternehmen (siying qiye) wurde zugelassen, aber erst 1988 rechtlich fundiert. Mit dem Zwischenfall auf dem Tiananmen-Platz 1989 erhielten alle Reformbestrebungen, insbesondere die unter dem sozialistischen Dogma deplazierte Bildung weiterer Privatunternehmen, einen herben Rückschlag. Sie wurden weiterhin nur als „Ergänzung" zum staatlichen und kollektiven Sektor gesehen.
- **Phase 3 (ab 1993):** Erst in diesem Abschnitt wurde auch offiziell die Relevanz des privaten Sektors betont. Mit Verkünden der „sozialistischen Marktwirtschaft" als Ziel wurde auch die Bildung eines marktwirtschaftlichen Systems mit privaten Institutionen akzeptiert. Auf dem 15. Parteikongress 1997 wurden Privatunternehmen dann als wesentlicher Bestandteil der chinesischen Wirtschaft deklariert. Dies fand seinen Niederschlag in der Verfassung bei der 4. Änderung, welche am 15. März 1999 in Kraft trat.[388]

Konkret sahen sich die Privatunternehmen in den ersten Reformphasen bis 1992 folgenden **Restriktionen** gegenüber:

- Aufgrund ihrer „fehlenden Vergangenheit" verfügten sie über keine Kontakte zu staatlichen oder lokalen Verwaltungen. Dies war im ersten Jahrzehnt der Reformen von Nachteil, da keine unmittelbare Liberalisierung der Güter- und

---

[387] Vgl. IFC (2000), 8ff.
[388] Vgl. Schmitt (1999), S. 46.

Faktormärkte vollzogen wurde und daher gute Verbindungen zu den bestimmenden Organen vorteilhaft war.[389]

- Ein großes Hindernis stellte die Finanzierung dar. Der Zugang zum staatlich dominierten Bankensystem war ihnen sowohl aufgrund ihres Status als Privatunternehmen allgemein und der damit verbundenen Rechtsunsicherheit als auch durch ihren geringen Geschäftsumfang und mangelnden Sicherheiten verwehrt. So finanzierten sich Privatunternehmen zu über 90 % aus Eigenmitteln oder Darlehen von Freunden und Verwandten.
- Schwerer wogen aber die Versorgungsleistungen, die Privatunternehmen für ihre Mitarbeiter gewähren mussten. Einerseits mussten sie für soziale Sicherheit sorgen, da die Angestellten durch den Austritt aus einer „danwei" (vgl. 3.2.3) ihren Anspruch auf staatliche Versorgungsleistungen verloren. Darüber hinaus wurden sie aber von staatlichen Behörden (analog zu Staatsunternehmen) noch mit weiteren Pflichten (Überwachung des rechtmäßigen Verhaltens von Mitarbeitern, etc.) belastet, die gemäß dem Verständnis „normaler" Privatunternehmen Aufgabe öffentlicher Verwaltungen sind.

In der allgemeinen Beurteilung durch die Partei herrschte eine große Unsicherheit bezüglich der Parteilinie. Einerseits boten Privatunternehmen das Potenzial, die Wirtschaftsentwicklung zu fördern und damit die Zufriedenheit der Bevölkerung sicherzustellen. Andererseits führte das Entstehen einer breiteren Basis von Privatwirtschaft zu einer Erosion der Machtbasis der KPCh. Parteikader und Verwaltung waren den Privatunternehmen gegenüber daher zunächst zurückhaltend bis negativ eingestellt, sowohl aufgrund ständiger Politikwechsel als auch aufgrund der Konkurrenz von Privatunternehmen zu staatlichen Unternehmen. Mitte der 90er Jahre hatte sich diese Einstellung insofern geändert, als Kader die Gründung von Privatunternehmen als lukrative Chance ansahen und sich selbst aktiv beteiligten. 1995 waren bereits über 20 % der Privatunternehmen von Personen gegründet worden, die entweder selbst im Parteiapparat sehr hohe Posten besaßen oder aber über eben solche Kontakte verfügten. Außerdem traten die Privatunternehmen auch als soziale Wohltäter auf, um die gesellschaftliche Akzeptanz zu erhöhen.[390]

Für die ersten Reformphasen muss somit ein ernüchterndes Fazit zur Entwicklung des privaten Sektors in der Wirtschaftstransformation getroffen werden:

---

[389] Vgl. Francis (1996), S. 855; IFC (2000), S. 48f.
[390] Vgl. ebenda, S. 48, 55.

„China verfolgt keine Privatisierungsprogramme, sondern eine Politik der Privilegisierung des Staatssektors und einer Diskriminierung der Privaten."[391]

Die Deklarierung als TVE stellte für viele Kleinunternehmer somit eine Chance dar, ein eigenes Unternehmen unter den schwachen institutionellen Rahmenbedingungen zu gründen, ohne die Repressionen für Privatunternehmen zu erleiden.[392] Die Kosten aus der Allianzbildung wurden durch Vorteile aufgewogen.

6.2.4 Management und Kontrolle der TVEs

6.2.4.1 Management der TVEs

Bei der Analyse des Managements eines TVEs soll zweidimensional vorgegangen werden. Zunächst ist zu klären, wer das Management beruft. Daran anschließend ist von Relevanz, in welcher Form zwischen der Lokalverwaltung und dem TVE eine Aufteilung der Kompetenzen erfolgt. Beim **Verfahren zur Berufung eines Direktors** (den Vertreter oder Leiter des Managements) bieten sich **verschiedene Optionen**. Neben der Berufung durch die Lokalverwaltung wäre auch denkbar, dass - analog zu den Selbstverwaltungsmodellen jugoslawischer Betriebe - eine Wahl durch die Arbeitnehmerschaft oder ihre Organe erfolgt. Dies konnte allerdings nicht belegt werden. Statt dessen zeigt sich bei der Managementberufung der Einfluss der Lokalverwaltung (vgl. Tabelle 28).

Tabelle 28: Berufung des Direktors eines TVEs

Auswahl durch ...	Lokalverwaltung	Wahl im Arbeiterrat	öffentliche Gebote	Empfehlung von Dritten	Sonstige
Anteil in %	78,4	10,3	4,3	2,5	4,5

Quelle: Jefferson et al. (1999), S. 49.

Die Tatsache, dass **die TVEs schon bei der Bestimmung des Managements kein reines Arbeiterselbstverwaltungsmodell** darstellen, ergibt sich sowohl aus der institutionellen Umgestaltung im landwirtschaftlichen Sektor nach 1978 als auch aus den Motiven zur Gründung neuer TVEs. Die vor 1978 von landwirtschaftlichen Kollektiven gegründeten TVEs lösten sich nach 1978 auf, und die Management- und Kontrollfunktionen gingen entweder auf Individuen oder auf die Lokalverwaltung über.[393]

Bei neu gegründeten TVEs ging die Initiative von der Lokalverwaltung oder von Einzelpersonen aus. Zwar bestand formal für die Arbeitervertretung die Möglichkeit, den Manager zu wählen, aber die Arbeiter befürchteten, dass eine offe-

---

[391] Herrmann-Pillath (1993), S. 4.

[392] Vgl. Che/Qian (1998), S. 12; Lin (1990), S. 185; Oi (1992).

[393] Vgl. Naughton (1994), S. 267.

ne Konfrontation mit der Verwaltung in anderen, von letzterer ebenfalls kontrollierten Bereichen Probleme ergeben würde.[394]

Die Frage nach den Managementkompetenzen eines TVEs erstreckt sich ebenfalls auf zwei Aspekte. Sowohl die Kompetenzen im Tagesgeschäft als auch die Zuständigkeiten für eine mittel- und langfristige Unternehmensplanung sollten klar definiert sein. Für TVEs wurde die **Delegation von Aufgaben und Verteilung der erzielten Ergebnisse durch Managementverträge explizit geregelt**. Diese Verträge wurden zwischen der Lokalverwaltung und Vertretern des TVEs geschlossen.[395] In über zwei Drittel aller Fälle unterzeichnete von Seiten des TVEs eine aus der Mitte der Mitarbeiter bestimmte Gruppe die Verträge. 24 % der befragten Unternehmen gaben an, dass der Direktor des Unternehmens für das TVE handelte. Lediglich in Einzelfällen (8 %) wurden die Verträge von der Gesamtheit aller Angestellten geschlossen.[396] Dies zeigt, dass die Lokalverwaltung nicht unmittelbar in das Tagesgeschäft eingriff, sondern durch Verträge eine Delegation von Aufgaben vornahm. Weiterhin zeigt sich, dass drei unterschiedliche Formen von Managementverträgen existierten, in welchen sowohl die Entlohnung des Managers als auch die Gewinnverteilung auf unterschiedliche Art und Weise geregelt wurde. Diese drei Arten sind mit der Aufteilung der TVEs in die Eigentumsformen kompatibel (vgl. Übersicht 20).[397]

Übersicht 20: Arten von Managementverträgen bei TVEs

Vertragsform	Merkmale	Kompatibel mit...
Fixgehalt	• Manager erhalten festes Gehalt. • Gewinn vollständig an Verwaltung.	Typ 1-TVE
Gewinnbeteiligung	• Beteiligung des Managements am Gewinn. • Bestimmung der Gewinnverteilung durch Lokalverwaltung, unter Berücksichtigung des Managements.	Typ 2- und Typ 3-TVE
feste Unternehmensabgabe	• Lokalverwaltung erhält fixierte Abgabe, bleibt offizieller Eigentümer. • Sämtliche Erträge/Verluste für das Management.	Typ 4-TVE (eingeschränkt auch Typ 5)

Quelle: Chen (2000), S. 107ff.; zur Kompatibilität: eigene Darstellung.

Eine Umfrage unter Unternehmen verschiedenster Eigentumsformen Mitte der 90er Jahre hat ergeben, dass **TVEs gegenüber Staats- und anderen Kollektivunternehmen einen sehr viel höheren Grad an Autonomie aufweisen**. Dies betrifft insbesondere die Wahl der Neuinvestitionen, bei denen 77 % aller TVEs

394 Vgl. Chang/Wang (1994), S. 438.
395 Vgl. Chen (2000), S. 82.
396 Vgl. Jefferson et al. (1999), S. 48.
397 Vgl. Weltbank (1999), S. 89.

angaben, eigenständig entscheiden zu können. Bei der Beschäftigungspolitik hingegen mussten über 50 % der TVEs noch immer Eingriffe der Verwaltung hinnehmen.[398] Die Autonomie bei Investitionsentscheidungen deckt sich mit der gängigen Praxis der Gewinnverwendung. Wenn mindestens 60 % der Profite im Unternehmen verbleiben, dann unterliegen diese auch nicht mehr dem direkten Zugriff der Verwaltung.

Für **TVEs mit Verträgen der Kategorie 1** gilt, dass die **Managementkompetenzen auf das Tagesgeschäft eingeschränkt** waren. Hierbei schlossen alle Mitarbeiter eines TVEs kollektiv einen Vertrag mit der Lokalverwaltung (dem „de facto"-Eigentümer) und bestimmten dann aus ihrer Mitte einen oder mehrere Manager.[399] Allerdings ergaben sich für das Management kaum Anreize zu einem erhöhten Arbeitseinsatz. Ihr persönliches Einkommen hing nicht von der Performance des Unternehmens ab, sie waren nur „Befehlsausführer" der lokalen Verwaltung. Die Manager mussten im Gegenteil ihre Aufgaben erfüllen, ohne dass sie die Kontrolle über die verfügbaren Produktionsfaktoren besaßen, was ihnen zusätzliche Probleme bereitete.[400] Diese Unternehmen entsprechen somit quasi einem Staatsunternehmen, Unterschiede ergeben sich nur in der Entscheidungsebene sowie bei der Finanzierung (vgl. 6.2.5).

Eine umfassendere Kompetenz für das Management ergibt sich bei Abschluss eines **Vertrags der Kategorie 2**. Auch wenn die strategischen Entscheidungen im wesentlichen durch die Lokalverwaltung getroffen werden, so besitzen der oder die Manager doch ein Mitspracherecht und beeinflussen so die mittelfristige Entwicklung ihres TVEs. Mitspracherecht und Gewinnbeteiligung dienen dazu, die Arbeitsanreize für das Management zu erhöhen.[401] Es ist jedoch schwer, verallgemeinernde Aussagen zu treffen, da gerade diese Ausgestaltung sehr stark von den jeweils vorherrschenden informellen Institutionen geprägt wird. Damit beeinflussen sowohl die Größe der Gemeinde oder des Dorfes als auch berufliches und soziales Ansehen des Managements innerhalb dieser Ebene ihre Entscheidungen erheblich.

Wie auch bei anderen Aspekten kann eine Diskussion des fünften Typs TVE entfallen. Für diese „quasi-privaten" Unternehmen ergeben sich keine Prinzipal-Agent-Probleme, da Eigentümer und Manager identisch sind. Ähnlich verhält es sich mit TVEs vom Typ 4 („leasehold"), welche nur formell beim Eigentum ei-

398 Vgl. Raiser/Nunnenkamp (1997), S. 26.
399 Vgl. Che/Qian (1998), S. 7; Weitzman/Xu (1994), S. 128.
400 Vgl. Oi (1992), S. 119.
401 Vgl. Chen (2000), S. 108.

ne andere Struktur (als Typ 5) aufweisen. Bei dieser Unternehmensart zahlt das Management der Verwaltung lediglich eine fixe Rente, alle weiteren Management- und Risiko-Aspekte sind hingegen für die lokale Verwaltung nicht von Bedeutung.

Wie wurden die einzelnen Vertragsformen vom TVE-Management in Anspruch genommen, und was lässt sich daraus auf die Eigentumsstruktur der TVEs im Zeitablauf schließen? In den 80er Jahren war zu beobachten, dass zunächst ein Großteil des Managements die sichere Variante des Fixgehalts einer höheren Verdienstmöglichkeit (mit höherem Risiko) vorzog (vgl. Abbildung 30). Allerdings verlor diese Vertragsvariante kontinuierlich an Bedeutung und war Anfang der 90er Jahre nur noch vereinzelt vorzufinden. Im Zeitablauf gewann zunächst die Gewinnbeteiligung an Bedeutung. Auch wenn ihr Anteil an den Managementverträgen in der ersten Hälfte der 90er Jahre wieder sank, so machen die Verträge mit etwa 60 % die wichtigste Gruppe unter den TVE-Verträgen aus. Die für die „quasi-privaten" TVEs charakteristische Form der Verträge mit einer fixierten Abgabe erlebten hingegen in den 90er Jahren einen erheblichen Aufschwung. Die wachsende Bedeutung der „Verträge à la Privatunternehmen" lässt vor allem eine Schlussfolgerung zu: Trotz der Weiterentwicklung im Rahmen der Wirtschaftstransformation wuchs die Zahl der Einzelpersonen und Kleingruppen, die anstelle eines tatsächlichen Privatunternehmens ein TVE gründeten.

Abbildung 30: Anteil verschiedener Managementverträge bei TVEs

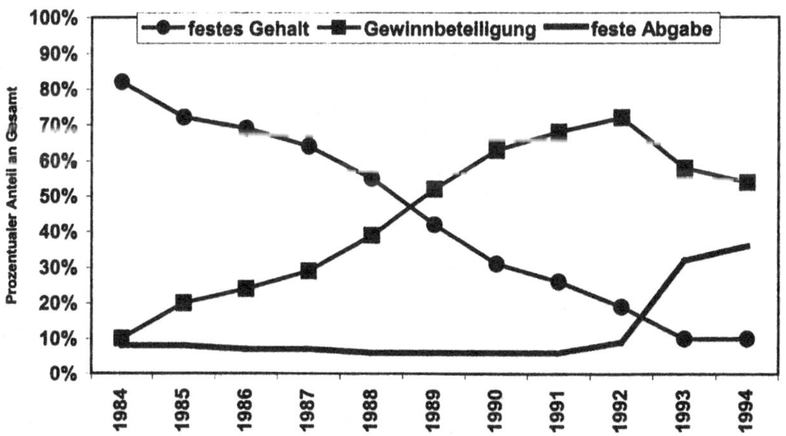

Quelle: Chen (2000), S. 115.

Die Wandlung des Managements in der Form, dass den Managern vermehrt Kompetenzen zustanden, erfolgte im Rahmen der sich ändernden Rahmenbedingungen. Die steigende Effizienz sowohl auf den Güter- und Faktormärkten, aber auch die Verbesserung der rechtlichen Grundlagen führten dazu, dass die Anforderungen an das Management stiegen. Waren in der ersten Phase noch hohe Gewinne durch Eintrittsbarrieren für neue Unternehmen gegeben (Zustimmung der lokalen Verwaltung, knappe Ressourcen), so stieg der Wettbewerbsdruck in den 90er Jahren massiv an. Durch die steigende Zahl von TVEs wuchs auch der Überwachungsaufwand für die lokale Verwaltung, so dass diese gezwungen war, mehr Befugnisse an das Management von TVEs zu delegieren. Auch führte die höhere Verfügbarkeit von Ressourcen zur Hinfälligkeit der Interventionen von Verwaltungsseite.[402]

Die Verwaltung behielt bei den tatsächlichen Kollektivunternehmen lange Zeit die Zügel in der Hand. Weitreichendere Kompetenzen für das Management (über das Tagesgeschäft hinaus) wurden nur schrittweise zugestanden. Dies erfolgte durch Änderung der Managementverträge (hin zur Gewinnbeteiligung) bzw. durch eine „Quasi-Privatisierung".

6.2.4.2 Kontrolle und Sanktion des Managements und der Überwacher

Aufgrund der bereits in 6.2.3 dargestellten Besonderheiten der Eigentumsstruktur bei TVEs besitzen die Einwohner einer Gemeinde oder eines Dorfes kaum Möglichkeiten, das Management eines TVEs direkt zu kontrollieren und ggf. zu sanktionieren, da keine direkte Rechtsbeziehung besteht. Die Lokalverwaltung übt als „Agent" der Einwohner an deren Stelle die Kontrollrechte aus (vgl. Abbildung 31). Sie ist dann gleichzeitig Agent (ggü. den Einwohnern) und Prinzipal (ggü. dem Management). Daher ergibt sich für die Einwohner lediglich die Notwendigkeit, ein effizientes Arbeiten der Verwaltung zu überprüfen, um sicherzustellen, dass diese ihr „Eigentum" gut verwaltet. Die dabei wirkenden formalen und informellen Mechanismen wurden bereits in 6.2.1 geschildert und können als in weiten Teilen effizient bezeichnet werden. Dementsprechend muss nur noch analysiert werden, inwiefern die Verwaltung in ihrer Eigenschaft als „Prinzipal" eine Kontrolle über das Management eines TVEs ausübte. Ein Prinzipal muss immer kontrollieren, wenn eine Beteiligungsfinanzierung vorliegt, da sonst der Agent ein zu niedriges Ergebnis meldet. Bei einer Kreditfinanzierung muss hingegen lediglich dann geprüft und sanktioniert werden, wenn die Rückzahlung eines vereinbarten Fixbetrags nicht erfolgt (vgl. 7.1).

---

[402] Vgl. Weltbank (1999), S. 90.

Abbildung 31: Prinzipal-Agent-Beziehungen in „tatsächlichen“ TVEs

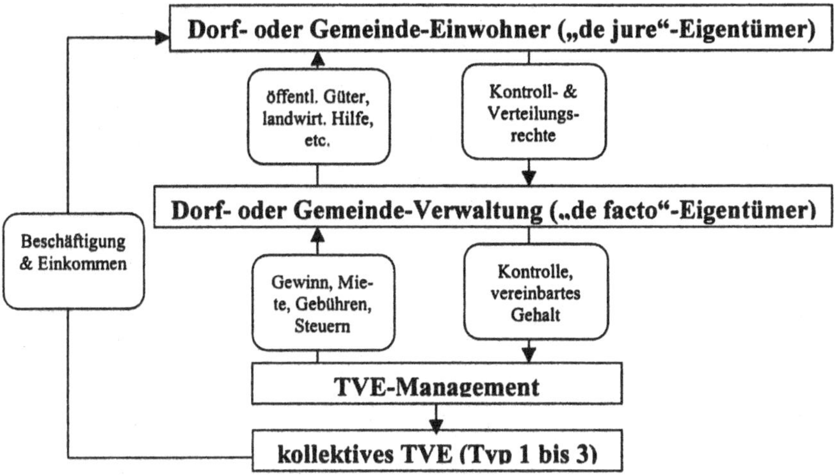

Quelle: Chen (2000), S. 22.

Auf die einzelnen Formen der TVEs angewendet bedeutet dies, dass die lokale Verwaltung bei den TVEs vom Typ 1) bis 3) ständig kontrollieren muss. Bei Typ 4) muss das Management nur einen festen Betrag an die Verwaltung zahlen, damit vereinfacht sich das „monitoring“ erheblich. Typ 5) schließlich kann aus diesen Betrachtungen ausgeschlossen werden, da Manager und Eigentümer identisch sind. In den TVEs vom Typ 1 bis 3 entschieden sich die Manager oftmals im Zuge ihrer Managertätigkeit, auch in der Lokalverwaltung tätig zu sein.[403]

Die Kontroll- und Sanktionsmechanismen sind in den TVEs effizient ausgestaltet. Entweder ist eine Kontrolle nur bei Nichteinhaltung einer fixen Zahlungsverpflichtung notwendig, oder aber die persönlichen Beziehungen in den kleinen Verwaltungseinheiten ließen die „monitoring“-Kosten deutlich sinken bzw. sogar gegen Null gehen.

6.2.5 Finanzierungsquellen der TVEs

Als mögliche Formen der Unternehmensfinanzierung bieten sich für TVEs folgende Kanäle an: Eigenkapitalfinanzierung (aus nicht ausgeschütteten Gewinnen sowie Beteiligungen von Außenstehenden), Finanzierung über Bankkredite

[403] Vgl. Byrd (1990), S. 197.

oder die Emission von Wertpapieren. Staatliche Mittelzuweisungen waren für TVEs nicht verfügbar, da sie nicht den staatlichen Behörden zugeordnet waren.[404] Für die TVEs zeigt sich, dass **Bankkredite und Eigenkapitalfinanzierung die zentralen Finanzierungsquellen** waren.[405] Dies ergab sich sowohl bei einer in 10 Provinzen flächendeckend als auch bei 64 TVEs stichprobenartig durchgeführten Befragung.[406] Die detaillierte Aufteilung der Mittelherkunft zeigt Tabelle 29. Bemerkenswert ist der hohe Anteil von Mitteln der lokalen Verwaltung bei Gründung von TVEs. Dies belegt, dass **kommunale Verwaltungen als „start up"-Finanzierer** für junge Unternehmen (TVEs) tätig waren, bspw. durch Bereitstellung des bereits vorhandenen Anlagevermögens.[407]

Tabelle 29: Finanzierungsquellen von TVEs

	1983	1984	1985	1986	1992	1997	1998
Bankkredite	38,2	28,9	24,1	23,4	19,4	16,6	13,7
Eigenfinanzierung	0,0	41,0	40,7	43,2	52,0	63,2	58,4
Zuweisung lokaler Behörden	33,4	8,1	7,6	6,1	3,6	2,1	2,8
Finanzierung durch Arbeiter	5,4	2,8	3,6	3,1	k.A.	k.A.	k.A.
Sonstige	23,0	19,2	24,0	35,0	25,0	18,1	25,1

Quelle: Byrd (1990), S. 201; China Statistical Yearbook (diverse Jahrgänge); unter „Sonstige" fallen auch die Mittel von anderen Firmen und von ausländischen Kapitalgebern.

Eine weitere Position, die ein signifikantes Volumen aufweist, sind die Mittel von anderen Unternehmen (die etwa die Hälfte der Position „Sonstiges" ausmachen). Hierbei handelt es sich vornehmlich um Handelskredite zwischen einzelnen Unternehmen.[408] Für TVEs in China waren diese relevant, dies zeigen die Zahlen aus der Studie von Byrd (1990) und andere Analysen (vgl. Box 16). Diese **zwischenbetriebliche Verschuldung** ist in den Transformationsländern der ehemaligen Sowjetunion weit verbreitet und stellt oftmals die einzige Finanzierungsform dar. Aufgrund der Kurzfristigkeit und hohen Unsicherheit über die tatsächliche Verfügbarkeit stellen die zwischenbetrieblichen Kredite aber keine verlässliche Finanzierungsquelle dar.

---

[404] Vgl. Ho/Kueh (2000), S. 22; Yusuf (1994), S. 318.

[405] „The main sources of funds for investment in township enterprises are retained profits, remitted profits used by the TIC for reinvestment, and bank loans."; Byrd/Gelb (1990), S. 364f.

[406] Vgl. Chen (2000), S. 60f.

[407] Vgl. Ody (1992), S. 2.

[408] Vgl. Byrd (1990), S. 201.

Box 16: Zwischenbetriebliche Verschuldung bei TVEs

Die Existenz von zwischenbetrieblichen Krediten als Finanzierungsform besaß für TVEs große Relevanz. Durch die Zugehörigkeit zum Einflussbereich einer Lokalverwaltung bestand eine Verbundenheit mit zahlreichen anderen TVEs, die vor allem für kurzfristige Finanzierung ausgenutzt werden konnte. Zudem bestand die Chance, dass die Lokalverwaltung als Vermittler zwischen einzelnen TVEs auftrat (Ho/Kueh, 2000). Die Finanzierungskosten für zwischenbetriebliche Kredite beschränkten sich häufig auf nicht-monetäre Arrangements in der Form von zusätzlichen Handelsvereinbarungen (Byrd, 1990). Verschiedene Analysen belegten die Relevanz:

- Für das Jahr 1990 ermittelte Yusuf (1994) landesweit für die Position „sonstige Kredite an TVEs" einen durchschnittlichen Anteil von über 25 % an der Gesamtfinanzierung. In dieser Position enthalten waren vor allem Kredite zwischen einzelnen „Einheiten".
- Für alle TVEs im Bezirk Suzhou (Provinz Jiangsu, in unmittelbarer Nähe zu Shanghai) stellten Handelskredite (neben Bankkrediten und außerordentlicher Fremdfinanzierung) einen bedeutenden Teil der Fremdfinanzierung dar. Ihr Anteil an der Gesamtfinanzierung belief sich zwischen 1980 und 1994 auf 8 - 12 % (Ho/Kueh, 2000, 21).
- Bei über 600 Unternehmen in Sichuan und Zhejiang ergab sich Mitte der 90er Jahre ein Anteil der Verbindlichkeiten gegenüber anderen Unternehmen an der Gesamtfinanzierung in Höhe von 15 % (Sjöberg/Zhang, 1996).

Die Bedeutung dieser Finanzierungsform war insbesondere in Phasen einer restriktiven Geldpolitik der chinesischen Zentralbank zu beobachten, als der Zugang zu formaler Fremdfinanzierung beschränkt war. Ein zentrales Problem in dieser Finanzierungsart ist, dass die in der Regel informell vereinbarten Kredite nicht als Verpflichtungen in den offiziellen Bilanzen auftauchten (Ho/Kueh, 2000) und somit für Außenstehende die tatsächliche Schuldensituation nur schwer zu überblicken war.

Quellen: Byrd (1990), S. 202; Ho/Kueh (2000), S. 21, 24; Sjöberg/Zhang (1996), S. 11; Yusuf (1994), S. 318.

Im Zeitablauf zeigt sich, dass sich der Schwerpunkt hinsichtlich der beiden Hauptfinanzierungsformen der TVEs im Laufe der Entwicklung verschoben hat. Während zunächst die Kreditfinanzierung dominierte, gewann die Eigenfinanzierung mehr und mehr an Bedeutung (Tabelle 30).[409]

Tabelle 30: Hauptfinanzierungsquellen von TVEs

	1985-89	1990-93
Bankkredite	81 %	53 %
Eigenfinanzierung	19 %	47 %

Quelle: Perkins/Raiser (1994), S. 33.

[409] Bei dieser Befragung von Perkins/Raiser (1994) wurden nur die beiden zentralen Finanzierungsformen Eigenfinanzierung und Bankkredite berücksichtigt.

Phase 1: Fremdfinanzierung über Bankkredite (bis 1990)

In der ersten Erfolgsphase der 80er Jahre waren Bankkredite die Hauptfinanzierungsquelle von TVEs. Dies ist insofern erstaunlich, als die Kreditfinanzierung von TVEs sehr viel höhere Risiken für Geschäftsbanken ergab als die Finanzierung von Staatsunternehmen. Weiterhin verfügten die lokalen Verwaltungen über keine direkten Zugriffsmöglichkeiten auf das staatliche Bankensystem. Im Gegensatz zu übergeordneten Ebenen konnten sie nicht auf eine Beteiligung bei der Aufstellung des Kreditplans zurückgreifen.[410] Für TVEs waren keine Mechanismen für Zahlungsunfähigkeit und Liquidation fixiert.[411] Bei Staatsunternehmen hingegen hatten die Banken über die Beziehungen auf verschiedenen Verwaltungsebenen und den Rückgriff auf staatliche Mittel immer noch einen „Rettungsanker", falls ein Unternehmen keine Rückzahlungsverpflichtung leisten konnte. Entsprechend dieser besonderen Konstellation (keine Sicherheiten, kaum rechtliche Grundlagen) erlangten die **TVEs** eine **Fremdfinanzierung vorrangig über ländliche Kreditkooperativen (RCCs)**. Die ländlichen Kreditkooperativen (RCCs) gewannen für die TVEs immer mehr an Bedeutung und finanzierten über 60 % aller Kredite.[412]

Die Finanzierung über Bankkredite wurde für TVEs auch dadurch beeinträchtigt, dass die Mittelverfügbarkeit durch den jeweiligen geldpolitischen Kurs der chinesischen Zentralbank beeinflusst wurde. Dementsprechend war insbesondere im Rahmen der restriktiven Geldpolitik Ende der 80er und Anfang der 90er Jahre der Zugang zur Kreditfinanzierung über staatliche Geschäftsbanken für TVEs erheblich eingeschränkt. Die TVEs reagierten darauf in der Form, dass sie auf verschiedene informelle Finanzierungswege auswichen: Emission von Schuldverschreibungen, Zwangskredite von Arbeitnehmern oder Darlehen innerhalb der Verwaltungsebene. Vor allem aber wurden die TVEs von der Lokalverwaltung unterstützt, die über eigens zur Finanzierungsberatung geschaffene Institutionen agierte. Diese Institutionen traten gegenüber Außenstehenden oder anderen TVEs als Akteur auf.[413]

Phase 2: Eigenkapitalfinanzierung bei TVEs (nach 1990)

Die Eigenfinanzierung von TVEs unterlag im Zeitablauf einer starken Verschiebung hinsichtlich der Mittelherkunft. Wie schon die Zahlen aus Tabelle 29

---

[410] Vgl. Perotti et al. (1999), S. 159.
[411] Vgl. Byrd (1990), S. 199.
[412] Vgl. Wong (1996), S. 233.
[413] Vgl. Ho/Kueh (2000), S. 22ff.

zeigten, betätigte sich die **Lokalverwaltung als Hauptinvestor in der Gründungsphase**. Diese direkte Unterstützung flaute allerdings schnell ab und wurde zunächst durch die Aufnahme von Bankkrediten substituiert. Ab 1990 entstand wieder eine **verstärkte Eigenfinanzierung** bei den TVEs, diesmal aber über einbehaltene Gewinne. Dies ergab sich aufgrund neuer rechtlicher Bestimmungen. Mit dem Erlas einer Rechtsgrundlage wurde in Artikel 32 auch die Verwendung von Gewinnen explizit fixiert. Demnach mussten mindestens 60 % der erzielten Jahresüberschüsse thesauriert und für Investitionen innerhalb des Unternehmens gesehen werden. Durch diese Restriktion wurde der Eigenfinanzierung ein stärkeres Gewicht verliehen. Diese formal auf ein einzelnes TVE beschränkte Vorschrift wurde allerdings dadurch aufgeweicht, dass von Seiten der Verwaltung eine Umverteilung zwischen TVEs mit unterschiedlicher Ertragslage vorgenommen wurde. Dies geschah durch die dafür zuständige Institution, die „township industrial corporation".

Neben der Gewinnthesaurierung existierten noch weitere Formen der Eigenfinanzierung. Eine durch Kreditrationierungen hervorgerufene Finanzierungsform war die Ausgabe von Aktien an Arbeiter. Die Anteilsscheine wurden an geschlossene Kreise vergeben und waren nicht handelbar. Sie sollten neben der Mittelbeschaffung auch der Motivation der Arbeiter dienen, da mit positiver Unternehmensentwicklung auch der Wert ihres persönlichen Vermögens stieg.[414] Weiterhin profitierten auch die TVEs in den 90er Jahren von der außenwirtschaftlichen Öffnung Chinas. Durch ausländische Direktinvestitionen wurden Mitte der 90er Jahre 10 % aller Investitionen finanziert, in Küstenprovinzen sogar bis zu 15 %.[415]

Für die folgenden Betrachtungen stellt sich die Frage, wie die Funktionsweise der einzelnen beteiligten Finanzinstitutionen und ihr Verhältnis zu den TVEs zu beurteilen ist. Mit den ländlichen Kreditkooperativen (RCCs) existierte für die ländlichen Kollektivunternehmen ein weiterer bedeutender Finanzintermediär. Waren diese Intermediäre der Zugang für TVEs zum Geschäftsbankensystem, oder muss die Position „Bankkredite" neu beurteilt werden?

Mit Zulassen der TVEs ist es China gelungen, den für die Transformation so notwendigen Sektor neuer innovativer Unternehmen entwickeln zu lassen. Trotz zahlreicher Vorteile der TVEs ist auch für sie - analog zu neu entstehenden Unternehmen in anderen Transformationsländern - die Frage zu klären, in welcher Form der Zugang zur Fremdkapitalfinanzierung möglich war.

[414] Vgl. Chen (1996), S. 184.
[415] Vgl. Woo (1999), S. 117.

B. Finanzierung in China: Geniale institutionelle Lösung im „dualen Wirtschaftssystem“?

7 Ausgestaltung von Finanzierungsverträgen

7.1 „Moral hazard“ als Grundproblem bei Finanzierungsverträgen

7.1.1 Elemente des „Moral hazard“

Die theoretischen Grundlagen für die vorzunehmenden Analysen zur Unternehmensfinanzierung und Finanzsystemreform ergeben sich aus der „Neuen Institutionenökonomie“ (vgl. 3.1) über die Agency- und Transaktionskostentheorie. Die Agency-Theorie untersucht unter von der Neoklassik abweichenden Annahmen die Auswirkungen individuell differierenden Verhaltens für den Bereich der Finanzierung. Formen effizienter Vertragsgestaltung, vor allem der Umsetzung, werden in der Transaktionskostentheorie untersucht.[416] Die ursprüngliche Diskussion von Finanzierung in den 50er bis 70er Jahren war geprägt durch die Vernachlässigung der Rolle des Finanzsystems in einer Volkswirtschaft. Betrachtet wurde lediglich die Bedeutung des Faktors „Kapital“ für den Wachstumsprozess. Nicht einbezogen wurden Aspekte, ob und in welcher Form das Sparen und Investieren abläuft. Statt dessen wurde dieses durch „unsichtbare Vermittlung“ gewährleistet. Dementsprechend wurde auch keine Diskussion über die Ausgestaltung der Unternehmensfinanzierung geführt, sondern lediglich das Aufbringen ausreichender Mittel für Investitionen erörtert.[417]

In der NIÖ werden für die Finanzierungstheorie verschiedene Modifikationen vorgenommen. Dazu gehören unter anderem die Existenz von Steuervorteilen, die Gefahr von Firmenkonkursen oder asymmetrische Information. Für die Betrachtungen zur Unternehmensfinanzierung ist lediglich der letzte Aspekt von Bedeutung. Die anderen beiden können vernachlässigt werden, da sie technischer Natur sind.[418] Betrachtet wird bei der NIÖ die Beziehung zwischen einem oder mehreren Auftraggebern (Prinzipal/en) und einem oder mehreren Beauftragten (Agent/en) und dem zwischen ihnen zu schließenden Finanzierungsvertrag. Für die Finanzierung kann der Unternehmer als Agent und der/die Kapital-

---

[416] Vgl. Williamson (1988), S. 568ff. Eine weitere Form der Annahmenmodifizierung findet bei der „Property Rights“-Theorie statt, die Marktunvollkommenheiten aufgrund von beim Handel von Eigentumsrechten auftretenden Transaktionskosten berücksichtigt; vgl. Wenger/Terberger (1988), S. 506.

[417] Vgl. Krahnen/Schmidt (1994), S. 9ff.

[418] Vgl. Williamson (1988), S. 568.

geber als Prinzipal/e betrachtet werden, da den Kapitalgebern sowohl bei Kredit- wie auch bei Beteiligungsfinanzierung ein Risiko[419] entstehen kann. Durch Fokussierung auf das mögliche Fehlverhalten des Agenten erfolgt bereits eine Erweiterung der Problematik, weg von der Betrachtung von Eigen- und Fremdkapital als reine Finanzierungsinstrumente und statt dessen hin zu ihren unterschiedlichen Überwachungsstrukturen.[420] Die Annahme asymmetrischer Informationsverteilung allein bewirkt noch keine Probleme für einen Finanzierungsvertrag. Probleme entstehen dann, wenn dem Agenten opportunistisches Verhalten unterstellt wird. Dann muss einbezogen werden, dass der Agent das **Unwissen von Vertragspartnern zu** seinem **eigenen Vorteil ausnutzt („moral hazard“)**. Dieses Problem ergibt sich insbesondere für den Bereich der Finanzierung, da bei diesen Transaktionen „Geld heute gegen ein in der Zukunft zu erfüllendes Zahlungsversprechen getauscht“[421] wird.[422]

Die Möglichkeit des Agenten, sich opportunistisch zu verhalten, wird wesentlich beeinflusst von der Art des Finanzierungsverhältnisses. Bei einer Beteiligungsfinanzierung erhält der Prinzipal einen proportionalen Anteil am Gewinn, bei der Fremdfinanzierung hingegen wird die pauschale Rückzahlung des aufgezinsten Kreditbetrags vereinbart. Je nach vereinbarter Finanzierung muss der Prinzipal daher unterschiedliche Verhaltensweisen des Agenten antizipieren. Im Fall der **Beteiligungsfinanzierung** kann der Agent

- seinen Arbeitseinsatz reduzieren, wenn er Gewinneinbußen nicht tragen muss;
- „consumption on the job“ betreiben, indem er Unternehmensmittel für seine persönliche Bereicherung einsetzt;
- großzügige Leistungen an Dritte (z.B. Arbeitnehmer) gewähren, wenn er die Gewinneinbuße nicht voll trägt;
- Privatgeschäfte zu Lasten des Unternehmens (und damit des Gewinns) abwickeln.[423]

---

[419] Risiko bedeutet, dass eine stochastische Zufallsvariable bezüglich des Ergebnisses einer Transaktion existiert und vom Agenten mittels der Eintrittswahrscheinlichkeit ausgedrückt werden kann. Dafür wird in der Praxis näherungsweise die Standardabweichung vom Mittelwert verwendet; vgl. Machina/Rothschild (1992), S. 358.

[420] Vgl. Williamson (1988), S. 576.

[421] Schmidt/Terberger (1997), S. 67.

[422] Die Annahme der Eigennutzmaximierung ist zwar angreifbar, da ethische Normen und zwischenmenschliches Vertrauen vernachlässigt werden. Nichtsdestotrotz kann allein die Existenz der Möglichkeit opportunistischen Verhaltens als Grundlage der Einbeziehung in theoretische Analysen dienen; vgl. Franke/Hax (1999), S. 411f.

[423] Vgl. Franke/Hax (1999), S. 419ff.

Liegt im Gegenzug eine **Kreditfinanzierung** vor, so besteht Gefahr für den Prinzipal genau dann, wenn auch eine Insolvenz möglich ist. Dann besteht für den Agenten die Möglichkeit,

- Investitionen mit hohem Risiko durchzuführen, die ihm im Erfolgsfall einen höheren Gewinn erbringen, aber im Insolvenzfall den Prinzipal belasten;
- Investitionen zu unterlassen, die die Position des Prinzipals bei Insolvenz, aber nicht seine eigenen Gewinnaussichten verbessern;
- vor einer drohenden Insolvenz Kredite zur persönlichen Ausschüttung aufzunehmen.

Es besteht also die Möglichkeit, dass ein Agent von seinem Prinzipal trotz vertraglicher Vereinbarungen nicht (kostenlos) daran gehindert werden kann, Maßnahmen zu ergreifen, die ihm einen Vorteil bringen. In dieser Darstellung enthalten ist damit die Annahme, dass ein Agent typischerweise nicht das Interesse des Prinzipals verfolgt.[424] Beiden erörterten Finanzierungsformen gemein ist der Aspekt, dass der Agent die Informationsasymmetrie durch Nichtübermittlung von Information („hidden information") oder durch nicht beobachtbares Handeln („hidden action") ausnutzt.

„Hidden information": Das Problem der versteckten Information gründet darauf, dass es dem Agenten aufgrund besserer Sachkenntnis möglich ist, Beobachtungen zu machen und Informationen zu sammeln, die dem Prinzipal nicht zugänglich sind. Dies besteht vor allem bezüglich der Verteilung der Zahlungsströme und der Beobachtbarkeit des erzielten Ergebnisses. Dabei kann der Prinzipal auch nicht nachprüfen, ob die Informationen in seinem Sinne verwendet oder angegeben wurden.[425] Dieses Problem, das auf der Verifizierung basiert, wird auch als „costly state verification" bezeichnet. Im Fall der Fremdfinanzierung hat der Agent unter Umständen ein Interesse daran, den Projektertrag nicht korrekt anzugeben, sondern sich durch Meldung eines Misserfolgs der Rückzahlungsverpflichtung zu entziehen.[426]

„Hidden action": Dieses Szenario basiert im Gegensatz zum vorhergehenden nicht auf dem Fluss von Informationen direkt, sondern statt dessen auf der mangelnden Kontrollierbarkeit des Agenten, die sich sowohl auf die Beobachtbarkeit als auch auf die Verifizierung des Handelns bezieht. Die Einschätzung des Verhaltens vom Agenten kann nur anhand des in der Vergangenheit zu beobachten-

---

[424] Vgl. Milgrom/Roberts (1994), S. 170; Pratt/Zeckhauser (1985), S. 2f.
[425] Vgl. Arrow (1985), S. 39.
[426] Vgl. Hartmann-Wendels et al. (1998), S. 105f.

den Einsatzes vorgenommen werden. Damit kann aber nicht verhindert werden, dass sich sein Verhalten im Zeitablauf ändert.[427]

> „Wie will eine Bank beurteilen, ob der Student, der um eine Finanzierung seines Studiums nachsucht und einen schnellen Eintritt ins Arbeitsleben zur Rückzahlung des Kredites verspricht, nicht zur Feier der Kreditzusage erst einmal eine ausgedehnte Urlaubsreise unternehmen wird?"[428]

Die Betrachtungen zeigen insgesamt, dass das in der Agency-Theorie formulierte Prinzipal/Agent-Problem aus zwei Elementen besteht: der Aufteilung des Risikos (in Form der Projektwahl) und unterschiedlichem Informationsstand, insbesondere über den vom Agenten geleisteten Arbeitseinsatz.

7.1.2 Agency-Kosten und Minimierungsmechanismen

Bei Finanzierungsverhältnissen handelt es sich normalerweise um mehrperiodige Beziehungen. Dies ermöglicht dem Prinzipal erst, Mechanismen zu nutzen, um das Verhalten des Agenten zu antizipieren und in dem zu schließenden Vertrag zu berücksichtigen. Bei einperiodigen Modellen ist eine Anpassung nicht möglich.[429] Für die durch „moral hazard" verursachten Probleme muss der Prinzipal zusätzliche Mechanismen installieren, um den/die Agenten entweder zu mehr Arbeit zu motivieren oder aber zu überwachen und bei Fehlverhalten zu sanktionieren. Die Sanktion könnte dabei sowohl in einer Absetzung des Agenten (z.B. durch die Anteilseigner einer Kapitalgesellschaft) als auch in einer Vertragsstrafe bestehen. Dabei hat der Prinzipal auch hier wieder eine Wahlmöglichkeit: er kann die Vereinbarungen schon vor Vertragsabschluß festlegen, indem ihm Informationsrechte eingeräumt werden. Durch die Übertragung von Informations- und Kontrollrechten kann aber auch das Informationsgefälle nach Vertragsabschluß beseitigt werden.[430]

Eine **weitere Möglichkeit** stellt die **Beteiligung des Agenten am Risiko** dar. Dieses wird aber für „moral hazard" dadurch erschwert, dass der Ertrag einer Transaktion auch durch exogene Zufallsvariablen beeinflusst werden kann.[431] Somit könnte der Agent einerseits sein Fehlverhalten durch andere Zufallsfaktoren begründen, andererseits für Entwicklungen verantwortlich gemacht werden, die nicht durch sein Verhalten beeinflusst werden. Dies bedeutet, dass nur solche Größen als Entscheidungsparameter herangezogen werden dürfen, die so-

---

[427] Vgl. Fama (1980), S. 296; Guesnerie (1992), S. 304.
[428] Schmidt/Terberger (1997), S. 66.
[429] Vgl. Fama (1980), S. 304.
[430] Vgl. Fama (1980), S. 296; Franke/Hax (1999), S. 413.
[431] Vgl. Arrow (1985), S. 37.

wohl vom Agenten beeinflussbar als auch von beiden Seiten übereinstimmend beobachtbar sind.[432] Zudem ergibt sich das Problem, dass der Agent, im Gegensatz zum eher risikoneutralen Prinzipal, als risikoavers angesehen werden kann. Dies kann dazu führen, dass das Geschäft nicht zustande kommt.[433] Zur Zielformulierung werden die durch zusätzliche Regeln anfallenden Kosten herangezogen. Als effizienteste Ausgestaltungsform für die zu schaffenden Regeln (= Institutionen) kann diejenige angesehen werden, die die geringsten Kosten hervorruft. Gegenüber dem Vergleich verschiedener Nutzenniveaus des Prinzipals unter verschiedenen Szenarien hat dieses Konzept den Vorteil, dass keine individuellen Nutzenfunktionen bekannt sein müssen.[434] Unter diesem Aspekt können dann auch die einzelnen erforderlichen Mechanismen herausgearbeitet werden. Für eine Minimierung der Kosten bieten sich drei **Lösungsmöglichkeiten**:[435]

- Der Agent baut beim Prinzipal **Reputation** auf, die zu Ansehen und Glaubwürdigkeit führt und damit zusätzliche vertragliche Regulierungen verhindert (vgl. 7.1.2.1).
- Der Agent bringt **Sicherheiten** oder Garantien, wie z.B. Bürgschaften (vgl. 7.1.2.2).
- Durch **Offenlegung des Wissens** vom Agenten wird der Informationsnachteil des Prinzipals verringert (vgl. 7.1.2.3).

7.1.2.1 Reputation des Agenten als „Sicherheit"

Die Verwendung von Reputation als Besicherung einer Transaktion ist dadurch möglich, dass die Wiederholung von Transaktionen zwischen zwei Akteuren eine große Relevanz besitzt und sich damit unterschiedliche Verhaltensmuster ergeben müssten. Reputation ist ein Mechanismus, der in einer Umgebung asymmetrisch verteilter Informationen potenzielle Vorteile besitzt. Sie wird in der gängigen Finanzierungsliteratur (sofern überhaupt explizit definiert) mit dem Begriff „Ansehen" gleichgesetzt und äußert sich in dem Verhalten von Vertragspartnern, inwiefern diese den eigenen Ankündigungen Glauben schenken:

---

[432] Vgl. Spremann (1988), S. 615f.

[433] Vgl. Milgrom/Roberts (1994), S. 188.

[434] Vgl. Pratt/Zeckhauser (1985), S. 3 und 17. Zugrundeliegende Annahmen der Analyse sind, dass der Prinzipal die Überwachungs- und Anreizmechanismen installieren kann und von den dadurch erreichten Verbesserungen allein profitiert. Eine vollständige Beseitigung der Kosten ist nicht möglich, da die Beteiligten nicht dasselbe Nutzenniveau erreichen können wie in der neoklassischen Welt; vgl. Wenger/Terberger (1988), S. 508.

[435] Vgl. Spremann (1988), S. 613f.

„In an environment of asymmetric information, an economic agent's reputation is represented by the probabilistic beliefs others hold about his preferences or feasible actions."[436]

Grundüberlegungen zum Reputationsmechanismus

Die Grundidee, dass die Reputation eines Akteurs zu einer effizient gestalteten Kooperation beiträgt, basiert auf der Ausgangslage, dass für zwei Akteure ein einperiodiges Spiel modelliert wird. Zu beachten ist dabei vor allem, dass einer der Akteure (P) zunächst eine Entscheidung über die Vertragsausgestaltung treffen muss. Unter diesen Vorgaben bleiben seinem Gegenüber (A) dann Handlungsspielräume, die er opportunistisch nutzen kann. In einem einperiodigen Spiel ergibt sich das gegenseitige Misstrauen („prisoner's dilemma") und damit die Nichtrealisierung einer Transaktion als Ergebnis, da P das Fehlverhalten von A antizipieren wird.[437] Erst durch die zusätzlichen Erträge, die A bei Wiederholung der Transaktion durch die Vertrauensbildung bei P erzielen kann, ist es vorteilhaft, sich vertragskonform zu verhalten. A muss dabei immer berücksichtigen, dass er bei einmaligen Fehlverhalten das Vertrauen von P für folgende Transaktionen verliert. Sofern Investitionsprojekte fortlaufend finanziert werden müssen, werden sowohl die Bereitschaft des Prinzipals, erneut eine Finanzierung bereitzustellen, als auch die Höhe des Zinses von den Rückzahlungsgewohnheiten des Agenten abhängen.[438] Daher ist es für den Agenten von Bedeutung, dass er gegenüber dem Prinzipal Reputation aufbaut.

Reputation stellt **keine formale Regel** dar, die den Agenten zu einem bestimmten Verhalten zwingt. Zwar kann ein Vergleich angestellt werden, wie sich die zukünftigen Vertragsbeziehungen im Falle eines Reputationsverlustes entwickeln und welche Kosten sich daraus ergeben könnten, aber dies kann immer nur eine Schätzung bleiben. Somit kann einem Reputationsverlust kein exakter Gegenwert zugeordnet werden. Trotzdem besitzt sie bei längerfristigen Vertragsbeziehungen großen Einfluss auf das Verhalten des Agenten. Da innerhalb der Gruppe von Prinzipalen und Agenten der Regelverstoß des Agenten (in Form von eingeschränkter oder Nicht-Rückzahlung des Geldes) als nicht wünschenswert angesehen wird, greift der Mechanismus der Reputation, obwohl er nicht schriftlich fixiert worden ist. Er baut auf die bestehenden Konventionen auf. Reputation ist somit als informelle Institution anzusehen (vgl. Übersicht 21).

---

[436] Ellis (1992), S. 331.
[437] Vgl. Williamson (1996), S. 151f.
[438] Vgl. Cosci (1993), S. 63.

Übersicht 21: Reputation als Institution?

Kennzeichen einer Institution	Merkmal von Reputation
allgemein: Bindeglied verschiedener Disziplinen	kulturell und ökonomisch relevant
System von Normen (einschl. Regeln)	Regeln für Arbeitsleben
auf bestimmtes Zielbündel ausgerichtet	Erfüllen der Vertragsverpflichtung
Zweck, das Verhalten der Individuen zu steuern	Beeinflussung der Projektwahl
formgebunden und/oder formungebunden	informelle Mechanismen

Quelle: eigene Darstellung.

Einschränkungen der Nutzung von Reputation

Die Reputation eines Agenten darf aber nicht als Lösung aller vorher beschriebenen Agency-Probleme verstanden werden, denn damit blieben Einschränkungen unberücksichtigt. Sie kann nur unter verschiedenen Voraussetzungen als Instrument eingesetzt werden. Zunächst einmal besteht weiterhin das Problem, dass der Verstoß gegen Vereinbarungen vom Prinzipal beobachtet werden muss. Weiterhin darf es sich nicht um eine einmalige stattfindende Transaktion handeln. Bei diesen Fällen käme es zu einem „Endspieleffekt“, der unmittelbar bzw. in der letzten Periode auftritt, da der Agent (aufgrund der Beendigung des Spiels) keine weiteren Konsequenzen in Form des Verlustes seines Reputationskapitals zu befürchten hat.[439]

Weiterhin verliert die Gefahr eines Reputationsverlustes an Bedeutung, wenn der Agent jederzeit die Möglichkeit hat, zu einem anderen Prinzipal zu wechseln, ohne dass dieser Informationen über das opportunistische Verhalten des Agenten erhält. Durch einen mangelnden Fluss an Informationen zwischen Prinzipalen wird die Einsetzbarkeit von Reputation für die „Besicherung“ von Finanzierungsgeschäften hinfällig. Zudem kann der Agent auch ausnutzen, dass die Prinzipale sich selbst als heterogen einschätzen und den Schadensfall eines einzelnen als für sich selbst nicht realistisch einstufen.[440] Diese Probleme können nur durch effizient umsetzbare Strafen, aber nicht durch die Existenz von Marktmechanismen verhindert werden:

> „The fact that a gas station has survived suggests that it is doing something right. But if the owner can overcharge you (as a stranger, N.S.) while dealing fairly with his usual customers, you may be in trouble.“[441]

---

439 Vgl. Nippel (1992), S. 990; dieser beweist, dass es im Fall von endlichen Wiederholungen zumindest in den ersten Perioden zu einem Reputationsaufbau kommt, dessen Erträge später vom Agenten „gemolken“ werden.

440 Vgl. Eger (1998), S. 322; Williamson (1996), S. 153ff.

441 Pratt/Zeckhauser (1985), S. 5.

Übersicht 22: Einschränkungen der Wirksamkeit von Reputation

Einschränkung bei...	**Ausweichmechanismus des Agenten**
nur endlich wiederholte Transaktion	Endspieleffekt in der letzten Periode
mangelnder Beobachtbarkeit des Ergebnisses	Falschmeldung
fehlenden Sanktionsmöglichkeiten und mangelnder Informationsfluss zwischen Prinzipalen	Wechsel des Prinzipals in der nächsten Periode

Quelle: eigene Darstellung.

Es existieren zudem Situationen, in denen der Reputationsmechanismus nicht anwendbar ist. Einerseits greift der Reputationsmechanismus dann zu kurz, wenn das vom Agenten erzielte Ergebnis auch von Zufallseinflüssen abhängig ist. Dann ist weiterer Informationsbedarf, verbunden mit zusätzlichen Kosten, vorhanden.[442] Andererseits existieren Agenten, die andere Regelungen in Kauf nehmen müssen, um vom Prinzipal Finanzierungsmittel zu erhalten. Sowohl neue Kunden als auch solche mit „schlechtem Leumund" müssten ohne Bereitstellung weiterer Sicherheiten mit Ablehnung oder höheren Kosten rechnen, vor allem dann, wenn bereits eine größere Gruppe alter Kunden mit hoher Reputation besteht.

Reputation stellt eine Möglichkeit für einen, aber nicht* den *Mechanismus schlechthin zur Lösung der Agency-Problematik darstellt. Bezogen auf Finanzierungsverträge werden Kapitalgeber von Kunden mit schlechtem oder ihnen nicht bekannten Ruf weitere „Geiseln" verlangen, ohne die die Transaktion nicht zustande kommen wird. Dementsprechend sind weitere Ansätze notwendig, um das Dilemma umgehen zu können.

7.1.2.2 Sicherheitenstellung durch den Agenten

Eine weitere Chance, die Agency-Kosten zu minimieren, bietet sich dem Agenten dadurch, dass er dem Prinzipal Sicherheiten stellt und damit potenziell höhere Finanzierungskosten verhindert. Durch im Kreditvertrag festgeschriebene Klauseln über Garantien oder Sicherheiten werden die Verhaltensspielräume des Agenten eingeengt. Mit einer Sicherheitengewährung erhöht sich für den Agenten im Fall eines (von ihm verschuldeten) Misserfolgs sein Verlust und damit sinkt sein Ertrag. Diese Gefahr wiederum mindert seine Bereitschaft, riskantere Projekte zu wählen, die bei nicht ergebnisabhängiger Entlohnung allein zu Lasten des Prinzipals gingen.[443] Dieses Ergebnis lässt sich aber nur erzielen, wenn $C=(1+r)*I$, wobei C den Wert der Kreditsicherheiten, r den vereinbarten Zins und I das Investitions- und Kreditvolumen darstellt.[444] Bei der Bereitstellung von

[442] Vgl. Eger (1998), S. 323f.
[443] Vgl. Bester (1987), S. 225; Schmidt/Terberger (1997), S. 69; Spremann (1988), S. 623.
[444] Vgl. Bester (1987), S. 226ff.

Sicherheiten handelt es sich, anders als die Reputation, um einen Kompensation nach Eintreten eines Schadensfalls. Ein nicht vertragstreues Verhalten ist nur noch dann sinnvoll, wenn die Kosten aus dem Verlust der Sicherheit (und ggf. der Reputation für spätere Perioden) nicht die Erträge aus dem opportunistischen Verhalten übersteigen. Dieser Ansatz erscheint vorteilhaft, um eine effiziente, nahe der „First best"-Lösung liegende „second best"-Wahl zu erzielen.[445]

Der Prinzipal muss ebenfalls die Gewissheit haben, dass die bereitgestellten Sicherheiten ausreichend sind und gegebenenfalls liquidiert werden können. Für den Prinzipal muss damit zunächst ohne weitere Kosten der Wert der Sicherheit feststellbar sein. Das Liquidieren der Sicherheit im Schadensfall kann unter zwei Aspekten zu einem Problem werden, die bei institutionellen Ausgestaltungen berücksichtigt werden müssen. Einerseits muss der Prinzipal sicher sein, dass sein (rechtlicher) Titel auch vollstreckt werden kann. Andererseits muss die übereignete Sicherheit handelbar sein, so dass eine kostengünstige Liquidierung möglich ist. Letzteres ist nur bei homogenen Gütern, für die Märkte und somit Handelspartner existieren, der Fall. Die Besicherung eines Kredites beispielsweise durch eine speziell angefertigte Maschine oder ein Gebäude mit besonderen Eigenschaften (z.B. ein Hallenbad) bewirkt kaum, dass der unmittelbare Wert der Sicherheit bedeutend ist. Sie dient lediglich dem Zweck, einen Anreizmechanismus für den Agenten zu erzeugen, der durch opportunistisches Verhalten einen Verlust an Vermögenswerten erleiden würde.

7.1.2.3 „Corporate Governance"

Die Problematik asymmetrischer Informationen kann auch behoben werden, indem zusätzliche Informationsflüsse die Asymmetrie zwischen den Akteuren abbauen. Der Abbau kann vor Vertragsabschluß („Signalling oder self selection") oder danach („monitoring") erfolgen.

Monitoring

Nach Vertragsabschluß ist ein zusätzlicher Informationsfluss möglich, wenn dem Prinzipal Kontrollrechte eingeräumt werden. Dies ist ebenfalls mit zusätzlichen Kosten verbunden. Der Prinzipal könnte die Möglichkeit haben, eigenständig oder durch Dritte die mitgeteilten Ergebnisse und den Arbeitseinsatz des

---

[445] Falsch wäre es allerdings, die Bereitstellung von Sicherheiten so anzusehen, als ob dadurch der Agent ein risikoärmeres Projekt wählen würde. Statt dessen kann das Vorhandensein zahlreicher Vermögenswerte als Sicherheit auch darauf hindeuten, dass in der Vergangenheit riskantere Projekte mit höherem Ertrag erfolgreich getätigt wurden.

Agenten zu kontrollieren (z.B. durch einen externen Prüfer oder Detektiv). Eine Überwachung des Agenten gewährleistet, dass er seinen vertraglichen Verpflichtungen verstärkt nachkommt. Durch Androhung von Strafen im Vertrag und fixierte Überwachung ergibt sich eine „lock in“-Situation für den Agenten. Die Kosten müssen wiederum den aus Fehlverhalten resultierenden Nutzen übersteigen.[446] Ein **permanentes „monitoring“** ist aber **nur bei einem Beteiligungsvertrag notwendig**. Bei einer Fremdfinanzierung hingegen lohnen sich zusätzliche Kosten für den Nachweis des Ergebnisses nur, wenn nicht der vereinbarte Rückzahlungsbetrag an den Prinzipal gezahlt wird. Andernfalls hat der Kapitalgeber keinen Nutzen von einer zusätzlichen und kostenpflichtigen Information. Weiterhin zeigt sich, dass für das Ausüben eines effizienten „monitoring“ ebenfalls ein grundlegender institutioneller Rahmen vorhanden sein muss, um standardisierte und glaubhafte Informationen verfügbar zu machen.

Neben der Überwachung von Ergebnis und Arbeitseinsatz können aber noch weitere Aspekte durch externe Kapitalgeber beobachtet werden. Neben der allgemeinen Entscheidungsstruktur innerhalb des Unternehmens und umfassenden Finanzindikatoren gehört dazu vor allem auch das externe Umfeld des Agenten, zu dem unter anderem die Intensität des Wettbewerbs, staatliche Regulierungen und Verschiebungen bei der Kostenstruktur von In- und Output gehören. Diese Kontrolle kann wiederum ex ante, ex interim und ex post erfolgen.[447] Während die im vorangehenden Absatz angeführten Mechanismen lediglich ein ex post-Instrument darstellen, kann durch ex interim umgesetztes Monitoring ein nicht mehr zu behebendes Problem schon bei der Entstehung verhindert werden.

Signalling und Screening

Um Kosten zu minimieren, kann der Prinzipal auch versuchen, vor Vertragsabschluß Informationen vom Agenten zu erlangen. Durch Signale („Signalling“) kann der Agent weitere Informationen übermitteln. Alternativ kann der Prinzipal Rückschlüsse auf die Ziele des Agenten erzielen, indem er ihm verschiedene Vertragsformen präsentiert, bei deren Auswahl eine eindeutige Festlegung des Agenten erfolgt.[448]

Signalling: Gibt der Agent von sich aus Signale über seine Finanzlage, so sind diese für den Prinzipal als glaubwürdig anzusehen, wenn das Signalisieren mit hohen Kosten verbunden ist oder ein falsches Signal unvorteilhafte Marktreakti-

---

446 Vgl. Mishkin (1998), S. 208.
447 Vgl. Suzuki/Lacktorin (1999), S. 30f.
448 Vgl. Franke/Hax (1999), S. 413f.

onen (aus Sicht des Agenten) auslösen würde.[449] Verursacht ein Signal Kosten, die höher sind als der Ertrag aus opportunistischem Verhalten, dann garantieren diese Signale, dass der Agent sich gemäß der Vereinbarungen verhalten wird. Ein Beispiel aus dem Finanzierungsbereich ist die Dividendenpolitik einer Aktiengesellschaft, die Aufschluss über deren Ertragslage geben kann. Ebenso kann der Agent seinen Kapitalgebern durch die Wahl eines unabhängigen, von beiden Seiten anerkannten Wirtschaftsprüfers zeigen, dass seine Investitionsprojekte von guter Qualität sind.[450] Eine weitere Möglichkeit besteht in dem Einsatz des persönlichen Vermögens vom Agenten bei dem durchzuführenden Projekt. Je nach Anteil der Eigenfinanzierung können dann gute und schlechte Projekte vom Prinzipal unterschieden werden.[451]

Self Selection („Screening"): Weiterhin kann der Prinzipal aus „unbewussten" Willensäußerungen des Agenten schließen, wie sich der Agent im Rahmen des zu tätigenden Projektes verhalten wird. Ein variables Angebot, z.B. an verschiedenen Finanzierungsverträgen mit unterschiedlicher Fremdfinanzierungsquote oder Risikobeteiligung, zwingt den Agenten zu einer Entscheidung. Diese offenbart wiederum seine Präferenzen. Wählt er ein Angebot mit geringer Ergebnisbeteiligung und eingeschränkter Haftung, dann wird er tendenziell riskantere Investitionsprojekte durchführen und/oder seinen Arbeitseinsatz niedrig halten. Die Einführung von zusätzlichen Risiken für den Investor im Fall einer nicht vollständigen Rückzahlung der Verpflichtung hingegen bewirkt, dass nur ein Investor mit einem relativ risikolosen Projekt den Finanzierungsvertrag annehmen wird.[452]

7.1.3 Ergebnis der Agency-Theorie: Institutionenbildung sinnvoll

> „[...] moral hazard is an information problem: The difficulty or cost of monitoring and enforcing appropiate behaviour creates the moral hazard problem."[453]

Die Problematik asymmetrisch verteilter Information ruft bei Finanzierungsverträgen eine „second best"-Lösung hervor, deren Ergebnis durch Kosten gemindert wird. Die Kosten entstehen entweder für den Prinzipal durch (ex post mögliches) opportunistisches Verhalten des Agenten oder ergeben sich als Agency-

---

[449] Vgl. Franke/Hax (1999), S. 414; Spremann (1996), S. 721; Spremann weist darauf hin, dass die Kosten des Signal negativ mit der zu signalisierenden Qualität korreliert sein müssen, damit dieser Mechanismus greift.
[450] Vgl. Riley (1992), S. 455.
[451] Vgl. Freixas/Rochet (1997), S. 24.
[452] Vgl. Bester (1992), S. 543.
[453] Milgrom/Roberts (1994), S. 168.

Kosten, die vom Prinzipal dem Agenten auferlegt werden. Die Agency-Kosten können dabei folgendermaßen spezifiziert werden:[454]

- **Überwachungskosten**: Diese entstehen dem Prinzipal bei der Kontrolle des Agenten und Durchsetzung der Ansprüche.[455]
- **Selbstbindungskosten** des Agenten, die anfallen, wenn er Sicherheiten stellt oder zum Aufbau von Reputation auf Gewinne aus opportunistischem Verhalten verzichtet.[456]
- **Residualverluste**, die aus der verbleibenden Differenz zwischen der erlangten und der „first best"-Lösung entstehen.

Die verschiedenen Mechanismen zur Sicherung des Nutzenniveaus eines Kapitalgebers haben alle gemeinsam, dass der Kreditnehmer einen Teil seines „Innenlebens" preisgeben muss, entweder in Form von Informationen oder durch Vermögenswerte als Sicherheiten.[457] Die Agency-Theorie liefert (ex ante zu installierende) Lösungsansätze. Der Schwerpunkt liegt auf der Institutionalisierung von Kontroll- und Anreizsystemen, um die Interessen des Prinzipals verfolgen zu können. Dabei können im Rahmen der institutionellen Ausgestaltung nicht nur Zahlungsansprüche, sondern auch Informations-, Kontroll- und Einflussrechte sowie die Aufteilung der Haftung fixiert werden.[458] Der Prinzipal soll dadurch insbesondere das „monitoring" des Agenten besser vollziehen können.[459] Durch die verschiedenen Szenarien und zugehörigen Mechanismen ergibt sich auch die Vorteilhaftigkeit einzelner Finanzierungsformen und die Relevanz der Finanzierungsstruktur:[460]

- Ist ein Investitionsprojekt tendenziell mit einem höheren Risiko behaftet, so ist die Finanzierung über Eigenkapital vorteilhaft.
- Für weniger riskante Projekte empfiehlt sich hingegen eine Fremdfinanzierung, da diese die Leistungsanreize für den Arbeitnehmer steigern würde.

---

[454] Die Formulierung der Agency-Kosten erfolgte durch Jensen/Meckling. Für eine ausführliche Diskussion vgl. Richter/Furubotn (1999), S. 400ff.; Schmidt/Terberger (1997), S. 166f.; Wenger/Terberger (1988), S. 512f.

[455] Vgl. Arrow (1985), S. 46.

[456] Bei Vernachlässigung von Steuern würden dann die abdiskontierten Vermögenswerte des Unternehmens den optimalen Fremdverschuldungsgrad darstellen; vgl. Copeland/Weston (1994), S. 511f.

[457] Vgl. Copeland/Weston (1994), S. 509.

[458] Vgl. Richter/Furubotn (1999), S. 185f.; Schmidt/Terberger (1997), S. 69, 388ff.

[459] Die Unterteilung in diese beiden Kategorien erfolgt vorwiegend in der ökonomischen Literatur, während aus juristischer Sicht der Oberbegriff „corporate governance" gewählt wird; vgl. Eu (1996), S. 473.

[460] Vgl. Franke/Hax (1999), S. 437; Wenger/Terberger (1988).

Weiterhin **bewirken die Informationsprobleme**, dass eine **Rechtfertigung für die Existenz von Institutionen** gegeben ist. Die Institutionen können in verschiedener Form zur Reduzierung der Agency-Kosten beitragen und somit eine effiziente Gestaltung der Unternehmensfinanzierung in einer Volkswirtschaft ermöglichen. Ihre Berechtigung war in der Neoklassik mit einem vollkommenen Kapitalmarkt nicht zu begründen.[461] In der Diskussion zur Ausgestaltung von Kooperationen werden als wichtigste Institution die **„Finanzintermediäre"** genannt. Unter diesem Begriff sind folgende Gruppen vereint: Finanzproduzenten, Finanzgutachter, Finanzhändler und Finanzauktionator.[462] Die Finanzintermediäre sind jedoch nur eine Institution, durch deren Bildung bewirkt werden kann, verbesserte Informationen über Kreditnehmer, verbesserte Gestaltung und Durchsetzung von Kreditverträgen sowie Erweiterung des Angebots an Finanzinstrumenten und somit eine Minimierung der Agency-Kosten zu erreichen. Die Gesamtheit an zu analysierenden Institutionen umfasst:[463]

- Das Finanzsystem, welches die Bereitstellung von Mitteln für die Investitionsprojekte mit der höchsten Ertragsquote und die Kontrolle von Agenten ermöglicht (siehe 7.2).
- Die staatliche Regulierung und Überwachung des Finanzsystems (siehe 7.3.2).
- Das einheitliche Rechnungslegungssystem, das dem Prinzipal ermöglicht, die Nutzung der bereitgestellten Vermögenswerte durch den Agenten zu kontrollieren (siehe 7.3.3).

Auch fällt dem Staat eine wichtige Rolle bei der Schaffung von Institutionen zu. Dies liegt darin begründet, dass er formale Regeln schaffen kann, die für Finanzierungsgeschäfte von Bedeutung sind. Dazu zählen nicht nur Rechnungslegungsvorschriften und Regulierungen, sondern auch die Schaffung rechtlicher Grundlagen.[464] Auf diese wird in einem separaten Abschnitt eingegangen (vgl. 7.3.4), da ihre Existenz oftmals implizit vorausgesetzt und somit bei sich entwickelnden Volkswirtschaften außer Acht gelassen wird.

---

[461] Vgl. Pratt/Zeckhauser (1985), S. 10; Schmidt/Terberger (1997), S. 76.
[462] Vgl. Hartmann-Wendels et al. (1998), S. 114.
[463] Vgl. EBRD (1999), S. 106; Weltbank (1989), S. 41.
[464] Vgl. Schmidt/Terberger (1997), S. 462ff.

7.2 Intermediation durch Geschäftsbanken als „endogene Institutionen"

Aus der Agency-Theorie ergibt sich die **Herausforderung für die Finanzsystemanalyse unter neoinstitutionalistischen Ansätzen** in folgender Form:

> **„Modelliere einen Markt, auf dem Finanzverträge gehandelt werden und zeige, dass sich der Nutzen aller erhöhen lässt, wenn sich Finanzintermediäre in die Kooperation einschalten."[465]**

Um eine Fokussierung der Analyse auf die wesentlichen Bestandteile des Finanzsystems vornehmen zu können ist daher zunächst von Bedeutung, die Relevanz einzelner Finanzierungsformen zu untersuchen.[466] Zahlreiche Studien kommen zu dem Ergebnis, dass die Innenfinanzierung dominiert. Dieses wird mit Besonderheiten der privaten Rentenvorsorge begründet. Ein Großteil der privaten Rentenzahlungen wird durch Rückstellungen in Unternehmen gebildet und stellt somit für die Unternehmen eine kostengünstige Finanzierungsform dar.[467] Als wesentliche externe Finanzierungsquelle werden Bankkredite identifiziert. Die Dominanz der Fremdkapitalfinanzierung gegenüber der (externen) Eigenkapitalfinanzierung ergibt sich aus den höheren Kosten der Eigenkapitalfinanzierung, die durch die permanent auftretende Notwendigkeit des „monitoring" verursacht werden.[468]

Eine Studie, welche die Innenfinanzierung (und hier insbesondere die schwer zu modellierende Finanzierung aus Abschreibungen) genauer berechnet, wurde von Hackethal/Schmidt (2000) vorgenommen. Sie ermitteln die Bruttofinanzierungsströme der Unternehmen in Industrieländern.[469] Ihr Ergebnis wird unterteilt nach institutionellen Quellen (Banken, Non-bank financial institutions, Haushalte, Ausland/Staat) sowie nach Instrumenten (Wertpapiere und Sonstige). Dabei zeigen sie anhand der Unterscheidung von Instrumenten auf, dass nur in den USA die direkte Finanzierung über Wertpapiere von Bedeutung ist (vgl. Tabelle 31).

Tabelle 31: Anteil der Finanzierung von Unternehmen über Wertpapiere

	1970-74	1975-79	1980-84	1985-89	1990-96
USA (in %)	42	42	41	45	48
Deutschland (in %)	12	9	8	11	13
Japan (in %)	10	10	10	15	16

Quelle: Hackethal/Schmidt (2000), S. 12.

---

465 Hartmann-Wendels et al. (1998), S. 114.

466 Die Debatte „Banken versus Finanzmärkte" soll hier nicht angeführt werden. Diese findet sich bpsw. bei Dittus/Prowse (1995), S. 4f.; Hellwig (1997), S. 212; Wenger (1990).

467 Vgl. Dittus/Prowse (1995), S. 6.

468 Vgl. Mishkin (1998), S. 208.

469 Vgl. Hackethal/Schmidt (2000), S. 11ff.

Bei der institutionellen Aufgliederung der Unternehmensfinanzierung zeigt sich für Japan und Deutschland die Vormachtstellung der Banken. Lediglich in den USA weisen die tendenziell näher an den Kapitalmärkten agierenden Akteure „Non-Bank Financial Institutions", Haushalte sowie Ausländer und Staat eine größere Relevanz auf.

Tabelle 32: Unternehmensfinanzierung in Industrieländern nach Institutionen (%)

		1970-74	1975-79	1980-84	1985-89	1990-96
USA	**Banken**	51	49	49	46	36
	NBFI	36	39	40	41	49
	Haushalte	12	11	7	7	9
	Ausland/Staat	1	2	4	6	6
Deutschland	**Banken**	80	82	84	82	83
	NBFI	14	14	12	13	11
	Haushalte	4	3	3	4	4
	Ausland/Staat	2	1	1	2	3
Japan	**Banken**	95	95	95	91	92
	NBFI	2	2	3	6	6
	Haushalte	2	2	1	2	1
	Ausland/Staat	1	0	1	0	1

Quelle: Hackethal/Schmidt (2000), S. 12.

Eine ähnliche Entwicklung lässt sich für Volkswirtschaften zeigen, welche in den letzten Jahrzehnten einen Entwicklungsprozess durchlaufen haben. Auch hier kommt bei der externen Finanzierung der Aufnahme von Fremdkapital eine bedeutende Rolle zu.

Tabelle 33: Finanzierungsquellen in Entwicklungsländern, 1980 - 88

Anteile in %	**Indien**	**Südkorea**	**Malaysia**	**Pakistan**	**Thailand**
Intern	34,9	21	66,8	42,0	24,1
Kredite	51,1	34,6	18,3	37,6	35
Eigenkapital	14	44,3	14,9	20,4	40,9

Quelle: EBRD (1995), S. 97.

Somit zeigt sich, dass bei der externen Finanzierung die Kredite als wichtigste Quelle auftreten und somit dem Bankensystem als Finanzintermediär eine wichtige Bedeutung zukommen kann. Das Bankensystem in einer Volkswirtschaft kann in zwei Stufen aufgeteilt werden: die Zentralbank und die Geschäftsbanken. Da die Zentralbank gemäß ihrer Aufgaben in der Regel keine Geschäfte mit privaten Wirtschaftssubjekten tätigt, ist ihre Rolle für die weiteren Untersuchungen lediglich als Kontrollinstitution für die Geschäftsbanken von Interesse. Die Bedeutung der Geschäftsbanken stellt den Schwerpunkt weiterer Analysen dar.[470]

---

[470] Vgl. dazu Berglöf/von Thadden (1999); Singh (1995); Wenger (1990); Winkler (1999a).

7.2.1 Funktionen der Geschäftsbanken als Finanzintermediäre

Eine Bank tritt als Mittler zwischen Schuldnern und Gläubigern auf. Entsprechend den in 7.1.2 ausgearbeiteten Problemen ist eine Bildung dieser Institution unter neoinstitutionalistischen Aspekten nur dann sinnvoll, wenn dadurch eine Minimierung der Agency-Kosten bewirkt wird. Vielfach wird für Banken eine betriebswirtschaftliche, „traditionell" ausgerichtete Aufgabenbeschreibung angeführt, die als Vergleich zu den oben angeführten theoretischen Anforderung dienen soll:[471]

- **Liquiditätstransformation**: Diese wird unterteilt in die Losgrößentransformation (Umwandlung von Anlagebeträgen in Kredite mit abweichenden Volumina) sowie die Fristentransformation (Ausgleich von divergierenden Fristen).
- **Risikotransformation**: Sie beruht auf der (potenziellen) Verpflichtung der Banken, finanzielle Ausfallrisiken durch eigenes Eintreten zu beseitigen.
- **Informationstransformation** für den Informationsbedarf der Partner.

Bei dieser Form der Betrachtung wird aber der informationsspezifische Aspekt nur sehr ungenau beleuchtet bzw. bei „traditionellen" Diskussionen oftmals vernachlässigt. Gerade die sich aus dem interpersonellen Ressourcentransfer ergebende Beseitigung von Informations- und Anreizproblemen stellt heute den wichtigsten Sachverhalt bei der Existenz eines Bankensystems dar.[472] Durch die immer weiter steigende Fülle an Finanzierungsinstrumenten haben sowohl die Losgrößen- als auch die Fristentransformation für sich allein (ohne Einbeziehen der Informationsfunktion) an Bedeutung verloren und begründen somit nicht mehr speziell die Existenz von Banken.[473] Damit ergibt sich für die folgenden Betrachtungen, dass die Informationsfunktion (auch für die anderen Funktionen) von zentraler Bedeutung ist:

> „[...] their (the bankers, Anm. d. Vf.) strategic function is to screen potential innovators and advance the necessary purchasing power to the most promising."[474]

Eine Bank kann einen Vorsprung gegenüber einzelnen Kapitalgebern aufweisen, der sich als „economies of scale" speziell bei der Informationsbeschaffung äu-

---

[471] Vgl. Schierenbeck/Hölscher (1998), S. 21ff.; Spremann (1996), S. 67ff.; Tobin (1992), S. 80. Einige Quellen vernachlässigen die Informationsfunktion sogar ganz und gehen lediglich auf die Transformations- und die Risikofunktion ein; vgl. bspw. Priewasser (1996), S. 12ff.

[472] Vgl. Baltensperger/Milde (1987), S. 5ff.; Hartmann-Wendels et al. (1998), S. 116ff.; Winkler (1997), S. 18f.

[473] Vgl. Schmidt/Terberger (1997), S. 465.

[474] Tobin (1992), S. 80.

ßert.[475] Ist dies gegeben, kann es dazu beitragen, dass die den einzelnen Kapitalgebern (Prinzipale) nicht mögliche Überwachung in Form des „monitoring" (vgl. 7.1.2.3) auf sie übertragen wird. Damit würden die Agency-Kosten minimiert, sofern die Kosten der Inanspruchnahme des Bankensystems nicht die ansonsten anfallenden Agency-Kosten übersteigen. Zur Analyse der informationsökonomischen Funktion von Banken existieren zahlreiche Ansätze, die alle das Ausnutzen von „economies of scale" bei der Informationsbeschaffung zugrunde legen (Abbildung 32).

Abbildung 32: Informationsfundierte Erklärungsansätze für die Existenz von Banken

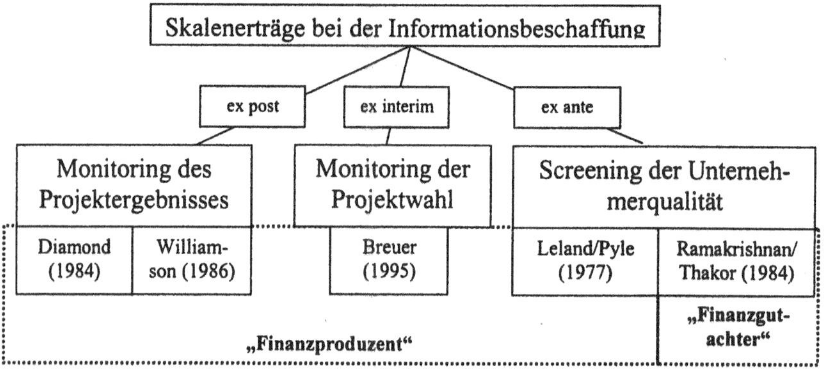

Quelle: Hartmann-Wendels et al. (1998), S. 141, eigene Darstellung.

Ein zentraler Ansatz, der sich mit Einsparungen von Delegationskosten durch die Existenz von Finanzintermediären befasst und dabei Losgrößen- und Informationsfunktion kombiniert, wurde von Diamond (1984) modelliert. Dieser Ansatz wird für die weiteren Betrachtungen zur Wirtschaftstransformation verwendet, da er die Grundlage zahlreicher informationsökonomischer Analysen darstellt und aufgrund seiner Aussagen zu Ausgestaltung von Finanzierungsverträgen sowie Eigenschaften der Akteure gut in die Praxis übertragbar ist (7.2.2). In 7.2.3 erfolgt dann eine Darstellung des Ansatzes von Breuer, welcher die Betrachtungen von Diamond um zwei wichtige Aspekte erweitert: die Finanzierung neu entstehender Unternehmen und die Bedeutung von Reputation. Auch diese Betrachtungen sind für Transformationsländer von Relevanz.

[475] Vgl. Franke/Hax (1999), S. 446.

7.2.2 „Delegated Monitoring" als Existenzbegründung: Das Modell von Diamond

Ausgangssituation: eine Welt ohne Intermediäre[476]

Diamond setzt in der Grundkonstellation eine Welt mit m Kapitalgebern (die alle je eine GE besitzen) und einem Investor ohne Eigenvermögen voraus, die nur direkt miteinander verhandeln können. Den Kapitalgebern stehen zwei Finanzierungsmöglichkeiten offen: einen Bruchteil der Investition finanzieren oder die nicht näher spezifizierte sichere Anlage mit einem Ertrag von I zu wählen. Unter der Annahme asymmetrischer Informationsverteilung muss eine geeignete Vertragsform gefunden werden, die die geringst möglichen Kosten in der „second best"-Lösung realisiert, um opportunistisches Verhalten des Agenten zu verhindern. Andernfalls würde der Kapitalgeber in die sichere Anlage ausweichen. Den Akteuren bieten sich zwei Möglichkeiten:

1. Ein Finanzierungsvertrag mit einer vereinbarten, nicht-monetären Strafe für den Fall, dass nicht die vereinbarte Rückzahlung erfolgt.[477] Die Straffunktion wird dabei an der tatsächlich erfolgten Rückzahlung z(y) festgemacht, denn diese stellt die einzige beobachtbare Variable dar. Dabei muss der Rückzahlungsbetrag aus dem Vertrag R höher sein als der Ertrag der sicheren Anlage I, um (abhängig von der Verteilungsfunktion der Erträge) das Ausfallrisiko der Investition zu berücksichtigen.

2. Der Investor gestattet den Kapitalgebern, die Projektergebnisse zu überwachen. Die jedem Kapitalgeber entstehenden Kosten, die insgesamt m*c betragen, muss er tragen.

Die Ausgestaltung des optimalen Finanzierungsvertrags ergibt sich als Kostenminimierungskalkül, das von zwei Parametern abhängig ist: Eine große Anzahl von Kapitalgebern erhöht die Monitoringkosten, während ein höheres Projektrisiko die Kosten des Vertrages mit Straffunktion ansteigen lässt.

---

[476] Für die Betrachtungen zum Modell von Diamond vgl., sofern nicht anders zitiert: Diamond (1984); Franke/Hax (1999), S. 445f.; Hartmann-Wendels et al. (1998), S. 119ff.; Schmidt/Terberger (1997), S. 465ff.

[477] Die Modellierung nicht-monetärer Strafen beruht auf dem Nichtvorhandensein von Vermögenswerten beim Agenten. Diese Strafen sollen den Agenten ex post schädigen, ohne dass sie dem Kapitalgeber einen Nutzen bringen (z.B. Haftstrafen, Verlust des Rufs). Weitere, radikalere Formen wie physische Bestrafung („Rübe ab") werden aber verworfen; vgl. Hartmann-Wendels (1998), S. 122. Eine anschaulichere Erklärung der nicht-monetären Kosten findet sich bei Winkler (1999a), S. 222, der diese (von ihm als „nicht-pekuniär" bezeichneten) Kosten als jenen Aufwand interpretiert, der sich aus Erklärung der zu geringen Rückzahlung oder der Durchführung eines Konkursverfahrens ergibt.

Einbeziehung einer Bank als Finanzintermediär

Diamond geht im nächsten Schritt des Modells dazu über, die Existenz von Finanzintermediären unter dem Aspekt der Kostenminimierung zu analysieren, wobei diese Intermediäre keine weiteren Vermögenswerte besitzen. Insbesondere bei riskanten Projekten und einer hohen Anzahl von Kapitalgebern kommen ohne Intermediation keine Finanzierungsverträge zustande. Die Einschaltung einer Bank wird die Überwachungskosten zunächst von m*c auf 1*c reduzieren. Damit stellt diese Lösung die dominante Strategie gegenüber dem Vertrag mit Straffunktion dar, denn die Strafe ist durch die Reduktion der Kapitalgeber auf eine Institution nicht betroffen. Weiterhin notwendig ist allerdings auch die Einbeziehung von „Delegationskosten" in Höhe von m*c für die Überwachung des Intermediärs durch dessen Kapitalgeber, die Anleger. Denn durch Einschaltung einer Bank ergeben sich zwar Skaleneffekte, aber gleichzeitig tritt das Problem auf, dass das Verhalten der Bank beobachtet werden muss.[478] Damit liegen die Gesamtkosten in Höhe von (m+1)*c höher als ohne Einschaltung einer Intermediärs.

Dies berücksichtigt Diamond in der Form, dass er den Intermediär in n verschiedene, nicht perfekt miteinander korrelierte Investitionsprojekte anlegen lässt. Die Anzahl der Kapitalgeber steigt auf (n*m), diese lassen sich ihre Rückzahlung in der bereits geschilderten Vertragsform mit Straffunktion festschreiben. Die Bank hingegen betreibt gegenüber den n Investoren ein monitoring. Von Vorteil ist die Tatsache, dass die gesamte Ausfallwahrscheinlichkeit sinkt, da durch die Diversifikation und nicht perfekte Korrelation nur eine geringe Wahrscheinlichkeit für einen „Totalausfall" besteht. Dadurch können auch die Kapitalgeber dazu übergehen, ihren Risikoaufschlag im Schuldvertrag mit der Bank zu reduzieren.

Das zentrale Ergebnis des Modells von Diamond ist: Sind „Monitoring" effizient („Monitoringkosten" K < „Strafkosten" C), einzelne Investitionsvolumen gering (m>1), Investitionen rentabel (E(z(y))>K+R) und n ausreichend groß (Diversifikationseffekte), dann dominiert die Einschaltung eines Finanzintermediärs die direkte Kreditvergabe.[479]

[478] Vgl. Freixas/Rochet (1997), S. 30f., die von der „question of monitoring the monitor" sprechen. Ebenso Dittus/Prowse (1995), S. 13.
[479] Vgl. Freixas/Rochet (1997), S. 31.

Abbildung 33: Ausgestaltung von Finanzierungsverträgen im Modell von Diamond

Quelle: Freixas/Rochet (1997), S. 30; Hartmann-Wendels et al. (1998), S. 131.

7.2.3 Reputation als Existenzbegründung: Das Modell von Breuer

Ein weiterer Ansatz zur Existenzrechtfertigung von Banken betrachtet Finanzintermediäre als Finanzierungsinstitution für junge Unternehmen. Grundlage der Argumentation bildet die Annahme, dass insbesondere neu entstehende Unternehmen zunächst nur einmalig eine Projektfinanzierung durchführen, da für sie nicht absehbar ist, ob eine wiederkehrende Investition rentabel sein wird. Damit kann es zu opportunistischem Verhalten kommen, da dem daraus entstehenden Gewinn keine zusätzlichen Kosten aus Reputationsverlusten gegenüberstehen.[480] Für den Sachverhalt, dass ein junges Unternehmen nur eine einmalige Finanzierung ersucht, kann ebenfalls die Existenz von Finanzintermediären in Form von Banken von Vorteil sein. Dies wurde von Breuer (1995) nachgewiesen. Er erweiterte die im Diamond-Modell vorgenommenen Analysen um den Aspekt, dass Finanzintermediäre nicht nur innerhalb einer Periode an verschiedene Unternehmen Kredite gewähren, sondern auch im Zeitablauf Projektfinanzierungen vornehmen, und dies häufiger als einzelne, vor allem junge Unternehmen.

Modellstruktur und Annahme der direkten Finanzierung

Breuer legt seiner Modellformulierung eine Reihe von Annahmen zugrunde:[481]

- „Neue Unternehmen" besitzen eine geringere Wahrscheinlichkeit, in den Folgeperioden erneut rentable Investitionsprojekte finden zu können. Die Wahrscheinlichkeit wird als $q_\tau(t+1)$ formuliert, mit $\tau=t$ als Eintrittszeitpunkt des Unternehmens in den Kapitalmarkt.
- Es existieren für jeden Unternehmer zwei Investitionsprojekte a und b. Während a eine sichere Rückzahlung von X_a ergibt, erzielt b (als „riskanteres Pro-

[480] Vgl. Hartmann-Wendels et al. (1998), S. 143f.
[481] Für die folgende Darstellung siehe Breuer (1995), S. 517ff.

jekt") nur mit der Wahrscheinlichkeit p die Rückzahlung X_b, wobei gilt: $X_a > p*X_b > I$.

- In späteren Zeitpunkten treten ausreichend viele neue Unternehmer und Anleger in den Markt, so dass eine Finanzierung neuer Investitionsprojekte gewährleistet ist.
- Der Unternehmer gewährt den Anlegern das Versprechen, Projekt a zu wählen und eine Rückzahlung von $R_a=I$ vorzunehmen.

Unter diesen Annahmen kommt es in einer Welt ohne Finanzintermediäre nach Breuer zu dem Szenario, dass es für den Unternehmer vorteilhaft ist, das riskantere Projekt zu wählen, da er im Erfolgsfall allein die zusätzlichen Erträge einbehalten kann. Der Vorteil wird dabei um so stärker, je geringer die Wahrscheinlichkeit $q_\tau(t+1)$ ist, dass das neue Unternehmen in der nächsten Periode nicht wieder Mittel nachfragen muss. Bei geringem $q_\tau(t+1)$ können selbst schärfste Sanktionsmechanismen („Ausschluss vom Kapitalmarkt") nicht greifen. Da alle Anleger davon ausgehen müssen, dass jeder Investor immer Projekt b wählen wird, fordern sie dementsprechend eine höhere Rückzahlung R_b in Abhängigkeit von der Ausfallwahrscheinlichkeit, so dass dem Unternehmer zusätzliche Kosten entstehen.

Die Funktion von Finanzintermediären im Modell von Breuer

In der Modellierung der Funktion von Finanzintermediären geht Breuer eins mit der Vorgehensweise von Diamond (1984). Zunächst wird eine Kontrollfunktion eingeführt, die sowohl von einem Kapitalgeber als auch von einem Intermediär ausgeübt werden könnte. Diese bewirkt, dass der Unternehmer das risikolose Projekt a realisiert. Problematisch für einen einzelnen Anleger ist dabei jedoch die Tatsache, dass die Kosten der Überwachung c höher sind als der durchschnittliche Ertrag je Anleger X_a/n. Es kommt wiederum zu dem **Dilemma, dass**

> **„gesamtwirtschaftlich vorteilhafte Unternehmenskontrollen unterbleiben, weil es sich einzelwirtschaftlich für keinen Kapitalgeber bei direkter Finanzierung lohnt, die damit zusätzlich verbundenen Kosten in Kauf zu nehmen."**[482]

Der große **Vorteil von Finanzintermediären** liegt aber im Gegensatz zu Diamond nicht (nur) in Diversifikationseffekten begründet. Statt dessen können die Anleger bei den Intermediären davon ausgehen, dass diese auch in den nächsten Perioden wieder rentable Projekte (in Form neuer „Jungunternehmen") zur Verfügung haben und damit an einem Aufbau von Reputation interessiert sind, um die härteste Strafsanktion in Form des Kapitalmarktausschlusses zu vermeiden.

Solange die Intermediäre in jeder vorherigen Periode die vereinbarte Rückzahlung vorgenommen haben, werden sie von den Anlegern Mittel in Höhe von I erhalten.

Abbildung 34: Ausgestaltung von Finanzierungsverträgen im Modell von Breuer

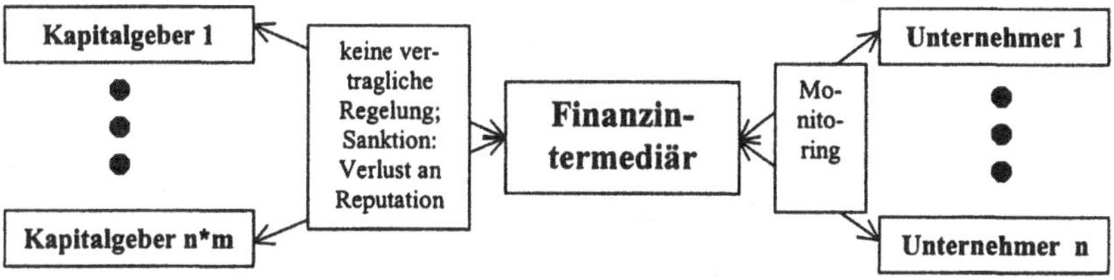

Die Vorteile der Existenz von Finanzintermediären ergeben sich im Modell von Breuer (1995) sowohl auf Anleger- wie auf Unternehmensseite. Die Existenz der Intermediäre kommt einerseits den Unternehmen zugute, deren Wahrscheinlichkeit $q_i(t+1)$ für die Existenz rentabler Folgeprojekte gering ist. Andererseits ergibt sich für die Vertragsparteien zusätzlich ein Vorteil, der eine wesentliche Erweiterung gegenüber Diamond (1984) darstellt: Auf die explizite Formulierung eines zusätzlichen Vertrags zur Absicherung der Anlage kann verzichtet werden.

7.2.4 Diskussion der betrachteten Modelle

Diskussion des Modells von Diamond (1984)

Diamond selbst erkannte schon bei der Modellformulierung, dass bei der **Einschaltung von Finanzintermediären ein zusätzliches Agency-Problem** geschaffen wird. Der Anleger muss nunmehr den Intermediär überwachen, dieser wiederum den Agenten. Laut seiner Konstruktion wird dieses Probleme dadurch ausgeschaltet, dass die Diversifikation des Intermediärs auf verschiedene Investoren die Delegationskosten gesenkt werden. Diese Betrachtungsweise stellt aber nur einen sehr grundlegenden und etwas „naiven" Aspekt dar, der durch die im Vorangehenden diskutierten Agency-Probleme nicht unbedingt Gültigkeit besitzen muss. Es muss vielmehr davon ausgegangen werden, dass sich für die Kapitalgeber nunmehr die Notwendigkeit ergibt, neben den Schuldnern auch noch die Banken zu überwachen, so dass sich die Anzahl der Agency-Probleme im Extremfall verdoppelt. Die von Diamond vorgeschlagene Lösung der nichtpekuniären Kosten greift nur dann, wenn diese Strafkosten sehr hoch sind.[483]

---

[482] Breuer (1995), 524f.
[483] Vgl. Freixas/Rochet (1997), S. 32; Winkler (1997), S. 25.

Alternativ müsste von staatlicher Seite ein Mechanismus geschaffen werden, der die Verdoppelung dieser Agency-Problematik verhindert (vgl. Abschnitt 7.3).[484]

Es existieren weitere Kritikpunkte, die hier nur stilisiert dargestellt werden sollen, da sie keine so fundamentalen Probleme hervorrufen wie die doppelte Agency-Problematik:

- Diamond nimmt an, dass „economies of scale" vorliegen, so dass eine Bank den Anreiz hat, zahlreiche Projekte zu finanzieren.[485] Die daraus resultierende Risikominderung tritt aber nur dann ein, wenn die Banken ein diversifiziertes Portfolio halten.[486]
- Auch geht Diamond in seinem Modell davon aus, dass alle Kapitalgeber den gleichen Betrag zur Verfügung stellen. Diese Annahme ist in der Realität nicht unbedingt vorzufinden. Daher bleibt zu untersuchen, ob die Unterscheidung der Anlagebeträge zu einer Verhaltensänderung des Intermediärs gegenüber den einzelnen Anlegern führt.
- Zudem besagt eine Modellannahme, dass Anleger eine nicht genauer spezifizierte Alternativ-Anlage wählen können, die einen sicheren Ertrag liefert. Die Existenz einer solchen „sicheren Anlage" ist eng mit den Funktionen von Finanzmärkten verbunden, so dass in Diamonds Modellwelt Banken nicht als einzige Intermediäre existieren könnten.

Beurteilung des Modells von Breuer (1995)

Die Erweiterung von Breuer gegenüber dem Modell von Diamond bringt einen Vorteil mit sich, der die Anwendung der Ergebnisse stark erleichtert. Diamond musste bei seinem Modell auf die Formulierung von nicht-monetären Sanktionen zurückgreifen, was sowohl bezüglich der Durchsetzbarkeit als auch der Bestimmung eines monetären Äquivalents schwierig ist. Dies löst Breuer durch die Annahme, dass die Banken ein großes Bedürfnis haben, auch in Zukunft am Markt vertreten zu sein. Trotzdem müssen auch für seine Betrachtungen die Grenzen der Anwendbarkeit aufgezeigt werden. Breuer erzielt seine Begründung für die Existenz von kreditgewährenden Finanzintermediären unter einer Reihe von restriktiven Annahmen. Ein wichtiger Aspekt ist dabei der unterstellte Reputationsvorsprung von Banken gegenüber Unternehmen, der sich aus der

---

[484] Allerdings ruft auch die Lösung einer staatlichen Überwachung des Finanzsystems zusätzliche Kosten hervor, die zwar nicht für Prinzipal/e und Agenten anfallen, aber gesamtwirtschaftlich.

[485] Vgl. Freixas/Rochet (1997), S. 29.

[486] Vgl. Winkler (1997), S. 24.

besonderen Tätigkeit von Banken ableitet. Die empirische Evidenz für diesen Sachverhalt zeigt aber keinen Unterschied zwischen der Finanzstruktur und dem „Reputationswert" von Banken und Unternehmen.[487]

Nichtsdestotrotz hat **Breuer** mit seinem Modell zwei für Finanzierungsverträge bedeutende Aspekte explizit formuliert und deren Implikationen dargestellt. Einerseits **erkennt** er **die Wirkung des Reputationsmechanismus** und **dessen Einfluss auf die Unternehmensfinanzierung** bei asymmetrischer Informationsverteilung. Dies ist insbesondere für bereits bestehende und kontinuierlich fortgesetzte Finanzierungsverhältnisse von großer Bedeutung, zumal die Reputation von Finanzintermediären eine wesentlich größere Bedeutung genießt als die von Unternehmen. Andererseits diskutiert er die vor allem für sich noch im Entwicklungsstadium befindliche Volkswirtschaften äußerst wichtige Problematik der Finanzierung von „jungen Unternehmen". Seine Überlegungen stellen somit einen grundlegenden Beitrag für wichtige Aspekte der Entwicklungsfinanzierung dar.

7.3 Regeln zur Realisation von Finanzierungsverträgen

7.3.1 Notwendigkeit der Überwachung des Bankensystems

Die in 7.2 vollzogenen Betrachtungen beziehen sich auf den Nutzen, den Finanzinstitutionen als Intermediäre stiften. Darüber hinaus ergeben sich aber Aspekte, die eine Überwachung von Finanzintermediären notwendig erscheinen lassen. Denn entgegen der Annahme zahlreicher Analysen existiert in vielen Volkswirtschaften im Laufe der Finanzsystementwicklung noch kein gewachsener institutioneller Rahmen und muss dementsprechend initiiert werden.

> „Note that even a purely laissez-faire financial system must count with some indirect government inputs in the form of an efficient and fair judiciary and police system to punish fraud and to handle the enforcement of contracts and the settlement of disputs and bankruptcy cases." [488]

Tritt eine Bankenkrise auf (vgl. Box 17), so ist dies für jede Volkswirtschaft mit massiven längerfristigen Problemen verbunden, da die Banken mit der Allokation und Distribution von Finanzmitteln in einer Volkswirtschaft eine bedeutende Aufgabe einnehmen und eine Bankenkrise erhebliche Kosten (vgl. Tabelle 34) mit sich bringt.[489]. Dies zeigt, wie bedeutend die Funktion des Bankensystems in

---

[487] Vgl. hierzu Winkler (1999a), Kapitel 5 und S. 250ff.

[488] Diaz-Alejandro (1984), S. 3.

[489] Die Regulierung des Bankensektors durch staatliche Eingriffe stellt ein Beispiel für einen Fall dar, bei welchem die gesamtwirtschaftlich sinnvolle Umsetzung einer mit Kosten ver-

einer Volkswirtschaft und somit die Überwachung seiner Aktivitäten ist. Konkret ergibt sich die Forderung an Überwachungsmechanismen für das Finanzsystem, dass einerseits die Banken kontrolliert und andererseits institutionelle Rahmenbedingungen für Finanzierungsgeschäfte geschaffen werden.

Box 17: Bankenkrisen

Erfahrungen zahlreicher Volkswirtschaften haben gezeigt, dass bei mangelnden Überwachungsmechanismen die Gefahr einer Bankenkrise besteht. Im Zuge der Finanzsystemliberalisierung ereigneten sich immer wieder Bankenkrisen mit hohen gesamtwirtschaftlichen Kosten. Eine Bankenkrise ist dabei grundsätzlich definiert als ein Ereignis, bei dem einzelne Banken oder das gesamte Bankensystem nicht mehr ihren Verpflichtungen nachkommen können (IMF, 1998). Folgende Faktoren sind als ursächlich für das Auftreten einer Bankenkrise anzusehen, die beim Erlassen von Regeln berücksichtigt werden müssen (Goldstein/Turner, 1998):

- Volatile makroökonomische Größen, vor allem Schwankungen des Zinsniveaus und des realen Wechselkurses, treten oft in Zusammenhang mit einer Finanzkrise auf.
- Mangelnde Vorbereitung auf vollständige Liberalisierung des Finanzsystems (bei Bankenaufsicht, Rechnungslegungsvorschriften, Ausbildung des Bankenpersonals und Entscheidungsstrukturen).
- Starke Einflussnahme durch staatliche Stellen und mangelhafte Kontrolle von „directed lending“.
- Starker Anstieg der Kreditvergabe in Boomphasen und darauf folgende Einbrüche bei Preisen für Vermögenswerte.

Quellen: Goldstein/Turner (1996), S. 5ff.; IMF (1998), S. 74f.

Tabelle 34: Gesamtwirtschaftliche Kosten von Bankenkrisen in % des BIP

Entwickelte Länder	Kosten (% des BIP)	Entwicklungsländer	Kosten (% des BIP)
Spanien (1977-85)	17 %	Argentinien (1980-82)	55 %
Japan (90er Jahre)	10 %	Chile (1981-87)	41 %
Finnland (1991-93)	8 %	Israel (1977-83)	30 %
Schweden (1991)	6 %	Côte d'Ivoire (1988-91)	25 %
Norwegen (1987-89)	4 %	Venezuela (seit 1994)	18 %
USA (1984-91)	3 %	Mexiko (seit 1994)	12-15 %

Quelle: Goldstein/Turner (1996), S. 5f.; Wyplosz (1999), S. 156.

Eine Überwachung des Finanzsystems ist sinnvoll, wenn die Vorschriften eine Informationspflicht seitens der Intermediäre bewirken. Dies ist für Anleger wichtig, da sie durch **Einschalten von Intermediären** (insbesondere von Banken) eine **weitere Stufe der Kooperation** einfügen, welche einer Kontrolle bedarf. Die Regulierung lässt sich somit ebenfalls als Ergebnis einer zusätzlichen

---

bundenen Maßnahme für einzelne Wirtschaftssubjekte unrentabel ist. Dementsprechend urteilte auch die BIZ: „While the cost of banking supervision is indeed high, the cost of poor supervision has proved to be even higher“; BIZ (1997), S. 8.

Prinzipal/Agent-Problematik begründen, die sich aus der Einschaltung einer weiteren Instanz ergibt (vgl. die Ausführungen zum Diamond-Modell in 7.2.2).[490] Wie weit die Vorschriften gefasst sein müssen, hängt aber von den grundlegenden Annahmen der Betrachtungen ab. Die Prinzipal/Agent-Problematik (gerade für das Finanzsystem) besteht insbesondere dann, wenn es sich nur um eine zweiperiodige Transaktion handelt, und das Finanzsystem relativ unterentwickelt ist. Bei mehrperiodigen Transaktionen kann eine zusätzliche Sanktionierung einer Bank dadurch erfolgen, dass er einen Reputationsverlust erleidet (vgl. 7.1.2.1).[491] Dies ermöglicht es dem Staat, zumindest in entwickelten Finanzsystemen die Kontrolle nicht zu umfangreich und kostspielig zu gestalten. Die Gefahr des Reputationsverlustes eines Finanzintermediäres verhindert allerdings auch bei unendlich wiederholten Transaktionen nicht opportunistisches Verhalten, wenn einzelne Mitarbeiter des Intermediärs durch dieses Verhalten einen persönlichen Vorteil erzielen können, oder wenn zwar keine ursprüngliche Agency-Problematik der Nichtrückzahlung von gewährten Einlagen auftreten, der Finanzintermediär aber die Informationsasymmetrie des Anlegers dergestalt ausnutzt, dass er ihm nicht die höchstmögliche Rendite gewährt.

Die Notwendigkeit von Eingriffen ergibt sich dabei aus Kredit-, Preis- und Liquiditätsrisiken.[492] Ob dafür allerdings staatliche Institutionen geeignet sind, ist nicht ohne weiteres zu be- oder widerlegen. Alternativ könnten sich auch Regelungen über die Märkte und individuelle Vereinbarungen ergeben. Bei dieser Lösung müsste der Staat lediglich ein allgemeines Vertragsrecht ausarbeiten. Nichtsdestotrotz ergeben sich Vorteile aus speziell formulierten Regelungen und Überwachungsinstitutionen seitens des Staates. Die Initiative des Staates macht in den Bereichen Sinn, in denen private Mechanismen versagen oder deren Kosten über denen der staatlichen Eingriffe liegen.[493] Sie kann die im Fall einer Krise auftretenden Probleme verhindern helfen. Als potenzielle Probleme einer Krise drohen ein Vertrauensverlust bei in- und ausländischen Anlegern (und damit eine drohende Insolvenz des gesamten Systems aufgrund von Mittelabflüssen), hohe gesamtwirtschaftliche Kosten (vom Staat zu tragen) sowie die Gefährdung der Geldwertstabilität.[494]

---

[490] Vgl. Hartmann-Wendels et al. (1998), S. 118 und 323f.
[491] Vgl. Spremann (1996), S. 709.
[492] Vgl. Weltbank (1989), S. 40ff.
[493] Vgl. Schmidt/Terberger (1997), S. 463.
[494] Vgl. Goldstein/Turner (1996), S. 6f.

7.3.2 Ausgestaltung der Finanzsystemüberwachung

Die Ausgestaltung der Überwachung (speziell von Banken) kann entweder durch Aufsichtsbehörden direkt erfolgen oder durch die Formulierung von Anreizen für die Eigentümer der Bank.[495] Im folgenden soll nur die direkte Regulierung betrachtet werden, da schon in Industrieländern, aber insbesondere in Transformationsländern die Eigentümerstruktur der Geschäftsbanken keine effiziente Überwachung erwarten lässt (vgl. hierzu auch 8.1.2). Mit den „Core Principles" der Bank für Internationalen Zahlungsausgleich (BIZ) hat sich zudem bereits ein internationaler Maßstab ergeben (vgl. Anhang 2).[496] Die Prinzipien bauen auf den ebenfalls von der BIZ entworfenen Eigenkapitalvorschriften auf. Letztere besagen, dass das Eigenkapital einer Bank mindestens 8 % der Summe der risikogewichteten Aktiva betragen muss.[497] Durch die Prinzipien werden die Mängel der diskutierten Modelle teilweise geheilt. In den Modell-Betrachtungen wurde der Prinzipal (die Bank als Kreditgeber) in der Form modelliert, dass er nur gegen eine effiziente Gestaltung von Verträgen Kredite vergibt. Nicht berücksichtigt wurde die Möglichkeit, dass Banken eine Politik verfolgen, die über Renditeüberlegungen hinausgeht und weitere Faktoren mit einbezieht (Kredite an verbundene Personen, Eigengeschäfte der Bankmanager). Durch eine Überwachung der Banken über eine unabhängige Stelle übernimmt diese die Kontrollfunktion zu Gunsten der einzelnen Anleger.[498] Aufgrund der Bedeutung des Finanzsystems für die Volkswirtschaft lassen sich die entstehenden Kosten mit Ersparnissen durch die Vermeidung von Finanzkrisen begründen.

Neben der reinen Überwachung der Banken in der Form, wie sie ihre Vermögenswerte verwenden, gibt es weitere, aktivistische Handlungsspielräume für die Sicherung des Bankensystems. Dazu gehören unter anderem Einlagensicherungssysteme oder das Vorhandensein einer Notenbank als „lender of last resort".[499] Problematisch ist, dass sich aus der Existenz von Einlagensicherungssystemen ebenfalls eine „moral hazard"-Problematik ergeben kann, da eine Bank darauf verzichten wird, eine risikoaverse Kreditvergabepolitik umzusetzen.[500] Die gestiegene Risikofreudigkeit ergibt sich aus dem Kalkül, dass steigende Gewinne erzielt werden können, wenn die riskanteren Kreditnehmer erfolgreich sind und höhere Zinsen bezahlen, die Verluste aber auf den Staat ab-

---

[495] Vgl. Freixas/Rochet (1997), S. 287f.
[496] Vgl. EBRD (1998), S. 105ff., die auch analoge Konzepte für andere Bereiche des Finanzsystems vorstellt.
[497] Vgl. Freixas/Rochet (1997), S. 287.
[498] Vgl. Tobin (1992), S. 84.
[499] Vgl. Tobin (1992), S. 82f.
[500] Vgl. Neuberger (1998), S. 190f.

gewälzt werden können.[501] Demirgüc-Kant und Detragiache (1998) belegten in einer Studie für Bankenkrisen in 29 Ländern, dass die Existenz eines Einlagensicherungssystems in den betrachteten Ländern signifikant auftrat. Sie schließen daraus, dass das zu erwartende risikofreudigere Verhalten der Geschäftsbanken tatsächlich eintritt.[502] Die negativen Effekte treten vor allem in den Volkswirtschaften mit einer größeren makroökonomischen Instabilität auf, da dort die Erfolgswahrscheinlichkeiten riskanter Projekte positiv miteinander korreliert sind.[503] Damit ist die Einführung von Einlagensicherungsfonds für Transformationsländer nicht empfehlenswert.

Übersicht 23: Ziele und Instrumente einer Bankenregulierung

Ziel der Regulierung	Instrument
Reduzieren von oder Absichern gegen Volatilität	• disziplinierte Geld- und Fiskalpolitik. • Hedging. • Höhere Kapitaldeckung.
Verhindern von exzessiver Kreditvergabe, „asset price bubbles" und hohen kurzfristigen Kapitalzu- und -abflüssen	• Angepasste Geld- und Wechselkurspolitik (z.B. „exchange rate targeting").[504] • Minimumkapitalanforderungen und Kontrolle der Bankbilanzen.
Reduzieren von Disparitäten bei Laufzeit und Währung der Vermögenswerte	• Vorschriften für Deckungsquoten. • Zentralbankintervention im Fall hoher Kapitalzu- und -abflüsse.
Bessere Vorbereitung auf Finanzsystemliberalisierung	• Überprüfen der Fähigkeiten des Bankmanagements. • Effiziente Bankenaufsicht vor Liberalisierung installieren.
Reduzieren von staatl. Einfluss und Krediten an verbundene Personen	• Transparenz des staatlichen Verhaltens und effiziente Gestaltung der Geschäfte staatlicher Geschäftsbanken. • Privatisieren staatlicher Geschäftsbanken.

Quelle: Goldstein/Turner (1996), S. 36ff.

7.3.3 Information durch die Rechnungslegung

Das Rechnungswesen eines Unternehmens oder einer Bank kann unterteilt werden in den externen und den internen Teil. Während das interne Rechnungswesen Informationen für Entscheidungsträger des Unternehmens bereitstellt, ist der externe Teil des Rechnungswesens ein wichtiges Instrument für die Beziehung zwischen einem Unternehmen und seiner Umwelt. Durch Veröffentlichungen

[501] Vgl. McKinnon (1991), S. 89f.
[502] Vgl. Demirgüc-Kant/Detragiache (1998), S. 99f.
[503] Vgl. McKinnon (1991), S. 90.
[504] Vgl. Bofinger/Wollmershäuser (2000) für Geldpolitik in kleinen offenen Volkswirtschaften.

wie Jahresabschlüsse und weiteren Daten der externen Rechnungslegung wird das Unternehmensgeschehen dokumentiert, so dass eine Informationsgrundlage geschaffen werden kann.[505] Die Einführung von standardisierten Rechnungslegungsvorschriften ist auch für Finanzintermediäre von Relevanz, da eine Offenlegungspflicht sowohl für die Anleger als auch die Überwachungsbehörde notwendig ist.

„Modern accounting attempts to keep track of capital and the profits it produces."[506]

Mit dem Einblick in die Ertragslage des Schuldners kann der Adressat dieser Informationen einen Eindruck von dessen Ertragslage gewinnen und dementsprechend seine Erwartungen und Verhaltensweisen für zukünftig zu formulierende Verträge bilden.[507] Dies gilt, obwohl durch Kompromisse zwischen Interessengruppen nicht für alle Beteiligten alle wichtigen Informationen enthalten sind.[508] Durch staatliche Vorgaben bezüglich Bilanzierung und Bekanntmachung der verwendeten Methoden sind die Chancen des Agenten, Risiken bei der Verwendung der vom Prinzipal zur Verfügung gestellten Vermögenswerte zu verschleiern, wesentlich geringer.

Bei der Gestaltung der Rechnungslegung ergeben sich **zwei Probleme**. Das erste ist der **Widerspruch zwischen dem Ansatz der Glaubhaftigkeit und der Zukunftsorientierung der Informationen**. Werden nur vergangenheitsbezogene Informationen berücksichtigt, so vernachlässigt man die zukünftigen Ertragserwartungen. Die Einbeziehung von Informationen über zukünftige Entwicklungen führt aber zu einer sinkenden Überprüfbarkeit der Informationen. Dementsprechend ergibt sich auch aus diesem Dilemma die Anforderung, „für die Unternehmensleitung Anreize zu schaffen, korrekt zu informieren."[509] Weiterhin ergibt sich das Problem, dass ein Widerspruch zwischen einer Notwendigkeit, Sachverhalte zu regeln, und der Gefahr einer zu spezifischen Festlegung von Normen und Begriffen besteht (**Regelungsnotwendigkeit versus Regelungsstrenge**), die wiederum Aspekte unnötig kompliziert.

---

505 Vgl. Franke/Hax (1999), S. 25 und 443f.; Spremann (1996), S. 206; Weltbank (1989), S. 41.
506 Pratt/Zeckhauser (1985), S. 10.
507 Vgl. Wüstemann (1999), S. 6.
508 Vgl. Schierenbeck/Hölscher (1998), S. 777f.
509 Vgl. Hartmann-Wendels (1991), S. 136.

Übersicht 24: Regeltypen bei der Rechnungslegung

Klassifizierung	Art der Regeln	ökonomische Merkmale
formale Regeln	• verfassungsmäßige Ordnung: - grundsätzliche Wertungen; - Marktverfassung; - Unternehmensverfassung • Rechtsnormen. • Verträge.	• Rechtlich greifbar. • Generell entstanden aus informellen Regeln. • Nachteil: überobjektivierte Regeln, oftmals zu spezifiziert.
informelle Regeln	• Konventionen. • Verhaltenskodices. • Interne Regeln („Unternehmenskultur").	• Rechtlich kaum durchsetzbar. • Mittelfristige Überführung in formale Regeln.

Quelle: Wüstemann (1999), S. 10f.; eigene Darstellung.

7.3.4 Die Bedeutung des Rechtssystems für Finanzierungsverträge

Die bisherigen Betrachtungen zur Unternehmensfinanzierung ergaben verschiedene institutionelle Anforderungen, die für eine effiziente Vertragsumsetzung von Bedeutung sind. Dabei wurde die Vertragserfüllung und Durchsetzung von Ansprüchen an sich in der Regel nicht als Problem angesehen, annahmegemäß existieren „vollständige Verträge".[510] Nicht einbezogen wurden weitere wichtige Aspekte der „Neuen Institutionenökonomie", die insbesondere von Oliver E. Williamson im Rahmen der **Transaktionskostentheorie** untersucht werden.[511] Hierbei ist unter anderem von Bedeutung, dass **Lösungsansätze für nicht vollständige Verträge** existieren und zur Behebung der neu entstehenden Probleme beitragen. Diese können einerseits auf eine Durchsetzung geschlossener Verträge dringen, andererseits aber auch eine Heilung bestehender Mißstände durch ihre Entscheidungen bewirken.[512] Somit kann durch die Existenz weiterer, an den Transaktionen nicht unmittelbar beteiligter Institutionen gerechtfertigt werden, die ihrerseits Kosten verursachen, aber die Gesamtkosten minimieren.[513]

Ist die Durchsetzung von vertraglichen Ansprüchen eine wichtige Voraussetzung für das Zustandekommen einer Transaktion, so benötigen beide Seiten die Sicherheit, dass diese Durchsetzung schnell und ohne größere Kosten vonstatten gehen kann. Somit kommt dem Rechtssystem in Marktwirtschaften eine bedeutende Aufgabe zu, da es folgende Rechte formuliert:[514]

---

[510] Vgl. Hart (1992), S. 351.
[511] Vgl. Richter/Furubotn (1999), S. 4f.; Williamson (1988)
[512] Vgl. Hart (1992), S. 351.
[513] Vgl. Williamson (1988), S. 572.
[514] Vgl. Weltbank (1996), S. 109.

- Definition und den Schutz der Eigentumsrechte;
- Regeln für den Austausch dieser Rechte;
- Regeln für Ein- und Austritt aus Produktivtätigkeiten;
- Vorschriften zur Förderung des Wettbewerbs und Korrektur von Marktversagen.

„Gesetzliche Regelungen bewirken eine Normierung von Vertragsinhalten und erleichtern damit die Orientierung.“[515]

Damit ist eine weitere wesentliche Voraussetzung, die für das Zustandekommen von Transaktionen und den ihnen zugrunde liegenden Verträgen verantwortlich zeichnet, ein funktionsfähiges Rechtssystem. Dieses ist somit auch für die Bildung von Finanzintermediären von Relevanz. In vielen Quellen zur Entstehung und Bedeutung von Finanzsystemen findet sich aber kein Verweis auf die Bedeutung des Rechtssystems für Finanzierungsgeschäfte[516] oder wird dessen Existenz implizit vorausgesetzt.[517] Dies ist um so erstaunlicher, da sich durch die Funktionen von Finanzintermediären zeigt, dass die notwendigen vertraglichen Regelungen nur dann zustande kommen, wenn es den Beteiligten (v.a. dem Prinzipal) möglich ist, seine fixierten Ansprüche erstreiten zu können.[518] Eine Reduzierung der Agency-Kosten war bisher immer mit der Annahme verbunden, dass der Prinzipal Sanktionen ergreifen und seine Ansprüche durchsetzen kann, sofern der Agent nicht seine Interessen verfolgt.

Übersicht 25: Anforderungen für Einführen eines transparenten Rechtssystems

Element	Ausgestaltung
Staatssystem	Institutionen und Entscheidungsträger unterliegen gesetzlichen Vorschriften und stehen nicht über selbigen
Gesetze I	Transparenz, Umsetzbarkeit, Gleichheit der Individuen
Gesetze II	Gesetze zum Schutz ziviler, politischer und ökonomischer Rechte der Individuen
Judikative	fair, effizient, geführt durch eine unabhängige Judikative

Quelle: EBRD (1998), S. 108f.

Das Rechtssystem legt einerseits die bereits diskutierten Rechnungslegungsvorschriften fest. Andererseits werden durch Gesetze Regelungen, die für alle Beteiligten verpflichtend sind, fixiert. Deren Umsetzung wird im Einzelnen durch die Existenz von Richtern, Anklägern, Schlichtern und Gerichtsbeauftragten

[515] Franke/Hax (1999), S. 448.
[516] Vgl. Hartmann-Wendels et al. (1998); Priewasser (1996); Schierenbeck/Hölscher (1998).
[517] Vgl. Franke/Hax (1999), S. 444f.
[518] Vgl. Goldstein/Turner (1996), S. 24.

gewährleistet (vgl. Übersicht 25).[519] Die beiden Elemente können somit getreu der in Kapitel 3 vorgenommen Definition als „Institution" bezeichnet werden, da sie klar definierte Regeln formulieren und die Umsetzung überwachen.

7.4 Wesentliche institutionelle Grundlagen der Finanzsystementwicklung

> „Financing is important, training is important, and the credit technology that is selected is important. But without structures and monitoring and control mechanisms which ensure that these three elements are brought together and adapted that they can mesh in practice, they will not be sufficient to ensure sustainable success in institution building and financial development."[520]

Die institutionelle Ausgestaltung des Finanzsystems ist von Bedeutung für den Entwicklungsprozess eines Landes. Nur wenn die entsprechenden Rahmenbedingungen geschaffen werden, lässt sich das Problem der asymmetrischen Informationsverteilung beseitigen. Das, was die Informationsbereitstellung und Kontrolle des Agenten beim Finanzierungsvertrag für einen Prinzipal darstellt, sind die einheitlichen Vorschriften für eine Volkswirtschaft. Durch diese (gesamtwirtschaftlich installierten) Informations- und Sanktionsmechanismen lassen sich erhebliche Effizienzgewinne erzielen. Zu den Rahmenbedingungen zählen zwei wichtige Bereiche (vgl. Abbildung 35):

- Die Bildung von Institutionen für die Realisierung effizienter Finanzierungen.
- Das Etablieren von Überwachungs- und Sicherungsmechanismen. Diese gewährleisten vor allem die Informationsgewährung der Finanzinstitutionen.

Abbildung 35: Institutionelle Anforderungen an ein effizientes Finanzsystem

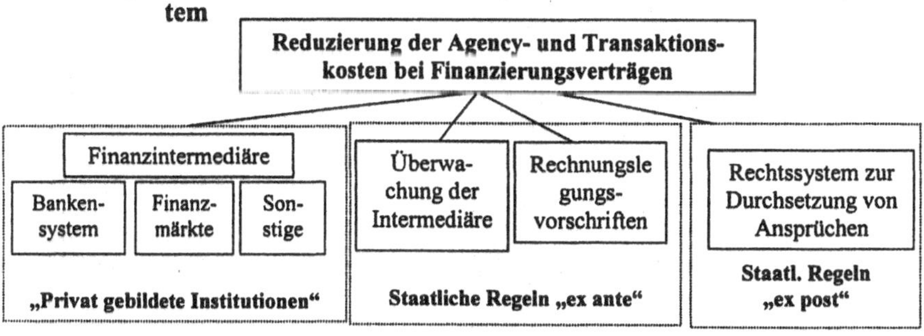

[519] Vgl. Weltbank (1996), S. 108.
[520] Winkler (1997), S. 52.

8 Chinas Bankensystem: Staatlicher Einfluss hinter der Reformfassade

Die Analyse der Quellen der Unternehmensfinanzierung hat zwei Erkenntnisse über die Entwicklung in Chinas Transformationsprozess erbracht. Die unmittelbare Umsetzung von Reformen im Agrarsektor hat einen massiven Einkommenszuwachs bei der ländlichen Bevölkerung hervorgerufen. Der Beitrag ausländischer Direktinvestitionen ist in den 90er Jahren für Chinas Volkswirtschaft von großer Bedeutung gewesen. Den ersten großen Wachstumsschub in den 80er Jahren haben sie aber nicht hervorgerufen, dazu war ihr Volumen zu gering. Aus der zweiten Folgerung ergibt sich, dass die ersten Wachstumserfolge aus inländischen Quellen finanziert wurden. Dementsprechend ist zu untersuchen, ob Reformen im Finanzsektor dazu beigetragen haben, dass die ökonomische Performance Chinas in den ersten 10 Reformjahren sehr viel besser war als die in osteuropäischen Transformationsländern. Zu dieser Fragestellung müssen auch die Ergebnisse der Betrachtungen zu zentralen Elementen des Unternehmenssektors hinzugezogen werden. Als bedeutende Unternehmensform haben sich die ländlichen Kollektivunternehmen erwiesen, so dass diese die wichtigsten Empfänger von Finanzierungsmitteln darstellen müssten. Unter „corporate governance"-Aspekten muss daher die Kreditvergabe zwischen Finanzintermediären und dominierenden Unternehmensformen im Mittelpunkt stehen.

8.1 Reformansätze für das Bankensystem in Transformationsländern

8.1.1 Bankensysteme im Sozialismus und Reformvorschläge

Geld stellte **in zentralverwalteten Volkswirtschaften lediglich eine Verrechnungseinheit** dar, die zur Überprüfung der Einhaltung aufgestellter Planvorgaben diente. Für ein zweistufiges Bankensystem mit einer Unterteilung in die für die Geldpolitik zuständige Zentralbank sowie Geschäftsbanken bestand somit keine Notwendigkeit. Es existierte lediglich eine passiv agierende Staatsbank, die „Monobank", welche die Funktionen sowohl der Zentralbank als auch von Geschäftsbanken wahrnahm. Innerhalb der Monobank arbeiteten verschiedene Abteilungen, die auf bestimmte Regionen oder Sektoren (z.B. Bauwirtschaft, Außenhandel) spezialisiert und somit voneinander segmentiert waren. Die Intermediation zwischen Haushalten und Unternehmen wurde durch Kredit- und Zinsvorgaben vom Staat vorgenommen, nicht von den Finanzinstitutionen, deren Kreditangebot durch die -nachfrage determiniert wurde. Ihre Hauptaufgabe bestand aus der Bereitstellung von Krediten zur Finanzierung der Investitionen, die nach Verhandlungen zwischen Unternehmen und Ministerien vereinbart worden waren. Daher stellten sie auch keinen Kontrollinstanz zur Sanktionierung der Staatsunternehmen dar, da letztere einem „soft budget constraint" unterlagen.[521] **Finanzmärkte**, die in Marktwirtschaften zusätzlich einen Beitrag zur Finanzierung von Investitionen und der Allokation von Ersparnissen leisten, existierten überhaupt nicht, da die Regierung befürchtete, dass durch sie der zentralisierte Allokationsprozess von Krediten und Einlagen unterwandert würde.[522]

Die Analysen zur Finanzierungstheorie haben gezeigt, welche Institutionen notwendig sind, um eine effiziente „corporate governance" ausüben zu können. Nimmt man die Anforderungen an ein marktwirtschaftliches Finanzsystem als „benchmark" für Transformationsländer, dann ist der Reformbedarf unbestritten. Dementsprechend existieren zahlreiche Vorschläge für die Finanzsystemreform. Fokus und Kern vieler Beiträge war und ist, dass die Reformschritte Änderungen an den bestehenden Institutionen (der vormaligen Monobank) vornehmen sollen.[523] Im Rahmen des Reformvorgehens bei der Bankenreform sollten aus den vormaligen Abteilungen eigenständige, zu privatisierende Geschäftsbanken geschaffen werden. Auch über die Einbeziehung ausländischer Banken zur Verbesserung des Wettbewerbs und Effizienz im Bankensystem wird diskutiert.[524] In den MOE/GUS-Ländern wurden diese Vorschläge weitestgehend in die Praxis umgesetzt.

Diese Ansätze vernachlässigen aber einerseits die bereits geschilderten institutionellen Probleme, denen sich die gesamte Volkswirtschaft gegenüber sieht (vgl. 3.1.2). Andererseits wird nicht beachtet, dass wohl kaum ein stetiger und linear verlaufender Zielpfad hin zum Ziel eines nach marktwirtschaftlichen Prinzipien funktionierenden Finanzsystems existiert. Bei der Fokussierung auf Entwicklung eines marktwirtschaftlichen Finanzsystems wurde vernachlässigt, dass diese Institutionen über Jahrzehnte hinweg gewachsen und nicht von heute auf morgen entstanden sind. Ebenfalls nicht einbezogen ist die finanzielle Lage der Geschäftsbanken in Transformationsländern, die durch Verzerrungen aus der Vor-Reformphase so stark von den in informationsökonomischen Modellen getroffenen Annahmen abweicht, dass theoretisch modellierte Anreizmechanismen nicht greifen.

---

521 Vgl. Anderson/Kegels (1998), S. 2; Blommestein/Lange (1993), S. 15; Dittus (1994), S. 4.

522 Vgl. Pescetto (1992), S. 89.

523 Vgl. Anderson/Kegels (1998), S. 10ff.; Bonin et al. (1998), S. 2ff.; Buch (1996), S. 42ff.; 222ff.; Calvo/Kumar (1993), S. 10; Dittus (1994), S. 109; Dittus/Prowse (1995), S. 3ff.; EBRD (1995), S. 153ff. und (1998), S. 103; Lipton/Sachs (1990a), S. 318f. Eine Ausnahme ist lediglich die Weltbank (1996), S. 131.

524 Vgl. z.B. EBRD (1998), S. 93f.; Schnitzer (1999).

8.1.2 Inländische Geschäftsbanken und die Interdependenz zur Unternehmensreform

Ein wesentliches Element, welches für ein funktionsfähiges Finanzsystem als grundlegend erachtet wird, ist die Möglichkeit, Informationen über Kreditnehmer erhalten und deren Inhalt verifizieren zu können (vgl. 7.3.3). Die Betrachtungen in 3.1.2 haben bereits gezeigt, dass dies für Transformationsländer nicht gegeben ist, sondern statt dessen eine große Unsicherheit sowohl über die wirtschaftliche Situation von Kunden als auch die Einschätzung von Marktchancen herrschte. Neben diesem in unterentwickelten Finanzsystemen allgemein auftretenden Problem ergaben sich aber aus den in der Planwirtschaftsphase aufgebauten Verzerrungen weitere Restriktionen für die Unternehmensfinanzierung. Diese begründeten sich durch die Kreditvergabepolitik, die die vormals als Teil der „Monobank" arbeitenden Geschäftsbanken als „Verrechnungsstelle" zwischen Staat und Unternehmen verfolgen mussten. Da die Kreditvergabe bis zu Transformationsbeginn ohne Prüfung der Rentabilität erfolgte, sank im Reformverlauf die Rückzahlungswahrscheinlichkeit dieser Kredite dramatisch.

Den Banken war in der Regel klar, dass auch in Zukunft die Staatsunternehmen nicht aus eigener Kraft überleben konnten, da immer mehr von ihnen Verluste verzeichneten. Dadurch gerieten die Banken in eine Zwangslage, aus der sie sich ohne Hilfe von außen nicht befreien konnten.[525] Dies äußerte sich auch im Kreditvergabeverhalten der Geschäftsbanken, die weiterhin auch an ineffiziente SOEs Kredite vergaben. Den Bankmanagern war bewusst, dass im Fall mehrerer Konkurse von Großkunden auch das Schicksal der Bank besiegelt war, so dass mit den Krediten die eigene Existenz kurzfristig gesichert wurde.[526] Durch die Fortsetzung der Kreditgewährung an ineffiziente SOEs ergab sich ein Teufelskreis, da die Aufrechterhaltung des „soft budget constraint" eine Restrukturierung verhinderte, so dass diese Unternehmen wiederum auf noch mehr Kredite angewiesen waren.[527]

---

[525] Vgl. Buch (1996), S. 26f. Sie weist ebenfalls darauf hin, dass ein Teil der bestehenden Kredite langfristig und zu einem extrem niedrigen Zins abgeschlossen worden war, so dass die Banken aufgrund ständig steigender Realzinsen auch hier weitere Verluste erlitten.

[526] Vgl. Schnitzer (1999), S. 138. Dieses Verhalten wurde noch verstärkt durch die sehr engen Bindungen, die zwischen SOEs und Banken aus der Pre-Reformphase existierten; vgl. Schmieding/Buch (1992), S. 4. Somit ergab sich ein „Paradoxon des nur kurzfristig rationalen Handelns": Den Geschäftsbanken war durchaus bewußt, dass sie mittelfristig eine höhere Rendite erzielen konnten, wenn sie Kredite an rentablere Neuunternehmen vergeben würden. Allerdings bestand ihr Problem darin, dass es für sie bei einem Wechsel in der Geschäftspolitik keine mittlere Frist gab, weil sie unmittelbar mit den SOEs zusammen untergehen drohten.

[527] Vgl. Berglöf/von Thadden (1999), S. 20.

Daneben existierten noch weitere Gründe für das **„Endspielverhalten" der Bankmanager**:[528]

- Grundsätzlich konnten sie erwarten, dass ihre Stelle mittelfristig von einem Newcomer besetzt würde, so dass es für sie nicht mehr sinnvoll erscheint, Reputation aufzubauen, sondern sich statt dessen lieber noch „Freunde" außerhalb der Banken zu schaffen.
- In zahlreichen Ländern war es üblich (und wurde von den Banken antizipiert), dass eine Rekapitalisierung insolventer Banken erfolgte, so dass auf dieser Ebene kein „hard budget constraint" aufgebaut wurde.

Die diskutierten Sachverhalte bewirkten, dass sich ein noch höherer Bestand an notleidenden Krediten bildete, der die Eigenkapitalsituation der Banken stark verschlechterte bzw. sogar zu Insolvenzen führte (vgl. Tabelle 35). Im Zuge der makroökonomischen Stabilisierung sahen sich die Geschäftsbanken einer restriktiveren Geldpolitik gegenüber, die einerseits dazu führte, dass die schlechte Qualität der bestehenden Kredite deutlich wurde.[529] Andererseits konnten nicht mehr alle nachgefragten Kredite bedient werden. Statt dessen musste eine **Kreditrationierung** vollzogen werden, welche jedoch nicht die SOEs betraf. Diese absorbierten weiterhin einen großen Teil der von Geschäftsbanken vergebenen Kredite.[530]

Tabelle 35: Notleidende Kredite in Transformationsländern

(in % aller Kredite)	1993	1994	1995	1996	1997	1998	1999
Polen	36,4	34,0	23,9	14,7	11,5	11,8	14,5
Tschechische Republik	-	35,8	32,9	28,2	26,6	26,3	31,4
Ungarn	25,6	17,6	10,3	7,2	3,6	5,4	2,8

Quelle: EBRD (2000), S. 156, 172, 196.

Die Geschäftsbanken als Grundstock des neu zu schaffenden Finanzsystems stellten nur eine mangelhafte Ausgangsbasis dar, ungeeignet als Schwerpunkt der Reformen. Ihre enge Interdependenz zu den Staatsunternehmen zeigt, dass sie weder an deren Privatisierung beteiligt noch als Finanzierer für neue Unternehmen dienen konnten und sollten.

Die **Restriktionen bei der Kreditvergabe betrafen neu geschaffene oder restrukturierte, aber effizienter arbeitende Unternehmen.**[531] Eine Chance, die-

528 Vgl. Blommestein/Lange (1993), S. 17; Schmieding/Buch (1992), S. 4.

529 Vgl. Winkler (1999a), S. 334f.

530 Bei einem Großteil der als Privatunternehmen fingierenden Unternehmen handelt es sich um ehemalige, privatisierte Staatsunternehmen. So konnte bspw. in der Tschechischen Republik ein Anstieg der Kredite an Privatunternehmen erst nach weitestgehender Umsetzung der „Voucher"-Privatisierung verzeichnet werden; vgl. Buch (1996), S. 192f.

531 Vgl. Bofinger (1992), S. 253; Sgard (1996), S. 10.

ses Dilemma zumindest teilweise abzumildern, wäre die Gründung neuer Geschäftsbanken gewesen, welche sich - unbelastet aus der Zeit der Planwirtschaft - verstärkt neu entstehenden Unternehmen hätten zuwenden können. Dies konnte aber nicht beobachtet werden, da ein Großteil der neuen Banken wiederum nur einen kleinen Kundenstamm pflegte und sich im Wettbewerb gegen bestehende Banken nicht durchsetzen konnte.[532] Viele wurden sogar von Unternehmen selbst gegründet, um auf diesem Weg die Chance auf weitere, besonders günstige Kredite zu erlangen, vor allem wenn die Banken sich bei der Zentralbank refinanzieren konnten.[533] Insbesondere in Russland dienten diese Intermediäre dazu, eine Finanzierung zu negativen Realzinssätzen zu erlangen. Problematisch war, dass diese Banken trotzdem Fristenintermediation vornahmen, weil ihre Mittelherkunft aus mittel- und langfristigen Sichteinlagen bestand.[534] Die bestehenden und neu geschaffenen Geschäftsbanken erfüllten also keine der Funktionen, die die zentrale Aufgabe einer Bank als Finanzintermediär darstellen (vgl. Übersicht 26).

Übersicht 26: Geschäftsbanken in der Transformation: Erfüllung von Bankfunktionen?

	„Delegated Monitoring“	**Aufbau von Reputation**
bestehende Banken	Nicht-pekuniären Kosten bei Konkurs so niedrig, dass keine Anreizkompatibilität zwischen Banken und Anlegern, daher: • Keine Unternehmenskontrolle; • Enge Verflechtungen zwischen Banken und Unternehmen; • Keine effiziente staatliche Überwachung.	Kein Interesse an Reputationsaufbau: • Nur kurzer Planungshorizont; • Chance des staatlichen „bail outs“.
neue Banken	Unternehmen sind Eigentümer der Banken	

Quelle: Winkler (1999a), S. 348f.; eigene Darstellung.

8.1.3 Ausländische Geschäftsbanken als Heilsbringer?

Inländische Banken in den MOE/GUS-Ländern waren nicht in der Lage oder nicht willens, eine ausreichende Unternehmensfinanzierung und die dazugehörige Kontrolle zu gewährleisten. Eine Möglichkeit, diese Mängel im Finanzsystem zu beheben, besteht im Zulassen ausländischer Banken, da diese zu einer Verschärfung des Wettbewerbs zwischen Institutionen des Finanzsystems beitragen.[535] Dies kann entweder direkt durch Kreditvergabe an inländische Unter-

[532] Vgl. Calvo/Kumar (1993), S. 10.
[533] Vgl. IMF (1997), S. 105; Schmieding/Buch (1992), S. 4f.
[534] Vgl. Winkler (1999a), S. 333. Demnach soll der Ressourcentransfer aufgrund negativer Realzinssätze im Jahr 1992 insgesamt 8 % des BIP betragen haben; vgl. Fn. 35, S. 333.
[535] Vgl. Buch (1997), S. 340f.

nehmen erfolgen, wodurch der Wettbewerbsdruck erhöht wird, oder aber indirekt, indem durch Direktinvestitionen in inländische Finanzintermediäre deren Wettbewerbsfähigkeit verbessert wird.[536] Die Motivation ausländischer Banken gründet sich auf die Aussicht auf höhere Erträge in neuen Märkten oder auf die Notwendigkeit, den Kunden des Heimatmarktes in neu erschlossene Märkte zu folgen.[537] Für ein Transformationsland können sich verschiedene Vorteile aus dem Engagement ausländischer Geschäftsbanken ergeben:[538]

- Ausländische Intermediäre besitzen aufgrund ihrer bereits dokumentierbaren Erfolge der Vergangenheit eine höhere Reputation.
- Ausländische Banken besitzen eine bessere (Kredit-) Technologie. Dadurch verbessern sich Informationsfluss und Qualität des Monitoring.
- Ausländische Geschäftsbanken können - unbelastet aus der Vergangenheit - ihre Tätigkeit aufnehmen, da sie über eine wesentlich bessere Kapitalausstattung verfügen und zudem nicht an die Staatsunternehmen gebunden sind.
- Ihr Wissen trägt bei zur Verbesserung des Angebots an Finanzdienstleistungen, zudem auch zur besseren Überwachung inländischer Banken (im Fall einer finanziellen Beteiligung) und zur Weiterentwicklung von Bankenaufsicht und rechtlichen Bestimmungen.

Übersicht 27: Funktionen ausländischer Banken in Transformationsländern

	Delegated Monitoring	Reputation
Vorteile	Technologie und Wissen zum Ausüben von Unternehmenskontrolle vorhanden.	Bei inländischer Bevölkerung ist Reputation ausländischer Banken höher.
Probleme	Ohne Kooperation mit inländischen Banken fehlt das Netzwerk zur Ausbreitung des Geschäftes.	

Ein weiterer Vorteil, der in der Diskussion trotz seiner Relevanz nur wenig Beachtung genießt, ist der **Signaleffekt**, der sich **durch die Beteiligung ausländischer Banken** in einem Land ergibt. Auch wenn generell Unterschiede zwischen den Direktinvestitionen von Banken und Unternehmen bestehen, so deutet das Engagement großer ausländischer Banken auf eine insgesamt positiv eingeschätzte Perspektive des Transformationslandes hin. In der Realität ergibt sich

---

[536] Vgl. EBRD (1998), S. 139, die aufzeigt, dass kein Verfahren dem anderen unmittelbar überlegen ist.

[537] Vgl. Buch (1997), S. 344; Claessens et al. (1998), S. 9f. Letztere zeigen in einer empirischen Untersuchung auf, dass insbesondere in unterentwickelten Volkswirtschaften die informationsbedingten Nachteile durch Vorteile aus effizienteren Geschäftspraktiken aufgewogen werden.

[538] Vgl. Buch (1997), S. 345; EBRD (1998), S. 139; Levine (1996), S. 236f.

dieser Effekt aber nur, wenn die Banken mittelfristige Beteiligungen eingehen. Insbesondere die Erfahrungen der Asienkrise haben gezeigt, dass kurzfristig orientierte Portfolioinvestitionen eher Signale über eine mittelfristig erwartete, oftmals durch Verzerrungen im Finanzsystem und einen vorangegangenen Kredit-Boom ausgelöste Währungskrise des Landes aussenden und somit zu erheblichen Instabilitäten führen können.[539]

Probleme bei Beteiligung ausländischer Banken

Trotz der Vorteile, die ausländische Banken zur Entwicklung des Finanzsystems beitragen können, muss die Frage gestellt werden, ob die bei ihnen aufgrund ihrer besseren Reputation von Inländern getätigten Einlagen auch tatsächlich als Kredite an Unternehmen (und dabei vor allem an KMU) weitergegeben werden. Es darf nicht unberücksichtigt bleiben, dass sie niemals die gesamte Breite der benötigten Finanzdienstleistungen anbieten, sondern sich auf wenige lukrative, meist auf größeren Umfang basierende Marktnischen mit Großunternehmen sowie die Transaktionen zwischen In- und Ausland konzentrieren werden.[540] Sie werden zwar die für die Öffnung der Volkswirtschaft notwendige Brücke zum Ausland schlagen können, sich aber kaum in der Finanzierung von kleineren und mittleren Unternehmen engagieren.

Das Argument, dass die ausländischen Banken einen positiven „spill over"-Effekt auf inländische Institute in den Bereichen Technologie und Ausbildung bewirken, verliert dadurch an Gewicht, dass dieses auch durch externe Berater vorgenommen werden könnte. Ein weiteres Argument, welches immer wieder gegen die uneingeschränkte Zulassung ausländischer Banken angeführt wird, ist die schlechte Ertragslage inländischer Banken durch das hohe Volumen notleidender Kredite. Empirische Studien sowohl für Industrie- als auch Entwicklungsländer haben nachgewiesen, dass durch den Eintritt ausländischer Banken die Rentabilität inländischer Institute sinkt.[541] Daher wird aufgrund der besonders schwachen Banken in MOE/GUS-Ländern gefordert, dass erst nach deren Restrukturierung ein vollständiger Wettbewerb möglich und sinnvoll erscheine.[542]

[539] Für eine detaillierte Darstellung des Einflusses von Schwächen im Finanzsystem asiatischer Volkswirtschaften, v.a. mangelnde Bankenaufsicht und den Kreditboom, auf die Entstehung der Währungs- und Finanzkrise siehe Goldstein (1998), S. 7ff.

[540] Vgl. Weltbank (1989), S. 127.

[541] Vgl. Claessens et al. (1998), S. 4.

[542] Vgl. Buch (1997), S. 341f.

Letztlich stellt sich nicht die Frage, ob ausländische Banken zugelassen werden sollen, sondern nur, in welcher Form sie zur Finanzsystemreform beitragen können. Angesichts der aufgezeigten Vor- und Nachteile liegt der erfolgversprechendste Weg in der Kooperation mit inländischen Banken, da dadurch deren Effizienz und ihre Überwachung durch ausländische Institute steigt. Abgesichert werden muss dies durch einen transparenten, den ausländischen Banken Sicherheit gewährenden rechtlichen Rahmen.

8.2 Institutionelle Fundierung der Bankenreform in China

8.2.1 Regulierung des Bankensystems

Bereits 1984 erfolgte in China eine erste grundlegende Reform des Bankensystems. Durch eine Ausgliederung von vier Abteilungen aus der „Monobank" wurde eine institutionelle Aufteilung geschaffen, bei welcher die „People's Bank of China" (PBC) als Zentralbank fungierte, während ihre vormaligen Abteilungen zukünftig als Geschäftsbanken arbeiten sollten. Die Gesetze zur Institutionalisierung dieser Bankenreform wurden aber nicht unmittelbar im gleichen Jahr umgesetzt. Die chinesische Regierung ließ sich damit über zehn Jahre Zeit, **erst 1995 wurden Notenbank- und Geschäftsbankengesetz erlassen**. Bis zu diesem Zeitpunkt agierten alle Akteure in einem durch wenige Rechtsbestimmungen, aber großen diskretionären Handlungsspielraum für den Staat gekennzeichneten System.

Im Notenbankgesetz werden die Umsetzung der Geldpolitik (zum Erreichen von Geldwertstabilität) und die Überwachung von Finanzinstitutionen als Ziele der PBC formuliert (Art. 2, 3). Als Unterabteilung des Staatsrates muss sie allerdings bei der Festlegung von Zinssätzen, dem Wechselkurs und dem jährlichen Angebot an Banknoten den Vorgaben des Staatsrates folgen (Art. 5).[543] Dieses geschah unter der Zielsetzung, den staatlichen Einfluss auf die Geldpolitik zu sichern (vgl. 8.3). Gleiches gilt für die Gesetzgebung zum Geschäftsbankensystem. Auch hier sind viele Parallelen zu Vorschriften in Industrieländern erkennbar, so bspw. explizite Vorgaben, wann eine Institution als Bank zu bezeichnen ist und dem Gesetz unterliegt (§§1ff.), und die Vorschriften bezüglich des Risikomanagements beim Kreditgeschäft (§§34ff.). Doch selbst bei diesen Bestimmungen sind weiterhin staatliche Eingriffe möglich (§§38, vgl. 8.3.2.2). Eine weitere Vorschrift, die sowohl für die Umsetzung der Geldpolitik als auch das Liquiditätsmanagement der Kreditinstitute von Bedeutung war, stellten die 1984 erlassenen „Bestimmungen für das Management von Kreditmitteln" dar. In die-

[543] Vgl. Almanac (1995), S. 199ff.

sen wurden zwei wichtige Regeln fixiert. Einerseits war es den Geschäftsbanken nicht gestattet, Kredite auszugeben, die nicht durch Einlagen gedeckt waren. Andererseits sollte die Bildung eines nationalen Interbankenmarktes gefördert werden, um den Banken mehr Flexibilität zu ermöglichen (vgl. 8.4.1.4).[544]

Eine wichtige Bestimmung, welche in nahezu allen Volkswirtschaften eine gewisse Stabilität des Bankensystems gewährleisten soll, besteht in verschiedenen **Richtlinien zur Eigenkapitalausstattung und Risikopolitik** der Geschäftsbanken (in Deutschland bspw. die Grundsätze I und II des BAKred). Auch wenn diese letztlich, wie jüngere Entwicklungen gezeigt haben, den aktuellen Entwicklungen an den internationalen Finanzmärkten hinterherhinken und nicht alle Risiken berücksichtigen können, so stellen sie doch einen Mindeststandard dar, um eine zu risikobehaftete Geschäftspolitik einzelner Geschäftsbanken verhindern zu können. Für China hat die PBC im Jahr 1994 erste Vorschriften in dieser Richtung formuliert (vgl. Übersicht 28), welche dann im § 39 Geschäftsbankengesetz ihren Niederschlag fanden.

Übersicht 28: Wesentliche Vorschriften der PBC zu Eigenkapital und Geschäftspolitik

1. Das Verhältnis von Eigenkapital zu gewichteten Risikoaktiva muss mindestens 8 % betragen („Baseler Vorschrift zum Eigenkapital").
2. Das Verhältnis Kredite zu Einlagen darf 75 % nicht übersteigen.
3. Das Volumen der Kredite mit einer Laufzeit von über einem Jahr darf maximal 120 % des Volumens der Einlagen mit gleicher Laufzeit betragen.
4. Kredite an einen einzelnen Kreditnehmer dürfen insgesamt maximal 15 %, Kredite an die 10 größten Kreditnehmer maximal 50 % des Eigenkapitals betragen.
5. Das Verhältnis überfälliger Kredite zu allen Krediten darf maximal 8 % und der Anteil notleidender Kredite maximal 5 % betragen.

Quelle: Montes-Negret (1995), S. 37; Zhang (1997), S. 31.

8.2.2 Überwachung und Sanktionierung von Banken

Überwachung

Die Überwachung der Einhaltung staatlicher Vorgaben im Rahmen der **Bankenaufsicht obliegt der Zentralbank** (People's Bank of China, PBC). Bis 1994, dem Erlass provisorischer Regulierungsvorschriften für Finanzinstitutionen, konnte diese nicht auf eine gesetzliche Grundlage bei der Überwachung und Sanktionierung von Finanzinstitutionen zurückgreifen.[545] Die Bestimmungen von 1986 waren lediglich als vorübergehende Regulierung vorgesehen und krankten an einer effizienten Umsetzung, wie die PBC noch 1994 selbst zugab:

[544] Vgl. Xia (1995), S. 104f.

„The financial supervision and administration in China has not been entirely brought into the orbit of legislation and normalization."[546]

Die fehlende rechtliche Fixierung bedeutete aber nicht, dass keine Überwachung umgesetzt wurde. Es bestand demgegenüber sogar ein **diskretionärer Handlungsspielraum für die PBC**, den sie teilweise massiv ausnutzte. Sofern ein Finanzintermediär Geschäfte tätigte, die nach Meinung der PBC den Grundsätzen des Geschäftsbetriebs widersprachen (so bspw. die Gewinnerzielung bei einer nicht darauf ausgerichteten Kooperative), wurde je nach Ausmaß des Vergehens und Verlauf des Streitfalls die Transaktion untersagt, eine Geldstrafe ausgesprochen oder sogar das Institut geschlossen. Klagen der Betroffenen vor Gericht hatten wenig Aussicht auf Erfolg: In einem Fall musste die betroffene Kooperative die Klage zurückziehen, da die Strafe mit jeder Anrufung einer neuen Instanz stetig angehoben wurde.[547]

Sanktionierung einer Finanzinstitution

Für den Fall einer finanziellen Notlage bzw. eines Banken-Runs in Folge drohender Illiquidität einer Finanzinstitution bestehen in China keine Vorschriften, die explizit für Finanzinstitutionen geschaffen wurden. Trotz ihrer bedeutenden Stellung innerhalb der Volkswirtschaft stellen das Konkursgesetz (vgl. 3.2.2.4.2), die provisorischen Bestimmungen sowie das Geschäftsbankengesetz die einzige Grundlage für den Umgang mit einer illiquiden Finanzinstitution dar. In den provisorischen Regulierungen sind Gründe angeführt, welche die PBC ermächtigen, gegen eine Finanzinstitution vorzugehen, so bspw. ein Verstoß gegen die Eigenkapitalvorschriften.[548] Aber auch hier wird differenziert. Die enge Formulierung („its capital does not meet the minimum standard required") wird ergänzt durch „or its management does not meet the ‚fit and proper' requirements of the central bank". Damit sind genügend Schlupflöcher geboten, um gegen unautorisierte Institute vorzugehen, ohne gleiche Maßnahmen gegen die staatlichen Geschäftsbanken einleiten zu müssen.

Bis Ende 1998 war die **PBC in 42 Fällen gezwungen, eine Finanzinstitution zu schließen** und die Liquidation der Vermögenswerte vorzunehmen (die Entwicklungsbank der Provinz Hainan, 23 städtische und 18 ländliche Kreditkoope-

---

545 Vgl. Zhu (1999), S. 304.

546 Stellungnahme der PBC in ihrem China Financial Outlook (1994), S. 48f. Sie gibt mangelnde Qualität des Bankenpersonals und fehlende konkrete Anwendung der Vorschriften als zentrale Probleme an.

547 Vgl. Wang/Foo (1995), S. 25ff.

548 Vgl. Zhu (1999), S. 305.

rativen). Bemerkenswert an den betroffenen Institutionen ist, dass bei allen die Immobilien über 50 % der Vermögenswerte ausmachten und sie fast ausnahmslos in den Boom-Regionen Südchinas ansässig waren.[549] Dies zeigt, dass die Überwachungsmechanismen der Zentralbank in diesen sich schnell entwickelnden Regionen nur bedingt mit der Entwicklung Schritt halten konnten. Neben der Schließung von Finanzinstitutionen hat es die Zentralbank in einigen Fällen aber auch bei einer Restrukturierung der betroffenen Institute belassen (vgl. Box 18).

Box 18: Fallstudien zum Umgang mit illiquiden Finanzinstitutionen

Anhand von zwei Fallstudien kann die Vorgehensweise der Zentralbank zur „Rettung" einer Finanzinstitution analysiert werden.

Im ersten Fall handelte es sich um die ***„Weihai City Commercial Bank"***, welche aus der Fusion von fünf städtischen Kreditkooperativen hervorgegangen war. Aufgrund der Altlasten sowie einem weiterhin mangelhaften Management bei Einlagen- und Kreditgeschäft konnte die Bank ihren Zahlungsverpflichtungen nicht mehr nachkommen. Die PBC griff zusammen mit der Stadtverwaltung ein und bemühte sich um eine Verbreiterung der Kapitalbasis der Bank. Dazu wurde neben einigen Refinanzierungskrediten eine Aufstockung des Eigenkapitals um 250 % (von RMB 100 Mio. auf RMB 350 Mio.) vorgenommen. Dies erhöhte die Quote des Eigenkapitals in Relation zu den risikogewichteten Aktiva auf 9,1 % (was zeigt, dass die Quote vorher bei nur 2,6 % lag).

In einem anderen Fall lag das Risiko einer Insolvenz noch bedeutend höher. Die **„Hongfeng Urban Credit Cooperative"** in der Stadt Guiyang (Provinz Guizhou, Südwest-China) wies zwar noch einen positiven Saldo zwischen Vermögenswerten und Verbindlichkeiten auf (RMB 1,42 Mio.), und das Verhältnis von Krediten zu Einlagen lag bei moderaten 70 %. Aber der Anteil notleidender Kredite im Portfolio belief sich auf 100 (!) %, was vor allem aus dem „chaotic family-style management" resultierte. Diese bedrohliche Entwicklung rief im April 1997 einen „run" hervor, was PBC und Stadtverwaltung zum Einschreiten veranlasste, um das Risiko von Ansteckungseffekten zu begrenzen. Im November 1997 übernahm die PBC formal das Management und führte umfassende Restrukturierungen durch, zu denen auch die Einführung von modernen Managementmethoden gehörte.

Quelle: Liu (1999), S. 301ff.

Wesentliche institutionelle Grundlagen, die für Entwicklung und Stabilität von Bankensystem bedeutend sind, wurden in China erst nach 1994 installiert.

---

[549] Vgl. Liu (1999), S. 298f.

8.3 Geldpolitik in China: „Outsourcing des Finanzministeriums"

8.3.1 Endziel(e) und Strategie der Geldpolitik

Die für die Geldpolitik formal zuständige Institution in China ist die **„People's Bank of China"** (PBC).[550] In der Satzung wird die **Rolle** der **PBC definiert als Organ des Staatsrates**, welches die Führung und Kontrolle von geldpolitischen und finanzsystemspezifischen Angelegenheiten im Land ausübt.[551] Zu den besonderen Aufgaben der PBC gehört auch die Umsetzung der bis heute gültigen Kapitalverkehrskontrollen. Dazu wurde eine eigene Unterbehörde gegründet, die „State Administration of Exchange Control" (SAEC) (heute: „State Administration of Foreign Exchange", SAFE). Diese besitzt die Gesamtverantwortlichkeit für alle Transaktionen in Fremdwährung und koordiniert diesbezüglich die Planvorgaben aller Regierungsinstitutionen auf verschiedenen Ebenen.[552] Eine **Festlegung auf ein eindeutiges Endziel war nicht festzustellen**, selbst im Notenbankgesetz von 1995 wurden zwei verschiedene Endziele formuliert (Artikel 3). Neben der Verpflichtung, die Stabilität der Währung zu gewährleisten, wird auch nach 1995 die Förderung von Wirtschaftswachstum als zweites Ziel genannt.[553] Die Formulierung *„to maintain the stability of the value of currency and thereby promote economic growth"* wird zwar oft dergestalt interpretiert, dass die Bedeutung von Geldwertstabilität als vorrangiges Ziel betont wird.[554] Dieser Sichtweise kann aber nur dann zugestimmt werden, wenn die Unabhängigkeit der Notenbank klar gegeben ist (vgl. Box 19).

Analog zur Bestimmung des Endziels herrschte auch bei der Konzeption der PBC keine klare Linie. Grundlegend für die Auswahl einer Konzeption ist die Vorstellung über den Transmissionsmechanismus monetärer Impulse in einer Volkswirtschaft. Daraus ergibt sich die Strategie einer Notenbank.[555] Aufgrund unterschiedlicher Ziele und Verpflichtungen, denen die PBC unterlag, ist es nicht verwunderlich, dass für die Geldpolitik in China keine klare Strategie vorlag. Wie bereits in 4.2.1 beschrieben bestand in China über den gesamten Reformprozess ein **fester Wechselkurs gegenüber dem US-Dollar**. Ein solches Arrangement stellt bereits eine Strategie dar, basierend auf der Kaufkraftparitätentheorie ($P = e \cdot P^{*}$, in Veränderungsraten $\hat{e} = \pi - \pi^{*}$) als nachfrageseitigen Transmissionsmechanismus. Daraus hätte sich als Handlungsanweisung die

---

[550] Die letzten kommerziellen Aktivitäten entfielen 1984 mit der Gründung der ICBC.
[551] Vgl. Lardy (1998), S. 63.
[552] Vgl. Kunnasmaa (1996), S. 45.
[553] Artikel 3 des Gesetzes zur PBC zitiert aus Almanac (1995), S. 199.
[554] Vgl. Mehran et al. (1996), S. 20.
[555] Vgl. Bofinger et al. (1996), S. 242.

Steuerung des Wechselkurses (über die Zinsparitätentheorie $\hat{e} = i - i^*$) ergeben, damit die Regel $\hat{e} = \pi - \pi^*$ erfüllt ist. Die Bedeutung dieser Regel wurde aber in China durch die Kapitalverkehrskontrollen eingeschränkt, so dass ein „Ausstieg aus dem Inkonsistenz-Dreieck" möglich wurde.[556] Damit ergaben sich von dieser Seite keine Beschränkungen für die Autonomie der chinesischen Geldpolitik. Aussagen von Zentralbankern und die empirische Entwicklung (vgl. 8.3.2.1) lassen letztlich nur den Schluss zu, dass **eine Kreditmengensteuerung als Zwischenziel** diente. Neben den Geldmengendefinitionen M0, M1 und M2 gewann das Kreditvolumen an Bedeutung, da es die gewünschte direkte Steuerung der Geldpolitik (vgl. 8.3.2) eher gewährleisten konnte.[557]

Box 19: Unabhängigkeit der Notenbank in China?

Der oben zitierten Annahme, dass die Geldwertstabilität durch die Formulierungen im Notenbankgesetz Vorrang genießt, ist unter chinesischen Verhältnissen zu widersprechen. Die Unabhängigkeit einer Geldpolitik hängt nicht nur von der Festlegung auf Geldwertstabilität ab, sondern muss in Zusammenhang mit der Weisungsbefugnis von Regierungsebenen an die Notenbank gesehen werden. Nur wenn keine Weisungsbefugnis vorliegt, ist politische Unabhängigkeit gegeben (Bofinger et al., 1996). Unter diesem Aspekt ist für die ***PBC*** zu konstatieren, dass sie selbst unter Berücksichtigung der jüngeren Gesetzgebung als ***politisch abhängig*** zu bezeichnen ist. Artikel 2 des Notenbankgesetzes zeigt dies deutlich: „[...] The People's Bank of China shall formulate and implement monetary policies and exercise supervision and control over the financial industry ***under the leadership of the State council*** (Hervorhebung des Verfassers)." (Artikel 2 des Gesetzes zur PBC, zitiert aus Almanac, 1995)

Der Einfluss außenstehender Institutionen ging in der Realität sogar noch weiter, als das Gesetz vermuten lässt. Dies zeigt sich an der Struktur vom ***Vorstand der PBC***. Dieser setzt sich aus 17 Mitgliedern zusammen. Dazu gehören: Präsident und Vizepräsident der PBC, die Präsidenten der vier großen staatlichen Geschäftsbanken, der Direktor der Versicherungsgesellschaft, ein Vizeminister des Finanzministeriums, je ein Vizedirektor der zentralen Planungs- und der zentralen Wirtschaftskommission sowie einige Berater, wobei die Berater und alle übrigen Mitglieder durch den Staatsrat berufen werden. Die Vertreter von Finanzministerium, Wirtschafts- sowie Planungskommission wurden durch Ministerien und auch auf Vorschlagsrecht der Unternehmen berufen. Der durch die Berufung dokumentierte offizielle Einfluss wurde noch untermauert durch ***inoffizielle Einflussnahme***, wobei hier insbesondere die Abhängigkeit von der Einlage des Finanzministeriums zu nennen ist (Lu, 1995).

Quellen: Almanac (1995), S. 199; Bofinger et al. (1996), S. 191f.; Lu (1995), S. 15f.

---

[556] Das ***„Inkonsistenz-Dreieck"*** bezeichnet Optionen für die geldpolitische Strategie in einer kleinen offenen Volkswirtschaft. Von den drei „Eckpfeilern" (freier Kapitalverkehr, geldpolitische Autonomie, Fixierung des Wechselkurses) sind nur zwei gleichzeitig zu erreichen. Viele kleine Volkswirtschaften weisen freien Kapitalverkehr auf und können somit nur noch zwischen geldpolitischer Autonomie und Fixierung des Wechselkurses wählen.

[557] Vgl. Wei (1999), S. 42; Yu/Xie (1999), S. 34.

8.3.2 Instrumente der PBC

Für die praktische Umsetzung dieser diffusen Geldpolitik ist die Ausgestaltung des geldpolitischen Instrumentariums von besonderem Interesse. Ein erster „Reformschritt" erfolgte 1980, als den Filialen der PBC auf Provinz- und Bezirksebene mehr Autonomie zugestanden wurde. Zwar mussten diese weiterhin konkrete Vorgaben aus dem Kreditplan hinsichtlich der Höhe von Einlagen und Krediten erfüllen. Im Falle eines „Einlagenüberschusses" aber konnte die jeweilige PBC-Filiale die zusätzlichen Mittel wieder als Kredite ausgeben, anstatt diese an höhere Ebenen weiterzuleiten.[558] Der nächste Wechsel in der Geldpolitik erfolgte mit der offiziellen Ernennung der PBC zur Zentralbank im Jahr 1985. Zur Umsetzung der Geldpolitik wurde die PBC formal mit verschiedenen, direkt und indirekt wirkenden Instrumenten ausgestattet, welche auch weiterhin der Steuerung des Kreditvolumens sowohl in Höhe als auch direkter Zuordnung dienten. Das wichtigste direkte Instrument war der Kreditplan. Indirekte Instrumente bestanden aus zusätzlichen Krediten der Zentralbank an die Geschäftsbanken, der Kontrolle der Zinssätze sowie Mindestreservebestimmungen und dienten zur Unterstützung des Kreditplans sowie der staatlichen Kontrolle über die Aktivitäten der Geschäftsbanken.[559]

8.3.2.1 Kreditplan in China: Versuch der zentralen Steuerung

Das zentrale Instrument, auf welches die PBC zur Umsetzung ihrer Geldpolitik zurückgriff, war der Kreditplan. Dieser beinhaltete Vorgaben über Herkunft, Höhe und Empfänger der von den Geschäftsbanken zu vergebenden Kredite. Die zugeteilten Quoten für die Kreditvergabe wurden von diesen wiederum weitergegeben an ihre regionalen Niederlassungen.[560] Insgesamt stellte der Kreditplan (wie andere verbliebene Planelemente in China) einen Prozess dar, an welchem verschiedenste Akteure und Ebenen mit unterschiedlichem Einfluss in **zwei Phasen** (der **Aufstellungs- und** der **Umsetzungsphase**) beteiligt waren (vgl. Abbildung 36).[561] Durch verschiedene Verwaltungsebenen wurde in der **ersten Phase („bottom up" Erhebungsprozess)** eine detaillierte Aufstellung

---

[558] Vgl. Xu (1998), S. 125.

[559] Vgl. Girardin (1997), S. 55ff.

[560] Vgl. Lu (1995), S. 40.

[561] Manche Autoren verwenden die Bezeichnungen in umgekehrter Reihenfolge, erst „top down" und dann „bottom up"; vgl. Girardin (1997), S. 56. Dabei wird aber die Umsetzung selbst nicht mehr als Phase des Kreditplans in die Darstellungen einbezogen. Ebenso wird ein „Drei-Phasen-Prozeß" beschrieben, indem die erste „top down"-Richtlinie (Mitteilung der makroökonomischen Zielgrößen) separat diskutiert wird; vgl. Jin (1994), S. 152.

der benötigten Kredite an die zentralen Stellen weitergegeben. Die Implementierung erfolgte in **Phase 2 („top down" Entscheidungsprozess)**. Die Zentralorgane orientierten sich an den Zielvorgaben des Staatsrates bezüglich Wirtschaftswachstum, Inflationsrate sowie geplanten Investitionen (bei den SOEs). Das Geldangebot wurde als Funktion von Output- und Inflationsziel ermittelt. Die Vorgabe über das absolute Geldangebot wurde dann an die unteren Ebenen weitergegeben. Diese unteren Ebenen von PBC und anderen Akteuren übernahmen dann die mikroökonomische Umsetzung des Plans.[562]

Abbildung 36: Ablaufphasen des Kreditplans in China

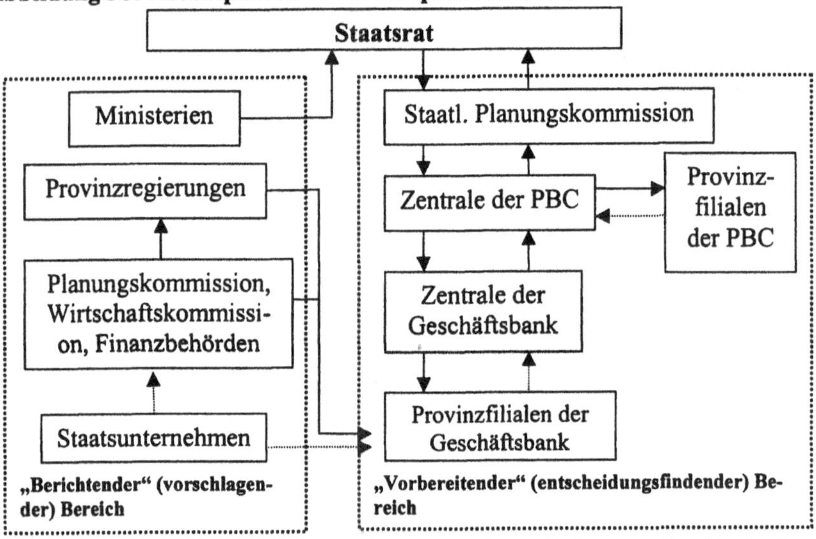

Quelle: Montes-Negret (1995), S. 30; gestrichelte Linien weisen auf Informationsfluss hin, durchgezogene Linien bedeuten Empfehlungs- (von unten nach oben) bzw. Weisungsbefugnis (von oben nach unten).

Bei der Zuweisung des Kreditplans wurde nach **vier Kategorien** unterschieden: Industriesektoren und bevorzugte Projekte; Laufzeit der Kredite; periodische Zuweisungsgrenzen für jede Bank; regionale Verteilung. Die Verteilung der Mittel erfolgte quartalsweise durch die PBC. In der zweiten Jahreshälfte erfolgten weitere Nachverhandlungen über eine potenzielle Ausweitung des Kreditplanes.[563] Diese betrug im Durchschnitt über 20 %. Für chinesische Verhältnisse ist diese Vorgehensweise durchaus nicht unüblich. Verträge gelten lediglich als Verhandlungsgrundlage, die Bedeutung informeller Institutionen („guanxi", vgl. 3.2.4.2) und Nachbesserungen wiegt stärker als fixierte Vereinbarungen. Die

[562] Vgl. Girardin (1997), S. 57.

Entscheidung über die konkrete Kreditvergabe an Unternehmen durch die Geschäftsbanken unterstand den Lokalverwaltungen in Provinzen, Bezirken und Städten. Gleichzeitig hielt die Zentralbank einen Teil der Kredite zurück, um diese in einzelnen Regionen diskretionär einzusetzen.[564]

Die Umsetzung des Kreditplans war abhängig von den auch im Transformationsprozess weiter bestehenden institutionellen Strukturen im Bankensystem: Maßgeblich waren die Weisungsbefugnisse der Zentralbank an Geschäftsbanken. Auf regionaler Ebene bestanden zudem enge Verbindungen zwischen Mitarbeitern der PBC und denen der Geschäftsbanken. Diese mündeten darin, dass die PBC-Mitarbeiter eine Prämie von den Geschäftsbanken erhielten, wenn es ihnen gelang, zusätzliche Kreditzuweisungen zu erreichen.[565] Diese Verflechtung zwang die Regierung 1998, eine Umstrukturierung der PBC zu veranlassen. Dadurch wurde eine Konzentration der PBC-Filialen auf 9 wichtige Stellen durchgesetzt. Ziel war die Reduzierung des Einflusses einzelner Regionen, so dass deren Politiker und Banker nicht mehr Druck auf den Entscheidungsprozess innerhalb der PBC ausüben konnten.[566]

Die Rolle des Kreditplans bestand somit darin, weiterhin speziellen Sektoren und Unternehmen eine bevorzugte Kreditvergabe („policy loans", „zhengce daikuan") zukommen zu lassen. Durch den umständlichen und über verschiedene Ebenen laufenden Prozess wurde der gesamte Geldangebotsprozess zu einem äußerst komplexen und langwierigen Verfahren. Dadurch, dass auch hochrangige politische Ebenen eingebunden wurden, stand die Kreditvergabe selbst eher im Hintergrund (vgl. Abbildung 37). Ebenso zeigt sich, dass nur die in den offiziellen Apparat eingebundenen Verwaltungsebenen an diesen staatlichen Kreditzuweisungen beteiligt waren. Die „townships" und „villages" zählten nicht mehr zu dieser Struktur und konnten dementsprechend keinen Einfluss ausüben.

---

[563] Vgl. Montes-Negret (1995), S. 30.
[564] Vgl. Jin (1994), S. 151; Mehran et al. (1996), S. 42.
[565] Vgl. Montes-Negret (1995), S. 28.
[566] Neben der Zentrale in Beijing gibt es nur noch bedeutende Regionalstellen in folgenden Städten: Tianjin, Shenyang, Shanghai, Nanjing, Jinan, Wuhan, Guangzhou, Chengdu und Xian; vgl. zhongguo renmin yinhang yanjiuju (1999), S. 28f.

Abbildung 37: Regulierung der Unternehmensfinanzierung und Bankenpolitik durch den Kreditplan

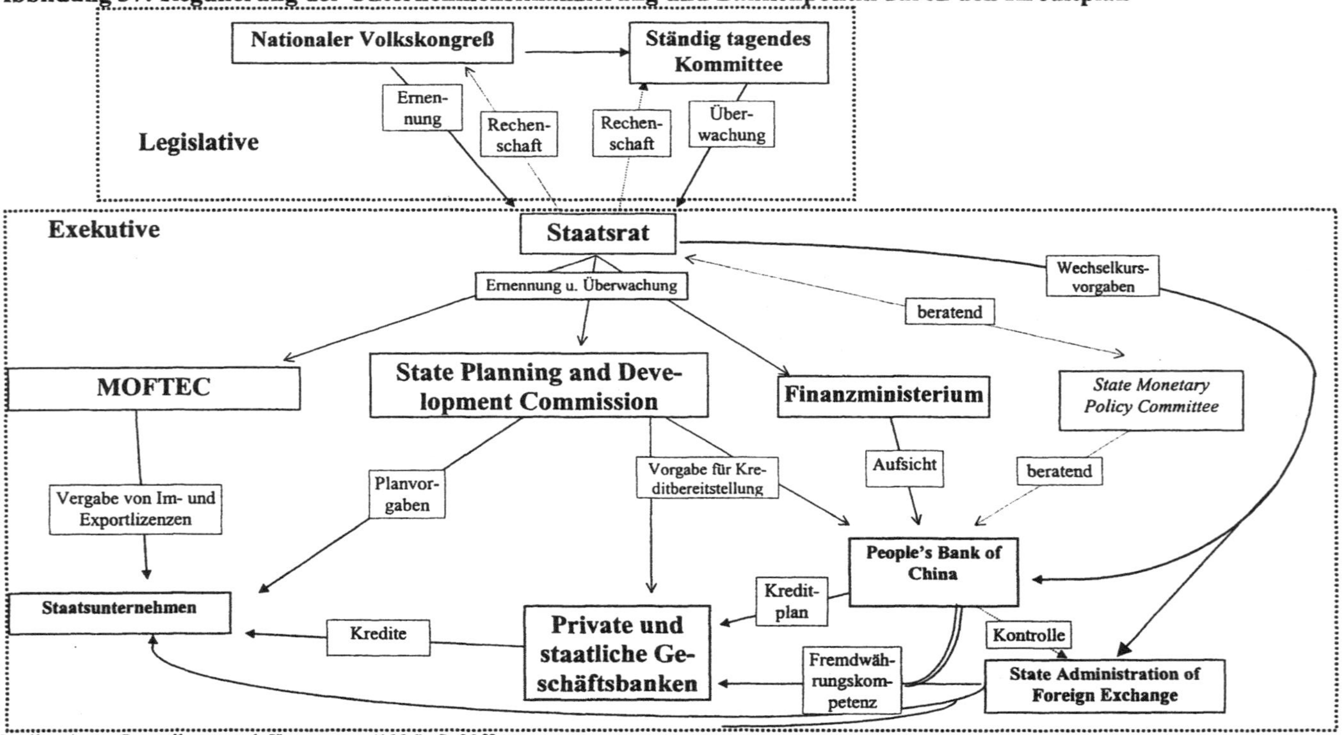

Quelle: eigene Darstellung, nach Kunnasmaa (1996), S. 39ff.

Eine Kalkulation des Ausmaßes der „policy loans" ist kaum präzise zu gestalten. Dazu müssten alle Geschäftsbanken genau deklarieren, welche Kredite sie unter politischen Einfluss vergeben haben: Eine Vorstellung, die weder vom Arbeitsumfang noch von dem Willen der Geschäftsbanken her möglich ist. Eine Annäherung für das Volumen der „policy loans" könnte das Volumen der Zentralbankkredite in Relation zur Gesamtkreditvergabe der staatlichen Geschäftsbanken sein. Dies stellt eine enge Bemessung dar und geht von der äußerst restriktiven Annahme aus, dass der Multiplikator (Geldmenge/Geldbasis) gleich 1 ist. Der so ermittelte Wert ist damit eine „unterste Grenze" des Gesamtvolumens an „policy loans". Dabei zeigt sich, dass mindestens ein Drittel aller Kredite der staatlichen Geschäftsbanken als „policy loans" einzustufen sind (vgl. Abbildung 38).[567] Erst Mitte der 90er Jahre kam durch Gründung spezieller „policy banks", die das defizitäre Geschäft übernahmen, ein Rückgang zustande.

Abbildung 38: Schätzung für Volumen der „policy loans"

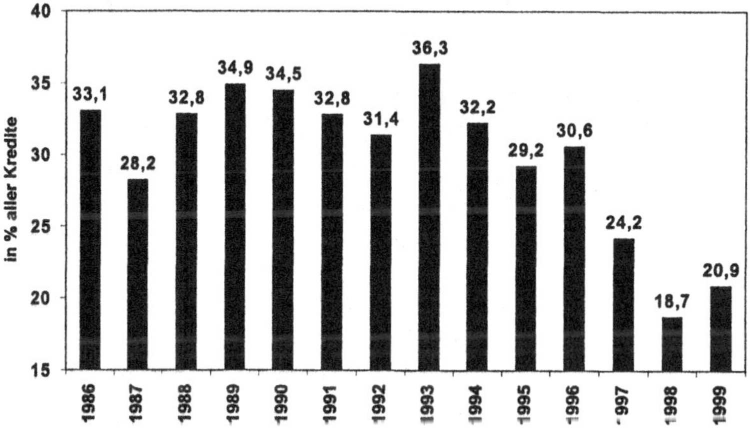

Quelle: „China Financial Outlook" CD-Rom; „policy loans" = Zentralbankkredite / Geschäftsbankenkredite.

Schwächen des Kreditplans

In einer ersten Reformphase zwischen 1980 und 1984 kam es zu Tests bezüglich einer größeren Autonomie für die örtlichen Bankenfilialen. Diese wurden dazu

[567] Vgl. Lardy (1998), S. 83ff. Lardy erhält bei seiner Analyse für die vier staatlichen Geschäftsbanken ein schlechteres Ergebnis. Seinen Analysen nach liegt bei drei der vier Banken (Agricultural Bank of China, Bank of China, China Construction Bank) der Anteil von „policy loans" an allen Krediten über 50 %. Lediglich die Industrial and Commercial Bank of China weist mit einem Niveau von 25 % einen niedrigeren Wert auf.

ermächtigt, eigenständig Kredite zu vergeben, wenn diese durch Einlagen gedeckt waren. Dieses System wurde von den Bankfilialen aber zum eigenen Vorteil ausgenutzt. Die Banken profitierten von der regionalen Segmentierung des Finanzdienstleistungssektors, da in zahlreichen Regionen lediglich eine Bank vertreten war. Damit konnte diese sicher sein, dass die von ihr gewährten Kredite wieder als Einlagen zu ihr zurückfließen und die Bilanz ausgleichen würden.[568] Damit legten die Geschäftsbanken eine „hedge fond-Mentalität" an den Tag, indem angelegte Mittel immer wieder revolviert wurden und sich dadurch ein immenser „leverage"-Effekt ergab. Es wurden zwar für einzelne Banken die Kreditquoten exakt bestimmt, aber es existierte keine Absolutvorgabe für die aggregierte Kredithöhe, welche aus Refinanzierungskrediten und Einlagen generiert wird. Durch die zusätzliche Einlagenentgegennahme weiteten einzelne Banken ihr Kreditvolumen immer weiter aus (vgl. Tabelle 36).[569] Somit zeigt sich - analog zu anderen Kontrollmechanismen (Kapitalverkehrs- und Preiskontrollen) - die steigende Ineffizienz im Zeitablauf durch die Antizipation der Wirtschaftssubjekte.

Tabelle 36: Effizienz der Steuerung durch den Kreditplan?

	geplante Ausweitung	tatsächl. Ausweitung	Differenz
1981 - 85	217 Mio. RMB jährlich	276 Mio. RMB jährlich	27,2 %
1986 - 90	574,5 Mio. RMB jährlich	721 Mio. RMB jährlich	25,5 %
1991 - 95	12 % jährlich	21 % jährlich	9 % jährlich

Quelle: Lu/Yu (1998), S. 153.

Besonders umfassende Steigerungen des Kreditwachstums ergaben sich bis 1986, als nach Abschluss der Ausgliederungen aus der PBC beschlossen wurde, die Bilanzen von Ende 1984 als Grundlage für die Zukunft einzelner Banken zu nehmen. Um bei der Zuordnung der Kredite zu lokalen Banken möglichst gut abzuschneiden, kam es zu einer massiven Ausweitung der Kredite. Erst 1986 konnte die PBC die Ausweitungen wieder in den Griff bekommen und agierte über eine Verschärfung des Kreditplans (vgl. Abbildung 39).

Der Kreditplan stellte bis Mitte der 90er Jahre das wichtigste geldpolitische Instrument dar. An seinem Beispiel zeigen sich die Auswirkungen fehlender, allgemein verbindlicher Richtlinien. Es kam zu einem „interaktiven Spiel" zwischen der Zentralbank sowie einzelnen Verwaltungsebenen, welche über ihren Einfluss auf Filialen der PBC versuchten, Vorgaben der Geldpolitik zu unterwandern, woraufhin eine Gegenreaktion der PBC nicht lange auf sich warten ließ.

[568] Vgl. Naughton (1995), S. 256.
[569] Vgl. Lu/Yu (1998), S. 153.

Abbildung 39: Reales Wachstum der Geschäftsbankenkredite in China

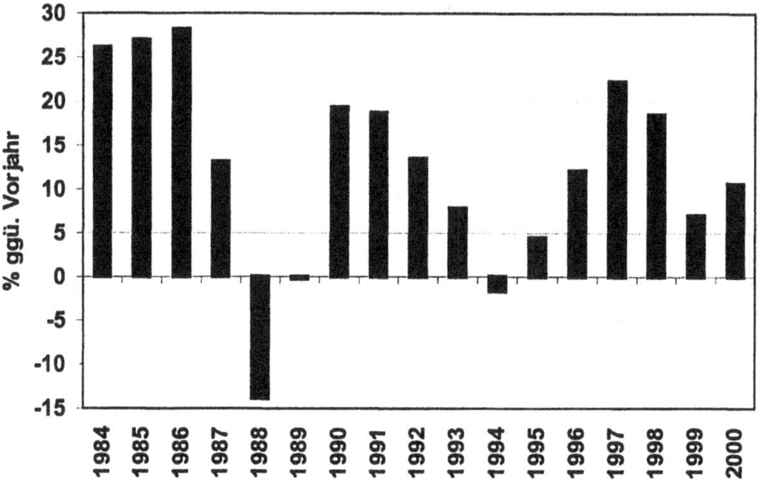

Quellen: China Financial Outlook (2000) CD-Rom; Lardy (1998), S. 78.

Die Geschäftsbanken besaßen formal die Möglichkeit, sich auch über den Kreditplan hinaus bei der PBC mit zusätzlichen Krediten zu refinanzieren. Dazu existierten drei weitere Kreditformen: Saisonbedingte Kredite dienten zur Überbrückung von Liquiditätsengpässen, bedingt durch Schwankungen bei Landwirtschaft und Industrie. Weiterhin wurden Ein-Tages-Kredite gewährt. Als letzte Möglichkeit ergab sich auf Verhandlungsbasis auch die Möglichkeit zu einer Art „Wertpapierpensionsgeschäft".[570] Diese Geschäfte waren aber restriktiv ausgestaltet und unterlagen neben höheren Kosten auch administrativen Barrieren. Höhere Kosten ergaben sich aus der Regelung, dass Refinanzierungskredite verschiedenen Zinssätzen unterlagen. Für Kredite innerhalb des Kreditplans wurden niedrigere Zinsen verlangt, während für darüber hinaus gehende Mittel ein wesentlich höherer **„Strafzins"** verlangt wurde[571]

8.3.2.2 Zinspolitik

Im Rahmen der geldpolitischen Konzeption wurde aber nicht nur über den Kreditplan gesteuert. Die PBC setzte neben dem Volumen der Refinanzierungskredite (Geldbasissteuerung) auch die Höhe des zugehörigen Zinssatzes (Zinssteuerung) fest. Zusätzlich wurden an die Geschäftsbanken Zinsvorgaben für Einla-

---

[570] Vgl. Lu/Yu (1998), S. 151.
[571] Vgl. Xu (1998), S. 127.

gen und Kredite erteilt (vgl. auch Anhang 8 bis Anhang 10). Bei der Festlegung von Zinsen standen aber (wieder einmal) nicht ökonomische Kriterien im Vordergrund. Statt dessen wurden bei der Zinspolitik andere Ziele verfolgt: die Förderung von Ersparnis und der Schutz staatlicher Unternehmen als Kreditnehmer. Während infolge steigender Inflationsraten die Einlagenzinsen heraufgesetzt wurden, blieben die Kreditzinssätze konstant.[572] Eine erste Flexibilisierung erfolgte nach 1988, als den Geschäftsbanken zumindest gestattet wurde, die Kreditzinsen in einer Marge von einem Zehntel oberhalb des vorgegebenen Zinses zu setzen. Davon unbetroffen blieben die Einlagenzinsen.[573] Erst 1998, zwanzig Jahre nach Reformbeginn, wurde eine beschränkte Flexibilisierung der Zinsen in der Form zugelassen, dass Banken Einlagen- und Kreditzinsen innerhalb einer Bandbreite von ±1/5 des geltenden Zinses um den von der PBC vorgegebenen Satz schwanken lassen konnten.[574]

Einlagen

Der einzige Versuch, die Zinsen als Lenkungsinstrument einzusetzen, lag in der Tatsache, dass die Realzinsen für einjährige Einlagen weitgehend im positiven Bereich gehalten wurden, während die Zinssätze auf Sichteinlagen fast immer negativ waren. Damit sollten die unmittelbar nachfragewirksamen Geldbestände reduziert werden (vgl. Abbildung 40). Der Anstieg bei den Realzinsen nach 1994 (dem Jahr mit der höchsten Inflationsrate seit 1978) wurde dadurch erreicht, dass inflations-indexierte Zinsen auf Spareinlagen der Haushalte eingeführt wurden, um die Spartätigkeit der Haushalte weiter zu fördern (vgl. auch 8.4.3).[575]

Kreditzinsen

Die **Kreditzinsen** wurden **als Instrument für die Industriepolitik der Regierung** genutzt. Dadurch ergaben sich (unabhängig von der jeweiligen Laufzeit des Kredites) zusätzlich noch spezielle Zinssätze für einzelne Kreditnehmer, je nach Prioritätensetzung innerhalb des Kreditplans. Unterteilt wurde in die Gruppen Industrie-, landwirtschaftliche sowie Konsumentenkredite.[576] Entsprechend der Vorgaben, dass auch die (bevorzugten) Kreditnehmer durch die Zinspolitik geschützt werden sollten, lagen die vorgegebenen Zinssätze für Einlagen und Kredite einer Laufzeit sehr dicht beieinander. In einigen Phasen war der

---

[572] Vgl. Santorum (1993), S. 196.
[573] Vgl. Mehran et al. (1996), S. 45.
[574] Vgl. Meyer/Nagarajan (2000), S. 239.
[575] Vgl. Nasution (1999), S. 18.

„spread“ zwischen den Kredit- und Einlagezinsen gleich Null, erst nach 1995 zeigte sich eine „normale Entwicklung“ (vgl. Abbildung 41). Damit war zwar für Kreditnehmer eine Erleichterung geschaffen, allerdings verschlechterten solche Vorgaben die Ertragslage der Geschäftsbanken.[577]

Abbildung 40: Realzinsen auf Sicht- und Termineinlagen in China

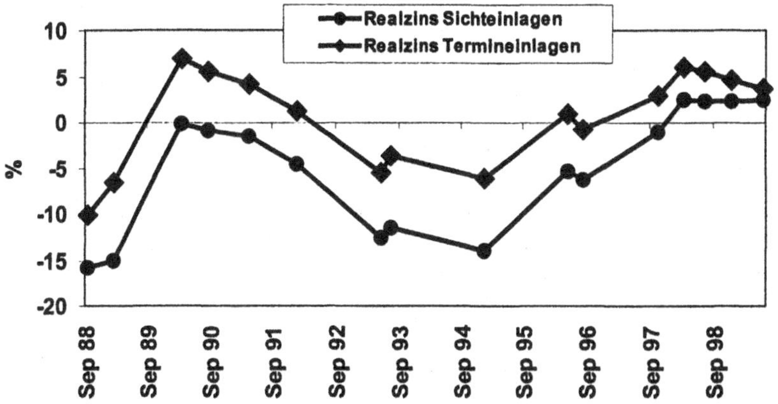

Quellen: China Financial Outlook CD-Rom; IMF International Financial Statistics CD-Rom.

Abbildung 41: „Spread“ der vorgegebenen Zinsen auf 1-jährige Kredite und Einlagen

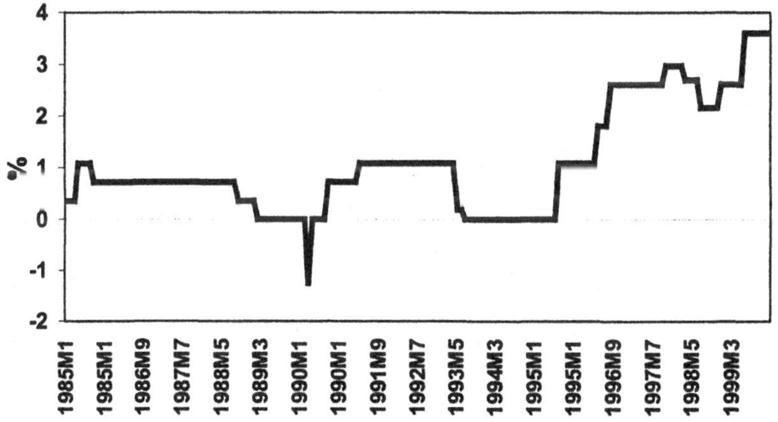

Quelle: IMF International Financial Statistics CD-Rom; „spread“ = Kreditzins - Einlagezins.

---

576 Vgl. Mehran et al. (1996), S. 45.

577 Vgl. Girardin (1997), S. 31.

Bedingt durch die Mitte der 90er Jahre sehr hohen Inflationsraten führten die Zinsvorgaben dazu, dass die realen Kreditzinsen vorübergehend sogar im negativen Bereich lagen (vgl. Abbildung 42).

Abbildung 42: Reale Kreditzinsen in China

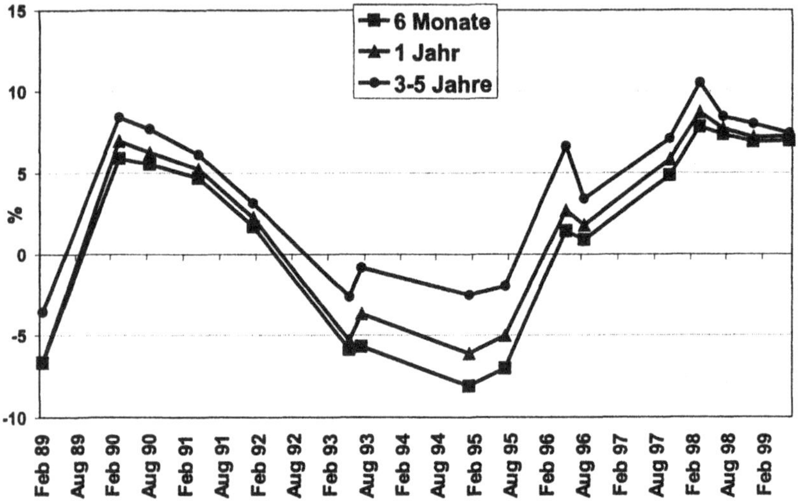

Quelle: China Financial Outlook CD-Rom.

Ein großer Vorteil der umfassenden Zinssteuerung zeigte sich für die VR China aber im außenwirtschaftlichen Bereich. Unterstützt durch die Kapitalverkehrskontrollen gelang es, einen massiven Zufluss kurzfristiger Mittel aus dem Ausland zu vermeiden. Der starke Anstieg von Portfolioinvestitionen kann sowohl für ostasiatische Volkswirtschaften (bspw. Thailand) als auch andere „Emerging Market economies“ (bspw. Brasilien, Russland, Mexiko) als ursächlich für den Ausbruch von Währungskrisen angesehen werden. Da durch (wechselnde) Zinsvorgaben und Kapitalverkehrskontrollen die Vorhersage der Rendite einer kurzfristigen Anlage nur schwer möglich war, kam es nur zu geringen kurzfristigen Kapitalzu- und -abflüssen.

8.3.2.3 Regelungen zur Mindest- und Überschussreserve

Neben dem Kreditplan und Zinsvorgaben wurden von der PBC **verschiedene Mindestreserveregelungen** angewendet, um zusätzliche Kontrolle über die Geschäftsbanken zu erhalten und die aus einem Einlagenüberschuss hervorgehende Kreditneuvergabe weiter kontrollieren zu können. Diese wurden für einzelne Banken in verschiedenen Perioden unterschiedlich angewendet (vgl. Tabelle

37). Die 1985 umgesetzte Vereinheitlichung, einhergehend mit einer Senkung der Mindestreserve, wurde bis 1989 schrittweise wieder aufgehoben. Dies stand im Zusammenhang mit der restriktiven Geldpolitik, welche die steigenden Inflationsraten eindämmen sollte.

Tabelle 37: Mindestreservesätze in China

	1984 - 85	1985 - 87	1987 - 88	1988 - 97	seit 1998
Mindestreservesatz auf Einlagen	• ABC, ICBC, BOC: 20 % auf UN-Einlagen; 40 % auf städtische Einlagen; 25 % auf ländl. Einlagen. • CCB: 30 %	10 %	12 %	13 %	8 %

Quelle: Wei (1999), S. 145f.; ab 1985 galten die Sätze auch für ländliche Kreditkooperativen.

Außergewöhnlich an dem System der Mindestreserve ist, dass nicht alle Finanzinstitutionen ihre Mindestreserven direkt bei der Zentralbank halten mussten, und dass die diesbezüglichen Bestimmungen auf Provinzebene festgelegt wurden. Dies galt insbesondere für die **ländlichen Kreditkooperativen**. Deren **Mindestreservepflicht** wurde **auf Provinzebene** durch die Führung der Landwirtschaftsbank **fixiert** und variierte dabei zwischen 15 und 30 %.[578] Damit besaß die ABC ein Instrument, um gegebenenfalls eigene Finanzierungsengpässe durch Einlagen der ländlichen Kreditkooperativen zu beseitigen (vgl. dazu genauer 9.2.4). Eine weitere Besonderheit der Geldpolitik lag in den Bestimmungen zu den („freiwilligen") Überschussreserven der Geschäftsbanken. Anders als in Industrieländern üblich wurden die großen staatlichen Geschäftsbanken von der PBC verpflichtet, ein bestimmtes Volumen an Überschussreserven zu halten (vgl. Tabelle 38). Dieses System wurde erst 1998 zu einer standardisierten Mindestreserve vereinheitlicht.[579]

Tabelle 38: Vorgaben für Überschussreserve von Geschäftsbanken in China, 1997

	ICBC	ABC	BOC	CCB	BoCom
Reservesatz	6 - 10 %	7 - 9 %	6 - 10 %	5 - 11 %	5 - 7 %

Quelle: Wei (1999), S. 146.

Die Einführung der Überschussreserve diente vor allem dazu, die geldpolitische Steuerung der PBC zu festigen. Die Bestimmungen waren dementsprechend auch nicht konkret fixiert, sondern beinhalteten Handlungsspielraum. Damit konnte die PBC in Phase steigender Inflationsraten eine **Liquiditätsverknappung durch eine höhere Verpflichtung zur Überschussreservehaltung** für die Geschäftsbanken hervorrufen und somit Inflationsgefahren eindämmen. Die-

[578] Vgl. Holz (1992), S. 78f.
[579] Vgl. Wei (1999), S. 146.

se Vorgehensweise war vor allem 1994 zu beobachten, als sich das Volumen der Überschussreserven fast verdoppelte (vgl. Abbildung 43). Aus der Differenz zwischen dem Volumen an Zentralbankkrediten und den von den Geschäftsbanken zu haltenden Reserven lässt sich der Einfluss der Reservebestimmungen auf die „Nettokreditaufnahme" der Geschäftsbanken - und damit die Steuerung der PBC - erkennen (durchgezogene Linie). Die PBC setzte die Überschussreserve (und begrenzt auch die Mindestreserve) dazu ein, die Neuverschuldung der Geschäftsbanken bei der Zentralbank einzugrenzen.

Abbildung 43: Reservehaltung der Geschäftsbanken und Zentralbankkredite in China

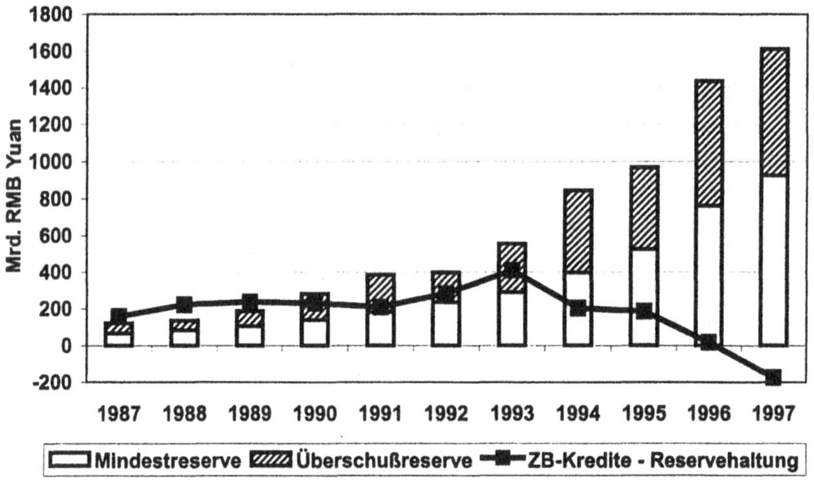

Quellen: China Financial Outlook (1994), S. 33 sowie neuere Ausgaben; Montes-Negret (1995), S. 33.

Im Gegensatz zu den Regelungen, die in Deutschland bis 1998 vorherrschten, wurden Mindest- und Überschussreserve von der Zentralbank verzinst. Dabei wurde die Verzinsung zunächst deutlich niedriger als der von der PBC vorgegebene Kreditzins festgelegt. Im Laufe der Zeit wurde der „spread" aber immer geringer und lag nahe am positiven Bereich (vgl. Abbildung 44). Ihren höchsten Stand erreichten sie 1994, als sie auf über 9 % anstiegen. Im Jahr 2000 lag der Zins für die vereinheitlichte Reserve bei 2,07 %.[580] Dies bedeutete konkret, dass die **Geschäftsbanken durch die Zentralbank indirekt subventioniert** wurden in der Form, dass die Zinssätze auf ihre Reserven nahezu den Kreditzinssätzen entsprachen und somit die Banken keinen Zinsentgang realisierten. Paradoxer-

[580] Vgl. China Financial Outlook (2000), CD-Rom.

weise war es dadurch für eine Geschäftsbank lohnenswerter, die Einlagen als Reserve bei der Zentralbank zu halten, da dieses eine sichere Anlage darstellte, während die Kreditvergabe an Staatsunternehmen risikobehaftet war und somit der geringe Zinsaufschlag nicht ausreichend kompensierte.

Abbildung 44: Differenz zwischen Zinssatz auf Mindestreserve und Kredite

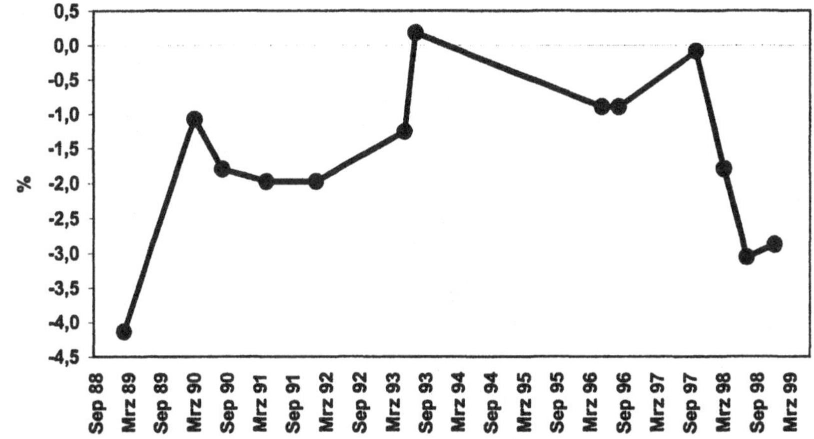

Quelle: China Financial Outlook CD-Rom; als Kreditzins wurde die Vorgabe für 6-Monats-Kredite verwendet.

8.3.3 Beurteilung der Geldpolitik nach 1984

> *„The PBC has since 1983 begun a long learning process in the making of monetary policies and in using various policy instruments.“*[581]

Unabhängig von der Ausgestaltung der Konzeption und den verwendeten Instrumenten ist die Entwicklung der Geldpolitik vor dem Hintergrund der fiskalpolitischen Entwicklung zu analysieren und zu erklären. Wie sich bereits bei der unklaren Definition des Endziels zeigte, wurde die **Zentralbank** auch nach 1985 weiterhin vorrangig **als Finanzierungsabteilung des Finanzministeriums** betrachtet. Eine strikte Trennung zwischen monetären und fiskalischen Funktionen innerhalb der Regierungsorgane wurde nicht umgesetzt. Da die direkten Staatsausgaben zurückgingen, musste die PBC wirtschaftspolitische Ziele verfolgen.[582] Die Annahme, dass die PBC vor allem im Auftrag des Staates agierte und finanzierte, lässt sich anhand einer einfachen Rechnung verdeutlichen. Un-

---

[581] Ou (1995), S. 55.

[582] Vgl. Holz (1992), S. 18; Kunnasmaa (1996), S. 42; Montes-Negret (1995), S. 26; Yu/Xie (1999), S. 35.

ter der Annahme, dass die Kredite der Zentralbank als Mittel zur Finanzierung von wirtschaftspolitischen Zielen dienen, müsste bei Zutreffen der Behauptung ein konstantes Volumen an „Staatsgeldern" vorliegen. Unter „Staatsgelder" verstehen wir dabei die Summe aus Staatsausgaben und Zentralbankkrediten. Mit dieser Größe wäre (bei einer abhängigen Zentralbank wie der PBC) die direkte und indirekte Finanzierung von Staatsausgaben zu messen. Die Zahlen für China belegen, dass bis zum Erlass des Notenbankgesetzes im Jahr 1994 und der Gründung der speziellen „policy banks" genau dies zutraf (vgl. Abbildung 45). Die Zentralbankkredite dienten als Substitut für sinkende Staatsausgaben, in der Summe beliefen sich die Mittel auf über 40 % des BIP.

Abbildung 45: Direkte Staatsausgaben und Zentralbankkredite in China

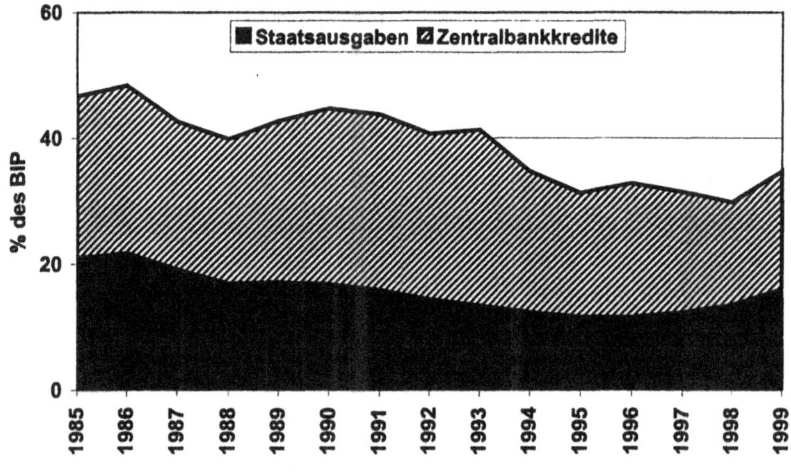

Quelle: IMF International Financial Statistics CD-Rom.

Trotz der indirekten Instrumente war deren Einsatz bis Mitte der 90er Jahre sehr begrenzt. Die Geldpolitik legte ihren Schwerpunkt weiterhin auf die direkten Instrumente, welche in ihrem vertikal strukturierten System umgesetzt werden konnten.[583] Einzig die Mindest- und Überschussreserve dienten zur zusätzlichen Steuerung des geldpolitischen Kurses. Angesichts der wachsenden Ineffizienz des Kreditplans stellt sich natürlich die Frage, warum die Zentralregierung (mit der PBC als Agenten) an diesem Instrument als vorrangige Lösung festhielt. Dafür gibt es zwei Erklärungsansätze:[584]

---

[583] Vgl. Santorum (1993), S. 194.
[584] Vgl. Jin (1994), S. 99ff.

1. Die Zentralregierung hing sowohl bei der Umsetzung des gesamten Reformkurses insgesamt als auch bei einzelnen Maßnahmen von der Unterstützung der Provinzführer ab. Der Kreditplan war ein relativ „weich" einsetzbares Instrument, welches den unteren Ebenen einen gewissen Einfluss gewährte, ohne alle Zügel direkt aus der Hand zu geben.
2. Die Finanzierung von Reformen über das Bankensystem war insofern leicht zu finanzieren, als die Sparquote in der VR China sehr hoch war und weiter anstieg.

Die Zentralbank PBC war bis Ende der 90er Jahre nicht in der Lage, eine eigenständige Geldpolitik umzusetzen. Sie agierte weiterhin als „Bank des Staates" und setzte dessen wirtschaftspolitischen Ziele um. Dank direkter Instrumente konnte sie bis Anfang der 90er Jahre eine erfolgreiche, stabilisierende Geldpolitik umsetzen. Allerdings hatte das direkte Instrument „Kreditplan" eine stark verzerrende Wirkung auf den Kreditangebotsprozess.

8.4 Geschäftsbanken in China: Schwächstes Glied in der staatlichen Lenkungskette

8.4.1 Entwicklung des Bankensystems

8.4.1.1 Wandel bei Funktion und Anteilen der Intermediäre

Die ersten Ausgliederungen von Geschäftsbankenbereichen wurden 1978 vorgenommen, als mit der Bank of China (BOC) und der China Construction Bank (CCB) zwei Abteilungen der Zentralbank zu formal eigenständigen, aber weiterhin unter staatlicher Kontrolle agierenden Geschäftsbanken umgewandelt wurden. Die Agricultural Bank of China (ABC) wurde ebenfalls ausgegliedert und war für die ländliche Finanzierung zuständig. Ihr waren die ländlichen Kreditkooperativen untergeordnet. Endgültig befreit von allen kommerziellen Aktivitäten wurde die PBC erst 1984, als die Regierung mit einer Ausgliederung der letzten Geschäftsbankenbereiche die Industrial and Commercial Bank of China (ICBC) installierte.[585] Die vier großen staatlichen Geschäftsbanken verfolgten zunächst nach Regionen und Industriezweigen untergliederte Geschäftstätigkeiten:[586]

- **Bank of China**: Abwicklung von internationalem Zahlungsverkehr, Devisengeschäfte, Emission von Anleihen und Entgegennahme von Einlagen in RMB und Fremdwährung.

---

[585] Vgl. Mehran et al. (1996), S. 10ff.
[586] Vgl. Kunnasmaa (1996), S. 52, 57ff.

- **Industrial and Commercial Bank of China**: Einlagen- und Kreditgeschäft mit Industrie- und Handelsunternehmen sowie städtischen Einwohnern, Fremdwährungskredite.
- **China Construction Bank**: Management der Investitionen im staatlichen Anlagebau, langfristiges Kreditgeschäft im Bereich Bau- und Anlageinvestitionen.
- **Agricultural Bank of China**: Einlagen- und Kreditgeschäft in ländlichen Regionen, Abwicklung des Zahlungsverkehrs, Überwachung der ländlichen Kreditkooperativen.

Box 20: Beschränkungen für ausländische Geschäftsbanken in China

Ein zentraler Punkt bei der Vorgehensweise Chinas im Transformationsprozess war eine über 20 Jahre hinweg gültige Beschränkung für ausländische Geschäftsbanken. Diese wurde im Zusammenhang mit den Kapitalverkehrskontrollen umgesetzt. Bis 1991 war die Tätigkeit ausländischer Banken weitestgehend auf die Sonderwirtschaftszonen beschränkt, wo sie vor allem in der Exportfinanzierung durch Gewährung von Fremdwährungskrediten aktiv waren. Die allgemeine Diskriminierung ausländischer Banken zeigte sich schon im Bereich des legalen Status. Während für die chinesischen Banken mit den 1986 erlassenen Verwaltungsvorschriften bereits eine rechtliche Fundierung vorgenommen wurde, dauerte es bis 1994, bis die Bestimmungen zum Betrieb ausländischer Geschäftsbanken in China (teilweise) in Kraft traten (Kunnasmaa, 1996). In diesen waren wiederum noch Besonderheiten „versteckt", bspw. die Vorschrift, dass schon über zwei Jahre eine Repräsentanz betrieben worden sein musste, bevor der Antrag zum Betrieb einer ausländisch finanzierten Finanzinstitution gestellt werden konnte (Art. 7, 1 ; zitiert aus Almanac, 1995).
Konkret bestanden Restriktionen auf zwei Ebenen. Einerseits wurde der Kapitalverkehr und die Kreditvergabe in Fremdwährung massiv kontrolliert. Andererseits war es ausländischen Geschäftsbanken bis 1998 nicht gestattet, Kredite in inländischer Währung an chinesische oder ausländische Kreditnehmer zu gewähren. Sie konnten sich daher nur auf Handelsfinanzierung und syndizierte Kredite spezialisieren. Mit der ersten Öffnung 1998 erhielten zunächst 9 Banken eine Genehmigung, Transaktionen in RMB Yuan abzuwickeln. Acht davon konnten auch am Interbankenmarkt teilnehmen (Cho, 1999). Das Verbot zum Betreiben von Bankgeschäften in chinesischer Währung stand zwar im Widerspruch zu den Bestimmungen des Art. 17, Abs. 13 der Regulierungen für ausländische Finanzinstitutionen (Almanac, 1995, S. 228), wurde aber ignoriert, denn der Anspruch war nur schwerlich einzuklagen. Erst mit dem im Dezember 2001 vollzogenen WTO-Beitritt haben sich weitere Pläne ergeben, mittelfristig den vollständigen Marktzutritt ausländischer Banken zuzulassen. Dies wird aber frühestens bis zum Jahr 2005 vollzogen werden.

Quellen: Almanac (1995), S. 226ff.; Cho (1999), S. 43f.; Kunnasmaa (1996), S. 81ff.

Mit der Ausgliederung der vier großen staatlichen Geschäftsbanken war ein erster Schritt für die umzusetzende Bankenreform vollzogen. Als Ziele der Bankenreform wurde die Kommerzialisierung der Geschäftsbanken, die Diversifikation, die Konzentration im Geld- und Kreditangebotsprozess auf indirekte Instrumente sowie die Entwicklung der Finanzmärkte definiert.[587] Die für die Analyse dieser Arbeit relevante Fragestellung der Unternehmensfinanzierung sollte daher zunächst auf die angestrebte Diversifikation im Bankensektor zielen. Dabei zeigen sich zwei Ergebnisse. Einerseits profitierten ausländische Kreditinstitute nicht von der Reform (vgl. Box 20). Andererseits konnte oder wollte die Regierung eine Diversifikation im Bankensektor nicht erreichen. Anhand der Anteile am Kreditgeschäft ist ersichtlich, dass noch immer nahezu 80 % der Kredite über die staatlichen Geschäftsbanken abgewickelt wurden (vgl. Abbildung 46). Dies zeigt die weiterhin starke Bedeutung der Geschäftsbanken im Aktivgeschäft.

Abbildung 46: Aufteilung der Kredite auf Finanzintermediäre in China

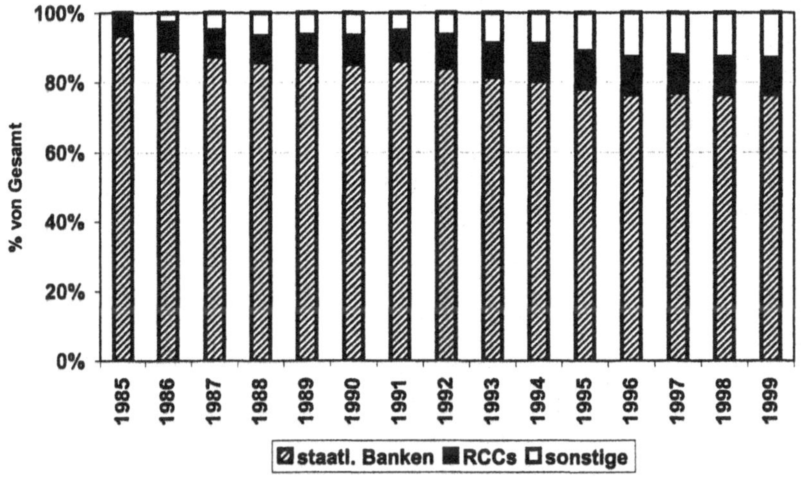

Quellen: China Financial Statistical Yearbook (1997), S. 449ff. und (2000), S. 385ff.; Mehran et al. (1996), S. 26; „Sonstige" = „Non-Bank financial institutions", regionale staatl. Banken.

Innerhalb des Geschäftsbankensystems änderte die Zulassung weiterer Geschäftsbanken (vgl. Box 21) nichts an der dominanten Stellung der **vier großen Banken bei der Kreditgewährung**. Separat zu analysieren ist das Aufkommen der ländlichen Kreditkooperativen, die an Bedeutung gewannen. Ihre Rolle wird zusammen mit der Rolle der Landwirtschaftsbank separat diskutiert (vgl. 9). Eine leicht abweichende Aufteilung zwischen einzelnen Finanzintermediären zeigt sich bei Analyse der Einlagenverteilung auf einzelne Intermediäre im Finanzsystem. Hier ging die Bedeutung des Bankensystems etwas stärker zurück als bei den Krediten (vgl. Abbildung 47).

---

[587] Vgl. Ou (1995), S. 57f.

Box 21: Chinas erste Privatbank? - die „China Minsheng Bank"

Großes Aufsehen in Finanzkreisen verursachte eine Bankenneugründung 1996 in China, als die „China Minsheng Bank" ihren Betrieb aufnahm. Aufgrund der Gründungsart wird sie auch als Chinas einzige Privatbank bezeichnet. Sie war die erste Bank, deren Anteile (seit Ende 2000) an der Börse notiert werden. Die Minsheng Bank wird als Privatbank bezeichnet, da sie nicht von staatlicher oder regionaler Seite gegründet und getragen wird. Das eingezahlte Kapital in Höhe von ca. 167 Mio. US-Dollar wurde von 59 Anteilseignern bereitgestellt (Geschäftsbericht China Minsheng Bank, 1998, S. 46). Angesichts des Status der Minsheng Bank wäre zu erwarten, dass sie eine unabhängige Kreditvergabepolitik betreibt und vorrangig junge, insbesondere private Unternehmen zu ihrem Kundenkreis zählt. Allerdings zeigt sich, dass die eigentlich nur von den staatlichen Banken durchgeführte Unterstützung von Staatsbetrieben sogar auf die Minsheng Bank ausgeweitet wurde. Das Wachstum ihrer Kredite an Staatsunternehmen (117,8 %) entsprach dem durchschnittlichen Gesamtwachstum (117,9 %), obwohl die wirtschaftliche Bedeutung der Staatsunternehmen weiter zurückgeht und die Bank vorgibt, die „nicht-staatlichen Klein- und Mittelunternehmen" als bevorzugte Zielgruppe identifiziert zu haben (Geschäftsbericht, 1998, S. 55). **Auch die China Minsheng Bank ist also keine unabhängige Privatbank.** Sie konzentriert sich zwar verstärkt auf Kredite an ausländisch investierte Unternehmen (Kreditwachstum = 236,6 %), doch fast die Hälfte der vergebenen Kredite gehen auch weiterhin an Staatsunternehmen. Kredite an Kleinunternehmen wachsen hingegen nur unterproportional (99,5 %) [alle Zahlen aus dem Geschäftsbericht 1998, S. 42].

Abbildung 47: Aufteilung der Einlagen auf Finanzintermediäre in China

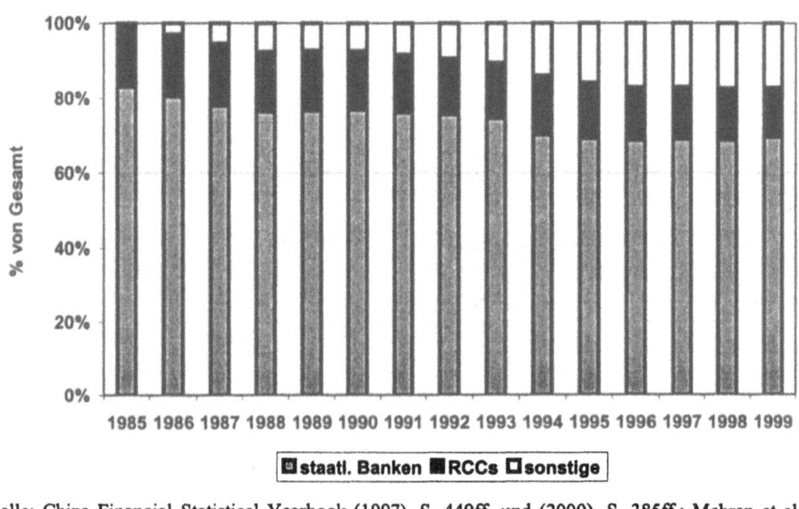

Quelle: China Financial Statistical Yearbook (1997), S. 449ff. und (2000), S. 385ff.; Mehran et al. (1996), S. 26; „Sonstige" = „Non-Bank financial institutions", regionale staatl. Banken.

8.4.1.2 Ertragslage staatlicher Geschäftsbanken

Die Gewinne staatlicher Geschäftsbanken sind seit ihrer formellen Unabhängigkeit von der Zentralbank stark zurückgegangen (vgl. Tabelle 39). Ihre Ertragslage hat sich von einem Niveau vergleichbar zu Banken in OECD-Ländern abgesenkt auf ein kritisches Niveau.[588] Innerhalb der großen staatlichen Geschäftsbanken bestehen bezüglich der Gewinnentwicklung Unterschiede. Insbesondere für die ABC und die CCB zeigt sich nach Offenlegung der Zahlen ab 1995, dass sie massiv durch einen Rückgang der ohnehin schon niedrigen Profitrate betroffen sind. Bei der CCB sank die Quote von 0,36 % (1995) auf 0,08 % (1997), bei der ABC sogar von 0,35 % (1995) auf 0,05 % (1997). Demgegenüber liegen die Profitraten anderer Banken zwischen 1,5 und 2,5 % (darunter auch die „quasiprivate" Minsheng-Bank).[589]

Tabelle 39: Entwicklung der Gewinne staatl. Geschäftsbanken in China

	1985	1986	1987	1988	1989	1990	1991	1992	1993	1994	1995	1996	1997
Return on assets (%)	1,4	1,3	1,4	1,1	1,1	0,9	0,9	0,7	0,4	0,3	0,35	0,32	0,12

Quelle: Lardy (1998), S. 100; Yu/Ju (1999), S. 53; Return on assets = Gewinne vor Steuern / Vermögenswerte.

Bedingt durch die sich verschlechternde Ertragslage hat sich auch die Eigenkapitalsituation der großen staatlichen Geschäftsbanken negativ entwickelt. Das Missverhältnis von Eigenkapital zu den risikobehafteten Positionen unter den gesamten Vermögenswerten wird anhand der Eigenkapitalvorschrift deutlich, die von der Bank für Internationalen Zahlungsausgleich (BIZ) fixiert wurde. Letztere hat - quasi als Minimalregel - die Regel festgeschrieben, dass das Eigenkapital mindestens 8 % der risikobehafteten Aktiva betragen muss. In der jüngeren Diskussion wird - angesichts zahlreicher Finanzkrisen in aufstrebenden Volkswirtschaften - für Transformations- und Entwicklungsländer sogar eine noch höhere Eigenkapitalquote gefordert. Die chinesischen Banken verfehlen diese Vorgabe kontinuierlich. Bis Ende 1996 war die Eigenkapitalquote auf 4,4 % der risikogewichteten Aktiva gesunken (vgl. Tabelle 40). Angesichts dieser kritischen Entwicklung entschloss sich die chinesische Regierung im Jahr 1998, den Geschäftsbanken zusätzliches Kapital zuzuführen, welches über die Emission einer Staatsanleihe (Volumen: 270 Mrd. RMB Yuan) finanziert wurde. Aber selbst dieses Geld versickerte zu weiten Teilen bei den staatlichen Geschäftsbanken: Anfang 2001 war die Eigenkapitalquote bereits wieder auf 6,6 % gesunken.

---

[588] Vgl. Girardin (1997), S. 32.
[589] Vgl. Yu/Ju (1999), S. 53.

Tabelle 40: Eigenkapitalquote der großen staatlichen Geschäftsbanken

	1988	1989	1990	1992	1994	1996	1998	2001
EK-Quote (% der Risikoaktiva)	7,9	7,5	7,1	5,8	6,1	4,4	8,0	6,6

Quellen: Lardy (1998), S. 94; SSB (2001), S. 7.

8.4.1.3 „Non-Bank financial institutions" in China

Das Entstehen der „Non-Bank financial institutions" (NBFIs) in China wird oft nahezu euphorisch als die größte Innovation im Nichtbankensektor bezeichnet.[590] Zu dieser Gruppe von Finanzintermediären zählen neben Versicherungen und sonstigen Finanzierungsgesellschaften vor allem die **„Trust and Investment Companies" (TICs)**. Die Initiative zur Gründung von TICs entsprang staatlichen Anregungen. Die Zentralregierung forderte Geschäftsbanken auf, ihr Investment-Geschäft auf separate Abteilungen zu konzentrieren. 1986 erfolgte dann die Richtlinie, dass zusätzliche Tochtergesellschaften gegründet werden, um ein verbreitertes, von den Banken nicht zu leistendes Angebot an Finanzdienstleistungen zu ermöglichen. Auf diese Initiative reagierten aber nicht nur Geschäftsbanken, sondern auch große Industrieunternehmen und die Provinzregierungen. Die neu gegründeten Institutionen bildeten sich daher als **Finanzierungsarm von Banken, Industriekonglomeraten oder Provinzen** heraus. Von den 1994 bestehenden „autorisierten" 393 TICs gehörten 185 zu Banken, 16 weitere arbeiteten ebenfalls national und 192 befanden sich in regionalem Besitz. Die Zahl der TICs variierte aber stark (vgl. Tabelle 41). Zahlreiche TICs engagierten sich auch im Auslandsgeschäft.[591]

Tabelle 41: Entwicklung der „Non-bank financial institutions" in China

	1986	1988	1991	1993	1994	1997
Anzahl	561	745	375	388	393	239
Anteil an Finanzsektor-Assets	1,7 %	-	3,2 %	3,2 %	3,5 %	-

Quelle: Kumar et al. (1997).

Die Entgegennahme von Einlagen der privaten Haushalte ist den TICs untersagt,[592] wird aber trotzdem durchgeführt. Da sie neben dem Depositen- und Kreditgeschäft mit Unternehmen aber auch Kredite auf „Empfehlung" der Provinzregierungen vergibt, agieren sie letztendlich als eine **„Mischung aus Investment- und Entwicklungsbank"**.[593] Die **Vorteile von TICs** stellen sich für verschiedene Akteure wie folgt dar:

---

[590] Vgl. bspw. Weltbank (1990), S. 13.

[591] Vgl. Lardy (1998), S. 73f.; Kumar et al. (1997), S. 8.

[592] Vgl. Kunnasmaa (1996), S. 63f.

[593] Vgl. Girardin (1997), S. 35.

- **Geschäftsbanken**: Für die staatlichen Geschäftsbanken stellen die NBFIs eine gute Chance dar, die staatlichen Vorgaben zu umgehen. Durch Geschäfte über TICs entfielen die staatlichen Kontrollmöglichkeiten, welche sich sowohl auf die Kreditvergabe außerhalb des Plans als auch auf spezielle Transaktionen, wie bspw. das Verbot für Geschäftsbanken, Anteile an Unternehmen direkt zu erwerben, bezogen. Die Umgehung der Kreditvergabe über TICs wurde erst 1995 mit dem Geschäftsbankengesetz unterbunden.[594]

- **Provinzverwaltungen**: Für diese war die Gründung lohnenswert, um einer öffentlichen Investitions- und Finanzierungspolitik den Anschein einer formalen Finanzierung über unabhängige Intermediäre zu geben. Damit konnten sie vor allem Mittel von ausländischen Kapitalgebern ohne Einschaltung des staatlichen Bankensystems bündeln.

Analysen der TICs ergeben eine Rentabilitätsquote von 1 %, also wesentlich höher als bei Geschäftsbanken. Die höhere Rendite geht darauf zurück, dass sie tendenziell risikobehaftetere Geschäfte (wie im Immobiliensektor und an den Aktienmärkten) tätigen, diese aber nicht nach ordnungsgemäßen Buchführungskriterien bilanzierten.[595] Die TICs profitierten davon, dass ein Großteil der Kredite von Geschäftsbanken über den Kreditplan den staatlichen Unternehmen zugeteilt wurde. Damit boten sie als Nicht-Banken-Institutionen ausreichend „Schlupflöcher", um gezielt Kredite zu vergeben oder Darlehen im Ausland aufzunehmen.[596] Die Reaktion der Zentralregierung auf die Umgehung ihrer Vorgaben beschränkte sich auf die gesetzliche Fixierung der Vorgabe, dass die TICs formal unabhängig von den Geschäftsbanken operieren sollen (ohne dafür Schritte zur Implementierung zu ergreifen).[597] Restriktive Maßnahmen ergriff die Regierung erst, wenn eine TIC in finanzielle Schieflage geriet.

Populärster Krisenfall war die GITIC (Guangdong International Trust and Investment Corporation) im Herbst 1998. Sie war nicht mehr in der Lage, ihre Fremdwährungsschulden (welche weitestgehend kurzfristiger Natur und als „roll over"-Kredite ausgestaltet waren) zu bedienen. Die Verbindlichkeiten überstiegen den Wert aller Vermögenswerte um das 1,7-fache. Der Staat ließ die GITIC schließen und erstattete lediglich inländischen Privatanlegern ihre Mittel.[598] Im

---

594 Vgl. Geschäftsbankengesetz von 1995, Art. 43 und Art. 11; zitiert aus Almanac (1995), S. 209 und 215ff.
595 Vgl. Kumar et al. (1997), S. 16, 21.
596 Vgl. Girardin (1997), S. 34.
597 Vgl. Kunnasmaa (1996), S. 64.
598 Vgl. Zhu (1999), S. 313f. Die chinesische Zentralbank hat bekanntgegeben, dass sie bzw. die mit der Abwicklung beauftragte Bank of China nur für die Geschäfte garantiert, die von

Zuge der GITIC-Liquidierung wurden auch andere, kleinere TICs geschlossen, die verbliebenen sollen zahlenmäßig reduziert werden. Die Konsolidierung bei den TICs ist aber eine schon mehrmals wiederholte Aktion, um den nicht überwachten Aktivitäten Grenzen zu setzen. Schon in den Jahren 1982, 1986 und 1988 wurde als Reaktion auf eine „Überhitzung" die Zahl der zugelassenen TICs stark reduziert. Diese Maßnahme war jeweils Teil eines Paketes zur Reduzierung des Kreditwachstums.[599] Daher ist es an der Zeit, effiziente Kontrollmechanismen umzusetzen, um eine größere Transparenz zu erreichen.

Die „Trust and Investment Companies" stellen keine Weiterentwicklung des Finanzsystems dar, sondern werden von Geschäftsbanken und Provinzregierungen zur verstärkten Umgehung staatlicher Vorgaben genutzt.

8.4.1.4 Der Interbankenmarkt in China

Als ein positives Kennzeichen zur Entwicklung marktwirtschaftlicher Elemente im Bankensystem wird der Aufbau eines Interbankenmarktes angesehen. Dieser wurde von der Regierung schon früh gefördert. Erste offizielle Aktivitäten entwickelten sich ab August 1986, als die Filiale Shanghai der ICBC formal die Eröffnung des „Geldmarktes Shanghai" bekannt gab. Darauf reagierte die Zentralbank (PBC) und veröffentlichte im Oktober des gleichen Jahres eine Anweisung, dass ein nationaler Interbankenmarkt installiert werden sollte.[600] Die PBC behielt auch lange Zeit die Zügel beim Interbankenmarkt in der Hand. Zwar war sie nicht direkt mit eigenen Mitteln beteiligt, aber sie sah ihre Aufgabe in „Führung, Organisation und Verwaltung" der Geschäfte in diesem neu entstehenden Marktsegment.[601] Dadurch entstanden Probleme, da verschiedene Verwaltungsebenen versuchten, Einfluss auszuüben und bei der Mittelverteilung die ihnen zugeordneten Banken zu protegieren.[602] Um die Etablierung landesweit umsetzen zu können, eröffnete die PBC 35 „financing centers". Diese waren die Plattform für die regionalen Teilnehmer am Interbankenmarkt, zu denen neben den lokalen Niederlassungen von Geschäftsbanken auch die „Non-bank financial

---

ihr genehmigt wurden. Dieses Vorgehen wird von ausländischen Kreditgebern kritisiert, ist aber sinnvoll. Dadurch werden neben den Provinzbehörden auch die ausländischen Kapitalgeber gewahr, bei chinesischen Finanzinstitutionen auf das Risiko zu achten und nicht durch zu sorglose Kreditvergabe auf eine staatliche Hilfe im Verlustfall zu hoffen.

[599] Vgl. Girardin (1997), S. 36.

[600] Vgl. Xia (1995), S. 105.

[601] Vgl. Holz (1992), S. 81.

[602] Vgl. Xia (1995), S. 108. Dort wird darauf verwiesen, dass in vielen Städten mehrere Interbankenmärkte entstanden (bspw. 13 in Nanjing), um verschiedenen Finanzinstitutionen einen Vorteil zu verschaffen.

institutions" gehörten. Eine wesentliche Standardisierung des Interbankenmarktes fand aber erst 1996 statt, als die PBC ein national agierendes „Unified Interbank Trading Network System" installierte. In dem neuen System wird auf zwei Ebenen gehandelt. In der ersten operieren die 35 „financing centers" mit 20 Geschäftsbanken direkt über ein Telekommunikationsnetzwerk miteinander. Die 35 „financing centers" stellen dann die Kopfstelle für die zweite Ebene dar, so dass die lokalen Akteure nicht direkt am Interbankenmarkt teilnehmen.[603]

Bis Juni 1996 wurde der Zinssatz am Interbankenmarkt durch die PBC in der Form kontrolliert, dass ein Limit für die Obergrenze festgesetzt wurde, so dass sich auch hier kein Marktzins (als „Alternative" zu den Refinanzierungszinsen) bilden konnte. Seit Juni 1996 wird der Zins (CHIBOR = China interbank offered rate) durch Angebot und Nachfrage determiniert. Allerdings ist unklar, wie die offizielle Aussage „The central bank regulates market interest rates indirectly" in der Praxis angesehen werden kann.[604] Zudem ging das Volumen am Interbankenmarkt nach einer kurzen „Boom-Phase" 1988 stark zurück (vgl. Tabelle 42). Dies kann dadurch erklärt werden, dass die PBC eine exzessive Ausdehnung der Geschäftsbankenkredite unterbinden wollte.[605] Eine weitere Kontrolle durch die PBC wird über die Steuerung des gehandelten Volumens am Interbankenmarkt vollzogen. Die Zentralbank beobachtet das Transaktionsvolumen und die Bewegungen der einzelnen Zinssätze. Sind die Entwicklungen ihrer Meinung nach zu expansiv oder restriktiv, dann versorgt sie den Markt mit zusätzlicher Liquidität (wenn zu restriktiv) bzw. entzieht diesem welche (wenn zu expansiv).[606]

Tabelle 42: Volumen des Interbankenmarktes in China

	1987	1988	1989	1990	1995	1996
Mrd. RMB Yuan	200	520	290	260	771	587,1
in % der Geschäftsbankenkredite	20,5	50,8	24,0	17,6	14,9	9,1

Quelle: China Financial Outlook CD-Rom; Holz (1992), S. 82; Wei (1999), S. 60.

8.4.2 Kreditvergabepolitik der Geschäftsbanken

Die Ertragsentwicklung der Geschäftsbanken lässt auf eine ineffiziente Kreditvergabe schließen, welche entweder durch staatliche Vorgaben für Kreditempfänger und Zinshöhe oder aber durch eine riskante Kreditvergabepolitik der

[603] Vgl. Wei (1999), S. 59f.
[604] Vgl. EMEAP (1997).
[605] Vgl. Xia (1995), S. 108.
[606] Vgl. EMEAP (1997). In dieser auch von offizieller chinesischer Seite geduldeten Publikation heißt es weiter: „The current interbank lending market, which is still undeveloped, needs to be upgraded further" (Part IA8).

Banken selbst verursacht wurde. Die Zinsvorgaben hatten einen negativen Einfluss auf die Ertragslage der chinesischen Geschäftsbanken. Angesichts des vorliegenden Datenmaterials zu den Vorgaben für Kredit- und Einlagezinsen (am Beispiel der einjährigen Laufzeit) dokumentiert sich ein Verlustgeschäft für die Geschäftsbanken. Beide Zinsarten waren fast permanent identisch (vgl. Abbildung 41). Damit entfielen die Einnahmen für die Geschäftsbanken aus dem „spread" zwischen Kredit- und Einlagezinsen. Die operativen Kosten des Bankbetriebs sowie (in jüngerer Zeit) Abschreibungen auf uneinbringliche Kredite mussten aber weiterhin bestritten werden. Diese Kosten stiegen im Lauf des Reformprozesses, vor allem die operativen Kosten nahmen erheblich zu und belasteten die Ertragslage der Banken. Zudem ist strittig, ob die Geschäftsbanken überhaupt eine ausgeglichene Balance bei den Zinseinnahmen erreichen konnten. Unter politischem Druck und aus Gründen der Glaubwürdigkeit mussten die Verpflichtungen zur Zinszahlung auf Spareinlagen eingehalten werden. Gleichfalls unter politischem Einfluss war es hingegen gängige Praxis, dass sowohl Tilgungen als auch Zinszahlungen auf Kredite von Seiten der Staatsunternehmen ausblieben.

8.4.2.1 Auswahl der Kreditnehmer durch die Geschäftsbanken

Die staatlichen Geschäftsbanken in einem Transformationsland wie China stehen grundsätzlich vor dem Problem, dass sie selbst eine ertragsorientierte Kreditpolitik betreiben sollen, aber weiterhin die Kredite (ehemaliger) Staatsunternehmen im Portfolio halten, die ihre Ertragslage über Gebühr belasteten. Für die VR China kam, wie auch in einigen anderen Transformationsländern, zusätzlich noch hinzu, dass die Staatsunternehmen weiter am Leben erhalten wurden und ihnen durch den Kreditplan quasi-garantierte Kredite zugeteilt werden mussten. Angesichts der sich permanent verschlechternden Ertragslage der SOEs ergab sich auch für die Geschäftsbanken ein Finanzproblem, da die Rendite der SOEs unter den Zinsverpflichtungen lag (vgl. Abbildung 48).

Auf die Entwicklung der SOEs konnten die Geschäftsbanken aber nicht reagieren, wie es von einem Fremdkapitalgeber normalerweise erwartet würde. Rational wäre für eine unabhängige Geschäftsbank die Kündigung bestehender und Verweigerung neuer Kredite. Die chinesischen Geschäftsbanken konnten diesen Weg nicht gehen, da sie staatliche Interessen verfolgen mussten, was sich anhand des **„leverage-Effektes"** zeigen lässt (vgl. Box 22). Der notwendige Verzicht auf Zinszahlungen ist ein wichtiger Grund für die sich verschlechternde Finanzlage der staatlichen Geschäftsbanken in China.

Abbildung 48: Kreditzinsen im Verhältnis zur Rendite der Staatsunternehmen

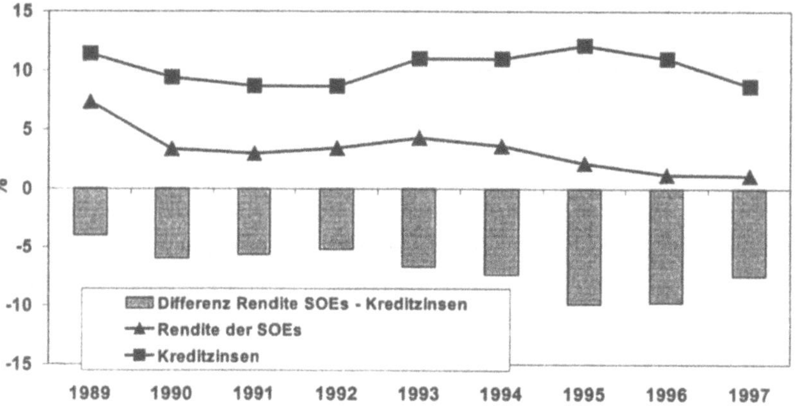

Quellen: China Financial Outlook CD-Rom; Choe/Yin (2000), S. 100, Harvie (1999), S. 22.

Box 22: Finanzsituation der SOEs, „leverage-Effekt" und Einfluss auf Geschäftsbanken

Um die Reaktion einzelner Kapitalgeber der SOEs in China diskutieren zu können, kann auf den „leverage-Effekt" zurückgegriffen werden. Über diesen wird die Eigenkapitalrendite in Abhängigkeit von der Gesamtrendite r_g, dem Kreditzins i sowie der Verschuldungsquote bestimmt (Franke/Hax, 1999):

$r_E = r_G + (r_G - i)\frac{FK}{EK}$, *mit* r_E *als Eigenkapitalrendite und* $\frac{FK}{EK}$ *als Verschuldungsquote.*

Für China hat die aggregierte Betrachtung ergeben, dass die Gesamtkapitalrendite der Staatsunternehmen weit unter der Fremdkapitalrendite lag. Anhand der Formel ist damit ersichtlich, dass ab einer bestimmten Verschuldungsquote die Eigenkapitalrendite unterhalb von Null liegen würde (wobei hier noch zusätzlich berücksichtigt werden sollte, dass wir nur von durchschnittlichen Zahlen sprechen, also nicht einmal die schlechtesten Staatsunternehmen separat betrachten). Aus dieser Diskussion lässt sich im Umkehrschluss auch die Grenze für die Verschuldungsquote bestimmen, bei der die Eigenkapitalrendite größer oder zumindest gleich 0 wäre:

$$\frac{FK}{EK}_{r_E \geq 0} \leq \frac{r_G}{-(r_G - i)}$$

Unter Verwendung der Zahlen für die Periode 1990 bis 1997 ergibt sich für die chinesischen Staatsunternehmen, dass die Verschuldungsquote, bei welcher noch eine positive Eigenkapitalrendite hätte erzielt werden können, immer weiter sank (vgl. Tabelle 43). Damit ist für die SOEs davon auszugehen, dass die staatlichen Institutionen als Eigenkapitalgeber eine negative Rendite erzielten. Ihre Reaktion ist dementsprechend so ausgefallen, dass sie die staatlichen Geschäftsbanken dazu brachten, auf Zins- und Tilgungszahlungen zu verzichten. Damit fand eine Umverteilung zu Lasten der Geschäftsbanken und rentablen Staatsunternehmen statt.

Quelle: Franke/Hax (1999), S. 465ff.; eigene Darstellung und Berechnung.

Tabelle 43: Notwendige Verschuldungsquote für „neutrale" Eigenkapitalrendite

	1990	1991	1992	1993	1994	1995	1996	1997
„Neutrales" Verhältnis FK/EK	0,55	0,52	0,65	0,64	0,49	0,22	0,12	0,15

Quelle: Daten aus Abbildung 48 entnommen, eigene Berechnung; steigt die Fremdkapitalquote über den hier berechneten Wert, so sinkt die Eigenkapitalrendite ins Negative.

Bei der Diskussion über die Kreditvergabepolitik blieb bisher unklar, welche Investitionsprojekte davon profitierten. Bei den Motiven der Provinz- und Bezirksregierungen werden lediglich Beziehungen zur Zentralregierung und Instrumentalisierung der Geschäftsbanken betrachtet, aber nicht gewünschte Mittelempfänger. Unterstellt man den Geschäftsbanken rationales Verhalten, dann ist davon auszugehen, dass in Phasen schlechter Ertragsentwicklung oder einer restriktiveren Ausrichtung des Kreditplans zunächst eine **Kreditrationierung bzw. ein Zwang zur Rückzahlung bestehender Kredite für effizienter arbeitenden Privat- und Staatsunternehmen („whipping the winner-effect")** auftritt.[607] Diese sind allein in der Lage, ihren Verpflichtungen nachzukommen und sich gegebenenfalls über andere Quellen zu finanzieren. Für die unrentablen Staatsunternehmen hingegen bestand weiterhin ein „soft budget constraint" (vgl. Box 23).

Dieser „soft budget constraint" äußerte sich besonders bei den Unternehmen, die nicht in der Lage sind, ihren Zinszahlungen nachzukommen. Die Geschäftsbanken mussten für diese Unternehmen neue Kredite vergeben, um deren Zinszahlungen verrechnen zu können. Damit dienten die Kredite nicht zu einer Finanzierung von Investitionen, sondern lediglich der Verhinderung von Konkursen. Dadurch wurden wichtige Finanzierungsmittel für andere Projekte (und Unternehmen) gebunden. Oftmals deckten die neu aufgenommenen kurzfristigen Kredite gerade die zu leistenden Zinszahlungen.

Tabelle 44: Finanzierungsverhalten von SOEs in einer finanziellen Notlage

	besonders bevorzugt	bevorzugt	nicht bevorzugt
Anfrage um Unterstützung bei staatl. Institutionen (%)	55,0	28,4	9,5
Anfrage um Unterstützung bei Banken (%)	40,2	37,4	11,9
Suche nach neuem Investor (%)	27,6	42,6	15,5
Innerbetriebliche Finanzierung (%)	16,2	30,8	31,9

Quelle: Yuan (2000), S. 18.

607 Vgl. Lu/Yu (1998), S. 168.

Box 23: „Soft budget constraint" in chinesischen SOEs durch die Kreditvergabepolitik

Weiche Budgetrestriktionen sind ein Problem, welches nicht nur in Planwirtschaften, sondern auch in den Transformationsländern zu beobachten war. Dabei bieten sich verschiedenen staatlichen Institutionen und Ebenen verschiedene Varianten, um strikte Finanzierungsbeschränkungen für die SOEs zu umgehen. Der Staat kann verlustbringenden Unternehmen zusätzliche direkte Subventionen zukommen lassen, ihre Steuerschuld reduzieren oder weitere Kompensationen, bspw. über zusätzliche Bankkredite, gewähren. Nachteilig wirkt dabei vor allem die Erwartungsbildung bei den Managern von SOEs. Diese konnten weiterhin dergestalt planen, dass sie in der letzten Instanz von einer Erhaltung ihres Unternehmens ausgehen konnten, selbst wenn sie dauerhaft Verluste erwirtschaften (Raiser, 1997a).

Unbestritten ist nach über zehn Jahren Transformation in Osteuropa (und 20 Jahren in China), dass ***„die Durchsetzung finanzieller Disziplin und die Förderung des Wettbewerbs die Umstrukturierung der Unternehmen begünstigen, und zwar ungeachtet der Eigentumsverhältnisse" (Weltbank, 1996).*** Angesichts der Vorgehensweise, dass die Bankkredite als Substitute für direkte staatliche Zuweisungen an die SOEs dienen, muss somit für die VR China konstatiert werden, dass weiterhin „soft budget constraints" für ineffiziente SOEs bestanden, so dass diese trotz sinkender Performance weiter bestehen und sich über revolvierende und neue Bankkredite refinanzieren konnten. Die Einstellung der Staatsunternehmen zur „weichen Finanzierung" zeigte sich bei einer Befragung durch eine chinesische Forschergruppe (vgl. Tabelle 44). Im Fall eines finanziellen Engpasses greifen die Unternehmen bevorzugt entweder auf die Verwaltung oder aber auf die Banken zurück. Im Unterschied zu zahlreichen Modellen, in welchen den Banken ein aktives Verhalten bei der Unterstützung von Staatsunternehmen unterstellt wird, ist also in China die Situation so zu interpretieren, dass die Regierung aktiv den „soft budget constraint" aufrecht erhalten will und den Banken nur eine passive Rolle zufiel. Der Staat betreibt weiterhin eine Umverteilung innerhalb des Systems von Unternehmen, Staatshaushalt und Banken. Letztlich finanzieren die Banken mit den Krediten an die Staatsunternehmen nicht nur produktive Tätigkeiten, sondern auch das Sozialsystem (die „danwei").

Quellen: Raiser (1997a), S. 30; Weltbank (1996), S. 58.

Verbesserung von „Corporate Governance" in China seit 1995?

Bei einer unabhängig durch die Geschäftsbank umgesetzten Kreditrisikopolitik steht die effiziente Ausgestaltung des Finanzierungsvertrages im Vordergrund. Zur Besicherung des Kredites eignet sich wahlweise das „monitoring" des Kreditnehmers, der Aufbau von Reputation oder die Stellung von Sicherheiten (vgl. 7.1.2). Angesichts der Entwicklung von institutionellen Rahmenbedingungen und den Staatsunternehmen in China entfallen die beiden letzten Lösungen. Die schlechte Zahlungsmoral der SOEs führt nicht zu einem Reputationsaufbau, und das Anlagevermögen der Staatsunternehmen war als Sicherheit ungeeignet, da quasi wertlos und zudem nur schwer einzuklagen.

Somit wäre zur Besicherung einer Forderung nur noch die Ausübung von „corporate governance“ in Frage gekommen. Bis Mitte der 90er Jahre scheiterte dieser Mechanismus aber an der mangelhaften Fortentwicklung der Geschäftsbanken. Unter dem Kreditplan war es für sie nicht notwendig, eigene Instrumente der Kreditrisikopolitik zu entwickeln, so dass erst mit Erlass des Geschäftsbankengesetzes 1995 damit begonnen wurde.[608] Die in §7 sowie §§35ff. Geschäftsbankengesetz fixierten strikteren Vorschriften zur Prüfung der Kreditvergabe sind formal ein Schritt in die richtige Richtung. Demnach sollen die Geschäftsbanken bei der Vergabe eines Kredites eine strenge und wiederholt vorgenommene Bonitätsprüfung durchführen (§35) und eine ausreichende Besicherung des Kredites verlangen (§36). Problematisch ist aber §38, der weiterhin die Beachtung staatlich vorgegebener Kreditzinsen verlangt.[609] Zusammen mit dem Problem, dass die Geschäftsbanken nach fast 20 Jahren fortgesetzter ineffizienter Kreditvergabepolitik von der Entwicklung der Staatsunternehmen abhängig sind, lassen die Zinsvorgaben erwarten, dass die Kreditvergabepolitik keine wesentliche Änderung erfährt.

Staatliche Institutionen als Eigentümer der SOEs waren nicht gewillt, eine vollständige Reform der Kreditpolitik bei den Geschäftsbanken zuzulassen. Die Banken dienten weiterhin vorrangig zur Finanzierung ineffizienter SOEs und mussten die Last übernehmen. Sie waren nicht in der Lage, „corporate governance“ effizient auszuüben.

8.4.2.2 Reformen bei den Geschäftsbanken: Staat muss führen, nicht bremsen

„Kreative Bilanzierung“ als Reformhindernis

Die Ertragssituation der Geschäftsbanken wird dadurch überzeichnet, dass in der Gewinn- und Verlustrechnung auch ein Großteil der Zinszahlungen von nicht vertragsgemäß bedienten Krediten berücksichtigt wird, was zu einem höheren Gewinnausweis führt. Verschiedene staatliche Geschäftsbanken erwähnen dies explizit in ihren Geschäftsberichten. Sie berücksichtigen die Zinszahlungen erst dann nicht mehr, wenn Kreditrückzahlungen über ein Jahr lang nicht erfolgt sind. Diese Praxis erscheint angesichts der Fristigkeit der Bankkredite (über 70 % kurzfristig) unangemessen. Daher muss die Finanzsituation chinesischer Banken kritischer beurteilt werden, als es die Zahlen glauben machen. Auch die Bemessung notleidender Kredite zeigt den Unterschied zwischen Wunsch und

[608] Vgl. Zhang (1997), S. 23ff.
[609] Geschäftsbankengesetz, zitiert aus Almanac (1995), S. 214.

Realität sowie den Einsatz „kreativer Bewertungsmethoden“. Die Abweichung zwischen offiziellen Angaben (5-6 %)[610] und dem tatsächlichen Ausmaß (bis zu 40 %) lässt sich durch die Bewertungsvorschriften von Krediten erklären. So schreibt bspw. die China Minsheng Bank in ihrem Jahresbericht (1998, S. 32):

> „In conformity with International Accounting Standards, loans are placed on non-accrual status if principal or interest *is not likely to be paid* in accordance with the terms of the loan agreement, or when principal or interest is past due 180 days or more.“

Diese Praxis ist kritisch zu beurteilen. Einerseits zeigt die Formulierung „is not likely to be paid“ einen erheblichen Interpretationsspielraum. Andererseits macht die 180 Tage-Regelung wenig Sinn, wenn ein Großteil der Kredite eine Laufzeit von weniger als einem Jahr aufweist, da dann ein Warten um ein weiteres halbes Jahr einer Prolongation gleichkommt. Gerade die großen chinesischen Geschäftsbanken weisen aber bis auf die Bank of China alle einen Anteil der kurzfristigen Kredite von über 70 % auf. Entfallen diese Kredite, so wird der Anteil der notleidenden Kredite nur noch aus einer viel kleineren Grundgesamtheit bemessen. Angesichts des schon sorglos erscheinenden Umgangs mit dem Problem notleidender Kredite verwundert es auch nicht, dass bis 1998 nur geringe Rückstellungen auf Kreditrisiken vorgenommen wurden (vgl. Tabelle 45).

Tabelle 45: Rückstellungen zur Abdeckung von Kreditausfällen bis 1998

	ICBC	BOC	CCB	Minsheng Bank
Rückstellungen in % des Kreditvolumens	0,39	2,17	0,22	5,04

Quelle: Jahresberichte 1998 der BoC, S. 40; CCB, S. 58; China Minsheng Bank, S. 43; ICBC, S. 40.

Bankenrestrukturierung bisher kein weitreichender Erfolg

Allein die kreativen Bilanzierungsvorschriften zeigen, dass die **chinesische Regierung weiterhin bemüht** ist, **die massiven Probleme im Finanzsektor zu verharmlosen.** Zwar wurden in den letzten drei Jahren erste Schritte unternommen, um die Probleme im Finanzsektor anzugehen. Dazugehörige Maßnahmen waren unter anderem eine staatliche Bondemission zur Rekapitalisierung der Banken im März 1998 sowie die Schließung der (technisch insolventen) GITIC im Herbst 1998. Allerdings handelt es sich hier nur um begrenzte Reformschritte, die im Falle der Bankenrekapitalisierung zudem weitestgehend wirkungslos verpufften. Als ein zentraler Reformschritt für die Zukunft wird die Bildung spezieller „Asset Management Companies (AMCs)“ zur Abwicklung notleidender Kredite angesehen, die im Frühjahr 1999 erfolgte. Angesichts des Volumens notleidender Kredite hat die chinesische Regierung entschieden, für

---

[610] Die offiziellen Angaben scheinen so ausgestaltet, dass sie gerade die in den Bestimmungen für Geschäftsbanken vorgegebene Obergrenze von 5 % erreichen.

jede große staatliche Geschäftsbank eine separate AMC zu gründen. Diese AMCs haben die Aufgabe, von der jeweiligen Geschäftsbank die Kredite zu übernehmen, deren Rückzahlung am unwahrscheinlichsten erscheint. Die AMCs sollen dann versuchen, diese Aktiva zu liquidieren. Im schlechtesten Fall (Misserfolg bei der Rückzahlungseinforderung) müssen die Restrukturierungskosten der Banken vom Staat getragen werden. Dieses würde den Staatshaushalt massiv belasten: Erste unabhängige Schätzungen erwarten **Restrukturierungskosten für das Bankensystem in China** von **insgesamt 50 % des BIP**.[611]

Angesichts der aktuellen Quoten notleidender Kredite (vgl. Tabelle 46) könnte der Bankenreform ein erster Fortschritt attestiert werden. Zwischen Ende 1998 und Anfang 2001 sank der Anteil notleidender Kredite am Gesamtportfolio von 41 % auf 28 %. Dies ist aber weniger auf eine effizientere Geschäftspolitik der Geschäftsbanken zurückzuführen. Statt dessen wurden in den Jahren 1999 und 2000 insgesamt 1,4 Billionen RMB Yuan an (notleidenden) Krediten von den vier großen Banken an die AMCs übertragen, so dass diese Summe nicht mehr in den Bilanzen der Staatsbanken angeführt wird.[612] Diese Summe entsprach etwa 22 % aller Kredite der vier großen Banken (Stand: 1998). Damit zeigt sich, dass das Volumen notleidender Kredite de facto weiter angestiegen ist. Das von staatlicher Seite formulierte Ziel der Reduzierung notleidender Kredite um 1-2 % jährlich ist also bestenfalls als ambitioniert zu bezeichnen. Die staatlichen Geschäftsbanken haben das Grundübel der ineffizienten Kreditvergabe bisher nicht an der Wurzel angepackt.

Tabelle 46: Anteil notleidender Kredite bei großen staatl. Geschäftsbanken

	1996	1998	2001
Notleidende Kredite, in % aller Kredite	38,0	41,0	28,0

Quelle: SSB (2001), S. 7.

Weiterhin haben sich bisher bereits Probleme für die AMCs ergeben:[613]

- Bei den Verhandlungen über die zu transferierenden Kredite sind auch staatliche und regionale Verwaltungsebenen sowie die Schuldner beteiligt. Erste Erfahrungen zeigen, dass dadurch der Prozess der Kreditrestrukturierung stark politisch orientiert ist, zumal auch die AMCs selbst wie ein Staatsunternehmen organisiert sind.

[611] So die jüngsten Berechnungen der Rating-Agentur „Standard & Poor's". Dies ergibt sich auch aus den aktuellen Zahlen, wenn man das Ausmaß der notleidenden Kredite mit 40 % unterstellt. Da die Bankkredite sich auf 120 % des BIP belaufen, ergeben sich Restrukturierungsvolumina (und -kosten) von 48 % des BIP.

[612] Vgl. SSB (2001), S. 7.

[613] Vgl. Bonin/Huang (2000), S. 26f.

- Aufgrund der Eins-zu-eins-Beziehung zwischen Geschäftsbank und zugehöriger AMC behandeln die Geschäftsbanken ihre Auffanggesellschaft nur als „Filiale für besonders problematische Fälle" oder - drastisch gesagt - als „Mülleimer für unliebsame Kredite".

- Die Auffanggesellschaften müssen ein breites Spektrum an Finanzdienstleistungen beherrschen: Investment Banking, Kreditbewertung, Venture Capital-Aktivitäten sowie strategische Unternehmensberatung. Dafür fehlt ihnen aber das fachlich qualifizierte Personal. Ein Großteil der Angestellten ist von den Banken zu den AMCs übergewechselt, ohne sich die zusätzlichen Kenntnisse anzueignen.

- Die **Qualität der Kredite** ist **weitaus schlechter, als** selbst **in den kritischsten Schätzungen angenommen** wurde. Bisher ergab sich für die AMCs bei der Kreditliquidierung eine **„Erfolgsquote" von lediglich 6 %.**[614]

Die Bildung der AMCs ist ein Schritt in die richtige Richtung, angesichts der zahlreichen Einflussmöglichkeiten verschiedener Interessengruppen auf den Reformprozess scheint ein Erfolg unter der gegebenen Konstellation aber unwahrscheinlich. Die AMCs verfügen nicht über den Status einer unabhängigen Institution.

Fazit: Staat hält weiter die schützende Hand über die Staatsbanken

Die finanzielle Vorsorge von Seiten der staatlichen Geschäftsbanken zur Abdeckung des Risikos von Kreditausfällen ist - mit Ausnahme der China Minsheng Bank und der Bank of China - weiterhin zu gering. Zudem ist die Rekapitalisierung der Geschäftsbanken lediglich Grundvoraussetzung für weitere Reformen. Angesichts ihrer „planwirtschaftlichen Vergangenheit" und der schon für Transformationsländer allgemein gezogenen Schlüsse bleibt fraglich, ob die staatlichen Geschäftsbanken wirklich die zentrale Basis eines „neuen Bankensystems" in der VR China darstellen sollten. Es ist vielmehr zu befürchten, dass es zu viel Zeit benötigen würde, das Personal auszubilden und die Verbindungen zu den bestehenden Staatsunternehmen zu beenden. Im Rahmen der verbesserten Überwachungsmöglichkeiten sollten vielmehr neue Banken aufgebaut werden, die sich dann unabhängig entwickeln können.

[614] Vgl. SSB (2001), S. 7.

8.4.3 Verhältnis zwischen staatlichen Geschäftsbanken und Anlegern

Die theoretischen Diskussionen in den Modellen von Diamond und Breuer haben einen ihrer Schwerpunkte auf die Beziehung zwischen Finanzintermediären und Anlegern gelegt. Dies geschah vor dem Hintergrund, dass dadurch die Frage geklärt werden soll, inwieweit die Einschaltung eines Intermediärs Vorteile gegenüber der direkten Finanzierung von Unternehmen bringt. Für China kann zunächst einmal konstatiert werden, dass **die Privaten ein nahezu unerschütterliches Vertrauen in ihre Geschäftsbanken haben**:

> „(By the time being) At the end of the day, Chinese depositors believe their deposits are safe in Chinese banks, [...]."[615]

Dies zeigt sich am Sparverhalten der privaten Haushalte, welches sowohl durch eine hohe Sparquote (ca. 40 % des BIP) als auch durch eine fast vollständige Anlage des Geldes auf Sparkonten geprägt ist (vgl. Tabelle 47). Die Konzentration der Ersparnis auf die Banken zu Reformbeginn 1978 erscheint logisch, da weder ein ausreichendes Güterangebot noch Anlagealternativen vorlagen und daher ein Zwangssparen stattfand. In den 90er Jahren aber entfielen diese Restriktionen. Dementsprechend handelt es sich nunmehr um freiwilliges Sparen der Privaten. Die Einlagen selbst wurden wiederum vorrangig bei zwei Institutionen getätigt, den staatlichen Geschäftsbanken und den ländlichen Kreditkooperativen (RCCs) als Anlaufstelle für die ländliche Bevölkerung, welche keinen direkten Zugang zu den staatlichen Geschäftsbanken hatte (vgl. Abbildung 47 auf Seite 218).

Tabelle 47: Zusammensetzung der Vermögenswerte von privaten Haushalten (%)

	1978	1995	1996
Spareinlagen	50	77	77
Bargeld	50	14	12
Staatsanleihen	0	6	6
Unternehmensanleihen	0	1	<1
Aktien	0	2	5

Quelle: Lardy (1998), S. 132.

Die Anlage der privaten Spareinlagen bei den Geschäftsbanken war von staatlicher Seite systematisch unterstützt worden, da das Verhältnis von Krediten zu Einlagen bei den staatlichen Geschäftsbanken bis weit in die 90er Jahre deutlich über 100 % lag (vgl. dazu auch Abbildung 61 im Schlussabschnitt). Bei einem größeren Mittelabzug von Einlagen bei den Geschäftsbanken (unter Berücksichtigung der kontinuierlichen Verschlechterung des Kreditportfolios) wäre eine

615 Harding (1999), S. 13.

massive Instabilität im Bankensystem aufgetreten, die zur Illiquidität einzelner Institute sowie einem grundlegenden Vertrauensverlust der Anleger in das Bankensystem geführt hätte. Daher hat die Regierung sowohl bei der Entwicklung anderer Finanzinstitutionen als auch von Finanzmärkten nicht unbedingt massiv unterstützend gewirkt, sondern im Gegenteil deren Aufbau behindert.[616] Auch die staatlichen Geschäftsbanken bemühten sich im Laufe der Bankenreform, zusätzliche Spareinlagen anzuziehen. So gewährten sie teilweise Prämien auf Spareinlagen, welche die von staatlicher Seite vorgegebenen Einlagezinsen erhöhen und ihnen damit einen Wettbewerbsvorteil sowohl gegenüber anderen Banken als auch neuen Finanzierungsformen sichern sollten. Zudem erweiterten sie ihre Angebot um bausparähnliche Anlageformen zum Erwerb von Wohneigentum.[617]

Auch muss die **staatliche Absicherung der Geschäftsbanken** angeführt werden. Durch ihre fortgesetzte „Beteiligung" an den Aktivitäten der Geschäftsbanken signalisierte die chinesische Regierung ihr Bestreben zum Erhalt der Banken. Die Notwendigkeit zu einer strengeren Kontrolle der Geschäftsbanken durch die Anleger war somit nicht gegeben, da sie davon ausgehen konnten, dass im Falle von Liquiditätsschwierigkeiten eines Instituts staatliche Stellen (und hier vor allem die PBC als „lender of last resort") das Institut stützen würden.[618] Somit stand der Kostenaspekt wie auch das mangelhafte Angebot an alternativen Finanztiteln und die Einschränkung von Kapitalflucht durch Kapitalverkehrskontrollen der Ausgestaltung weiterer Vertragsmechanismen entgegen (vgl. Übersicht 29).

Übersicht 29: Kontrolle und Sanktionierung der Banken durch die Anleger?

	Strafvertrag	Reputationsaufbau
Gründe für Nicht Auftreten gängiger Mechanismen	• Kein Ausfall zu befürchten, daher verursacht jeder Vertrag unnötige Kosten. • Ineffizientes Rechtssystem und fehlende Alternativen, daher keine Sanktionsmechanismen für Anleger.	• Reputation bereits durch die staatliche Garantie gegeben. • Für Bank nicht nötig, da keine Alternativen, somit können Banken nicht abgestraft werden.

[616] Im Geschäftsbankengesetz von 1995 heißt es in Artikel 12 (letzter Absatz), dass die PBC als genehmigende Behörde bei der Zulassung auch das Wirtschaftswachstum sowie den Wettbewerb im Bankensektor berücksichtigen soll, eine Formulierung, die nicht weiter erläutert wird; zititert aus Almanac (1995), S. 209.

[617] Vgl. Zhang (1997), S. 22.

[618] So die Einschätzung des Economist anläßlich einer Beurteilung der Solvenz des Bankensystems: „In practice, of course, the central government will not allow state banks to go bust."; vgl. Economist (1995), S. 84.

8.5 Chinas Aktienmärkte

Neben den Geschäftsbanken verbleibt für Unternehmen als zweiter Finanzierungskanal noch der Gang an die Finanzmärkte, deren Entwicklungsgrad zu analysieren ist. Dort können sich die Unternehmen über Aktien und festverzinsliche Schuldverschreibungen finanzieren. Diese Finanzierungsformen bieten für Emittenten und Anleger unterschiedliche Risiken und Chancen hinsichtlich des Ertrags sowie des Bonitätsrisikos. Neben institutionellen Grundlagen existieren folgende **Voraussetzungen für die Finanzierung über Kapitalmärkte**:

- **Schuldverschreibungen**: Die Festlegung des Zinses muss das Bonitätsrisiko des Schuldners (in Form eines Aufschlags auf einen „sicheren Zins") widerspiegeln.
- **Aktien**: Die Unternehmen müssen sowohl gegenüber Börsenaufsicht als auch Anlegern regelmäßig ihre Finanzsituation und Entwicklungsperspektiven offen legen.

Bei festverzinslichen Anleihen ergibt sich in China für die Verzinsung das Problem, dass einerseits keine oder nur wenig Informationen über die Finanzsituation eines Unternehmens vorliegen, da es an den Rechnungslegungsvorschriften mangelt. Andererseits wog aber noch schwerer, dass kein „benchmark"-Zins existiert. Selbst wenn also über ein Unternehmen genügend Informationen vorliegen, um die Bonität beurteilen zu können, so besteht keine Grundlage, zu welcher der Risikoaufschlag hätte addiert werden können. Durch die auch bis Ende der 90er Jahre vorgenommenen Zinsvorgaben von Seiten der PBC (vgl. 8.3.2) bildete sich weder über die Emission neuer Anleihen noch über die seit 1991 durchgeführten Offenmarktoperationen ein Marktzins, der als „sicherer Zins" hätte dienen können.[619] Zudem führte natürlich auch die in den 90er Jahren verstärkte Emissionstätigkeit des Staates[620] dazu, dass dessen Anleihen (von den Anlegern potenziell als attraktiver eingestuft) die Unternehmensfinanzierung verdrängten. Dieses Hindernis zeigt sich in der empirischen Entwicklung der Unternehmensfinanzierung. Die Finanzierung über Anleihen stieg selbst bei einer absoluten Betrachtung nicht an. Von Relevanz war nur die Finanzierung über Aktienemissionen (vgl. Tabelle 48). Daher muss im folgenden auch nur dieses Segment analysiert werden.

---

[619] Vgl. Nasution (1999), S. 17.

[620] Das Volumen an emittierten Staatsanleihen stieg proportional zum Wachstum des BIP und lag bis 1997 bei einer Quote von ca. 6 % des BIP. Seit 1998 ist diese Quote auf 12 % gestiegen; vgl. Gong/Dai (2000), S. 25.

Tabelle 48: Unternehmensfinanzierung über Finanzmärkte (in Mrd. RMB Yuan)

	1990	1991	1992	1993	1994	1995	1996	1997	1998	1999
Aktien	1,23	10,92	104,81	353,1	369,06	347,43	984,24	1752,92	1987,88	2647,12
Bonds	19,54	33,11	74,79	76,8	67,99	33,27	59,77	52,1	k.A.	k.A.

Quelle: Gong/Dai (2000), S. 25.

Struktur und Aktienarten

Aus Tabelle 48 wird ersichtlich, dass bei Aktienemissionen erst seit Mitte der 90er Jahre ein signifikanter Aufwärtstrend zu beobachten ist. Die Aktienmärkte entstanden somit erst nach einer längeren Entwicklungsphase der chinesischen Wirtschaft, wohl auch unter dem Motiv, dass durch Behinderung neuer Finanzierungsformen die Geschäftsbanken vor einem massiven Liquiditätsabzug geschützt werden konnten (vgl. 8.4.3). Zudem kam erst 1994 mit dem Erlass des Unternehmensgesetzes eine rechtliche Fundierung für Kapitalgesellschaften in China zustande (vgl. 3.2.2.4.1). Die erste Börse wurde im Dezember 1990 in Shanghai eröffnet, ein halbes Jahr später folgte eine weitere in Shenzhen (SWZ nahe Hongkong). Beide Börsen zielten auf verschiedene Gruppen von Unternehmen (Shanghai: größere Unternehmen, Shenzhen: Joint-Ventures und exportorientierte Unternehmen). Aufgrund seiner Ausrichtung auf die größeren Unternehmen erfuhr die Börse Shanghai eine massive Förderung durch die Regierung und konnte sich als dominante nationale Börse durchsetzen.[621] Die folgenden Betrachtungen werden zeigen, dass die Börsen bis heute geprägt sind durch staatliche Eingriffe und mangelnde Transparenz.

Für die Emission von Aktien bieten sich chinesischen Unternehmen **drei Aktienformen** an:[622]

- **A-Aktien** werden in RMB Yuan notiert und sind nur für chinesische Anleger verfügbar.
- **B-Aktien** können ausländische Anleger in Shanghai (US-Dollar) und Shenzhen (HK$) erwerben. Seit Februar 2001 können auch Chinesen diese Aktien kaufen.
- **H-Aktien** werden von chinesischen Unternehmen in Hong Kong emittiert, unterliegen strengeren Emissionsvorschriften, profitieren aber von der größeren Marktkapitalisierung.

---

[621] Vgl. C.K. Xu (2000), S. 81.
[622] Vgl. Schlotthauer (1999b), S. 16.

Börsengänge von Unternehmen - Vorschriften und Probleme

Die Bedeutung der Aktienmärkte darf aber nicht überbewertet werden, denn trotz verschiedener „Werbemaßnahmen“ der Regierung ist die Akzeptanz relativ gering. Neben der Qualität der Unternehmen liegt dies vor allem an der weiteren **Unterteilung der A-Aktien in Inhaber- und Namensaktien.** Zu den Namensaktien, welche nicht im freien Börsenverkehr erhältlich sind, zählen die an den Staat, staatliche Institutionen/Unternehmen (guojiagu) oder juristischen Personen (farengu) sowie an Angestellte des Unternehmens emittierten Papiere.[623] Die zweite Kategorie der A-Aktien, die Inhaberpapiere (liutong A-gu), ist für sonstige chinesische Anleger zugänglich.[624] Eine weitere Bevorzugung erfolgte zugunsten der Belegschaftsaktien. Diese wurden nicht nur zu niedrigeren Preisen oder sogar kostenlos an die eigenen Beschäftigten übertragen, sondern zusätzlich mit einer Mindestverzinsung sowie einer garantierten Rücknahme zu vereinbartem Preis (kein Unternehmensrisiko) ausgestattet.[625]

Box 24: Eigentümerstruktur bei Chinas Aktiengesellschaften

Im Jahr 1998 waren an den chinesischen Börsen über 800 Unternehmen notiert. Dies könnte darauf schließen lassen, dass sich mit Ausbau der Finanzmärkte eine sowohl für neue als auch umzustrukturierende Unternehmen attraktive Finanzierungsquelle mit klaren rechtlichen Grundlagen aufgetan hat. Neue, vor allem private Unternehmen könnten so den potenziellen Behinderungen durch staatliche Institutionen ausweichen und eine Expansion ihrer Geschäftstätigkeit über Beteiligung neuer Teilhaber finanzieren. Auch die damit vorhandene Option, Staatsunternehmen in Aktiengesellschaften umzuwandeln, muss grundsätzlich als positiv beurteilt werden. Es würde eine Verbreiterung der Finanzierungsquellen für Unternehmen bedeuten. Erfolgreiche Staatsunternehmen könnten so ihre Tätigkeit ausweiten, um im Wettbewerb bestehen zu können. Die Emission von Aktien trug aber weder zur Finanzierung „junger Unternehmen“ noch, im Fall der SOEs, zu einer Privatisierung bei. Die Realität der Eigentumsverhältnisse bei chinesischen Aktiengesellschaften zeigt, dass der grundsätzlich positive Umstrukturierungsansatz nicht zu einem Rückzug des Staates führte. Staatliche Institutionen beherrschen weiterhin auch die Aktiengesellschaften. Sie sicherten sich ihren Einfluss bisher auf zwei Wegen. Dadurch, dass vorrangig A-Aktien emittiert wurden, konnten die tendenziell „kritischeren“ ausländischen Investoren ausgeschlossen werden. Zudem führte die Existenz nicht-handelbarer Aktien zur Festigung der staatlichen Vorrangstellung. Statistiken über die Eigentümerstruktur belegen eindrucksvoll, dass die „going public“-Aktionen vieler Unternehmen in der VR China unter dem Aspekt der Umwandlung von Eigentumsrechten nur Makulatur sind (vgl. Tabelle 49). Dies bedeutet, dass zahlreiche emittierte Anteilsscheine noch nicht im Handel vertreten sind, sondern fix in den Portfolios einiger staatlich kontrollierter Institutionen liegen.

---

[623] Artikel 133 des Gesellschaftsgesetzes, zitiert nach Steinmann et al. (1995).
[624] Vgl. Schlotthauer (1999b), S. 16.

Tabelle 49: Eigentümerstruktur börsennotierter Gesellschaften in China 1998

Mehrheitsbesitz durch ...	Anzahl der UN	Anteil an Gesamt
staatl. Institutionen	235	28,4 %
staatl. Institutionen und jurist. Personen	457	55,2 %
staatl. Institutionen, jurist. Personen und Belegschaft	35	4,2 %
Sonstige Aktionäre	101	12,2 %
Gesamt	828	100 %

Quelle: „zhongguo shangshi gongsi nianbao, Annual Report of China listed companies" (1998).

Weitere Einschränkungen ergaben sich beim IPO (Neuemission von Aktien). Behindernd sind dabei nicht einmal die Planungsfristen, welche durchaus im Bereich dessen liegen, was auch in Industrieländern üblich ist (durchschnittlich 9 Monate Dauer zwischen Prospektveröffentlichung und erstem Handelstag bei A-Aktien). Die Emissionsregeln (vgl. Übersicht 30) führen nicht zu einem marktorientierten Börsenemissionsverhalten, da weiterhin staatliche Planungsbehörden entscheiden.[626]

Übersicht 30: Vorgehensweise zur Genehmigung eines IPO in China

1. Es werden jährlich durch die staatliche Planungskommission und die chinesische Zentralbank (!) Quoten für die Anzahl von IPOs festgelegt. Die absolute Quote wird dann entsprechend der wirtschaftspolitischen Ziele auf einzelne Provinzen aufgeteilt.
2. Diese Behörden legen auch das Volumen der Aktien fest, die bei staatlichen Institutionen und den Arbeitnehmern verbleiben. Alle übrigen Aktien gehen dann in den „freien Handel".
3. Der Emissionspreis wird schon Monate vor dem ersten Handelstag endgültig festgelegt, daher erfolgt keine Reaktion auf Signale durch das Zeichnungsverhalten der Anleger.

Quelle: Su/Fleisher (1999), S. 176ff.

Mangelnde Transparenz und Unregelmäßigkeiten bei der Kursbildung bewirkten bisher auch eine große Zurückhaltung ausländischer Investoren gegenüber chinesischen B-Aktien. So ist es im Rahmen eines IPO üblich, das offiziell deklarierte Betriebsvermögen an den Bilanzen des Unternehmens vorbeizuleiten. Davon profitierten staatliche Stellen bzw. die Manager. „Deklarationsspielraum" bot sich bei Bodennutzungsrechten, immateriellen Vermögensgegenständen sowie den Entwicklungschancen des Unternehmens.[627] Die gesamte Preisbildung und -notierung bei IPOs an chinesischen Börsen krankt daran, dass überwachende Behörden, bisherige Unternehmenseigentümer sowie Erstzeichner aus ein- und derselben Interessengruppe stammen und damit zu ihren Gunsten manipulieren können. Die Umstände der Börsennotierung in China erklären die

---

[625] Vgl. Chen (1996), S. 185.

[626] Vgl. Su/Fleisher (1999), S. 176.

[627] Vgl. Chen (1996), S. 185.

wesentlich geringere Anzahl von Notierungen chinesischer Unternehmen am B-Markt (vgl. Tabelle 50).

Tabelle 50: Anzahl börsennotierter Unternehmen in China und Hong Kong

	1992	1994	1998	1999	2000
A-Aktien	68	285	851	949	1088
B-Aktien	15	51	106	108	114
H-Aktien	-	-	43	46	52

Quelle: C.K. Xu (2000), S. 81; http://www.csrc.gov.cn/

Auch die Möglichkeit, H-Aktien zu emittieren und sich damit ein Engagement ausländischer (potenziell finanzkräftigerer) Investoren zu sichern, wurde bis heute nur spärlich wahrgenommen. Bis Ende 2000 haben erst 52 chinesische Unternehmen an der Börse Hong Kong Aktien emittiert. Von diesen Unternehmen hatten 33 zugleich auch A-Aktien ausgegeben, waren also auch für chinesische Anleger/Institutionen zugänglich.[628] Wichtigster Grund für Zurückhaltung sind die strengeren Zulassungsvorschriften, die unter anderem bestimmen, dass die chinesische Firma Kopien verschiedener Verträge (auch mit Angestellten) beibringen und zusätzliche Beurteilungen durch Rechtsanwälte vorlegen muss.[629]

Irregularitäten bei Aktienemissionen und -handel in China

An den Erfahrungen der vergangenen Jahre zeigt sich, dass bei Emission und Handel der Aktien in China die Betrugsgefahr - bedingt durch die mangelnde Transparenz - groß ist. Seit 1996 wurden verschiedene Fälle bekannt, in denen wahlweise die durch Emission von Aktien erlangten Mittel nicht für die angekündigten Zwecke verwendet wurden, lokale Funktionäre bevorzugt Aktienpakete erhielten oder die Rechnungslegung zugunsten des Unternehmens gefälscht wurde. Andere Aktiengesellschaften mussten ihren Börsengang verschieben, da potenzielle Investoren aufgrund mangelnder Transparenz nicht zu einem Erwerb von Anteilen bereit waren.[630]

Der Höhepunkt an Intransparenz und Manipulation wurde Anfang 2001 aufgedeckt, als ein massiver Aktienmarktskandal die Märkte erschütterte. Im Rahmen der Enthüllungen wurden nicht nur Kursmanipulationen bei mindestens 10 % der Gesellschaften aufgedeckt, sondern auch Verstöße gegen Börsenemissionsvorschriften bekannt (eine Hühnerfarm wurde kurzerhand als Biotechnologie-

[628] Vgl. http://www.csrc.gov.cn/CSRCSite/eng/tongjiku/199908/e-default.html
[629] Vgl. die Bestimmungen der Hong Kong Stock Exchange: http://www.sehk.com.hk.
[630] Vgl. Kynge (1999), S. 2.

unternehmen deklariert).[631] Die Besonderheit an den Manipulationen lag dabei nicht in der durchaus gängigen Praxis, Kurse „heraufzureden", sondern vielmehr darin, dass Regierungsbehörden (wieder einmal) besonders stark beteiligt waren, um Staatsunternehmen zu schützen.[632]

Die bisherige Entwicklung zeigt, dass die Aktienmärkte bis in die Gegenwart hinein keine herausragende Position bei der Unternehmensfinanzierung eingenommen haben. Sie stellen nur dann eine Unterstützung für weitere Reformschritte dar, wenn sie selbst durch mehr Transparenz und Unabhängigkeit gekennzeichnet sind. Der chinesische Staat baut aber weiter auf seine Vormachtstellung in den AGs und legitimiert diese damit, dass er als Repräsentant der Arbeiter und Bauern deren Interessen in den Unternehmen vertritt. Dieses Argument erscheint allerdings insofern hinfällig, als in den chinesischen AGs die Arbeitnehmer durch spezielle Aufsichtsratsmitglieder repräsentiert werden (Art. 124 des chin. GesG).[633]

„The development of an equity market in China, a country with huge surplus savings and with thousands of companies in need of money both to restructure and to grow, could have transformed the economy. Instead, so far, it has created more problems than it has solved."[634]

[631] Vgl. Strittmatter (2001), S. 27.
[632] o.V. (2001a), S. 8.
[633] Vgl. Comberg (2000), S. 199f.
[634] o.V. (2001b), S. 14.

9 „Finanzierung außerhalb des Systems“ - ländliche Kreditkooperativen in China

Die Betrachtungen aus 6.1 haben gezeigt, dass die kleinen und mittleren Unternehmen in Transformationsländern sowohl aufgrund des von Banken höher eingestuften Risikos als auch weiteren institutionellen Mängeln Schwierigkeiten bei der Finanzierung von Investitionsprojekten haben. In diesem Kapitel soll untersucht werden, wie es in der VR China trotz aller Reformversäumnisse im Finanzsystem erreicht werden konnte, kleine und mittlere Unternehmen zu finanzieren. Dazu werden die sich aus der Agency-Theorie ergebenden Anforderungen an effiziente Finanzierungsverträge auf eine besondere Form der Finanzintermediäre übertragen. Diese allgemeinen Betrachtungen stellen die Grundlage für die Analyse der Finanzierung von TVEs durch ländliche Finanzintermediäre dar.

9.1 Semiformelle Finanzierung und die Kreditkooperativen

Zahlreiche Entwicklungsländer haben mit dem Problem „schwacher Institutionen“ zu kämpfen. Ein zentrales Hindernis beim Aufbau neuer Unternehmen besteht im Zugang zu formalen Finanzierungsquellen.[635] Nur etwa 20 % der Finanzierung wird bspw. in Entwicklungsländern über das Bankensystem abgewickelt. Im Durchschnitt haben Unternehmen mit einem Gesamtbeschäftigungsanteil von 60 % aller Beschäftigten überhaupt keinen Zugang zu Geschäftsbanken.[636] Ursache sind folgende Hindernisse:[637]

1. **Mangelnder Zugang zur „rechtlichen Infrastruktur“ des Landes**: Dies ist ein zentrales Problem, denn dadurch wird die Durchsetzbarkeit von Ansprüchen verhindert.
2. **Keine Kreditsicherheiten**: Ergänzt wird die Problematik schwacher Institutionen durch den Mangel an Sicherheiten, welche den Kreditnehmer an seine Vereinbarungen binden und damit Anreize zur Vertragserfüllung schaffen.
3. **Informationsprobleme**: Diese ergeben sich sowohl ex ante für „Signalling and Screening“ als auch ex post für „monitoring“. Die aktive Überprüfung („Screening“) des Kreditnehmers durch einen Intermediär ist kostspielig und

---

[635] Vgl. Morrisson (1995), S. 13.

[636] Vgl. van Greuning et al. (1998), S. 1.

[637] Vgl. Bose (1998), S. 265f.; Krahnen/Schmidt (1994), S. 37; Maurer (1999), S. 35ff.; Morduch (1998), S. 3; Schrader (1996), S. 6; van Greuning et al. (1998), S. 4.

für den Antragsteller äußerst kompliziert. Beim Übermitteln der Information durch den Kreditnehmer ist seine Reputation ausschlaggebend für eine Kreditgewährung. Das Überprüfen des Ergebnisses ex post oder ex interim („monitoring") wird durch mangelnde Qualität der Informationen sowie hohe Kosten der Informationserhebung beeinträchtigt.

Diese Probleme treten in ähnlicher Form in Transformationsländern auf. Das Bereitstellen von Sicherheiten war - aufgrund mangelnden Realvermögens - nicht möglich. Als einzige Möglichkeit wäre den kleinen und mittleren Unternehmen die Option verblieben, die über die Kredite finanzierten Investitionsgüter als Sicherheit zu übereignen. Dabei handelt es sich allerdings vorrangig um bewegliche Vermögensgegenstände, welche von Kreditgebern nicht als Sicherheiten akzeptiert werden, da aufgrund der institutionellen Mängel Zugriff und Verwertbarkeit unsicher erscheinen. Da die Sicherungsübereignung aber sogar in Marktwirtschaften eine Hauptbesicherungsquelle darstellt, können KMU ihre Kredite nicht durch solche Vermögenswerte besichern.[638]

Als weitere Möglichkeit, um eine externe Kreditfinanzierung zu ermöglichen, existiert die Überwachung des Kreditnehmers („Monitoring"). Dies leidet aber unter dem instabilen gesamtwirtschaftlichen Umfeld, da die zukünftige Entwicklung des KMU analysiert und vor allem externe Einflüsse (Wettbewerbssituation, staatliche Regulierungen) berücksichtigt werden müssen.[639] Reputation als weitere Möglichkeit zur Besicherung kommt für neu entstehende KMU in Transformationsländern nicht in Betracht, denn ein Großteil der KMU unterhielt zuvor keine Geschäftsbeziehung zu den Geschäftsbanken.[640]

Angesichts dieser Hindernisse steigt die Bedeutung von Institutionen, die diese Mängel beheben können. Die Akteure in Ländern mit schwachen Institutionen haben sich so darauf eingestellt, dass sie aus den formalen (und streng regulierten) Bereichen zu nicht-formellen Finanzintermediären ausweichen. Die dabei beteiligten Finanzintermediäre beseitigen die angeführten Hindernisse, indem sie Substitute für die fehlenden externen Kontroll- und Sanktionsmechanismen schaffen.[641] Sie müssen die in Übersicht 31 dargestellten Anforderungen erfüllen.

---

[638] Vgl. Weltbank (1996), S. 110.
[639] Vgl. Suzuki/Lacktorin (1999), S. 30f.
[640] Vgl. Martinelli (1997).
[641] Vgl. Krahnen/Schmidt (1994), S. 45.

Übersicht 31: Anforderungen an Fremdkapitalgeber unter schwachen Institutionen

Anforderung an Intermediär	Unterschied zu formaler Finanzierung
„Nähe zum Kunden“	• Zugang zum Rechtssystem nicht notwendig. • Monitoring einfacher.
Vereinfachte Praxis bei Kreditbeantragung	• Vereinfachtes Screening.
Kürzere Zinszahlungs- und Tilgungsfristen	• Bessere Ergebnis- und damit Rückzahlungskontrolle.

Quelle: Maurer (1999), S. 48, 53.

Die Finanzierungsarrangements in Ländern mit schwachen Institutionen, die nicht über den formalen Sektor abgewickelt werden[642], können je nach Institutionalisierung zwischen in- und semiformellen Kapitalgebern unterschieden werden: Informelle Intermediäre sind rotierende Kredit- und Sparvereinigungen, „Club-Systeme“, Geldverleiher sowie Verwandte und Freunde. Zu den semiformellen Finanzintermediären zählen „Non-Bank financial institutions“, Kreditkooperativen, „Non-profit non-governmental organisations“, Anbieter von Handelskrediten und Pfandleiher.[643] Die Kriterien für eine Aufteilung in formale, semiformelle und informelle Transaktionen ergeben sich anhand folgender Definition: Die **Trennung einzelner Intermediäre zwischen formal und semiformell** erfolgt dann anhand des Ausmaßes, in dem sie unter die bankenrechtlichen Bestimmungen fallen (vgl. Abbildung 49).

Abbildung 49: Einordnung einzelner Intermediäre nach rechtlichen Aspekten

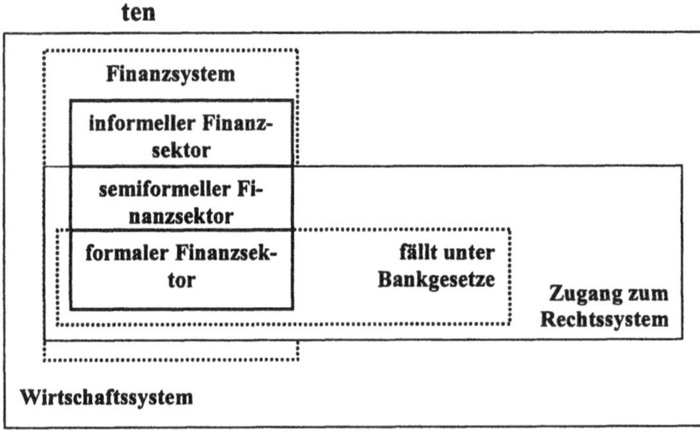

Quelle: Krahnen/Schmidt (1994), S. 34.

[642] Vgl. dazu Krahnen/Schmidt (1994), S. 33: „A transaction between economic agents is called formal if for enforcement purpose it relies on the legal system of society. Otherwise it is called informal.“

[643] Vgl. Krahnen/Schmidt (1994), S. 7; van Greuning et al. (1998), S. 4.

Ein Intermediär ist nur dann der Gruppe formaler Finanzinstitutionen zuzurechnen, wenn er in der Schnittmenge von Wirtschaftssystem und bankenrechtlicher Grundlage liegt. Alle nicht unter die Bankenvorschriften fallenden, aber gesetzlichen Bestimmungen unterliegenden Intermediäre sind als semiformell anzusehen.[644] Aufgrund ihrer zwischen den Extremformen (informell versus formell) liegenden Stellung **können semiformelle Finanzintermediäre folgende Vorteile ausnutzen**:

- Sie **besitzen einen legalen Status**. Angesichts einer vorhandenen Geschäftsorganisation ist nicht zu erwarten, dass sich Intermediäre mit dem Vermögen der Anleger absetzen.
- Weiterhin profitieren semiformelle Institutionen von dem Vorteil, dass sie den oft geforderten **„capitalism close to the people"** betreiben. Sie haben ihre Geschäftsstellen auf unteren Ebenen und reduzieren damit die Suchkosten für ländliche Anleger und Kreditnehmer. Die gesamte Verfahrensweise der Kreditabwicklung ist unkomplizierter (wenig Formalitäten, keine Mindestkreditsummen, keine offiziellen Bürozeiten).

Von Bedeutung für die Wirtschaftstransformation ist, inwieweit semiformelle Finanzintermediäre unter neoinstitutionalistischen Aspekten einen Vorteil gegenüber der Kreditgewährung durch formale Finanzinstitutionen bieten. Dabei zeigt sich als zentrales Merkmal, dass der **Finanzintermediär (Prinzipal) zur „Lebenswelt des Agenten" gehört**.[645] Für den Prinzipal entfällt dadurch das zentrale Problem der asymmetrischen Informationsverteilung. Alle semiformellen Institutionen können somit die Überwachung von Mittelverwendung, Arbeitseinsatz und Ertragserzielung („monitoring") sehr viel besser umsetzen als formale Institutionen. Zwar existieren keine offiziellen Sanktionsmechanismen bei Fehlverhalten des Agenten, dafür haben sich aber Substitute gebildet. Diese Ersatzmechanismen sind: Verlust an Reputation, die Haftung anderer Gruppenmitglieder oder Verwandter sowie sonstige Konsequenzen.[646]

> „Auf dem Markt für semiformelle Finanzdienstleistungen stehen das gesellschaftliche Ansehen und der zukünftige Zugang zu Finanzdienstleistungen auf dem Spiel [...]."[647]

Semiformelle Finanzintermediäre verfügen weiterhin über einen wichtigen Vorteil, der für ihre Effizienz relevant ist. Durch ihre duale Struktur, welche sich sowohl in der Ausbreitung auf ländliche Ebenen als auch in der Präsenz in wei-

---

[644] Vgl. Krahnen/Schmidt (1994), S. 6ff.; Weltbank (1989), S. 138.
[645] Vgl. Schrader (1996), S. 2f.
[646] Vgl. Christensen (1993), S. 724; Weltbank (1989), S. 138.
[647] Weltbank (1989), S. 138.

ter entwickelten, stadtnahen Gebieten äußert, stellen sie das **ideale Bindeglied zwischen formalem und informellem Sektor** dar. Sie sind damit in der Lage, die Schwächen von kleinen („jungen") Kreditnehmern einerseits sowie formalen Finanzinstitutionen andererseits auszubalancieren:

> „[...] the linkage strategy is designed to combine the effectiveness of self-help groups as grassroots financial intermediaries on small local markets with the superior capability of banks of integrating into larger markets, thus balancing off the former's lack of access to sources of refinance and the latter's lack of physical and cultural proximity to small savers and borrowers."[648]

Damit entsteht hier eine Bindung analog zu dem in 7.2.3 vorgestellten Modell von Breuer (1995), die durch das Verlangen nach Reputationsaufbau entsteht. Allerdings tritt diese Reputationsbeziehung hier nicht zwischen Finanzintermediär und seinem Kapitalgeber auf, sondern zwischen Intermediär und Kreditnehmer. Nichtsdestotrotz ändert sich die Grundkonstellation nicht, die von Breuer analysierten Sanktionsmechanismen lassen sich somit übertragen (vgl. Abbildung 50). Daher kann unter theoretischen Grundlagen semiformelle Finanzierung als informationsökonomisch effizient betrachtet werden, da die hohen nicht-pekuniären Kosten für den Kreditnehmer einen effizienten Anreizmechanismus schaffen.

Abbildung 50: Veränderte Finanzintermediation durch semiformelle Intermediäre

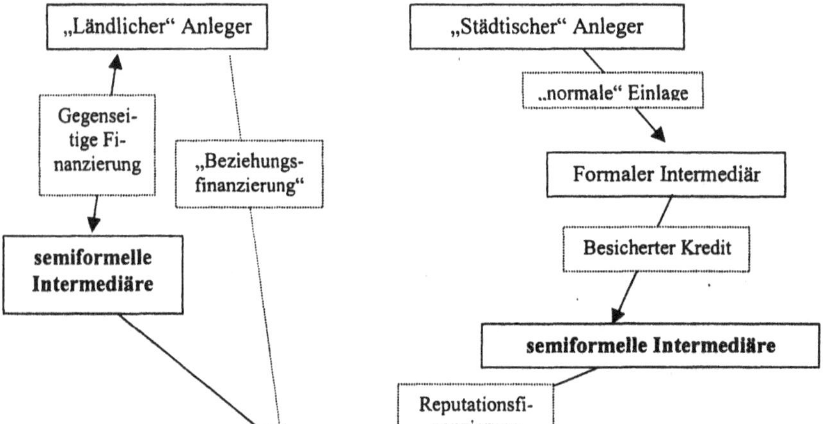

---

[648] Seibel (1996), S. 73. Dieser bezieht sich bspw. auf die APRACA (Asian and Pacific Rural and Agricultural Credit Association), welche in 21 asiatisch-pazifischen Ländern als Bindeglied zwischen formalen und informellen Finanzinstitutionen fungiert.

Semiformelle Finanzintermediäre bieten ein großes Potenzial für eine diversifizierte Entwicklung des Finanzsystems und können zum Aufbau neuer Finanzinstitutionen in einem „bottom up"-Prozess führen. Eine auf semiformellen Intermediären basierende Politik der Finanzsystementwicklung muss entweder in der Lage sein, Überwachungsmechanismen für diese zu schaffen oder aber klare Signale geben, dass im Falle ihres Zusammenbruchs kein staatliches Eintreten für die Verpflichtungen erfolgen wird.

Eine **besondere Form semiformeller Finanzinstitutionen** stellen die **Kreditkooperativen** dar. Diese sind nicht nur in weniger entwickelten Ländern anzutreffen. Im Rahmen der Industrialisierung westeuropäischer Volkswirtschaften trat diese Form der Finanzintermediäre auch in Ländern wie der Bundesrepublik Deutschland auf. Diese Form der Finanzintermediäre hat bis heute in zahlreichen Volkswirtschaften eine gute Marktstellung halten können. Da sie auch in der VR China existieren und eine große Verbreitung genießen, sollen sie den Schwerpunkt der Analyse in diesem Kapitel darstellen.

Kreditkooperativen

Kreditkooperativen sind Institutionen, die sowohl Einlagen entgegennehmen als auch Kredite vergeben. Während sie sich in Ländern wie Deutschland und Großbritannien aufgrund steigender finanzieller Bedürfnisse der ländlichen Bevölkerung von unten heraus bildeten, wurde ihr Entstehen in Entwicklungsländern teilweise auch von staatlicher Seite gefördert. Die Motive von Regierungen lagen dabei aber weniger in der Entwicklung eines effizienten Finanzsystems, sondern vielmehr in der Bekämpfung informeller Intermediäre. Durch staatliche Subventionierungen entstand weithin der Eindruck, dass ein günstiges Angebot an Finanzdienstleistungen für neue Betriebe möglich ist.[649]

Kreditkooperativen gehören aufgrund ihrer offiziellen Registrierung nicht dem informellen Finanzsektor an, genießen aber gegenüber formalen Finanzintermediären eine Sonderstellung, da sie nicht unter Bankengesetze, sondern unter Gesetze für Kooperativen fallen. Sie bilden in Entwicklungsländern das Kernstück des semiformellen Finanzsystems.[650] Wesentliche Folge der Nichteinbindung in das formale Finanzsystem für die Kreditkooperativen ist, dass sie dadurch nicht den in Entwicklungs- und Transformationsländern üblichen Regulierungen durch staatliche Stellen (v.a. Zinsvorgaben) unterliegen. Daher kann eine weit-

---

[649] Vgl. Weltbank (1989), S. 144. Diese Art von Kreditkooperativen sollen im folgenden nicht weiter behandelt werden, da sie eher staatlichen Entwicklungsbanken ähneln als profitorientierten Finanzintermediären.

[650] Vgl. Schrader (1996), S. 9f.

gehend autonome Kreditvergabepolitik betrieben werden. Sie verfügen weiterhin über den bereits erwähnten zentralen Vorteil von semiformellen Finanzintermediären. Sie stellen aufgrund ihrer dualen Struktur das ideale Bindeglied zwischen formalem und informellem Sektor dar.

Eine **grundlegende Idee**, auf denen die Funktionsweise **von Kreditkooperativen** aufbaut, ist die der **„Solidarität in der Gruppe"**. Die Mitglieder der Kooperativen sind gleichzeitig Kunden sowohl auf der Aktiv- als auch auf der Passivseite der Bilanz. Neben der Kreditaufnahme leisten sie in der Regel nicht nur Einlagen zur Refinanzierung ihres Intermediärs, sondern sind zudem selbst Eigentümer.[651] Damit wird die Ausgestaltung der Unternehmensfinanzierung und auch die Entwicklung der eigenen Region in die Hände der Einwohner gelegt, was zu positiven Anreizen führt. Durch die Konstruktionsform kommt es bei Kreditkooperativen sowohl zu einer Mobilisierung von Ersparnissen als auch zu einer erhöhten Beteiligung der Bevölkerung über Eigenkapital.[652] Der zugrunde liegende Gruppengedanke führt dazu, dass eine **gemeinsame Verantwortlichkeit** entsteht, die wiederum zur Risikominimierung beiträgt. Sich nicht gemäß der Absprachen verhaltende Kreditnehmer können direkt abgestraft werden. Als **Strafen** dienen die **Sanktionsmechanismen der lokalen Gemeinschaft**.[653] Sanktionen können dabei auch hier in der tatsächlichen Abstrafung (bspw. durch Pfändung von Privateigentum oder Zahlung eines „Strafzinses") als auch in dem Reputationsverlust innerhalb der überschaubaren Gruppe liegen (vgl. Übersicht 32).

Übersicht 32: Vorteile von Kreditkooperativen

	Strafverträge	**Reputation**
Ausgestaltung bei Kreditkooperativen	• Pfändung von Privateigentum. • Zinserhöhung bei neuer Finanzierung. • Persönliche Bestrafung („Rübe ab").	• Verlust des Ansehens, daher Gefährdung zahlreicher Transaktionen auch außerhalb des Finanzierungsbereichs.

Die Vorteile von Kreditkooperativen resultieren somit aus der Nähe zum Kunden sowie aus dem „quasi-exklusiven" Finanzierungsverhältnis, da kaum andere Finanzierungsquellen existieren. Kreditkooperativen können sich als semiformelle Intermediäre in einem „bottom up"-Prozess zu Institutionen des formalen Finanzsystems weiterentwickeln.

---

651 Vgl. Krahnen/Schmidt (1994), S. 53.
652 Vgl. Seibel (1996), S. 76.
653 Vgl. Weltbank (1989), S. 144.

9.2 Kreditkooperativen in China

Die geographischen Gegebenheiten in der VR China, aber auch die Entwicklung im Unternehmenssektor implizieren, dass die staatlichen Geschäftsbanken allein keine umfassende Finanzintermediation hätten abwickeln können. Von den vier großen staatlichen Geschäftsbanken war nur die Landwirtschaftsbank (ABC) im ländlichen Bereich aktiv, während sich die anderen drei auf städtische und küstennahe Gebiete konzentrierten. Zudem erfolgte durch die staatlichen Vorgaben bei der Kreditvergabe eine eigentums- und branchenspezifische Spezialisierung (auf Staatsunternehmen und Großindustrie). All dies führte zu einer **Diskriminierung ländlicher Kreditnehmer**.

Neben der ABC existieren im ländlichen Bereich drei weitere Intermediäre, die für eine Kreditvergabe in Frage kommen: die ländlichen Kreditkooperativen (RCCs), die ländlichen Kooperativfonds (RCFs) und die 1994 gegründete landwirtschaftliche Entwicklungsbank (ADBC). Von Interesse sind für die weiteren Betrachtungen nur die RCCs, da sie zusammen mit der ABC über 80 % aller ländlichen Kredite vergeben haben.[654] Die ABC wird hier nur bezüglich ihrer Beziehungen zu den RCCs analysiert, da sie als eine Zentralbank ländlicher Regionen anzusehen ist und von Struktur und Entscheidungsmechanismen her dem staatlichen Geschäftsbankensystem zugeordnet werden kann. Zudem war sie vor Gründung der ADBC vorrangig für die Gewährung von „policy loans“ zuständig, insbesondere durch Kredite an Getreidebüros und Vertriebskooperativen im ländlichen Bereich zur Sicherung der Grundversorgung der Bevölkerung.[655] Bei den RCFs besteht das Problem, dass die von ihnen vergebenen Kredite im Durchschnitt ein sehr geringes Volumen aufwiesen (nur etwa ein Drittel dessen, was RCCs vergaben), so dass sie für Unternehmen als Kreditnehmer nicht interessant waren. Außerdem wurden sie erst nach 1988 aktiv.[656]

9.2.1 Entstehung ländlicher Kreditkooperativen

Ländliche Kreditkooperativen (RCCs) entstanden schon kurz nach Gründung der VR China Anfang der 50er Jahre. Zunächst verloren sie bis 1978 stetig an Bedeutung. Sie waren - genau wie die TVEs - den ländlichen Kommunen zugeordnet, im Rahmen der „Kulturrevolution“ wurden sie aber 1967 in das formale Finanzsystem integriert und unterstanden seitdem auch den offiziell zu imple-

---

[654] Vgl. Zhu et al. (1997), S. 21f.
[655] Vgl. Park et al. (1997), S. 11.
[656] Vgl. Meyer/Nagarajan (2000), S. 248ff.; Park et al. (1997), S. 18f., 25.

mentierenden Vorgaben. Dadurch ging auch der ursprünglich kollektive Charakter verloren.[657]

Box 25: Gründung, Management und Eigentumsrechte ländlicher Kreditkooperativen

RCCs sind kollektives Eigentum. Das Eigenkapital bildet sich aus Einzahlungen der Mitglieder, welche im Gegenzug Anteilsscheine erhalten. Entsprechend dieser Ausgestaltung stand den Mitgliedern einer Kreditkooperative formal auch das Recht zu, das Management zu wählen (Girardin, 1997). Dieses Recht muss allerdings mit Vorsicht beurteilt werden, denn auch nach Umsetzung erster Reformen im Finanzsystem nach 1984 blieb ein latenter Einfluss lokaler Verwaltungen auf die Managementberufung einer RCC bestehen. Bei der Finanzierung war das Eigenkapital nicht von Bedeutung, es machte mit 2,2 % nur einen äußerst geringen Teil der Passiva aus (Manoharan, 1992). Auch die Verteilung der erzielten Überschüsse wurde unter kollektiven Gesichtspunkten vorgenommen (eine Vorgehensweise analog zu der bei TVEs). 50 % des Gewinns gingen in einen öffentlichen Fonds der Lokalverwaltung (der nicht genauer spezifiziert war), jeweils 10 % wurden für öffentliche Sozialversorgung und einen Ausbildungsfonds bereitgestellt, die restlichen 30 % wurden teilweise (10 %) nach Engagement und teilweise (20 %) nach reinen Anteilsrechten an die Inhaber verteilt (Manoharan, 1992). Damit ist auch hier die ***Wirkung von Reputation***, wie sie bereits für die Kontrolle der TVEs diskutiert wurde, ersichtlich. Durch effizientes Wirtschaften einer ländlichen Kreditkooperative profitierten alle Einwohner der jeweiligen Ebene auf zwei Wegen. Einerseits stieg insgesamt die wirtschaftliche Tätigkeit innerhalb der Verwaltungsebene, denn ein erfolgreicher Finanzintermediär ermöglicht eine zusätzliche Kreditgewährung auch für „junge Unternehmen". Zudem ist andererseits eine Gewinn erzielende RCC in der Lage, den Lebens- und Ausbildungsstandard der Bewohner zu erhöhen.

Quelle: Girardin (1997), S. 39; Manoharan (1992), S. 185f.

Bis 1983 unterstanden die RCCs direkt der Zentralbank, danach übernahm die Landwirtschaftsbank die Überwachung. Erst im Zuge weiterer Reformen im Finanzsystem nach 1996 wurden die RCCs vollständig ausgegliedert und operierten als eigenständige Einheiten.[658] Wesentliches organisatorisches Merkmal der RCCs war die Aufgliederung und Präsenz bis in die niedrigsten Ebenen der Wirtschaftsstrukturen Chinas (vgl. Abbildung 51). Die Geschäftstätigkeit der RCCs bestand in der Entgegennahme von Einlagen sowie Kreditgewährung an die ländliche Bevölkerung, ländliche Kollektiven sowie TVEs und der Abwicklung von Finanztransaktionen der Verwaltung in größeren „townships".[659] Im Zuge der Wirtschaftsreformen kam es zu einer Verschiebung der Schwerpunkte. Vor 1978 waren Haushalte und ländliche Kommunen die wichtigsten Kunden, was aufgrund des landwirtschaftlichen Betriebs zu einem zyklisch schwanken-

---

[657] Vgl. Watson (1998), S. 26.

[658] Vgl. Meyer/Nagarajan (2000), S. 240ff.

[659] Vgl. Girardin (1997), S. 43.

den Geschäftsbetrieb führte. Seit 1978 verlangte das steigende ländliche Einkommen sowie das Aufkommen ländlicher Industrien nach einem Ausbau des Finanzierungsangebots hin zu einem „traditionellen Bankbetrieb".[660] Gegenüber den weiter entfernten Geschäftsbanken wiesen die RCCs einige Vorteile auf. Die weite Ausbreitung der RCCs bewirkte, dass sie als eigenständige Einheit geführt werden konnten. Durch ihre Ausbreitung waren sie in den Gebieten „vor Ort", in denen zuerst massive Einkommenssteigerungen zu beobachten waren. Zudem unterstanden sie keine direkten Vorgaben bezüglich ihrer Kreditvergabepolitik.[661]

Abbildung 51: Organisationsstruktur ländlicher Kreditkooperativen in China

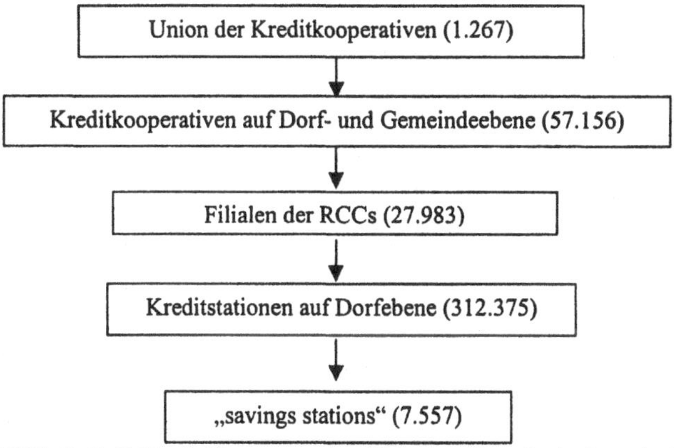

Quelle: Tam (1988), S. 64; Zahlen in Klammern = Anzahl der jeweiligen Institutionen im Jahr 1986.

Der zentrale Punkt zur Beurteilung der Kreditvergabe von RCCs ergibt sich aus der **Autonomie bei der Zinssetzung**. Sie konnten von staatlichen Vorgaben abweichen und den Zinssatz je nach lokalen Gegebenheiten und Kreditnehmer variieren.[662] So existierten zwar allgemeine Zinsvorgaben, die oftmals auf monatlicher Basis festgeschrieben wurden (für 1995 bspw. ein Zins von 0,915 % mtl. = 11,55 % jährl.). Die RCCs konnten aber den Kreditzins in einer Bandbreite um das 0,6-fache schwanken lassen.[663] Die Ausnutzung der Bandbreite zeigte sich bei einer empirischen Erhebung in 54 ländlichen Kreditkooperativen für das Jahr 1995, bei der ein durchschnittlicher jährlicher Kreditzins von 18 %

---

[660] Vgl. Watson (1998), S. 27.
[661] Vgl. Weltbank (1999), S. 27.
[662] Vgl. Watson (1998), S. 28.
[663] Vgl. Zhu et al. (1997), S. 75.

ermittelt wurde, was einem monatlichen Zins von 1,39 % entspricht. Der „spread“ zwischen Kreditzins und Refinanzierungskosten (über Einlagen) betrug 7 %.[664]

9.2.2 Einlagengeschäft der RCCs

Die RCCs profitierten von den bereits in 4.1.2 beschriebenen Einkommenseffekten der Agrarreform. Die von den ländlichen Bewohnern bei ihnen hinterlegten Mittel (vgl. Abbildung 52) stiegen kontinuierlich an. Eine Aufgliederung der Passiva der RCCs zeigt, dass in der ersten Wachstumsphase Chinas der massive Anstieg von Einlagen allein durch die Privatpersonen getragen wurde: Ihr Anteil an allen Einlagen belief sich auf über 80 %.[665] Die RCCs waren somit zentraler Finanzintermediär für die ländlichen Privathaushalte in den sich entwickelnden Regionen.

Abbildung 52: Einlagen von und Kredite an ländliche Haushalte bei den RCCs

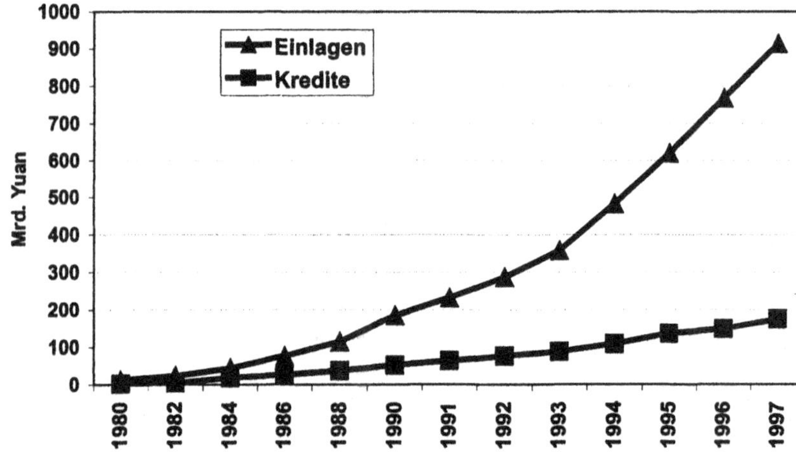

Quelle: He (2000).

Bei einer Analyse der Fristigkeit der hinterlegten Einlagen zeigt sich, dass die Spareinlagen die von ländlichen Einwohnern bevorzugte Anlageform darstellten (vgl. Abbildung 53). Dies ist bezüglich der ländlichen Kreditkooperativen

[664] Vgl. Park et al. (1997), S. 19.

[665] Vgl. Manoharan (1992), S. 203; Weltbank (1990), S. 140. Eine Aufgliederung wurde bisher im Detail nur bis 1990 erhoben. Regionale Statistiken aus jüngerer Zeit weisen aber auf eine Fortsetzung dieser Tendenz hin.

(RCCs) deshalb positiv zu interpretieren, da die Anleger mit der Fristenwahl die RCCs für kreditwürdig halten. Andernfalls würden sie auf kürzere Anlagefristen ausweichen.

Abbildung 53: Fristenstruktur der Einlagen bei RCCs

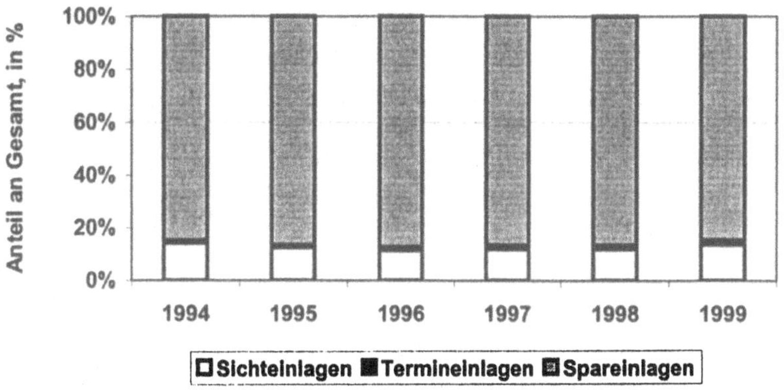

Quellen: China Financial Statistical Yearbook (1997), S. 452 und (2000), S. 388.

In der Literatur zu ländlichen Kreditkooperativen finden sich keine Details über die Modalitäten, die bei einer Einlage von Geldern abzuwickeln sind. Angesichts der Tatsache, dass zahlreiche RCCs aber noch über zusätzliche „savings stations" verfügen, ist davon auszugehen, dass viele Anleger ihre Gelder bei einem „Agenten" der RCC auf unterster Ebene hinterlegt und der Agent die Gelder dann an seine RCC weiterleitet.

> „A village credit station is usually located in a farmer's house and can easily start up operations equipped only with a simple calculator, a small safe for cash deposits, some stationary, and a part-time credit officer with basic training in credit business"[666]

Überwachung der RCCs durch die Anleger?

Gemäß der Modelle zur Bildung von Banken als Finanzintermediäre muss für das Einlagengeschäft der RCCs geprüft werden, inwieweit sie den Anforderungen an eine Bank gerecht werden und dem Anleger gegenüber einen Vorteil aufweisen, der diesen dazu bringt, die Gelder bei den RCCs und nicht direkt bei den Unternehmen zu investieren. Analog zu der Argumentation für die Beziehung zwischen Anlegern und staatlichen Geschäftsbanken (vgl. 8.4.3) bleiben auch für die RCCs zunächst zwei Argumente, warum die Anleger keine weiteren Kontrollen vornahmen. Einerseits könnte durch die Einbindung der RCCs in das

[666] Zhu et al. (1997), S. 74.

formale Finanzsystem der Eindruck entstanden sein, dass bei einer finanziellen Schieflage einer RCC der Staat mit Finanzhilfen einspringt. Viel stärker wiegt aber andererseits die **sehr viel persönlichere Beziehung zwischen Anlegern und Personal der RCCs**. Daher waren von dieser Position aus keine weiteren Vertragsmechanismen notwendig. Dies ergibt sich allein schon aus der Möglichkeit (bzw. Gewohnheit), in einer Kreditkooperative Mitglied zu sein, was zusätzlich die asymmetrische Informationsverteilung abbaut (vgl. Übersicht 33).

Übersicht 33: Kontrolle und Sanktionierung der RCCs durch die Anleger?

	Strafvertrag	**Reputationsaufbau**
Gründe für Nicht-Auftreten gängiger Mechanismen	Mitgliedschaft in einer Kooperative ermöglicht Abbau der asymmetrischen Informationsverteilung.	Reputation bereits durch persönliche Beziehungen und Mitgliedschaft in der RCC gegeben

9.2.3 Kreditgeschäft der RCCs

Von Interesse ist nach der Analyse des Einlagengeschäfts, inwieweit die in den ländlichen Gebieten aufgelaufenen Mittel auch dort zur Finanzierung neuer Projekte verblieben. Gemäß der ursprünglich definierten Geschäftstätigkeit hätten die RCCs die Gelder vorrangig zur Kreditvergabe im ländlichen Bereich nutzen sollen. Damit wäre die Entwicklung neuer Elemente des Finanzsystems in einem „bottom up"-Prozess möglich gewesen, und es hätte ein massiver Mittelabfluss in städtische Gebiete vermieden werden können.

Empfänger der Mittel von RCCs

Von den Geldern der ländlichen Haushalte ging nur ein sehr geringer Teil wieder als Kredit für einzelne Einheiten in den Agrarsektor zurück (vgl. Abbildung 52). Der zentrale Grund für die Tatsache, dass sich selbst die als kooperativ deklarierten RCCs weitestgehend aus der Kreditvergabe an Haushalte zurückzogen, liegt in den hohen Transaktionskosten, welche sich aus den geringen Kreditvolumina ergaben.[667] Ein Kreditengagement der RCCs zugunsten der ländlichen Haushalte kam oft nur dann zustande, wenn eine Garantie der ABC vorlag. Dadurch kamen subventionierte Kredite an Landwirte und Haushalte zustande, bei denen die Landwirtschaftsbank den RCCs die Differenz zwischen „Marktzins der RCCs" und dem niedrigeren subventionierten Zins zahlte. Kosten von subventionierten Kredite auf Verlangen der lokalen Verwaltung mussten von selbiger getragen werden.[668]

---

[667] Vgl. Park/Ren (2001), S. 42.
[668] Vgl. Manoharan (1992), S. 185, 192.

Ein Großteil der Gelder wurde in den 80er Jahren statt dessen von zwei Quellen absorbiert. Zunächst stieg das Volumen der Kredite an TVEs erheblich an. Damit zeigt sich, dass die ländlichen Kreditkooperativen einen **Beitrag zur Finanzierung der (ländlichen) Industrialisierung** in China leisteten: Waren sie zu Beginn des Transformationsprozesses noch „Hausbank" der ländlichen Kollektiven und Individuen, so wurden TVEs schnell zur größten Gruppe von Kreditnehmern (vgl. Abbildung 54). Bereits 1987 vergaben die RCCs mehr Kredite an die TVEs als die Landwirtschaftsbank, in den 90er Jahren überstieg das Volumen der Kredite von RCCs an TVEs die Kredit der ABC an TVEs um mehr als das Doppelte.[669]

Abbildung 54: Empfänger der Kredite von ländlichen Kreditkooperativen

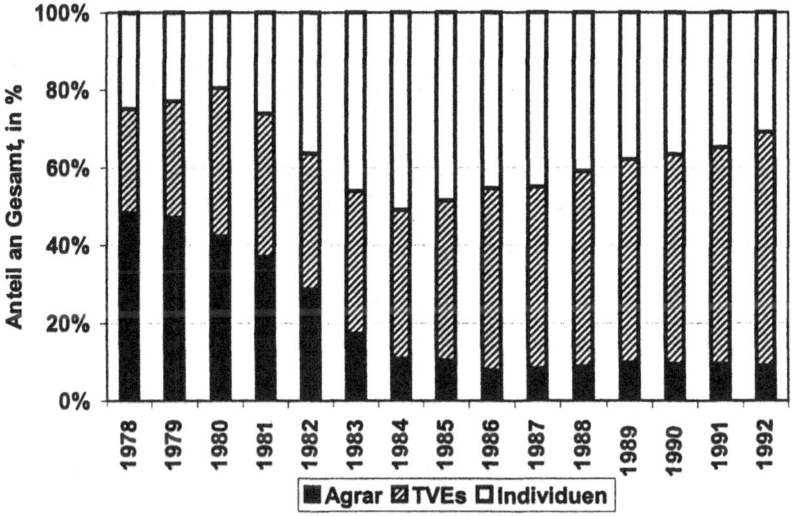

Quelle: He (2000).

Weiterhin ergab sich, dass von Beginn an ein großer Teil der den RCCs zur Verfügung stehenden Mittel durch die Einbindung in das staatlich dominierte Finanzsystem des Landes blockiert wurde. Die **Einlagen bei der Landwirtschaftsbank** (respektive bei der Zentralbank) stellen **einen der bedeutendsten Posten unter den Aktiva der RCCs** dar (vgl. 9.2.4). Setzt man die als obligatorische Mindestreserve im „Zentralbankensystem" von Landwirtschafts- und Zentralbank gehaltenen Einlagen in Relation zu den Gesamteinlagen, die die RCCs von ihren Kunden erhielten, so ergibt sich eine **Mindestreservequote**

[669] Vgl. Meyer/Nagarajan (2000), S. 247.

von etwa 40 % in den 80er Jahren und über 20 % in den 90er Jahren (vgl. Abbildung 55). Auch in Relation zum gesamten Kreditvolumen zeigt sich das Ausmaß der „Zwangsabgabe": In den 80er Jahren betrug die Reserven über 60 % aller ausgereichten Kredite, was die Reduzierung der möglichen Kreditvergabe aufzeigt. Erst in den 90er Jahren ging diese Relation auf ein Niveau von etwa 20 % zurück.

Abbildung 55: Pflichtreserve der RCCs zu Krediten und Einlagen

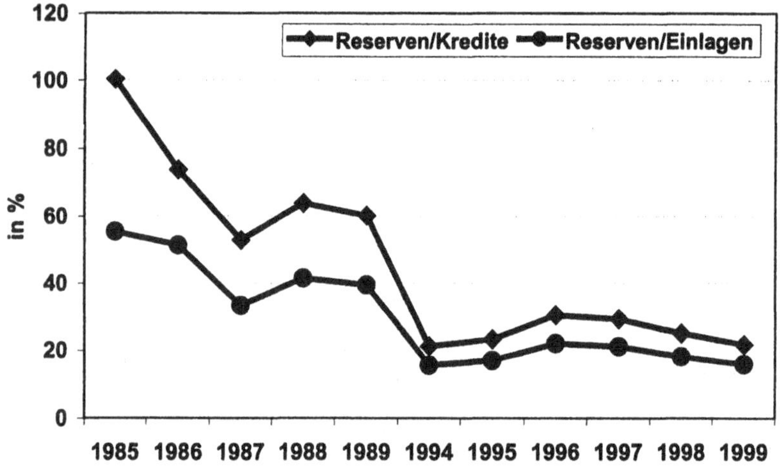

Quellen: China Financial Statistical Yearbook (1997), S. 452 und (2000), S. 388; Manoharan (1992), S. 203.

Ablauf der Kreditvergabe durch eine RCC

Bei der Kreditvergabe konnte eine RCC über zwei verschiedene Kanäle agieren:[670]

- **Direkte Kreditvergabe**: Diese erfolgte über das Büro auf Gemeindeebene an die Kreditnehmer auf Gemeinde- oder Dorfebene. Im Büro arbeiteten verschiedene Vollzeitangestellte, die jeweils für das Kreditgeschäft in einem vorher festgelegten Bereich von Dörfern verantwortlich waren. Die Situation eines Antragstellers konnte der Kreditbetreuer entweder selbst oder aber unter Mithilfe des zuständigen Dorfkomitees beurteilen. Jeder Kreditantrag musste neben den üblichen Vereinbarungen daher auch die Zustimmung des Vorsitzenden vom Dorfkomitee aufweisen, und das Komitee haftete im Falle einer Vertragsverletzung mit.

---

[670] Vgl. Zhu et al. (1997), S. 73f.

- **Indirekte Kreditvergabe**: Sofern eine RCC dies vorzog, wurden „Kreditstationen“ auf Dorfebene aufgebaut. Aus der Mitte der Bewohner des Dorfes (bzw. der Dörfer) wurde ein Teilzeitangestellter bestimmt, der die Abwicklung sowohl des Einlagen- als auch des Kreditgeschäftes vornahm. Diese Form stellte die kostenintensivere dar, reduzierte für die Antragsteller aber die zusätzlichen Transaktionskosten (Wege in die entfernteren Büros der RCCs) sowie die Gefahr der Ablehnung (auf Dorfebene bestanden bessere „guanxi“).

Die **ländlichen Kreditkooperativen bauten** ihre **„Netzwerke“ vor Ort** permanent aus. Dies ermöglichte eine effizientere Ausgestaltung der Kreditvergabe. Neben dem Mechanismus der Haftung, welcher wahlweise über die Gemeindeinstitutionen oder Dorfkomitees zur Besicherung von TVE-Krediten einfloss, konnte vor allem durch das Abbauen überflüssiger Hierarchiestufen eine Reputationsbeziehung (sowohl bei der direkten als auch indirekten Kreditvergabe) aufgebaut werden (vgl. Abbildung 56). Dies beseitigte den Mangel an nicht verfügbaren Sicherheiten und ermöglichte trotzdem eine Kreditgewährung an die von staatlichen Geschäftsbanken abgewiesenen Kreditnehmer. Die RCCs wiesen bei einer Erhebung im Jahr 1995 sogar gegenüber den ländlichen Kooperativfonds einen geringeren Anteil an Krediten auf, die durch Vermögenswerte abgesichert wurden.[671] Die Motivation der „Agenten“ (Teilzeit- und Vollzeitangestellten) wiederum wurde dadurch gesichert, dass aus den durch Zinsmargen erzielten Überschüssen ein Anteil an die Kreditbearbeiter ausgezahlt wurde.[672]

Abbildung 56: Besicherungsmechanismen bei der Kreditvergabe durch eine RCC

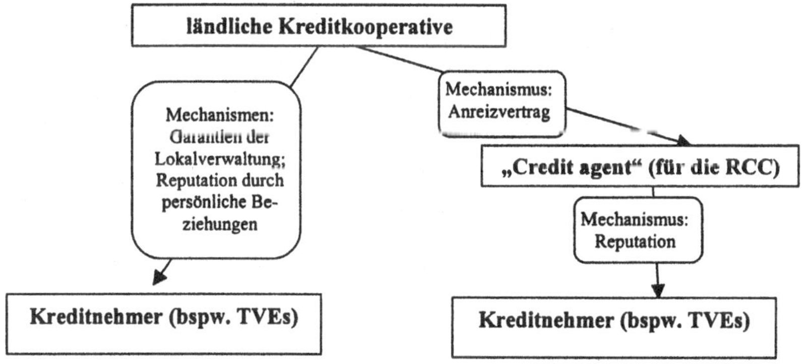

---

[671] Vgl. Park et al. (1997), S. 22.
[672] Vgl. Zhu et al. (1997), S. 74.

9.2.4 „Krise der ländlichen Kreditkooperativen?" - RCCs als „cash cows" für staatliches Bankensystem

In einigen Analysen zur Finanzsystementwicklung Chinas in den 90er Jahren wird den ländlichen Kreditkooperativen ein eher schlechtes Zeugnis ausgestellt. Dabei wird von mangelhaftem Kreditmanagement, riskanter Vermögensanlagepolitik sowie ineffizienter Führung insgesamt gesprochen. Die Beurteilung der Finanzlage aller RCCs geht sogar so weit, von „China's other potential banking crisis" zu sprechen.[673] Diese Aussage steht im Widerspruch zu den aggregierten Zahlen des RCC-Systems. Die durchschnittliche Rentabilitätsquote von RCCs hat sich zwischen 1988 und 1995 von 0,9 % auf 1,2 % erhöht[674], ein Trend, der genau im Gegensatz zu der Entwicklung bei den staatlichen Geschäftsbanken steht, deren Rentabilität mittlerweile nur noch ein Zehntel der Rentabilität von den RCCs beträgt.

Das Verhältnis zwischen den RCCs und dem staatlichen Bankensystem muss unter dem Aspekt diskutiert werden, warum staatliche Geschäftsbanken noch immer bei der Kreditvergabe dominierend sind. Der Anteil ländlicher Kreditkooperativen an der Kreditvergabe des gesamten Finanzsystems beträgt nur etwa 10 %, ist also wesentlich geringer als der Anteil an den Einlagen.[675] Damit bleibt die Frage, wofür das Einlagevolumen der RCCs noch verwendet wurde. Die Annahme, dass die RCCs im Kreditgeschäft nicht so engagiert und daher auch nicht für die Finanzierung von TVEs sowie anderer nicht-staatlicher Unternehmen bedeutend waren, würde den zentralen Aspekt der Beziehungen zwischen RCCs und ABC ausblenden. Als untergeordnete Ebene der ABC mussten die RCCs über Einlagen bei selbiger deren Geschäftstätigkeit mit tragen. Die Einlagen von RCCs bei der ABC wurden durch die Vorschrift zum Halten einer Mindest- und Überschussreserve bei der Landwirtschaftsbank erhöht,[676] und selbst die Höhe der Mindestreservepflicht wurde durch die ABC bestimmt (vgl. 8.3.2.3).

Bei der ABC waren über 25 % der Kreditvergabe durch Einlagen der RCCs gedeckt. Fasst man die von RCCs und ABC vergebenen Kredite zusammen, so beträgt deren Anteil an der gesamten Kreditvergabe im Jahr 1996 fast 25 %.[677] Die Bedeutung der **RCCs** wird somit dadurch gemindert, dass sie **als „Unterabteilung" der ABC** mit dazu herangezogen wurden, die Differenz zwischen Kre-

---

[673] Vgl. Stratfor (2000), S. 1.
[674] Vgl. Park et al. (1997), S. 18.
[675] Vgl. Lu (1995), S. 28; Mehran et al. (1996), S. 26.
[676] Vgl. Girardin (1997), S. 43.
[677] Vgl. Almanac (1995), S. 120; Tam (1988), S. 67; Weltbank (1999), S. 26.

diten und Einlagen bei der ABC zu finanzieren.[678] Damit wurde eine noch größere Ausweitung des Kreditgeschäftes erfolgreicher RCCs unterbunden, um die staatlich gesteuerte Finanzierungspolitik der ABC zu stützen. Zusätzlich belastend wirkte dabei, dass die ABC auf die Pflichteinlagen nur einen relativ geringen Zins zahlte, der zwischen 5 und 6,5 % jährlich und damit noch unter dem Zins für Mindestreserven bei der PBC lag.[679] Damit konnte die ABC sogar noch Gewinne erzielen, indem sie die niedrig verzinsten Einlagen der RCCs zu einem höheren Zins bei der Zentralbank anlegte.

Die Probleme staatlicher Eingriffe wurden selbst von der Zentralbank zugegeben, die noch 1997 als vorrangiges Ziel für die Reform des ländlichen Finanzsystems die administrative Trennung der RCCs von der Landwirtschaftsbank nennt, damit die RCCs ihre Geschäftspolitik vollständig nach kommerziellen Kriterien vornehmen können.[680] Die Entwicklung der RCCs war somit insgesamt erfolgreich. Eine bessere Performance wurde durch restriktive Eingriffe verhindert, da die RCCs als Instrument zur Finanzierung wirtschaftspolitischer Ziele herhalten mussten und unter starkem Einfluss „von oben" standen:

„Overall, however, RCCs have not played their role of being a truly co-operative financial institution. Rather, they have become the main channel for the outflow of fund from the rural sector."[681]

[678] Vgl. Zhu et al. (1997), S. 70.
[679] Vgl. Manoharan (1992), S. 204.
[680] Vgl. China Financial Outlook (1997), S. 30.
[681] Girardin (1997), S. 42.

Box 26: Finanzierungskosten bei RCCs - das Dilemma

Die Betrachtungen haben den staatlichen Einfluss auf die Entwicklung der RCCs aufgezeigt. Dieser bestand vorrangig aus der Mindestreservepflicht von RCCs bei der Landwirtschaftsbank. Problematisch wird diese Vorgabe in dem Moment, wo die Mindestreservepflicht selbst hoch, die Verzinsung dafür aber relativ niedrig angesetzt wird, da dadurch eine RCC potenziell nicht mehr in der Lage ist, die laufenden Kosten für Einlagen und Aufrechterhaltung des Geschäftsbetriebs zu decken. Dies soll an einer Beispielrechnung für das Jahr 1995 (mit den bisher angeführten Daten) verdeutlicht werden, in welcher der Einlagezins bestimmt werden soll, der maximal gewährt werden darf, um (ohne Berücksichtigung weiterer Kosten) die Kreditvergabe nicht zu einem Verlustgeschäft werden zu lassen. Dabei wird mit folgenden Daten gerechnet: durchschnittlicher Kreditzins = 11,55 % p.a.; Zins auf Einlagen bei der ABC = 5 % p.a.; Einlagenquote bei der ABC = 30 %; Kreditvergabe = 70 %.

$$100 \cdot \left(1 + i_{Einlagen}\right)_{Gewinn \geq 0} \leq 70 \cdot \left(1 + i_{Kredit}\right) + 30\left(1 + i_{Reserve}\right)$$

$$\Rightarrow 100 \cdot \left(1 + i_{Einlagen}\right)_{Gewinn \geq 0} \leq 70 \cdot 1{,}1155 + 30 \cdot 1{,}05$$

$$\Rightarrow \left(i_{Einlagen} \right)_{Gewinn \geq 0} \leq 9{,}59\ \%$$

Das Ergebnis zeigt, dass die RCCs lediglich einen Zins in Höhe von 9,6 % auf die Einlagen hätten zahlen können, um keine Verluste aus der Zinsdifferenz auszuweisen. Dieser liegt noch unter dem für diese Periode vorgegebenen Einlagezins von 10,98 % (für die Geschäftsbanken), so dass die RCCs in manchen Regionen sogar einen Wettbewerbsnachteil erleiden. Außerdem sind in dieser Rechnung die Kosten des Geschäftsbetriebs nicht berücksichtigt. Die einschränkenden Vorgaben sind für den Bereich der ländlichen Finanzierung besonders fatal, weil dort die Spanne zwischen Kredit- und Einlagezins eigentlich besonders hoch sein müsste, um die höheren Transaktionskosten (bedingt durch geringe Kreditvolumina und hohe Bearbeitungs- und Überwachungskosten) finanzieren zu können. Die Konsequenz für dieses „Dilemma" äußerte sich entweder in steigenden Kreditzinsen oder aber in sinkenden Gewinnen bzw. höheren Verlusten der RCCs. Im ersten Fall hätte eine weitere Diskriminierung ländlicher Kreditnehmer zur Unterstützung staatlicher Institutionen stattgefunden. Für den zweiten Fall schlug sich der staatliche Eingriff in einem indirekten Einkommensrückgang der unteren Ebenen nieder, da sinkende Gewinne der RCCs zu geringeren Ausschüttungen führten.

C. Würdigung

10 Reformentwicklung und Perspektiven

Eines der zentralen Merkmale für die Reformen in der VR China bis in die Gegenwart hinein war, dass eine **„reform without loosers"** umgesetzt werden konnte. Es lagen wenig offen zutage tretende soziale Härten im chinesischen Transformationsprozess vor. Gerade die verschiedenen Aspekte zur Unternehmens- und Bankenreform haben aber dargelegt, dass in wichtigen Bereichen der Volkswirtschaft nur eine Verschiebung der Probleme auf eine spätere Periode erfolgte. Angesichts der **fortgesetzten Behinderungen für „nicht-staatliche Entwicklungen"** verstecken sich zu viele „Altlasten" in den verschiedensten Bereichen.

Die VR China profitierte in zwei Phasen von unterschiedlichen Formen der Unternehmensentwicklung und deren Finanzierung. In den 80er Jahren waren es die TVEs, welche einen wichtigen Beitrag zum beeindruckenden Wirtschaftswachstum leisteten. Sie entwickelten sich sowohl als kollektive Gemeinschaftsunternehmen, bei denen eine motivierte Lokalverwaltung die Fäden in der Hand hielt, als auch als „quasi-private" Unternehmen, die den Schutz der örtlichen Verwaltung nutzten, um den Sanktionen der Zentralregierung entgehen zu können. Ab Mitte der 90er Jahre kam es dann zu einem Anstieg ausländischer Direktinvestitionen. Diese Mittel kamen vorrangig neu entstehenden Privatunternehmen und ausländisch investierten Unternehmen zugute.

Für die Zukunft sind weitere dramatische Änderungen zu erwarten. Im Dezember 2001 trat die VR China formal der Welthandelsorganisation (WTO) bei. Auch wenn bisher nur ein grober Fahrplan für die weiteren Reformschritte vorliegt, so werden die bevorstehenden Änderungen die vielfältigen Restriktionen beseitigen, die bisher für Staatsunternehmen und staatliche Geschäftsbanken einen bequemen Schutzwall darstellten. Damit wird sich sowohl die Absatz- und Finanzierungssituation chinesischer Unternehmen auf in- und ausländischen Güter- und Finanzmärkten als auch die Geldpolitik des Landes ändern.

10.1 TVEs: Ein Auslaufmodell?

Die TVEs stellen, dies belegt die empirische Entwicklung (vgl. 6.2.2) eindrucksvoll, eins der tragenden Elemente der chinesischen Wirtschaftsreformen dar. Sie haben in ländlichen Bereichen die Industrialisierung vorangetrieben und dadurch eine Stabilisierung der Wirtschaftsentwicklung herbeigeführt. Im Zeitablauf zeigt sich dabei, dass der Anteil der TVEs am Gesamtoutput in den 90er Jahren auf hohem Niveau stagnierte, nachdem in den 80er Jahren noch ein deutlicher Anstieg zu beobachten war. Aber auch die Stagnation in den 90er Jahren ist insofern positiv zu bewerten, als dass die TVEs ihre Position auch gegenüber privaten Unternehmen behaupten konnten, während die Staatsunternehmen weiter an Boden verloren haben.

10.1.1 Grundlegende Vorteile der TVEs gegenüber anderen Unternehmensformen

Wieso konnten sich die TVEs 20 Jahre lang als Motor des Aufschwungs entfalten, obwohl sie keine übliche Unternehmensform darstellen? Die **Gründung von TVEs** kann grundsätzlich als eine **flexible Antwort auf die Herausforderung der Entwicklung neuer Unternehmen** in der Wirtschaftstransformation angesehen werden. Für Transformationsländer hatte sich die grundlegende Problematik ergeben, dass die Staatsunternehmen tendenziell schrumpften, für neue Unternehmen aber - insbesondere aufgrund der schwachen institutionellen Rahmenbedingungen - die Möglichkeiten zur Entwicklung äußerst instabil waren.

Mit der starken Förderung der TVEs wurden einerseits die geographischen Besonderheiten Chinas (ein Großteil der Bevölkerung lebt in ländlichen Gebieten) einbezogen. Andererseits schuf dies auch einen „dritten Weg", der es ermöglichte, von einer unmittelbaren Privatisierung der Staatsunternehmen abzusehen und trotzdem neben diesen noch weitere, „junge Unternehmen" zu entwickeln. Dieses steht auch in Einklang mit den Erkenntnissen der Neuen Institutionenökonomie, in welchen das Privateigentum nicht die einzig denkbare Eigentumsform darstellt:

> **„Das Privateigentum ist nicht die einzige soziale Institution, die eine effiziente Mittelverwendung fördern kann. Wenn die Ausschlusskosten relativ hoch sind, können Gemeineigentumslösungen vorzuziehen sein."[682]**

Die Diskriminierung privater Unternehmen in Verbindung mit den unsicheren institutionellen Rahmenbedingungen stellte einen weiteren zentralen Erklärungsgrund dar, warum die TVEs eine so bedeutende Rolle in der chinesischen Transformation einnahmen. Auf kommunaler Ebene deklarierten sich viele Unternehmen nicht als privatwirtschaftlich, sondern als TVE. Dies schützte nicht

[682] Richter/Furubotn (1999), S. 112.

nur vor staatlicher Willkür, sondern brachte zusätzlich die Unterstützung durch die kommunale Verwaltung,[683] welche sich aus der Existenz erfolgreicher Unternehmen im eigenen Entscheidungsbereich ebenfalls Vorteile versprach.

Die aus dieser Konstellation entstehende Agency-Problematik, welche die Notwendigkeit der Kontrolle der Kommunalverwaltung ansprach, wurde wiederum durch formale und informelle Sanktionsmechanismen gelöst, mit denen die Einwohner einer Einheit ihrer Führer abstrafen konnten. Die Erfahrungen haben gezeigt, dass die Kontrollinstitutionen effizient arbeiteten. Zudem nahm durch die geringe Anzahl von Mitgliedern in diesen Gemeinschaften die **Reputation eine bedeutende Rolle als Sanktionsmechanismus** ein. Nicht erfolgreiche kommunale Führer verloren innerhalb ihrer Gemeinde oder ihres Dorfes erheblich an Ansehen. Die Gefahr, durch den Ansehensverlust auch Teile des sozialen Netzes zu verlieren, stellte einen effizienten Anreizmechanismus dar. Im Gegenzug besaß eine Gemeinde- oder Dorfverwaltung aber auch die Möglichkeit, die ihr zur Verfügung stehenden personellen Ressourcen zu kontrollieren. Die Betrachtungen zur „danwei" (und das darin umgesetzte Meldesystem) hatten gezeigt, dass ein Bürger nur mit großem Aufwand seinen Wohnsitz wechseln konnte. Damit konnte die Verwaltung darauf bauen, dass ihnen die ausgebildeten Arbeitskräfte nicht einfach abwanderten.

Ein weiterer Vorteil der TVE zeigte sich bei Betrachtung einzelner **regionaler Modelle** aus verschiedenen Provinzen in Ost-China. Während sich im Süden von Jiangsu aufgrund der Nähe zu städtischen Gebieten (Shanghai, Nanjing) die Verarbeitung nicht-agrarischer Produkte etablierte, spezialisierten sich kommunale Unternehmen in Süd-Zhejiang auf Handel, Handwerk und nebengewerbliche Produkte. TVEs konnten sich flexibel an Entwicklungen auf den Absatzmärkten anpassen und suchten sich Marktnischen, in denen sie profitabel arbeiten konnten. Sie unterstanden einem stärkeren Wettbewerbsdruck und mussten - anders als die SOEs - unter dem Ziel der Gewinnmaximierung agieren.[684]

Auch für die Zentralregierung ergaben sich Vorteile aus der steigenden Existenz von TVEs. Über die **Einbindung der Lokalverwaltung** konnte sie sicher sein, dass die TVEs effizienter überwacht werden als staatliche Unternehmen auf regionaler Ebene.[685] Damit war eine Kompensation von aus der Landwirtschaft freigesetzten Arbeitskräften möglich, was insgesamt zu einer höheren sozialen Stabilität führte. Untersuchungen ergaben zudem, dass eine erhöhte Existenz

[683] Vgl. Naughton (1994), S. 268.
[684] Vgl. Harvie (1999), S. 10.
[685] Vgl. Che/Qian (1998), S. 13.

von TVEs auch die Einnahmen der Zentralregierung steigerte.[686] Daher bestand auch kein Anlass für die Zentralregierung, gegen TVEs vorzugehen.

Übersicht 34: Gründe für den Erfolg von TVEs

	Auswirkung
Staatliche Dezentralisierung	• „hard budget constraint" für untere Verwaltungsebenen. • Großer Nutzen für Staat, ohne zusätzliche Kosten.
Regionale Positionierung	• Nähe zu Staatsunternehmen: Neuaufträge und Zugang zu Technologie. • Ausnutzen komparativer Vorteile ggü. Staatsunternehmen.
Kleine, flexible Unternehmen	• Ausnutzen von Marktnischen. • Starker Wettbewerb zwischen Unternehmen, ausgeprägtes Gewinnstreben. • Höhere Anreize zur Produktinnovation.
Nähe zur lokalen Verwaltung	• Flexible Belastung mit Abgaben. • Kontrolle des Managements und flexiblere Verträge. • Effizientes Wirtschaften mit knappen Ressourcen. • Schutz vor staatlichen Eingriffen. • Zulassen von „quasi-privaten" Unternehmen.
Institutionen	• „danwei" als Kontrollinstrument für Arbeitskräfte. • Reputation als Anreiz für Manager und Verwaltungsspitze

10.1.2 Die TVEs als Kreditnehmer im ländlichen China

Die Analyse der Finanzierung von TVEs im Entwicklungsprozess hat gezeigt, dass diese Unternehmen vorrangig auf die Finanzierung über Bankkredite (bei den RCCs) sowie Eigenmittel angewiesen waren. Die **Eigenmittel** flossen in Form von **„Starthilfen" der Lokalverwaltung** sowie als **Gewinnthesaurierung**. Letzteres ergab sich nach 1990 aus den rechtlichen Bestimmungen, die eine Mindestthesaurierung von 60 % der Gewinne vorschrieben. Die Kreditfinanzierung lief über lokale Finanzintermediäre, die ländlichen Kreditkooperativen. Eine grafische Darstellung der einzelnen Finanzierungsströme findet sich in Abbildung 57. Diese verdeutlicht die zentrale Steuerungsfunktion der Lokalverwaltung im Finanzierungsablauf.

[686] Vgl. Jin/Qian (1998), S. 800.

Abbildung 57: Zahlungsströme zwischen TVEs, Finanzintermediären und Verwaltung

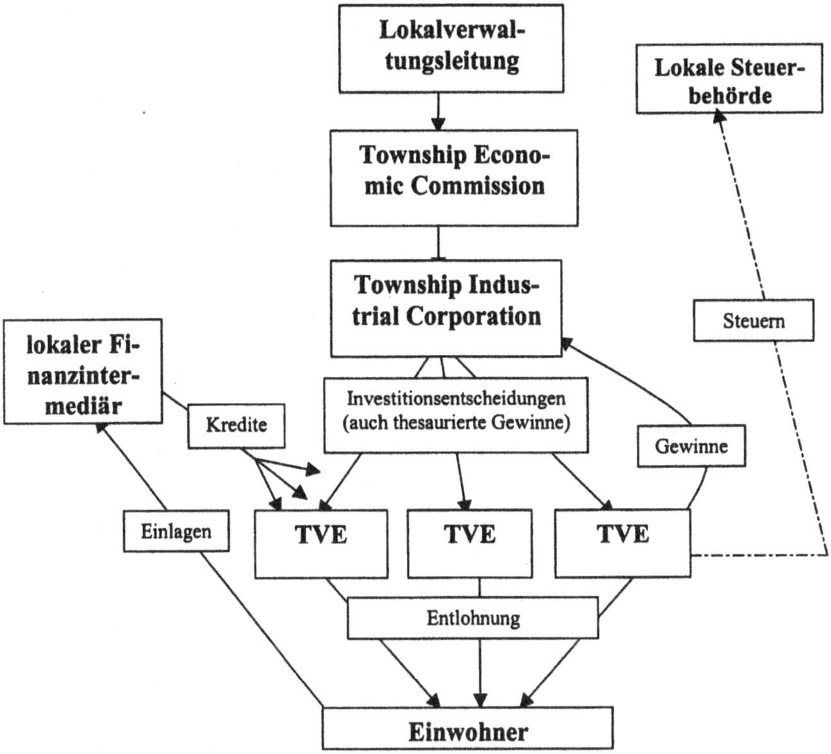

Quelle: Byrd/Gelb (1990), S. 366.

Vorteile der Unternehmensform TVE bei der (ländlichen) Finanzierung

Die Entwicklung ländlicher Unternehmen und Finanzintermediäre konnte in China besonders stark davon profitieren, dass sich die innerhalb der Gesellschaft bestehenden informellen Institutionen positiv auf die Abwicklung von Transaktionen auswirken konnten. Einerseits waren **„monitoring"-Kosten sehr niedrig**, da die Ebene der Transaktion überschaubar blieb. Dieser Vorteil konnte dabei nicht nur von einzelnen Wirtschaftssubjekten ausgenutzt werden. Auch eine Beteiligung unterster Verwaltungsebenen bei der Gestaltung von Finanzierungsverträgen wirkte sich positiv auf die Abwicklung aus. Andererseits bestanden **durch die Netzwerke** („guanxi") bereits **Substitute für fehlende formale Regeln**. Damit bildete die zwischen einzelnen Akteuren aufgebaute Reputation eine stabile Grundlage für die Abwicklung von Transaktionen. Diese beiden Gegebenheiten konnten einen zentralen Mangel heilen, der sich in Transformations- wie auch Entwicklungsländern als zentrales Hindernis der Unternehmensfinanzierung zeigte: das Fehlen von dinglichen Sicherheiten bei neuen Unternehmen.

Speziell für chinesische Gegebenheiten stellten die TVEs auch eine effiziente Antwort auf fortgesetzte staatliche Eingriffe dar. Die beibehaltene Steuerung durch alle Ebenen des Regierungsapparates verhinderte vor allem auf den von oben noch zu kontrollierenden Ebenen die Bildung nicht-staatlicher Institutionen, welche sich ungestört hätten entwickeln können. Dies zeigte sich nicht nur bei Unternehmen und dem Finanzsektor, sondern auch den rechtlichen Grundlagen und deren Umsetzung. Bei der Finanzierung zeigt sich, dass die direkte Kreditvergabe an TVEs durch die RCCs als ländliche Finanzintermediäre effizient war und Elemente der Modelle von Breuer sowie von Diamond enthält (vgl. Abbildung 58). Ganz besonders komplex und ausgefeilt zeigt sich die Finanzierung bei der Einschaltung von „Bürgen“ (Lokalverwaltung), dies wird im folgenden Abschnitt separat diskutiert.

Abbildung 58: „Einfache“ informationsökonomische Gestaltung der TVE-Finanzierung

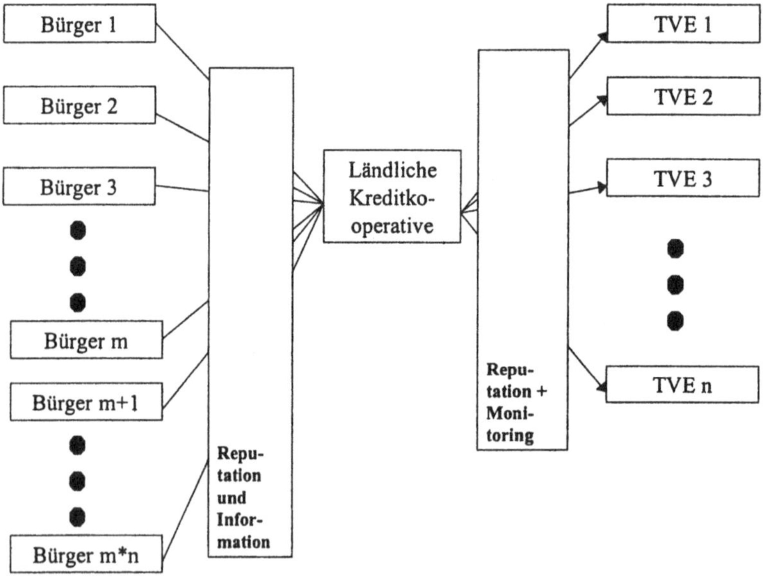

Die „township industrial corporation" als neuer Finanzintermediär

Bei der Diskussion der Finanzierung von TVEs (vgl. 6.2.5) zeigte sich anhand der Ströme von Kapital und der Beziehungen zwischen einzelnen Gruppen und Institutionen innerhalb einer Gemeinde oder eines Dorfes, dass eine komplexe Struktur und zahlreiche Eingriffe der Verwaltung vorliegen konnte. Auch für die Kapitalströme gilt das schon für das Management Festgestellte: Die Aufnahme und Verwendung von Mitteln lief nicht für jedes TVE unabhängig, sondern wurde von einer zentralen Stelle der Gemeinde oder des Dorfes gelenkt. Die **„township industrial corporation" (TIC) entscheidet** (für TVEs der Kategorien 1 bis 3) **über die Gewinnverwendung und koordiniert zudem die externe Mittelaufnahme**. Gegenüber dem Management eines TVEs oder Privatunternehmens verfügt das TIC als Organ der Lokalverwaltung über komparative Vorteile beim Zugang zu Finanzierungsquellen: Es besitzt einen direkten Zugriff auf das kollektive Eigentum. Weiterhin bestehen enge Beziehungen zu den lokalen Finanzintermediären.[687] Entsprechend der Definition aus 7.2 kann demnach eine **TIC als Finanzintermediär** angesehen werden (vgl. Abbildung 59).

Abbildung 59: „Township industrial corporation" und die Finanzierung der TVEs

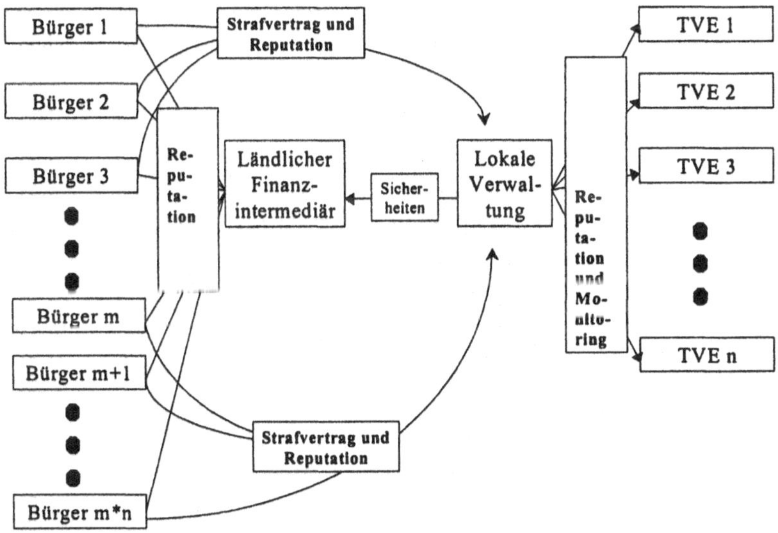

[687] Vgl. Chen (2000), S. 59.

Ein Finanzintermediär war allgemein definiert als Finanzproduzent, -händler oder -gutachter, der als Institution zur Ausgestaltung von Finanzierungsverträgen beiträgt. Die TIC erfüllt genau diese Voraussetzungen. Als Gutachter übernehmen sie die Überwachung der Performance von TVEs. Gleichzeitig fungieren sie als Bürgen für die Darlehen der TVEs gegenüber dem Intermediär. Zwischen der TIC und den Finanzintermediären RCC und Bankfilialen bestand eine enge persönliche Beziehung, basierend auf den gerade auf lokaler Ebene stark ausgeprägten Netzwerken („guanxi"). Diese führten zwar einerseits zu einer Beeinflussung der Kreditvergabe (die oftmals kritisiert wird), aber andererseits hatte die Lokalverwaltung auch mit ihrer Reputation beim Kreditgeber gebürgt. **Sanktioniert** werden können sie, und das ist die Besonderheit dieser Ausgestaltung, **direkt** von den Anlegern sowohl durch den formalen Mechanismus „Abwahl" als auch durch den drohenden Verlust an Reputation. Diese Ausgestaltung der Finanzierung entspricht damit einer **Mischung der Modelle von Breuer und Diamond**.

Für die Funktion als Finanzintermediär besitzt die „township industrial corporations" **zwei Vorteile**, die es ihr ermöglicht, das **„Ausfallrisiko" zu minimieren**.

1. Eine TIC verfügt als die für TVEs zuständige Institution über Einfluss auf deren Entwicklung. Durch gezielte Investitionsentscheidungen kann sie daher ein **„risk pooling"** vornehmen. Zudem kontrolliert sie auch die Verwendung des Gewinnes sowohl einzelner TVEs als auch der gesamten Gruppe ihnen unterstehender Unternehmen. Damit sind einmalige Verlustausgleiche und zielgerichtete Gewinnabführungen möglich.

2. Als überwachende Institution kann sie zudem die **notwendigen Informationen von den TVEs sammeln**, um eine gezielte Bonitätsbeurteilung zu gewinnen. Insbesondere in einem System schwacher Institutionen (wie in China) ist die Verifizierbarkeit der Informationen von Schuldnern ein wesentlicher Bestandteil eines Finanzierungsvertrags.

Unter Berücksichtigung neuerer Entwicklung in der Diskussion zur Finanzierungstheorie kann die **Lokalverwaltung als „Venture Capital"-Geber** angesehen werden. Sie stellte für Unternehmen mit positiven Entwicklungschancen die Mittel zur „start up"-Finanzierung bereit und sorgte so für eine „Industrialisierung von unten". Die Lokalverwaltung agierte daneben auch als Konzern, der sich sowohl um die Entwicklung, die Investitionsumsetzung als auch die Finanzierung in den ihr unterstellten Unternehmen kümmerte. Damit bildete sich ein **„local state corporatism"** heraus, der innerhalb der relativ kleinen Ebenen trotz des nicht vorhandenen Eigentums die effiziente Ausgestaltung von ökonomischen Transaktionen zwischen verschiedensten Akteuren ermöglichte.[688] Ergänzend zeichneten sich die unteren Verwaltungsebenen auch durch eine große Flexibilität in der Form aus, dass sie den vom Staat verfolgten Privatunternehmern eine Entwicklungsmöglichkeit unter dem Deckmantel eines Kollektivunternehmens ermöglichte („dai hongmao" = eine rote Mütze tragen), was diese durch eine Prämie an die Verwaltung kompensierten. Dadurch wurde eine **Flucht von Unternehmen in den informellen Sektor vermieden.**

Über die „township industrial corporation" konnte die Lokalverwaltung Einfluss auf die Finanzierungssituation der TVEs ausüben. Damit gelang es ihr trotz schwacher institutioneller Rahmenbedingungen erfolgreich, die für junge Unternehmen bestehenden Finanzierungsrestriktionen zu umgehen und so deren Wachstum zu fördern.

TVEs und „hard budget constraint"?

Analog zu den Staatsunternehmen muss auch für TVEs das Problem des „soft budget constraint" diskutiert werden, denn dessen Existenz würde die Effizienz der TVEs in Frage stellen. Im Gegensatz zu den SOEs ist es allerdings bei TVEs nicht ohne weiteres möglich zu bestimmen, ob sie einer harten oder weichen Budgetrestriktion unterliegen. Durch die Eingriffe der Lokalverwaltung könnte auf den ersten Blick durchaus die Ansicht unterstützt werden, dass auch verlustbringende Unternehmen weiter operieren konnten und durch öffentliche Gelder am Leben erhalten wurden. Dieses würde die Existenz eines „soft budget constraint" belegen. Für diese Argumentation spricht die Art der Steuererhebung bei TVEs. Die Lokalverwaltung war durchaus bemüht, den TVEs bei der Reduzierung ihrer Last staatlich erhobener Steuern zu helfen und bei eigenen Steuern gegebenenfalls Nachlässe zu gewähren. Allerdings bedeutete dies nicht, dass dadurch unbegrenzte Mittel zur Verfügung standen. Die Lokalverwaltungen belasteten die TVEs statt dessen durch erhöhte Abgaben, die sie leicht einziehen und selbst einbehalten konnten.[689]

Von größerer Bedeutung für die Argumentation ist der Einfluss der Lokalverwaltung auf das staatliche Bankensystem und sonstige Finanzintermediäre. Sofern sich die Lokalverwaltung als „de facto"-Eigentümer unbegrenzt bei Finanzintermediären verschulden oder die Kreditvergabe an TVEs beeinflussen konnte, lagen keine harten Budgetrestriktionen vor. Anhand zweier Aspekte

[688] Vgl. Edin (2000); Oi (1992).
[689] Vgl. Sjöberg/Zhang (1996), S. 4.

kann gezeigt werden, dass **für TVEs** insgesamt ein **„hard budget constraint"** existierte. Der Einfluss der Lokalverwaltung ist insbesondere auf die staatlichen Geschäftsbanken auf lokaler Ebene nicht so groß, als dass eine unbegrenzte Finanzierung erfolgen könnte. Statt dessen wurden bei der Kreditvergabe an TVEs kommerzielle Kriterien zugrunde gelegt.[690] Weitere, v.a. die ländlichen Finanzintermediäre, besaßen nicht die Finanzmittel, um unbegrenzt nachschießen zu können. Daher können die engen Beziehungen zwischen lokalen Finanzintermediären und Lokalverwaltung, die als Indiz für die Existenz eines „soft budget constraint" herangezogen werden[691], eben diesen nicht belegen. Dies zeigt auch die Studie von Sjöberg/Zhang (1996) über das Finanzierungsverhalten verlustbringender TVEs Ende der 80er Jahre in Sichuan und Zhejiang. Sie erklären den anhaltend hohen Anteil der Finanzierung über Bankkredite bei diesen Unternehmen damit, dass Rückzahlungsprobleme bei bestehenden Mitteln vorlagen und nicht eine Finanzierung anfallender Schulden über zusätzliche Bankkredite. Als zusätzlichen Indikator für diese Argumentation verwenden sie den Anteil des Eigenkapitals, welcher kontinuierlich abnahm. Dies ist ihrer Meinung nach darauf zurückzuführen, dass die verlustbringenden TVEs gezwungen wurden, für die Verluste Abschreibungen vorzunehmen, welche das Eigenkapital minderten.[692]

Weiterhin darf nicht allein ein einzelnes TVE, sondern die **Gesamtheit aller TVEs** innerhalb einer Gemeinde oder eines Dorfes **als relevante Ebene** analysiert werden.[693] Es ergibt sich zwar für ein TVE potenziell die Möglichkeit, die Verluste von lokaler Seite ausgleichen zu lassen. Dies wird von Seiten der Lokalverwaltung allerdings nicht ohne Gegenleistung (bspw. in Form von Umstrukturierungen) hingenommen, denn die lokale Ebene selbst verfügte zweifelsohne über ein „hard budget constraint", da allen Ebenen unterhalb der Zentralregierung eine Defizitfinanzierung verboten war.[694] Dessen strenge Umsetzung zeigte sich insbesondere in den 90er Jahren, als TVEs vermehrt umstrukturiert oder an private Interessenten verkauft wurden.

Die Gesamtheit von TVEs und Lokalverwaltung unterlag harten Budgetrestriktionen und musste ihre Investitionsprojekte nach kommerziellen Kriterien finanzieren. Die Lokalverwaltung übte dabei Druck auf TVEs aus, wenn diese ihre Verpflichtungen nicht erfüllten.

---

690 Vgl. Perotti et al. (1999), S. 159.
691 Vgl. Edin (2000), S. 88.
692 Vgl. Sjöberg/Zhang (1996), S. 10, 29.
693 Vgl. Che/Qian (1998), S. 8.
694 Vgl. Byrd/Gelb (1990), S. 370.

Das „Modell der TVEs", welches in dieser Form einmalig auf der Welt ist, aber ebenfalls auf ökonomischen Prinzipien und rationalen Reaktionen auf Restriktionen basiert, hat sich in einer Gesamtbetrachtung in China deshalb so dynamisch entwickeln können, weil es als **„circulation outside the system"** funktionierte. Diese „circulation outside the system" ergab sich aus der **institutionellen Zweiteilung der chinesischen Volkswirtschaft** (vgl. Abbildung 60). Damit waren staatliche Eingriffe nur bedingt wirksam, die Akteure im ländlichen Bereich konnten in Bereichen wie der Unternehmensfinanzierung versuchen, von Schwächen des staatlichen Überwachungssystems zu profitieren. Härter traf es da schon die ländlichen „Finanzierungs-counterparts", die RCCs. Da der Staat weiterhin ein sehr starkes Interesse an der Kontrolle finanzieller Ressourcen über das Finanzsystem hatte, unterlagen diese größeren Schranken und konnten dementsprechend auch weniger den staatlichen Einflüssen entfliehen.

Abbildung 60: „Zweiteilung“ der chinesischen Volkswirtschaft

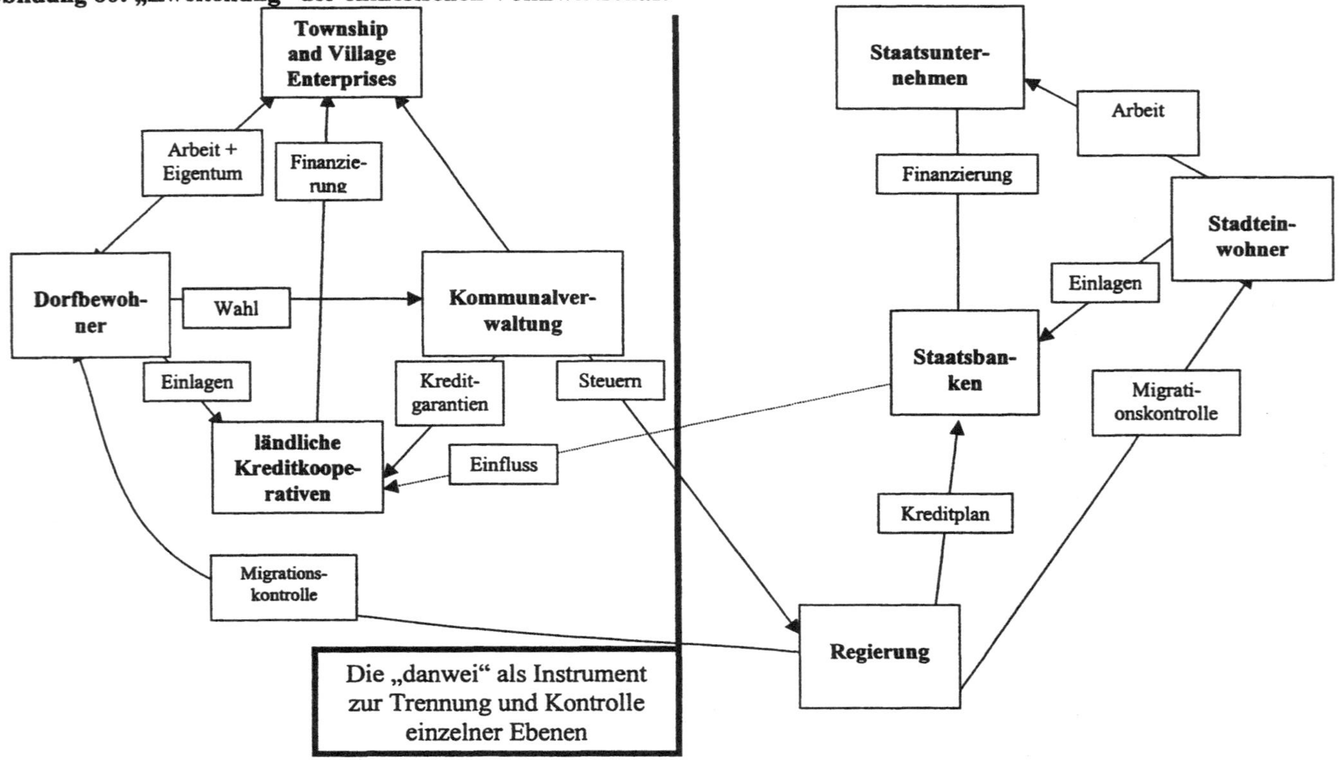

10.1.3 Perspektiven für die Entwicklung der TVEs

Ist die „Sturm- und Drangperiode" der TVEs vorbei, oder können sie ihre Position halten? Dies ist eine zentrale Frage für die Beurteilung von Chinas zukünftiger ökonomischer Entwicklung. Durch eine Fortsetzung der Reformen werden sich die Rahmenbedingungen für die Staatsunternehmen verschärfen, da sie nicht mehr in der bisher üblichen unkomplizierten Form auf die traditionellen Finanzierungskanäle „Staatskasse und Geschäftsbanken" zurückgreifen können. Zudem müssen sie sich, unter den Bedingungen des WTO-Beitritts, einem verschärften Wettbewerb mit ausländischen Unternehmen stellen. Die Debatte um die Zukunft der TVEs soll hier in zwei Schritten geführt werden:

1. Ist die Unternehmensform TVE überhaupt aus grundsätzlicher Perspektive heraus überlebensfähig, oder wird sie in ihrer Entwicklung von anderen Unternehmensformen überholt?

2. Wie wirken in diesem Zusammenhang die sich wandelnden Rahmenbedingungen im Zuge weiterer Reformen in der chinesischen Volkswirtschaft?

Grundsätzliche Perspektiven für die Unternehmensform TVE

Im Gegensatz zu den Staatsunternehmen stellen die weiteren bevorstehenden Reformen für die TVEs durchaus eine Chance dar. Der **zentrale Unterschied für die TVEs gegenüber den Staatsunternehmen** besteht in dem **fehlenden staatlichen Schutz auf Güter- und Faktormärkten**. Damit waren die ländlichen Kollektivunternehmen schon frühzeitig darauf eingestellt, sich sowohl regional als auch national mit Konkurrenz auseinander zusetzen. Auch wenn ihnen die Unterstützung der Lokalverwaltung, insbesondere bei der Startfinanzierung, zu Hilfe kam, so konnte die Verwaltung keine Abschottung von Konkurrenz vornehmen. Zudem besaß keine Kommune (und erst recht kein Dorf) die Finanzkraft, dauerhaft ineffiziente Unternehmen zur Stabilisierung der Beschäftigungslage aufrecht zu erhalten.

Die umfassende Beurteilung der Zukunftsperspektiven von TVEs kann aber nur vorgenommen werden, wenn sie mit der in entwickelten Marktwirtschaften verbreiteten Unternehmensform der Privatunternehmen verglichen werden. Daraus ergibt sich die Frage, ob die Unternehmensform TVE zum Aussterben verurteilt oder aber weiterhin Bestand haben kann/soll. Stellt die kommunale Beteiligung einen Nachteil dar, der mittelfristig die Entwicklung der TVEs beeinträchtigen wird? Potenzielle Nachteile ergeben sich für TVEs durch die kommunale Beteiligung, wenn diese die ökonomische Performance beeinträchtigt, was vor allem durch eine Ausbeutung vorhandener Ressourcen oder eine Verweigerung notwendiger Investitionsmittel geschehen kann.

Aus der Schilderung der Entwicklung von TVEs und den Rahmenbedingungen auf Güter- und Faktormärkten, unter denen die **TVEs** arbeiten, zeigt sich bereits, dass **zahlreiche dieser Unternehmen als „quasi-private" Betriebe einzustufen** sind. Von der Organisationsform her sind diese Unternehmen somit ohnehin bereits für den Wettbewerb gerüstet und dem Einfluss der Lokalverwaltung weitestgehend entzogen. Als negatives Szenario könnte für sie somit lediglich erwartet werden, dass sie in Phasen größerer gesamtwirtschaftlicher Veränderungen einer erhöhten Willkür von Seiten der Verwaltung ausgesetzt sind. Dies ist allerdings als sehr unwahrscheinlich einzustufen: Die „quasi-privaten TVEs" leisten Abgaben in Form von „Lizenzgebühren" an die Lokalverwaltung. Daher würde sich jede Lokalverwaltung mit einer Beschneidung dieser TVEs einer guten Einnahmequelle berauben, zumal im Zuge weiterer institutioneller Reformen eine „Abwanderung" dieser TVEs in den tatsächlichen privaten Bereich drohen würde. Auf der Finanzierungsebene bestehen ebenfalls kaum Gefahren für eine Einschränkung der TVEs. Die empirische Entwicklung zeigt, dass bereits seit Beginn der 90er Jahre die Eigenfinanzierung dominierte. Mit einer positiven Entwicklung der Ertragslage wird die Gewinnthesaurierung auch weiterhin die wichtigste Finanzierungsquelle darstellen, so dass eine Abhängigkeit von der Lokalverwaltung nicht mehr gegeben ist.

Aber **auch die tatsächlich kollektiven TVEs** sind keinesfalls hinfällige Betriebe, die nur über kontinuierliche Zuweisungen durch die öffentliche Hand am Leben gehalten werden. Durch die fortlaufende Überwachung und die Sanktionierungsmöglichkeiten auf verschiedenen Ebenen erfolgt eine effiziente Minimierung der Agency-Kosten. Über verschiedene, unter informationsökonomischen Aspekten als effizient einzustufenden Finanzierungsformen (Direktfinanzierung durch Lokalverwaltung, Kreditfinanzierung über Kreditkooperativen) wurde auch für die im kollektiven Besitz befindlichen TVEs ein „hard budget constraint" eingeführt. Sie können auch weiterhin in verschiedensten Branchen ihre Tätigkeit ausführen.

Von institutioneller Seite ergibt sich für die „tatsächlichen" TVEs eine weitere Herausforderung: Innerhalb von China setzt sich die Ausdifferenzierung von Regionen nach ihrem Entwicklungsstand fort. In vielen Provinzen können die unteren Verwaltungsebenen als grundlegend intakt angesehen werden, und dementsprechend greifen auch die vorhandenen Sanktionsmechanismen (bspw. über die Wahlen). Probleme ergeben sich für die TVEs in den Regionen, die durch korrupte Funktionäre und eine ineffiziente Führung geprägt sind. In solchen Gebieten werden die TVEs, aber auch private Unternehmen weiterhin mit dem Problem einer willkürlich agierenden Verwaltung zu kämpfen haben. Für TVEs würde sich dies vor allem in einer schlechten Performance und einer Ausbeutung der Unternehmensressourcen durch die Verwaltung niederschlagen. Die Eingriffe von Seiten der Verwaltung sind allerdings in China kein reines „TVE-Problem", sondern erstrecken sich auch auf Staatsunternehmen und sogar bis auf die privaten Unternehmen. Daher weisen die TVEs hier auch keinen großen Nachteil gegenüber anderen Unternehmensformen auf.

Diese Ausführungen dürfen nicht dergestalt gedeutet werden, dass alle TVEs bestehen bleiben werden. **Fakt ist** lediglich, dass **für diese Unternehmensform unter den gegebenen Bedingungen** in China **grundsätzlich eine Existenzbegründung** existiert. Von Bedeutung für die TVEs ist aber, dass bei Beurteilung der zukünftigen Chancen eine Zweiteilung vorgenommen wird, die sich aus der Größe und Ausrichtung der Tätigkeit von TVEs ergibt. Allein durch die Tatsache, dass die TVEs ihre Aktivitäten regional begrenzt ausübten, können die entsprechenden Überwachungs- und Sanktionsmechanismen greifen. Die Betrachtungen zu „guanxi" haben bereits die Problematik überproportional steigender Transaktionskosten aufgezeigt, die sich durch eine Ausweitung von Aktivitäten und den zugehörigen Netzwerken auf höhere Ebenen ergibt (vgl. 3.2.4).

1. Die auf überschaubaren Ebenen tätigen TVEs können auch weiterhin in der außergewöhnlichen Eigentumsform bestehen. Über die üblichen Formen von Managementverträgen können die tatsächlichen oder „quasi-privaten" TVEs weiter agieren. Damit ist eine gute Antwort auf die weiterhin mangelhaften institutionellen Rahmenbedingungen sowie die ambivalente staatliche Haltung gegenüber Privatunternehmen gefunden.

2. Für größere TVEs, die sich verstärkt auf Exportmärkten engagieren, ist eine Änderung der Eigentumsform zwar kein unbedingtes Muss, empfiehlt sich aber unter den Aspekten der Agency-Problematik. Dehnt sich ein TVE über die regionalen Grenzen hinweg aus, so steigen die Transaktionskosten für die Überwachung erheblich, da die Bevölkerung als „de jure"-Eigentümer verstärkt mit einer asymmetrischen Informationsverteilung bezüglich einer Einschätzung der Performance wachsender TVEs zu kämpfen hätte.

Chancen und Risiken für TVEs aus weiteren Reformen

Aus den weiteren Reformen in China, zu denen vor allem die Öffnung des Landes zählt, ergeben sich verschiedene **Chancen für die TVEs**. Ihnen könnten zunächst einmal neue Absatzmärkte offen stehen. Dies trifft aber nur auf einen Teil der TVEs zu: Die im Dienstleistungsbereich tätigen Unternehmen (bspw. Transportunternehmen) werden nicht als Akteure auf den Exportmärkten auftreten. Damit betreffen die im Folgenden zu diskutierenden Änderungen für die TVEs nur die überregional agierenden Unternehmen. Die auf Produkte des verarbeitenden Gewerbes spezialisierten TVEs können aus der Öffnung in zweierlei Hinsicht profitieren. Für ihre Produkte bietet sich eine breitere Absatzmöglichkeit, wenn die Handelsbeschränkungen zwischen China und anderen Ländern reduziert werden. Gleichzeitig können TVEs als chinesische Unternehmen ihre Standortvorteile ausnutzen, um neue Kooperationspartner zu gewinnen:

- **Relativ niedriges Lohnniveau** bei relativ gutem Bildungsstand der Arbeitskräfte.
- Standortvorteil durch die geographische Lage des Landes als **großer Absatzmarkt sowie Drehscheibe in Ostasien** (mit Hongkong als Finanz- und Logistikzentrum).
- **Erfahrung auf dem chinesischen Binnenmarkt**, aber keine „Zwangsjacken" für interessierte Investoren durch staatliche Vorgaben im Zuge „nationaler Interessen".

TVEs bieten sich also auch als Kooperationspartner für neu entstehende (private wie auch ausländisch investierte) Unternehmen an. Gleichzeitig ergibt sich die Möglichkeit, neue (v.a. ausländische) Investoren zu gewinnen. Damit könnte eine Ausweitung des Geschäftsbetriebs über neue Partner finanziert werden, was die Abhängigkeit von sonstigen externen Finanzierungsquellen reduzieren würde. Eine solche Option wird im Kontext mit der Öffnung Chinas bisher nur für die Staatsunternehmen diskutiert. Diese Fokussierung ist schwer nachzuvollziehen, wenn man sich die unterschiedliche Entwicklung von Staatsunternehmen und TVEs anschaut. Wenn die TVEs schon weniger „Altlasten" mit sich bringen, warum sollten sie dann nicht - in veränderter Form - weiterhin einen bedeutenden Teil des „neuen Unternehmenssektors Chinas" ausmachen. Ein Engagement neuer Investoren bringt aber die Voraussetzung mit sich, dass sich die bisher aktiv mitwirkenden Ebenen der Lokalverwaltung aus dem Unternehmen zurückziehen muss. Dies resultiert aus der Tatsache, dass die bisher bei den TVEs mögliche „corporate governance" bei einer Ausweitung der Tätigkeit auf überregionale Gebiete nicht mehr unmittelbar gegeben ist. Ein **Rückzug der Lokalverwaltung würde** somit eine **„Privatisierung der TVEs" notwendig machen**. Dies wurde teilweise bereits unter inländischen Investoren vorgenommen (vgl. Box 15 auf Seite 143) und stellt somit kein absolutes Neuland dar. Die Anteile an den großen TVEs könnten wahlweise direkt an interessierte Investoren oder aber in einer breiten Streuung über eine Aktienemission erfolgen. Die Option eines Verkaufs großer TVEs über die Börse sollte aber sorgfältig im Zusammenhang mit der Reform der Finanzmärkte im Land geprüft werden, denn die Aktienmärkte in China erfüllen bisher keinesfalls auch nur die minimalen Funktionen, die Finanzmärkten ansonsten zukommen (vgl. 8.5).

Die Unternehmensform TVE ist nicht zum Scheitern verurteilt. Es wird lediglich eine Ausdifferenzierung in der Form stattfinden, dass die im Zuge der Öffnung wachsenden TVEs (formal oder informell) in eine andere Eigentumsform überführt werden. Dies basiert auf der Tatsache, dass die bisher üblichen Überwachungsmechanismen nicht mehr effizient greifen, wenn das Transaktionsgebiet ausgedehnt wird. Für eine Eigentumsumwandlung kann auf bisherige Erfahrungen mit der Versteigerung von TVEs zurückgegriffen werden.

10.2 Bankenreform im Transformationsland China

Beurteilung von Chinas Bankenreform

Das staatlich dominierte Bankensystem in China hat keinen Beitrag zur Finanzierung junger Unternehmen geleistet. Damit besteht in diesem Bereich letztlich nur ein zeitlicher Unterschied zwischen China und anderen Transformationsländern. Die VR China hat keinen Sonderweg der Bankenreform gefunden. Die **chinesische Regierung war trotz zahlreicher Reformschritte letztlich nicht wirklich gewillt, die Staatsunternehmen und -banken den Marktkräften auszusetzen.** Dieses hätte zu Insolvenzen und Arbeitslosigkeit geführt und somit wichtige Ziele verletzt (Sicherung der Macht, Vermeidung von sozialen Unruhen). Allerdings konnte mit dieser Strategie nur ein Aufschub der Probleme, nicht aber eine Lösung erreicht werden. Daher ergibt sich unter heutigen Aspekten eine große Herausforderung für zukünftige chinesische Regierungen im Bereich der Unternehmensreform. Die bisher zu beobachtende stabile Entwicklung wurde zu einem hohen Preis erkauft: Die Steuerung der Kreditvergabe sowie die Abschottung des Landes nach außen haben einen massiven Einfluss auf die Entwicklung des Finanzsystems genommen.

Die zentrale Problematik in der VR China im Rahmen der Finanzsystementwicklung besteht somit darin, dass die Zentralregierung weiterhin bestrebt war, ein zentral orientiertes Steuerungssystem aufrecht zu erhalten. Für die Geld- und Kreditpolitik äußerte sich dies in der fortgesetzten Umsetzung des Kreditplans. Aber über diesen Kreditplan und die damit verbundenen Zinsvorgaben hinaus ging die Regierung sogar noch weiter. Auch die in den ländlichen Regionen operierenden Intermediäre, allen voran die **ländlichen Kreditkooperativen,** wurden **am Aufbau einer zu starken Autonomie gehindert**. Über zahlreiche Sonderbestimmungen, insbesondere die strenge Kontrolle der RCCs durch die ABC, wurde versucht, sowohl die wirtschaftspolitischen Ziele als auch eine Unterstützung der unrentablen Landwirtschaftsbank zu erreichen. Diese Vorgehensweise zeigt sich am Verhältnis Kredite/Einlagen, bei dem sich eine starke Divergenz zwischen verschiedenen Intermediären zeigt. Die Einflussnahme auf die RCCs äußerte sich in ihrer weitaus geringeren Quote von 0,6 bis 0,8, die die obligatorische Reservehaltung der Kreditkooperativen bei der Landwirtschaftsbank verdeutlicht (vgl. Abbildung 61). Die Geschäftsbanken, und hier insbesondere die ABC, finanzierten ihr Kreditwachstum also zu einem Teil zu Lasten der ländlichen Kreditnehmer, so dass eine Umverteilung zugunsten städtischer Kreditnehmer erfolgte. Weiterhin muss konstatiert werden, dass die Zentralbank einen Verstoß der Geschäftsbanken gegen bestehende Bankenvorschriften zugelassen hat. In den 1994 erlassenen Bestimmungen für die Geschäftspolitik der Banken wurde unter anderem bestimmt, dass das Verhältnis Kredite/Einlagen den Wert 1,0 nicht übersteigen darf (vgl. Übersicht 28 auf Seite 196). Allerdings dauerte es bis 1999, dass die Geschäftsbanken dieses Wert gerade so und unter Zuhilfenahme der zuvor beschriebenen restriktiven Mittel (Abzug von Geldern von den RCCs) erreichten.

Abbildung 61: Krediten zu Einlagen bei chinesischen Finanzintermediären

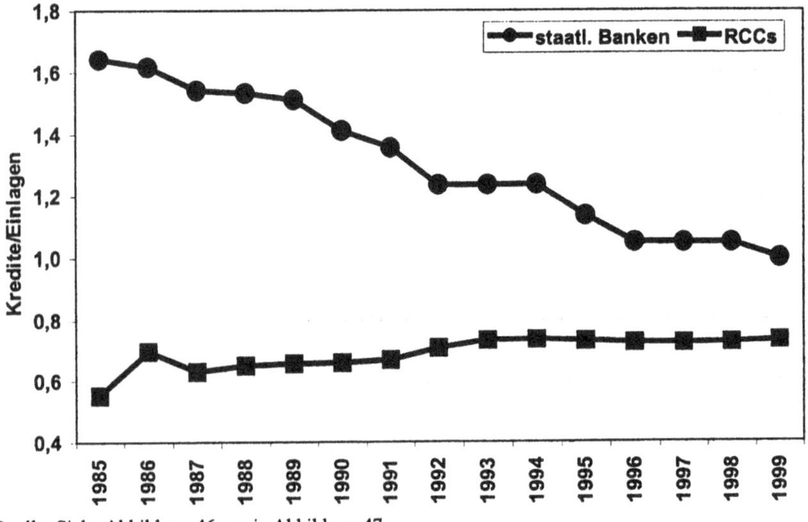

Quelle: Siehe Abbildung 46 sowie Abbildung 47.

Diese Entwicklung und die Tatsache, dass die Mindestreservehaltung der RCCs bei der ABC relativ niedrig verzinst wurde, erklärt auch die schlechte Performance der RCCs (vgl. Abbildung 62). Den ländlichen Kreditkooperativen wurde durch staatliche Eingriffe jede Chance genommen, sich zu unabhängigen, effizient arbeitenden Intermediären zu entwickeln.

Abbildung 62: Das „Dilemma“ der Mittelverwendung für RCCs in ländlichen Gegenden

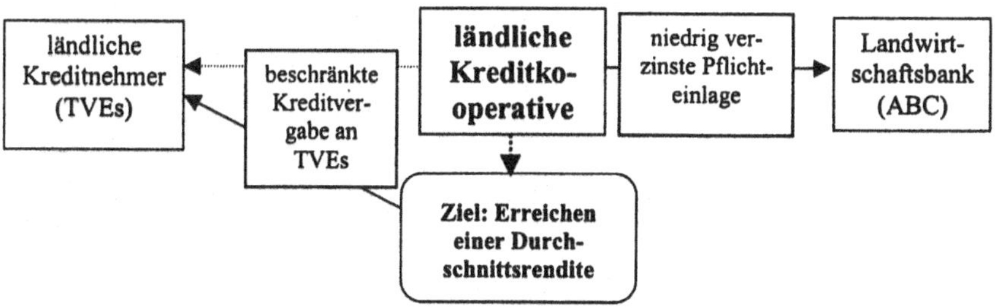

Die wechselnden Vorschriften für ländliche Kreditkooperativen und mangelhafte Anwendung von übertriebenen Kontrollmechanismen am falschen Ort verhinderten sowohl eine ausreichende Finanzierung aufstrebender Unternehmen in ländlichen Gebieten als auch die Bildung eines effizienten Finanzsystems.

Beeinträchtigt wird der weitere Reformprozess der Banken durch Barrieren, die sich im Zuge der komplexen Bankenreform ergeben. Sofern China den Weg der Reformen weitergehen will, müssen Geldpolitik und Geschäftsbanken unabhängig agieren. Dieser Prozess ist im chinesischen Kontext insofern kritisch zu beurteilen, als dass **im Transformationsprozess jetzt der Punkt erreicht** ist, an dem **nicht mehr nur Gewinner** auftreten. Zu den potenziellen Verlierern zählt eine der einflussreichsten und zudem heterogensten Gruppen des Landes: Partei- und Regierungsorgane auf allen Ebenen des Systems. Diese werden nur unter schärfstem Widerstand den Reformen zustimmen und möglicherweise wichtige Schritte auf den unteren Ebenen boykottieren.

Aus der gegebenen Situation ergeben sich somit als zentrale Aufgaben für die Zentralregierung die Restrukturierung der Geschäftsbanken, das Zulassen weiterer unabhängiger Finanzintermediäre sowie zusätzlich eine Beschneidung des Einflusses unterer politischer Ebenen für die Zukunft. Beides stellt eine große Herausforderung dar:

- Zur Verbesserung der Solvenz- und Liquiditätssituation der großen Geschäftsbanken hat die VR China bereits vier „Asset Management Companies“ (AMC) gegründet. Im Gegensatz zu anderen asiatischen Entwicklungsländern, in denen eine staatliche AMC die gesamte Kreditabwicklung vornehmen soll, verfügt in China jede Geschäftsbank über eine eigene Gesellschaft. Dies ist aber nur ein erster Schritt für die Bankenreform: Ohne eine Befreiung der Banken von politischen Vorgaben und eine Verbesserung der Effizienz bei der Kreditvergabe werden die AMCs lediglich bilanztechnische Kosmetik betreiben.

- Die Regierung ließ kaum die Bildung nicht-staatlicher Institutionen zu. Daraus ergab sich eine Hypothek für die Zukunft: Es wurden positive Entwicklungen sowohl im Unternehmens- wie auch Bankensektor, wo sich quasi in einem „evolutionären bottom up"-Prozess neue Formen nicht-staatlichen Unternehmertums bildeten, durch den Wunsch nach zentraler Kontrolle eingeschränkt oder sogar unterdrückt. Hier muss durch eine Zulassung bspw. ein Marktzutritt für neue Finanzintermediäre geschaffen werden.

- Zusätzlich zur eigentlichen Bankenreform muss die Zentralregierung den politischen Einfluss auf die Geschäftsbanken reduzieren. Während sich auf oberster Regierungsebene in weiten Teilen durchaus die Erkenntnis durchgesetzt hat, dass die Einflussnahme auf das Bankensystem massiv reduziert werden muss, um die gesamtwirtschaftliche Stabilität zu sichern, so verfolgen die mittleren Verwaltungsebenen allein ihre regionalen Ziele. Erst wenn hier Einhalt geboten wird, ist ein bedeutender Schritt zum Vermeiden einer Finanzkrise geschafft.

Chinas Bankenreform steht somit noch vor den größeren Hürden. Eine positive Entwicklung wird der Prozess aber nur dann nehmen, wenn sich die Regierung darauf einläßt, ein diversifiziertes Spektrum an Finanzintermediären zuzulassen. Solange weiterhin politische Ziele mit der Bankenreform verfolgt werden, bleibt die Gefahr einer schweren Bankenkrise bestehen. Der chinesische Staat muss die passive Rolle eines Überwachers annehmen und innerhalb eines vorgegebenen Rahmens die Entwicklung von Finanzintermediären gleich welcher Art und Eigentümer tatsächlich zulassen.

Implikationen aus Chinas Prozess für Finanzintermediation in der Transformation

Auch die Finanzsystembildung in heute entwickelten Volkswirtschaften wie bspw. Deutschland hat gezeigt, dass Banken nicht von einem auf den anderen Tag entstehen. Zahlreiche regional orientierte Finanzintermediäre, welche oftmals aus dem semiformellen Bereich entstanden, haben über lange Zeit hinweg eine intensive Beziehung zu ihren Kunden entwickeln können. Auch wenn die großen deutschen Geschäftsbanken heute auf den internationalen Finanzmärkten gut positioniert sind, so bedeutet dies nicht, dass für kleinere bzw. regional orientierte Finanzinstitute die Geschäftsfelder entfallen. Etwas, was diese Institute auch heute noch mitbringen, ist die Nähe zum Kunden. In den neueren Modellen zur Bildung von Banken als Finanzintermediären genießt der Begriff „Reputation" besondere Bedeutung. Dies kann auch als Kundennähe bzw. „Hausbankbeziehung" gedeutet werden. Ein solcher Ansatz würde den großen Vorteil ergeben, dass neben verschiedenen formalen auch semiformelle Institutionen einbezogen werden. Dieser Ansatz entspricht Gedanken aus der Theorie der Unternehmen, bei welcher ein Lösungsansatz zur Problematik „gemeinsam genutzter Ressourcen" so strukturiert ist, dass untere Ebenen (so bspw. kommunale Bereiche wie in China) die effizienteste Überwachungsebene für Transaktionen darstellen.

Als Vorschlag für eine Reform im Bankensystem von Transformationsländern kann daher eine Vorgehensweise umgesetzt werden, die schon bei den Diskussionen zur **„development finance as institution building"** zur Geltung kam. Dieser sah vier wesentliche Elemente für eine erfolgreiche Bankenreform vor. Drei davon beschränken sich auf „quasi-traditionelle" Aspekte, wie sie in zahlreichen Transformationsländern bezüglich der bestehenden Geschäftsbanken diskutiert wurden. Dazu gehören die Reorganisation der Banken, das Stärken der inländischen Überwachungsbehörden sowie die Einschränkung des direkten staatlichen Einflusses auf Banken. Weiterhin wichtig ist aber, und dies hat sich durch Chinas Erfahrungen ebenfalls als bedeutend herauskristallisiert, **das Senken von Ein- und Austrittsbarrieren im Bankensektor**, um neue Finanzintermediäre zuzulassen.[695] Dabei werden die Vorteile des bestehenden Bankensystems dergestalt genutzt, dass bereits für das Land ein System zur Abwicklung des Zahlungsverkehrs bereit steht. Die Aufgabe staatlicher Geschäftsbanken kann dementsprechend schrittweise auf diese Funktion im Zahlungsverkehr reduziert werden.

10.3 Schlussbemerkung

Die VR China hat über 20 Jahre hinweg eine beeindruckende Entwicklung vollzogen und sich in einem graduellen Prozess langsam vom System der Planwirtschaft entfernt. Über weite Strecken gelang dies sogar ohne einen größeren Mittelzufluss aus dem Ausland. Selbst die in den vergangenen sieben Jahren zuhauf auftretenden Emerging Markets-Krisen (Mexiko, Ostasien, Russland, Brasilien, Argentinien) haben Chinas „Erfolgsstory" kein Ende bereitet. Diese posi-

[695] Vgl. Krahnen/Schmidt (1994), S. 78.

tive Entwicklung ergab sich für China aus zwei Tatsachen heraus: Einerseits zeigten sich die Akteure in Chinas Transformationsprozess ausreichend flexibel, um auch unter einem ineffizienten formalen Rahmen erfolgreich zu agieren. Andererseits schützte sich China bis ins Jahr 2001 sowohl auf realwirtschaftlicher als auch auf finanzmarkttechnischer Ebene durch zahlreiche Kontrollmechanismen vor krisenhaften Verzerrungen.

China bietet hinsichtlich seines Transformations- und Entwicklungsprozess mindestens zwei relevante Lehren für andere aufstrebende Volkswirtschaften:

1. Die Unternehmensreform ist weit mehr als nur eine formale Umwandlung der Eigentümerstruktur. Auch ist Privateigentum nicht immer die einzige (formale) Eigentumsform, die eine erfolgreiche gesamtwirtschaftliche Entwicklung hervorrufen können. Von Relevanz sind auch die „bottom up"-Prozesse, die durch kein staatlich verordnetes „Aufbauprogramm" ersetzt werden können.

2. Der zweite Punkt hinsichtlich der Bankenreform ist **Lehre und „Anti-Lehre"** zugleich: Positiv an Chinas Finanzsystem ist die Entwicklung nichtstaatlicher Finanzintermediäre in ländlichen Gebieten, die auch ohne staatliche Interventionen hätten bestehen können. Allerdings hat China aus den Währungs- und Finanzkrisen in anderen Emerging Markets nichts gelernt. Es hat - auch unter dem Schutz vor ausländischer Konkurrenz - sein Bankensystem nicht annähernd entsprechend den Erfordernissen reformiert. Die Geschäftsbanken sind durch den fortgesetzten staatlichen Interventionismus finanziell derart stark angeschlagen, dass sie keine Basis für ein zukünftig zu bildendes, nach marktwirtschaftlichen Kriterien arbeitendes Bankensystem mehr darstellen.

Die Analysen zu weiteren Reformherausforderungen im Zuge des WTO-Beitritts haben eines deutlich gezeigt: Heute ist China nicht mehr in der Lage, ohne finanzielle Mittel aus dem Ausland die Reformen weiterzuführen. Denn neben den Kosten für die Umstrukturierung maroder Banken warten noch weitere gewaltige Aufgaben, wie der Aufbau eines Sozialsystems, insbesondere für die ehemaligen Angestellten der Staatsunternehmen. Die weitere Öffnung Chinas für ausländische Investoren, die durch den im Dezember 2001 vollzogenen Beitritt zur WTO weiter vorangetrieben wird, bringt aber zusätzliche Herausforderungen mit sich. Dazu gehört zunächst einmal aus geld- und finanzpolitischer Sicht die Aufhebung von Kapitalverkehrsbeschränkungen, was gleichzeitig die Entwicklung einer neuen geldpolitischen Strategie notwendig macht. Mit der bisher vollzogenen staatlichen Steuerung im Bankensystem wird die chinesische Wirtschaftspolitik nach einer Öffnung des Landes für ausländische Finanzdienstleister Schiffbruch erleiden. Auch wird auf realwirtschaftlicher Ebene die Liberalisierung des Außenhandels massive Veränderungen im Unternehmenssektor mit sich bringen. Davon werden vor allem die Staatsunternehmen negativ betroffen sein. Die TVEs hingegen könnten von der Öffnung des Landes profitieren. Über allen Herausforderungen schwebt zudem die Aufgabe einer verstärkten institutionellen Fundierung aller Reformschritte und ökonomischen Transaktionen. Die bisher im chinesischen Transformationsprozess so vorteilhaft wirkenden informellen Institutionen verlieren umso stärker an Wirksamkeit, desto größer der Rahmen für Transaktionen wird. Hier müssen grundlegende formale Regeln erlassen werden. Unter politischen Gesichtspunkten bleibt vor allem angesichts bisher zu beobachtender Erfahrungen im China-Geschäft die Frage, ob die Chinesen bereit sein werden, sich an „internatonale Clubregeln" zu halten.

Trotz aller Chancen aus dem Potenzial der chinesischen Volkswirtschaft darf nicht der Fehler gemacht werden, einseitig auf eine „Selbstheilungskraft" bei den immensen Herausforderungen (Banken- und Unternehmensreform, soziales System) zu hoffen. In zahlreichen Bereichen mag die „Stop and go"-Strategie im chinesischen Transformationsprozess Erfolge gebracht haben, aber als Vermächtnis aus der bisherigen Entwicklung verbleibt ein großer Aufgabenberg für die Zukunft. Chinas „Erfolgsstory" ist (noch) nicht am Ende, aber sie benötigt nach zahlreichen Jahren der Zauderei und Regulierung ein stetes Voranschreiten, um eine massive Wirtschaftskrise vermeiden zu können. In Zukunft erhöht sich für (wie auch immer besetzte) chinesische Regierungen die Herausforderung dergestalt, dass nach dem WTO-Beitritt auch China sich (zumindest mittelfristig und begrenzt) an „internationale Clubregeln" halten muss, wenn die Chance der endgültigen Integration in die globale Wirtschaft erfolgreich genutzt werden soll. Es bleibt also weiterhin spannend bei Chinas zukünftiger Entwicklung, der Weg hin zu einer vollständig stabilen Volkswirtschaft ist noch weit.

D.Anhänge

Anhang 1: Makroökonomische Aspekte der Wirtschaftstransformation

Der Übergang von der Plan- zur Marktwirtschaft stellt eine große ökonomische Herausforderung dar. Die Tragweite liegt in dem Reformpaket begründet, welches aus zahlreichen Maßnahmen bestehen muss und zum Ziel hat, einen „komplexen Prozess des Erschaffens, Anpassens und Zerstörens“[696] auszulösen. Dazu gehört:[697]

- Institutionelle Reformen in der Form des Aufbaus von Rahmenbedingungen.
- Preisliberalisierung: freie Preisbildung, um effiziente Allokation zu gewährleisten.
- Liberalisierung von Geld- und Fiskalpolitik, um eine stabilitätsorientierte Wirtschaftspolitik zu ermöglichen.
- Finanzsystemreformen: Aufbau von Bankensystem und Finanzmärkten.
- Privatisierung von Staatsunternehmen sowie weitreichende Unternehmensreformen.
- Kapitalverkehrs- und Außenhandelsliberalisierung: Zulassen freier Im- und Exporte bei Kapital und Gütern.

Angesichts dieser Fülle an notwendigen Reformschritten erscheint logisch, dass verschiedene Ländergruppen - beraten von westlichen Ökonomen oder Internationalen Finanzinstitutionen – unterschiedliche Ansätze für die Umsetzung der Schritte wählten. Anhand einer groben Unterteilung können verschiedene Vorgehensweisen vor allem zwischen den MOE/GUS-Staaten und der VR China aufgezeigt werden (vgl. Übersicht). In diesem Anhang soll kurz auf die Vorgehensweise und „Performance“ in mittel- und osteuropäischen Transformationsländern eingegangen werden. Dies geschieht vor dem Hintergrund der weitaus besseren Entwicklung Chinas im Transformationsprozess, was anhand mikroökonomischer Entwicklungen genauer diskutiert werden soll.

---

[696] Weltbank (1996), S. 4.

[697] Vgl. Funke (1993), S. 339ff.

Übersicht: Reformvorgehen in Transformationsländern

	MOE/GUS	VR China
Hintergrund	Zusammenbruch des politischen Systems	Umbruch innerhalb des politischen Apparates („perestroika without glasnost“)
„Philosophie“	„Es ist unmöglich, einen Abgrund in zwei Sprüngen zu überqueren.“ (Vaclav Havel, Weltbank, 1996, S. 11; Gelb, 1997))	„Crossing the river by touching for stones.“ (Deng Xiaoping, zitiert aus Gelb, 1997)
Ziel	Einführen eines marktwirtschaftlichen Systems	Verbesserung der ökonomischen Situation (später: sozialistische Marktwirtschaft)
Definition des Ziels	„[...] to establish much less restricted markets in a stable macroeconomy with a great deal of private sector activity.“ „The new government had a clear vision of the type of economy it wanted at the end of reforms: a **stable, competitive, outward-looking capitalist economy**.“ (Balcerowicz et al.; siehe auch Lipton/Sachs).	• Öffentliches Eigentum, Planmechanismen und „sozialistische Werte“ weiter Kernelemente (Nolan). • „to take the planned economy as primary and take market regulation as supplementary“ (Fan). **Reform des Plansystems als Ziel.**
Klassifizierung	Neoklassisches Denken	evolutorischer Wandel

Quellen: Apolte/Cassel (1994), S. 20f.; Balcerowicz et al. (1997); Fan (1995); Friedman/Johnson (1995); Gelb (1997), S. 453; Lipton/Sachs (1990b), S. 77f.; Nolan (1994), S. 5f.; Singh (1991); Weltbank (1996).

Transformation in Osteuropa und der ehemaligen Sowjetunion

Die Übersicht zeigt, dass die Umsetzung der Wirtschaftstransformation in den Vergleichsländern unterschiedlicher nicht hätte sein können. Zwar ist auch die Gruppe der MOE/GUS-Länder teilweise unterschiedlicher Natur, doch vom Grundsatz her gingen sie analog vor und begannen mit einer weitreichenden Liberalisierung, insbesondere bei Preisen. Somit stellte die **makroökonomische Stabilisierung den Schwerpunkt der Reformen** dar.[698] Binnenwirtschaftlich beinhaltete die Stabilisierung Elemente, die auf die Ziele der Disinflation[699] und Ausgleich des Staatshaushaltes gerichtet waren. Als wesentliche Instrumente

[698] Die Fokussierung auf die makroökonomische Stabilisierung führte so weit, dass Politiker ihr Augenmerk auf monatliche Realzinsen legten und sonstige Schritte vernachlässigten; vgl. Portes (1992), S. 20.

[699] In den MOE/GUS-Ländern war zu planwirtschaftlichen Zeiten aufgrund der fixierten Preise keine offene Inflation zu beobachten, statt dessen existierte aufgrund des Geldüberhangs eine zurückgestaute Inflation, auch als „Kassenhaltungsinflation“ bezeichnet. Nach einer weitreichenden Preisliberalisierung bestand nun die Gefahr, dass sich durch den monetären Überhang und damit verbunden die steigende Güternachfrage unmittelbar starke Preissteigerungen einstellten. Daraus ergab sich der Bedarf einer Disinflationspolitik.

boten sich dabei die „orthodoxen Elemente" Geld- und Fiskalpolitik an, einige Länder griffen zusätzlich auf heterodoxe Elemente zurück (z.B. Tschechien mit einer aktiven Lohnpolitik).[700] Als **tragendes Element** in diesem Zusammenhang kann die **Geldpolitik** identifiziert werden, da aufgrund des unterentwickelten Steuersystems die Fiskalpolitik kurzfristig lediglich eine begrenzte Konsolidierung erreichen konnte. Eine zu restriktive Haushaltspolitik erschien angesichts der notwendigen Unterstützung von sozial Schwachen (z.B. Arbeitslosen und Rentnern) als nicht praktikabel, da unter starken Kürzungen auch die Akzeptanz der Reformen gelitten hätte. Eine **Disinflationspolitik** über geldpolitische Kanäle impliziert aber, dass die Notenbank über den zinsstrukturtheoretischen Transmissionsmechanismus hätte agieren und die Zinsen massiv anheben müssen. Damit muss eine **Stabilisierungsrezession** in Kauf genommen werden, da die Investitionstätigkeit zurückgehen würde.[701]

Im Rahmen der Liberalisierung und Stabilisierung muss auch die **Strategie** der Geldpolitik bestimmt werden. Die Wahlmöglichkeiten bestanden aus einem binnenwirtschaftlich oder nach außen gerichteten (Wechselkurs) Zwischenziel. Aufgrund der „Ankerfunktion" des Wechselkurses musste auch die außenwirtschaftliche Entwicklung berücksichtigt werden:

- Durch den Zusammenbruch des RGW (Rat für gegenseitige Wirtschaftshilfe) verschwanden quasi über Nacht die traditionellen Absatzmärkte für die von staatlicher Lenkung beeinflußten Industrieunternehmen. Damit mussten unmittelbar neue Märkte erschlossen werden, auf denen aber massive Konkurrenz ausländischer Wettbewerber herrschte und zudem nicht mehr zu künstlich fixierten Wechselkursen abgerechnet werden konnte.[702]
- Die weitgehende Liberalisierung von Güter- und Kapitalverkehr engte den wirtschaftspolitischen Handlungsspielraum der Regierungen erheblich ein. Zuvor konnten alle Länder aufgrund der Abschottung durch die Devisenkontrolle als geschlossene Volkswirtschaften betrachtet werden. Mit Wegfall dieses Regimes ergab sich nun für alle Länder das Problem, a) ein geeignetes Wechselkursregime zu wählen und b) trotz Liberalisierung eine massive Kapitalflucht ins Ausland zu verhindern.[703]

Dies erweiterte die Herausforderungen an die Stabilisierung. Die Erfahrungen mit der Wechselkurspolitik kleiner offener Volkswirtschaften zeigen, dass der

[700] Auf der Ebene des wirtschaftspolitischen Assignments beinhaltet die heterodoxe Stabilisierung vor allem eine gezielte Einkommenspolitik; vgl. Bofinger et al. (1997), S. 4f.
[701] Vgl. Bofinger et al. (1996), S. 578.
[702] Vgl. Anderson/Kegels (1998), S. 7.
[703] Vgl. Bofinger/Wollmershäuser (2000); Buch (1997), S. 340f.

Wechselkurs die wirtschaftliche Entwicklung des Landes maßgeblich beeinflußt wird, da er als Bindeglied zum Ausland die Entwicklung der Handelsbilanz maßgeblich determiniert und zudem insbesondere für die Geldpolitik ein transparentes und glaubwürdiges Zwischenziel darstellt.[704] Zudem haben die Länder, die eine wechselkursbasierte Stabilisierung betrieben (Polen, Tschechien, Ungarn), größere Erfolge erzielt. Doch zwischen Disinflation und Wechselkurssteuerung bestehen Interdependenzen, die einen Zielkonflikt ergeben können:[705]

- Gelang es nicht, die Inflationsraten auf einem niedrigen Niveau zu stabilisieren, dann sorgten diese für eine reale Aufwertung, die die Wettbewerbsfähigkeit inländischer Unternehmen auf den Weltmärkten verschlechterte.
- Massive Schwankungen beim Wechselkurs beeinflussen aber sowohl Handelsströme als auch den Zufluß von ausländischen Direktinvestitionen.
- Eine vollständige Fixierung des Wechselkurses hingegen führt aufgrund der im internationalen Vergleich höheren, zur Disinflation notwendigen Zinsen zu massiven (kurzfristigen) Kapitalzuflüssen, die die Gefahr einer Währungskrise erhöhten.

Dieses Dilemma erhöhte den Schwierigkeitsgrad des Reformvorgehens. Ein zu geringer Bestand an Währungsreserven sowie geringe Kapitalzuflüsse bewirkten, dass kein ausreichendes Interventionspotenzial vorhanden war und verhinderten somit das Verfolgen von Ziel-Wechselkursen. Die MOE/GUS-Länder benötigten aber außenwirtschaftliche Stabilität. Daher wäre eine einmalig gewährte Finanzhilfe aus dem Ausland als Lösung in Frage gekommen. Dies geschah aber nicht, sie konnten kaum auf finanzielle Aufbauhilfe von internationalen Finanzinstitutionen zurückgreifen (vgl. Tabelle), wie dies bspw. für die ostasiatischen Krisenländer nach 1997 der Fall war, die von Internationalen Finanzinstitutionen USD 117,1 Mrd. als Finanzhilfe erhielten. Die in den ersten vier Jahren insgesamt zugewiesenen 16 Mrd. US$ stehen in keinem Verhältnis zu anderen Stützungspaketen, sie konnten also nicht (wie europäische Länder nach dem Zweiten Weltkrieg) auf einen „Marshall-Plan“ zurückgreifen.[706]

[704] Vgl. Bofinger et al. (1996), S. 300ff. und Bofinger et al. (1997), S. 18f.

[705] Vgl. Bofinger/Wollmershäuser (2000).

[706] Allein den drei Staaten Deutschland (Dreierzone), Frankreich und Italien wurde zwischen Juli 1948 und Juni 1949 eine Aufbauhilfe von insgesamt fast 2,4 Mrd. US$ gewährt; vgl. Jahresbericht 1948 der BIZ (1949), S. 21. Dies entspricht bei Inflationierung 1990 einem Gegenwert von über 25 Mrd. US$.

Tabelle: Finanzhilfe für Transformationsländer 1990 - 1993 (in Mio. US-Dollar)

	EIB	IMF	Weltbank	EBRD	EU	gesamt
MOE	334,6	6.414,8	3.764,9	577,3	1.055,8	12.147,4
GUS	-	2.797,8	583,0	150,3	255,1	3.786,2
Total	334,6	9.212,6	4.347,9	727,6	1.310,9	15.933,6

Quelle: Zecchini (1996), S. 89; EIB = Europäische Investitionsbank.

Insgesamt zeigte sich, dass die makroökonomische Performance der betrachteten Länder unter dem insgesamt inkonsistenten Vorgehen gelitten hat. Bei der Stabilisierung der Inflationsraten gelang es zumindest einigen erfolgreicheren MOE-Ländern wie Polen, Ungarn und der Tschechischen Republik, diese auf ein für Transformationsländer akzeptables Niveau zu senken. Dies trifft allerdings nicht auf die GUS-Länder zu, für diese kann (exemplarisch an den drei Ländern Russland, Kasachstan und Ukraine) gezeigt werden, dass sie fast 10 Jahre nach Beginn der Transformation erst auf einem Weg der Stabilisierung sind, nachdem sie anfangs vierstellige Inflationsraten verzeichneten. Verbunden war dieser Rückgang in allen Ländern mit einer Anpassungsrezession, die sich insbesondere in den GUS-Staaten lange hinzog.

Anhang 2: Die „Core Principles for effective banking supervision"

1	Klare Aufgaben und Ziele für jede involvierte Behörde; angemessene Ausstattung und Unabhängigkeit für jede Behörde; gesetzliche Grundlage.
	Lizensierung und Struktur
2	Klare Definition des Begriffs „Bank" und der Lizensierungsvorschriften.
3	Recht für Aufsichtsbehörde zur Aufstellung und Einhaltungsüberprüfung der Zulassungsvoraussetzungen; genaue Definition des Lizensierungsprozesses.
4	Einblick der Behörde in Transfer von Eigentums- oder Kontrollrechten bei Banken.
5	Einblick der Behörde in wesentliche Geschäfte und Vermögensstruktur der Banken zur Vermeidung von Risiken.
	Vorsorgemaßnahmen und Anforderungen
6	Behörde stellt sachgerechte und angemessene Minimumkapitalanforderungen auf.
7	Evaluierung der Bankenpolitik, Geschäftspraktiken und Vorgehensweise bei Investments sowie Kreditvergabe.
8	Ausreichende Informationspolitik der Banken über die Aspekte in Kapitel 7 und Vorsorge gegen Kreditausfälle.
9	Angemessene Management-Infomationssysteme sowie Vorschriften für die maximale Höhe von Krediten an Einzelpersonen.
10	Vorgaben für Höhe und Kontrolle von Krediten an verbundene Personen.
11	Behörde muss sichergehen können, dass Banken ausreichend Mechanismen besitzen, um Transfer- und Länderrisiken aus internationalen Aktivitäten zu kontrollieren.
12	Banken müssen ausreichende Instrumente zur Beurteilung von Marktrisiken aufweisen; Behörden müssen Macht zum Erlassen von Limits haben.
13	Banken müssen ein effizient arbeitendes Risikomanagement installieren und ggf. eine Unterlegung der Risiken vornehmen.
14	Interne Kontrollmechanismen bei den Banken müssen Wesen und Umfang aller Geschäfte erfassen können.
15	Banken müssen gewährleisten, dass professionelle Standards (auch zur Überwachung der Kunden) gefördert werden.
	Methoden der laufenden Bankenüberwachung
16	Existenz sowohl von „on-site"- wie auch „off-site"-Behörden.
17	Regelmäßiger Kontakt zwischen Behörden und Banken und umfangreiches Fachwissen bei der Behörde vonnöten.
18	Behörden müssen Veröffentlichungen der Banken fortlaufend prüfen.
19	Überprüfung der bereitgestellten Informationen seitens der Behörde durch eigene Erhebung oder Beauftragung externer Prüfer.
20	Überwachung der Bankengruppe auf einer konsolidierten Basis.
	Anforderungen an Informationen
21	Banken müssen den Behörden standardisierte Berichte zur Verfügung stellen, aufgestellt nach allgemein gültigen Richtlinien.
22	Behörden müssen Instrumente zur Sanktionierung von nicht die Vorgaben erfüllenden Banken besitzen, bis hin zum Lizenzentzug.
	Grenzüberschreitende Bankgeschäfte
23	Behörden müssen eine global konsolidierte Überwachung von international tätigen Banken durchführen, auch für die Auslandsniederlassungen.
24	Informationsaustausch zwischen verschiedenen nationalen Behörden.
25	Anwendung lokaler Vorschriften auch auf ausländische Banken und Ermächtigung zum Einholen von Informationen.

Quelle: BIZ (1997), S. 4ff.

Anhang 3: Aufgliederung des Unternehmenssektors in der VR China

	Spezielle Unternehmensformen
Staatsunternehmen	keine weitere Aufgliederung
Kollektivunternehmen	• städtische Kollektivunternehmen; • Gemeindeunternehmen; • Dorfunternehmen; • Kooperativen.
Individualunternehmen	Hierzu zählen nur die Privatunternehmen, die nicht mehr als 7 Mitarbeiter haben ("geti qiye"), alle anderen fallen unter die Kategorie "Privatunternehmen" (siying qiye") bei "sonstige".
Sonstige Unternehmen	• Privatunternehmen; • inländische Gemeinschaftsunternehmen; • ausländisch investierte Unternehmen (wholly foreign owned, joint ventures); • "overseas funded enterprises"; • Aktiengesellschaften.

Quelle: Jefferson/Rawski (1999), S. 24. „Overseas funded enterprises" sind Unternehmen mit einer Beteiligung von Investoren aus Hong Kong, Macao und Taiwan.

Anhang 4: Ergebnisse von Studien zur „danwei“

Autor	Ergebnis der Studie
Shirk (1981)	• Organisation und Beschützen der Mitglieder, Planerfüllung als betriebliche Aufgabe; • egalitäre Entlohnung bis 1978, dann Leistung als Rekrutierungs- und Belohnungskriterium; • lediglich Betrachtung der sozialen Kontrolle in der Studie.
Walder (1983)	• "danwei" als modernes Kulturmuster kommunistischer Systeme, nicht durch Konfuzianismus bedingt; • Merkmale: Belegschaftsversorgung, Netz zwischen Betriebsleitung und Beschäftigten, wechselseitige Abhängigkeit von Betriebsleitung und Arbeitern; • lediglich Betrachtung der sozialen Kontrolle in der Studie.
Yang (1989)	• Konzept der "civil society"; • Entstehen einer Sphäre nichtstaatlicher, ökonomischer, korporativer Gruppen; • diese Gruppen haben dualen Charakter: sowohl staatliche als auch partikulare Interessenvertretung.
Boisot (1987)	• Ausgehend von Transaktionskostenökonomie; • Grundlage für Einbeziehung von Kultur: Wie strukturieren Menschen Informationen und haben an diesen teil? • vier typische Kulturmuster für Umgang mit Informationen: Markt, Bürokratie, Klan, Lehensform; • In China sind Informationen gering formalisiert, aber stark zentralisiert; daher strategischer Umgang mit Informationen sowie eine Personalisierung und Hierarchisierung von sozialen Beziehungen; • **Ergebnis**: Effizienz sozialen Handelns nach alten Normen wesentlich größer als nach neuen Normen.
Kahn-Akkermann (1979)	• bei Betrachtung von "danwei" widersprüchliche Aspekte: "Kontrolle vs. Fürsorge" und "harte Arbeit vs. Arbeitsplatzgarantie"; • die fehlende Trennung zwischen "öffentlich" und "privat" ist zu erklären durch die Funktionsverlagerung von der Sippe auf die "danwei"; • "danwei" nimmt wesentlichen Einfluss auf persönliches und berufliches Schicksal.
Linck/Wang (1988)	• Existenz dreier Hierarchie-Ebenen: Staat → danwei → Familie/Individuum

Fortsetzung

Autor	Ergebnis der Studie
Weggel (1981)	• "danwei" haben traditionellen, nicht-kommunist. Ursprung (vgl.: Organisation der Gemeinden von Auslandschinesen im asiat. Ausland); "danwei" als Form nicht-staatlicher Basisverwaltung; • fehlende Trennung von "Öffentlichkeit" und "Privatheit"; • 6 wichtige Funktionen: Zellularisierung, Gefahr des Nomadentums, Partizipation, "danwei"-Sozialismus, Gleichgewichtsstreben/Versicherungs- und Versorgungsprinzip; • Harmoniestreben zum Verhindern eines Klassenbewußtseins; • Wichtig: Unterteilung in "Danwei"- und "Trans-danwei"-Bereich: die "danwei" stellt die "Mediatisierung der Staatsfunktionen" dar, sie übernimmt Ordnungs-, Leitungs- und Betreuungsaufgaben, lässt alte Abhängigkeitsformen aufleben und übt informelle Kontrolle zur Einhaltung von Spielregeln aus.
Lu Feng (1989)	• für Bildung der "danwei" waren vorrevolutionäre Erfahrungen der Partei von Bedeutung; • Integration umfaßte den gesamten Lebensbereich; • Charakteristika: enge Bündelung verschiedener Funktionen, nichtkontraktuelle Beziehungen zwischen Wirtschaftssubjekten, Immobilität der Ressourcen; • Teilen in „danwei"- und „Trans-danwei"-Bereich: TDB ist unvollständig organisiert, "danwei" bietet größere Sicherheit; bei Loslösen Verlust der Eigentumsrechte; • Ausüben von Klan-Funktionen, was folgende Normen brachte: Bedeutung persönlicher Beziehungen, Egalitarismus zwischen Mitgliedern, Unterwerfung unter Autoritäten; • „danwei" als Basiseinheit für staatl. Verwaltung und Politik (Widerspruch: "verlängerter Arm der Zentralregierung vs. Verfolgen von Eigeninteressen).
Li Hanlin (1991,96)	• „danwei" als funktionale Entsprechung zum tradition. Klansystem, fußt auf kulturellen Traditionen; • Untersuchung anhand von Strukturierungs- und Funktionsproblemen; • „danwei" als Herrschaftsvertretung = organis. und institutional. Träger für Willensdurchsetzung; • Funktion der Massenmobilisierung und sozialen Kontrolle.

Quelle: Hebel (1997), S. 12ff.

Anhang 5: Unternehmensautonomie nach Eigentumsform in China

	Eigentumsform	Unternehmen	Aufsichtsbehörde	UN + Aufsichtsbehörde	Direktor/ Direktorium	Aufsichtsrat	Betriebsrat
Neuinvestitionen	SOEs	56	18	18	6	2	0
	COEs	71	7	12	10	0	0
	TVEs	77	0	15	8	0	0
	Privat-UN	71	0	0	29	0	0
	AGs	14	0	0	0	86	0
Verkauf außerhalb des Plans	SOEs	82	0	7	10	0	0
	COEs	83	0	0	17	0	0
	TVEs	89	0	0	8	0	4
	Privat-UN	86	0	0	14	0	0
	AGs	29	0	14	0	14	0
Preisfestsetzung von frei verkauften Produkten	SOEs	74	2	14	10	0	0
	COEs	80	0	9	12	0	0
	TVEs	81	0	12	4	0	4
	Privat-UN	86	0	0	14	0	0
	AGs	29	0	43	0	29	0
Beschäftigungsniveau	SOEs	7	27	62	2	2	1
	COEs	19	26	48	5	0	0
	TVEs	46	4	12	31	8	0
	Privat-UN	43	0	0	57	0	0
	AGs	14	14	14	14	43	0
Entlassungen	SOEs	2	2	2	27	2	65
	COEs	0	2	0	48	2	47
	TVEs	0	0	0	77	4	19
	Privat-UN	29	0	14	43	0	14
	AGs	14	14	0	14	0	29

Quelle: Raiser/Nunnenkamp (1997), S. 27f.; SOE = Staatsunternehmen; COE = sonstige Kollektivunternehmen.

Anhang 6: "Regulation on Township and Village Collective Enterprises of the PR China"

Artikel	Betreff	Inhalt
18	**Eigentum**	"Assets (of a TVE) are owned collectively by the whole of rural residents of the township or village who run the enterprise; the ownership rights over the enterprise assets shall be exercised by the rural residents' meeting (or congress) or a collective economic organization that represents the whole of rural residents of the twonship or village. The ownership rights of the enterprise assets will not change when the enterprise is under a managerial contract responsibility system, leasing, or joint operations with enterprises of other types of ownership."
19	**Management und Kontrolle**	„The owner of a TVE, according to the law, determines the direction and formats of its business operations, selects managers or determines the method of such selection, determines the specific distribution rations of after-tax profits between the owner and the enterprise, and has the rights over the enterprise concerning ist spin-off, merger, relocation, stop-operation, close-down, application for bankruptcy, etc.".
32	**Gewinnverwendung**	"The part retained by the enterprise should be no less than 60 % of the total and should be arranged under the enterprise's autonomous decision. The retained after-tax profits for the enterprise should be mainly used for the increase of the funds for production development in technological transformation and expansion of reproduction, and also for the appropriate increase of welfare funds and bonus funds." "[...] the part remitted to the owner of the enterprise should be used mainly for the support of construction of agricultural infrastructures, agriculture technology services, rural public welfare, renewal and transformation of enterprises, or development of new enterprises."

Quelle: Che/Qian, 1998, S. 4f.

Anhang 7: Außenhandelsrecht in der VR China

Vorschriften des chinesischen Außenhandelsgesetzes von 1994

	Inhalt
§ 15	Der Staat gestattet die freie Aus- und Einfuhr von Gütern und Technik, es sei denn, dass in Gesetzen oder Verwaltungsbestimmungen anderes bestimmt wird.
§ 16	Bei Gütern oder Technik, für die eine der nachfolgend aufgeführten Umstände zutrifft, kann der Staat die Ein- oder Ausfuhr beschränken: (1)Zur Wahrung der Sicherheit des Staates oder des gesellschaftlichen öffentlichen Interesses ist die Beschränkung von Ein- oder Ausfuhr erforderlich; (2)bei inländischen Versorgungsmängeln oder zum effektiven Schutz von sich möglicherweise erschöpfenden inländischen Rohstoffen ist die Beschränkung der Ausfuhr erforderlich; (3)ist die Aufnahmefähigkeit des Marktes eines Landes oder eines Gebietes, das beliefert wird, begrenzt, ist die Ausfuhr zu beschränken; (4)wegen des Aufbaus oder beschleunigten Aufbaus einer bestimmten inländischen Industrie ist es erforderlich, Einfuhren zu beschränken; (5)für jegliche Art landwirtschaftlicher, viehwirtschaftlicher und fischereiwirtschaftlicher Produkte müssen Einfuhren beschränkt werden; (6)zur Gewährleistung der internationalen finanziellen Stellung des Landes und zum Schutz des Gleichgewichts der internationalen Bilanz ist es erforderlich, die Einfuhr zu beschränken; (7)gemäß den Bestimmungen der internationalen Verträge oder Abkommen, welche die VR China geschlossen hat oder denen sie beigetreten ist, ist es erforderlich, die Ein- oder Ausfuhr zu beschränken.
§ 17	Bei Gütern oder Technik, für die eine der nachfolgend aufgeführten Umstände zutrifft, verbietet der Staat die Ein- oder Ausfuhr: (1)Bei einer Gefährdung der Sicherheit des Staates oder des gesellschaftlichen öffentlichen Interesses; (2)zum Schutz des Lebens oder der Gesundheit von Menschen muss die Einfuhr verboten werden; (3)bei Zerstörung der ökologischen Umwelt; (4)gemäß den Bestimmungen der internationalen Verträge oder Abkommen, welche die VR China geschlossen hat oder denen sie beigetreten ist, ist es erforderlich, die Ein- oder Ausfuhr zu beschränken.
§ 18	[...] Mit Genehmigung des Staatsrates können die zuständigen Abteilungen des Staatsrates für Außenwirtschaft und Außenhandel oder die mit ihnen gemeinsam handelnden Abteilungen des Staatsrates im Rahmen der Vorschriften der §§ 16, 17 dieses Gesetzes vorläufige Beschränkungen oder Verbote des Im- oder Exportes bestimmter Güter oder Technik beschließen, die über die [...] bestimmten Listen hinausgehen.

Quelle: Heuser (1996), S. 378f.

Nicht-tarifäre Handelshemmnisse in China (Stand: Ende 1999)

Art des Hemmnisses	Ausprägung
Registrierung, Dokumentation, Zollabwicklung	• unterschiedliche Bemessungsgrundlagen und Zölle in einzelnen Importhäfen; • Importkontrollen nur durch staatliche Behörden erlaubt, daher keine Kontrolle selbiger.
zusätzliche Steuern und Gebühren	• Juni 85 - März 92: „Importregulierungssteuer" als extra Steuer auf 14 Produktkategorien, durchschnittl. 47 % • Mehrwertsteuer wird bei Importen durch ausländisch investierte Unternehmen willkürlich höher angesetzt.
Import-Lizenzen	• 50 % aller Importe (gemessen am Gesamtwert, 53 Produktkategorien) sind von einem langwierigen Lizensierungsverfahren betroffen • Die Lizenzvergabe erfolgt anhand der Priorität der Investition • Das Lizenzierungsverfahren ist intransparent und von Entscheidung unterer Behörden abhängig (Korruptionsgefahr!)
Importquoten	• Quoten auf über 400 Produkte • Staat veröffentlicht nicht die Rechtsgrundlagen und Beurteilungskriterien
Standards und technische Anforderungen	• „Qualitätslizenz" für Importe erforderlich • Verlangen von für Ausländer nicht zugänglichen Dokumenten • 1995: Liste für 816 Produkte, die kontrolliert werden müssen • 01.10.1997: Verlangen des „Sicherheitsinspektionszertifikats", Kosten von bis zu 15.000 US$ für Importeur

Quelle: Europäische Union (2000), S. 4ff.

Anhang 8: Refinanzierungszinsen der People's Bank of China

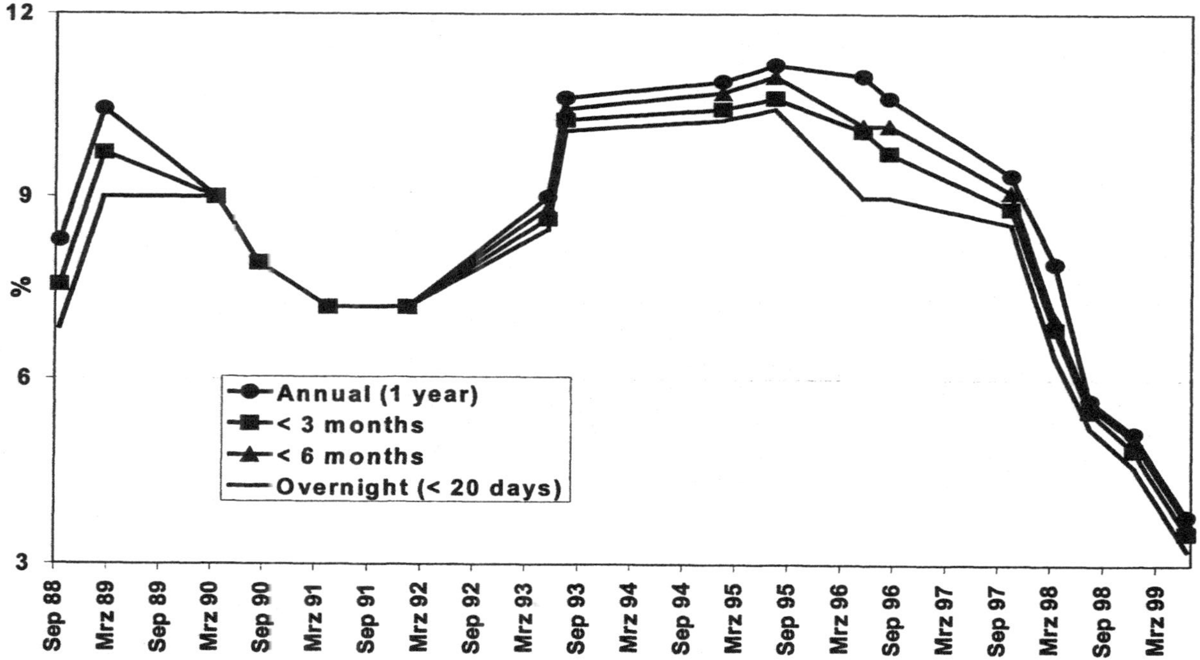

Anhang 9: Vorgaben für Einlagenzinsen in der VR China

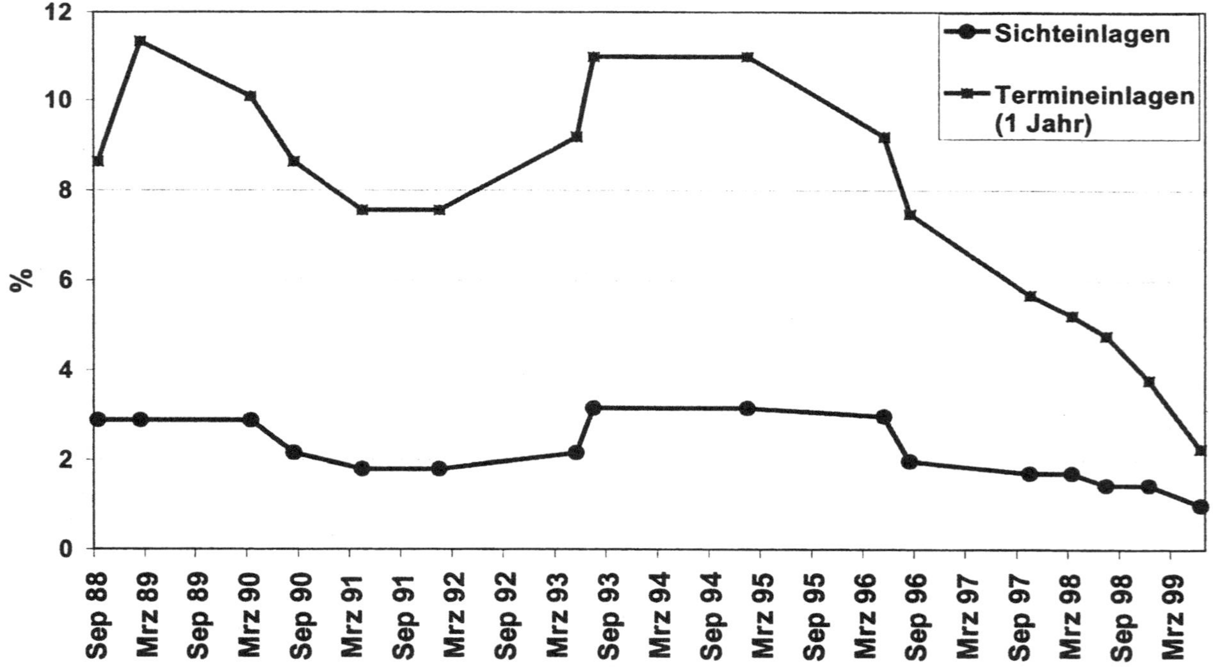

Anhang 10: Vorgaben für Kreditzinsen in der VR China

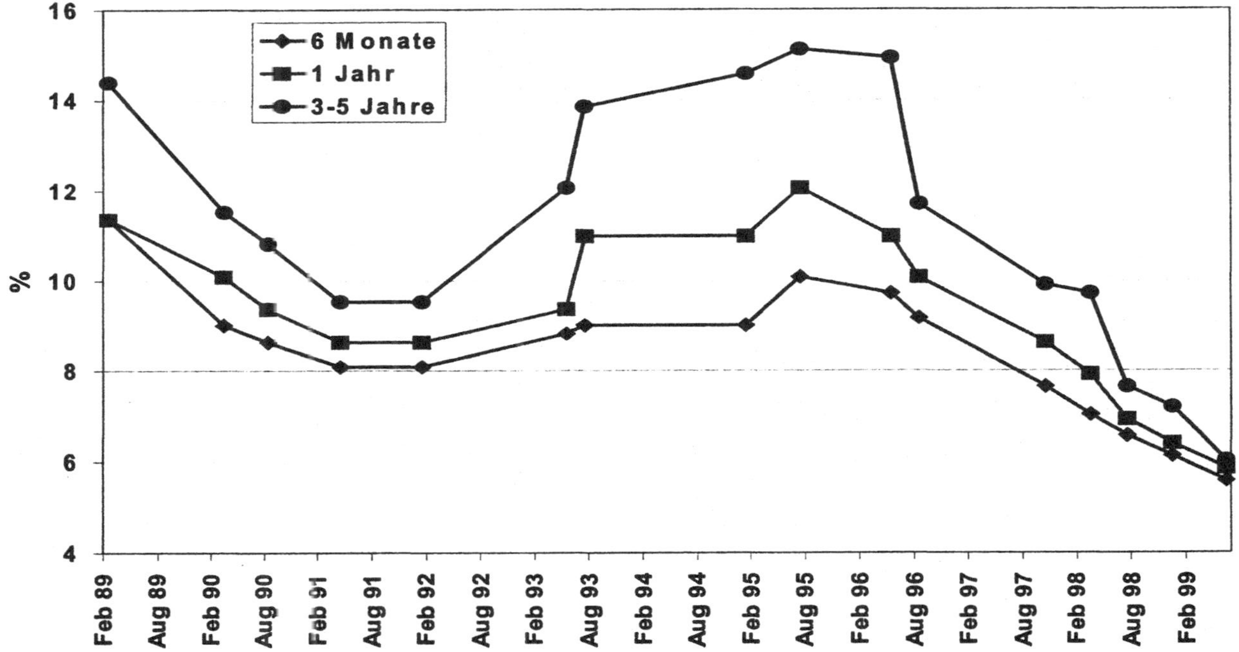

Quelle: China Financial Outlook CD-Rom

E. Literaturverzeichnis

Abele, Hanns A. (1998), „Asymmetric information as a problem for financing small or medium size enterprises“, in: S. Urban and C. Nanopoulos (eds.), „Information and management“, Wiesbaden, S. 225 - 242

Almanac (1995), „Almanac of China's Finance and Banking“, People's Bank of China, Beijing

Anderson, Ronald W. and Chantal Kegels (1998), „Transition banking - financial development of Central and Eastern Europe“, Oxford

Angresano, James (1996), „Comparative economics“, 2nd edition, New Jersey

Apolte, Thomas und Dieter Cassel (1994), „Timing und Sequencing im Transformationsprozeß: gibt es eine optimale Transformationsstrategie?“, in: J. Hölscher et al. (Hrsg.), „Bedingungen ökonomischer Entwicklung in Zentralosteuropa“, Band 2, Marburg, S. 11 - 36

Arrow, Kenneth J. (1985), „The economics of agency“, in: J.W. Pratt and R.W. Zeckhauser (eds.), „Principals and Agents: the structure of business“, Boston, S. 37 - 51

Balcerowicz, Leszek, Barbara Blaszczyk and Marek Dabrowski (1997), „The Polish Way to the market economy, 1989 - 1995“, in: W.T. Woo, S. Parker, J.D. Sachs (eds.), „Economies in transition: comparing Asia and Europe“, Cambridge MA, S. 131 - 160

Baltensperger, Ernst und Hellmuth Milde (1987), „Theorie des Bankverhaltens“, Studies in Contemporary Economics, Berlin

Baygan, Günseli and Michael Freudenberg (2000), "The internationalisation of venture capital activity in OECD countries: implications for measurement and policy", OECD Directorate for Science, Technology and Industry, Working Paper 2000/7, December, Paris

Bell, Michael W. and Kalpana Kochhar (1992), „China: an evolving market economy - a review of reform experience“, IMF Working Paper No. 92/89, Washington D.C.

Bell, Michael W., Hoe Ee Khor and Kalpana Kochhar (1993), „China at the threshold of a market economy“, IMF Occasional Paper No. 107, Washington D.C.

Berglöf, Erik und Ernst-Ludwig von Thadden (1999), „The changing corporate governance paradigm: implications for transition and developing countries“, Conference Paper, Annual World Bank Conference on Development Economics, June, Washington D.C.

Bester, Helmut (1987), „Die Anreizfunktion von Kreditsicherheiten“, in: D. Schneider (Hrsg.), „Kapitalmarkt und Finanzierung“, Schriften des Vereins für Socialpolitik, N.F. Band 165, S. 225 - 236

Bester, Helmut (1992), „Credit screening“, in: P. Newman, M. Milgate, J. Eatwell (eds.), „The New Palgrave Dictionary of Money and Finance“, Part I, London, S. 543 - 544

BIZ (1997), „Core Principles for effective banking supervision“, Bank für Internationalen Zahlungsausgleich, Basle Committee on Banking Supervision

Bjorklund, E.M. (1986), „The danwei: socio-spatial characteristics of work units in China's urban society“, in: Economic Geography, Vol. 62, No. 1, S. 19 - 29

Blanchard, Olivier and Andrei Shleifer (2000), „Federalism with and without political centralization: China versus Russia“, NBER Working Paper 7616, Cambridge MA

Blommestein, Hans J. and Jean R. Lange (1993), „Balance sheet restructuring and privatisation of the banks“, in: OECD (ed.), „Transformation of the banking system“, CCEET Series, Paris, S. 13 - 33

Bofinger, Peter (1992), „The experience with monetary policy in an environment with strong microeconomic distortions“, in: Economic Systems, Vol. 16, No. 2, S. 247 - 268

Bofinger, Peter (1993), „A classical explanation of the output decline in Central and Eastern Europe“, in: H. Siebert (ed.), „Overcoming the transformation crisis“, Tübingen, S. 223 - 247

Bofinger, Peter (2000), „The non-cash economy in Ukraine“, in: Economic Systems, Vol. 24, Issue 1, S. 71 - 76

Bofinger, Peter (2001), „Monetary policy: Goals, institutions, strategies, and instruments“, Oxford

Bofinger, Peter, Julian Reischle und Andrea Schächter (1996), „Geldpolitik: Ziele, Institutionen, Strategien und Instrumente“, München

Bofinger, Peter, Heiner Flassbeck und Lutz Hoffmann (1997), „Orthodox money-based stabilization (OMBS) versus heterodox exchange rate-based stabilisation (HERBS): the case of Russia, the Ukraine and Kazakhstan“, in: Economic Systems, Vol. 21, Issue 1, S. 1 - 33

Bofinger, Peter und Timo Wollmershäuser (2000), „Options for the exchange rate policies in the EU accession countries (and other emerging market economies)“, CEPR Discussion Paper No. 2379, Februar

Bokros, Lajos (2000), „Perspectives on financial sector development in Central and Eastern Europe“, Paper presented at the Conference „Financial development in Eastern Europe - the first ten years“, Chemnitz, 3. - 4. Februar

Bonin, John P., Kálmán Mizsei, István P. Székely and Paul Wachtel (1998), „Banking in transition economies - developing market oriented banking sectors in Eastern Europe", Cheltenham

Bonin, John P. and Yiping Huang (2000), „Dealing with bad loans of the Chinese banks", Paper presented at the conference „Greater China and the World Economy", Hong Kong, July 2000

Bose, Pinaki (1998), „Formal-informal sector interaction in rural credit markets", in: Journal of Development Economics, Vol. 56, S. 265 - 280

Breuer, Wolfgang (1995), „Finanzintermediation und Reputationseffekte", in: Kredit und Kapital, 28. Jg., Heft 4, S. 516 - 534

Buch, Claudia M. (1996), „Creating efficient banking systems - theory and evidence from Eastern Europe", Kieler Studien Nr. 277, Tübingen

Buch, Claudia M. (1997), „Opening up for foreign banks: how Central and Eastern Europe can benefit", in: Economics of Transition, Vol. 5, No. 2, S. 339 - 366

Byrd, William A. (1990), „Entrepreneurship, capital, and ownership", in: W. Byrd, Q. Lin (eds.), „China's rural industry - structure, development, and reform", Oxford, S. 189 - 217

Byrd, William A. and Alan Gelb (1990), „Why industrialize? The incentives for rural community governments", in: W. Byrd, Q. Lin (eds.), „China's rural industry - structure, development, and reform", Oxford, S. 358 - 387

Byrd, William A. and Qingsong Lin (1990), „China's rural industry: an introduction", in: dies. (eds.), „China's rural industry - structure, development, and reform", Oxford, S. 3 - 18

Calvo, Guillermo A. and Manmohan S. Kumar (1993), „Financial markets and intermediation", in: IMF (ed.), „Financial sector reforms and exchange arrangements in Eastern Europe", IMF Occasional Paper 102, Washington D.C., S. 1 - 33

Chang, Chun and Yijiang Wang (1994), "The nature of township-village enterprise", in: Journal of Comparative Economics, Vol. 19, S. 434 - 452

Che, Jiahua and Yingyi Qian (1998), „Institutional Environment, Community Government, and Corporate Governance: understanding China's Township-Village Enterprises", in: Journal of Law, Economics, and Organization, Vol. 14, No. 1, S. 1 - 23

Chen, Yikai (1996), „Unternehmensreform und Kapitalmarktentwicklung in China", Volkswirtschaftliche Forschung und Entwicklung Band 89, München

Chen, Hongyi (2000), „The institutional transition of China's township and village enterprises", Ashgate Studies on the economic reform of China, Aldershot

Child, John (1994), "Management in China during the age of reform", Cambridge Studies in Management No. 23, Cambridge

China Financial Outlook CD-Rom, herausgegeben von der „People's Bank of China", beinhaltet den „China Financial Outlook" der Jahre 1994 bis 2000

Cho, Yoon Je (1999), "The banking system of the People's Republic of China", in: Asian Development Bank (ed.), "Rising to the challenge in Asia: a study of financial markets, Vol. 4: People's Republic of China", Manila, S. 35 - 64

Choe, Chongwoo (1996), „Incentive to work versus disincentive to invest: the case of China's rural reform, 1979 - 1984", in: Journal of Comparative Economics, Vol. 22, S. 242 - 266

Choe, Chongwoo and Xiangkan Yin (2000), "Contract management responsibility system and profit incentives in China's state-owned enterprises", in: China Economic Review, Vol. 11, S. 98 - 112

Chow, Gregory C. (1993), „China's economic reform: an option to avoid a transformation crisis", in: H. Siebert (ed.), „Overcoming the transformation crisis", Tübingen, S. 61 - 80

Christensen, Garry (1993), „The limits to informal financial intermediation", in: World Development, Vol. 21, Nr. 5, S. 721 - 731

Claessens, Stijn, Asli Demirgüc-Kunt and Harry Huizinga (1998), „How does foreign entry affect the domestic banking market?", World Bank Policy Research Working Paper No. 1918, Wahsington D.C.

Clarke, Donald C. (1996), „The execution of civil judgements in China", in: S.B. Lubman (ed.), „China's legal reforms", Oxford, S. 65 - 81

Comberg, Philip (2000), "Die Organisationsverfassung der Aktiengesellschaft in China", Mitteilungen des Instituts für Asienkunde Nr. 320, Hamburg

Copeland, Thomas E. and J. Fred Weston (1994), „Financial theory and corporate policy", 3rd edition, Reading MA

Cosci, Stefania (1993), „Credit rationing and asymmetric information", Aldershot

Demirgüc-Kant, Asli und Enrica Detragiache (1998), „The determinants of banking crises in developing and developed countries", in: IMF Staff Papers, Vol. 45, No. 1, S. 81 - 109

Department of Accounting (ohne Jahr), „Accounting law of the PRC, Accounting Standards for business enterprises (und andere Vorschriften)“, Department of Accounting, Ministry of Finance, Publishing House of Law, Beijing

Diamond, Douglas W. (1984), „Financial Intermediation and Delegated Monitoring“, in: Review of Economic Studies, Vol. 51, S. 393 - 414

Diaz-Alejandro, Carlos (1984), „Good-Bye financial repression, hello financial crash“, in: Journal of Development Economics, Vol. 19, S. 1 - 24

Diehl, Markus (1994), „Warum verläuft die Systemtransformation in Asien reibungsloser als in Osteuropa?“, in: Die Weltwirtschaft, Heft 4, S. 492 - 507

Dittus, Peter (1994), „Finance and Corporate Governance in Eastern Europe“, in: B. Fischer (ed.), „Investment and Financing in developing countries“, Veröffentlichungen des HWWA Hamburg, Nr. 6, S. 101 - 125

Dittus, Peter and Stephen Prowse (1995), „Corporate control in Central Europe and Russia: should banks own shares?“, World Bank Policy Research Working Paper No. 1481, Washington D.C.

Dong, Furen (1988), "Rural reform, nonfarm development, and rural modernization in China", EDI Seminar Paper No. 38, World Bank, Washington D.C.

Du, Haiyan (1990), „Causes of rapid rural industrial development“, in: W. Byrd, Q. Lin (eds.), „China's rural industry - structure, development, and reform“, Oxford, S. 47 - 62

EBRD (1995), „Transition Report 1995: Investment and enterprise development“, European Bank for Reconstruction and Development, London

EBRD (1997), „Transition Report 1997“, European Bank for Reconstruction and Development, London

EBRD (1998), „Transition Report 1998: Financial Sector in Transition“, European Bank for Reconstruction and Development, London

EBRD (1999), „Transition Report 1999: Ten years of Transition“, European Bank for Reconstruction and Development, London

EBRD (2000), „Transition Report 2000“, European Bank for Reconstruction and Development, London

Ebrey, Patricia Buckley (1996), „China - eine illustrierte Geschichte“, Frankfurt/Cambridge

[The] Economist (1995), „The banks that can't go bust“, 9th September, S. 84 - 85

[The] Economist (1997), „Fragile, handle with care: a survey of banking in emerging markets“, Extra-Beitrag, 12th April

[The] Economist (1998), „What would Confucius say now“, S. 23 - 25, 25rd July

[The] Economist (2000a), „Tangled web", Extra-Beitrag „China Survey", S. 7, April 8th

[The] Economist (2000b), „Running dry", 14th October, S. 82

[The] Economist (2001), „Village elections in China: A taste of democracy, and it turned sour", 29th September, S. 68

Edin, Maria (2000), "Market forces and communist power: local political institutions and economic development in China", Dissertation, Department of Government, Uppsala University

Eger, Thomas (1998), „Die Bedeutung des Reputationsmechanismus für die Koordination wirtschaftlicher Handlungen", in: G. Wegner und J. Wieland (Hrsg.), „Formelle und informelle Institutionen", Marburg, S. 309 - 326

Ellis, Christopher J. (1992), „Reputation", in: P. Newman, M. Milgate, J. Eatwell (eds.), „The New Palgrave Dictionary of Money and Finance", Part III, London, S. 331 - 332

EMEAP (1997), „Financial markets and payment systems in EMEAP economies", Executives' Meeting of East Asia-Pacific Central Banks and Monetary Authorities, Internet: http://www.emeap.org:8084/RedBook/intro.htm

Erling, Johnny (1999), „Ein Heer Unbestechlicher gegen Korruption in China", in: Die WELT, 21.06.1999, Internet: http://www.welt.de/daten/1999/06/21/0621au118461.htx

Erling, Johnny (2000), „China lässt Vizepräsident Cheng Kejie hinrichten", in: Die WELT, 15.09.2000, Internet: http://www.welt.de/daten/2000/09/15/0915au191075.htx

Eu, David (1996), „Financial reforms and corporate governance in China", in: Columbia Journal of Transnational Law, Vol. 34, No. 2, S. 469 - 502

Europäische Union (2000), „China: general features of trade policy", Internet: http://mkaccdb.eu.int/mkdb/chksel.pl

Fama, Eugene G. (1980), „Agency problems and the theory of the firm", in: Journal of Political Economy, Vol. 88, No. 2, S. 288 - 307

Fan, Gang and Chunying Xin (1998), „The role of law and legal institutions in Asian economic development: the case of China", Harvard Institute for International Development, Discussion Paper No. 664, November

Fan, Gang, Maria Rosa Lunati and David O'Connor (1998), „Labour market aspects of state enterprise reform in China", OECD Development Centre Technical Paper No. 141, Paris

Fan, Qimiao (1994), „State-owned enterprise reform in China: incentives and environment", in: Q. Fan, P. Nolan (eds.), „China's economic reforms: the costs and benefits of incrementalism", Basingstoke, S. 137 - 156

Fan, Yang (1995), „On the one year anniversary of the market economy", in: Chinese Economic Studies, Vol. 28, No. 2, S. 69 - 96

Fan, Simon C. and Herschel I. Grossman (2000), „Incentives and corruption in Chinese economic reform", forthcoming in: Journal of Policy Reform

Finder, Susan (1996), „Inside the people's courts: China's litigation system and the resolution of commercial disputes", in: China Law & Practice, February 1996, S. 16 - 21

Francis, Corinna-Barbara (1996), „Reproduction of danwei institutional features in the context of China's market economy: the case of haidian district's high-tech sector", in: China Quarterly, Vol. 147, September, S. 839 - 859

Franke, Günter und Herbert Hax (1999), „Finanzwirtschaft des Unternehmens und Kapitalmarkt", 4. Auflage, Berlin

Freixas, Xavier and Jean-Charles Rochet (1997), „Microeconomics of banking", Cambridge MA

Friedman, Eric J. and Simon Johnson (1995), „Complementarities and optimal reform", Stockholm Institute of East European Economies, Working Paper No. 109

Fukasaku, Kiichiro and David Wall (1994), „China's long march to an open e-conomy", OECD Development Centre Studies, Paris

Fukasaku, Kiichiro and Henri-Bernard Solignac Lecomte (1996), „Economic transition and trade-policy reform: lessons from China", OECD Development Centre, Technical Paper No. 112, Paris

Fukuyama, Francis (1995), „Konfuzius und Marktwirtschaft", München

Fung, K.C. (1996), „Accounting for Chinese trade: some national and regional considerations", NBER Working Paper No. 5595, Cambridge MA

Funke, Norbert (1993), „Timing and sequencing of reforms: competing views and the role of credibility", in: Kyklos, Vol. 46, No. 2, S. 337 - 362

Gelb, Alan (1997), „Assessing the transition from plan to market: what have we learned – about policies and economic theory?", in: Journal of International Development, Vol. 9, No. 4, S. 449 - 458

Girardin, Eric (1997), „Banking sector reform and credit control in China", O-ECD Development Centre Studies, Paris

Goldstein, Morris (1998), „The Asian financial crisis: causes, cures, and systemic implications", Institute for International Economics, Policy Analyses in International Economics No. 55, Washington D.C.

Goldstein, Morris and Philip Turner (1996), „Banking crises in emerging economies: origins and policy options", BIS Economic Papers No. 46, Basle

Gong, Haocheng and Guojiang Dai (2000), "zhongguo jinrong fazhan baogao (Bericht über die Entwicklung des chinesischen Finanzsystems)", Shanghai, Universität für Wirtschaft und Finanzen

Goodhart, C. und C. Xu (1996), „The rise of China as an economic power“, Centre for Economic Performance, Discussion Paper No. 299, London

Gordon, Roger H. and Wei Li (1999), „Government as a discriminating monopolist in the financial market: the case of China“, NBER Working Paper No. 7110, Cambridge MA

Guesnerie, Roger (1992), „Hidden actions, moral hazard and contract theory“, in: P. Newman, M. Milgate, J. Eatwell (eds.), „The New Palgrave Dictionary of Money and Finance“, Part II, London, S. 304 - 309

Hackethal, Andreas und Reinhard H. Schmidt (2000), „Finanzsystem und Komplementarität“, Working Paper Finance & Accounting No. 50, Universität Frankfurt

Harrold, Peter (1995), „China: foreign trade reform: now for the hard part“, in: Oxford Review of Economic Policy, Vol. 11, No. 4, S. 133 - 146

Hart, Oliver (1992), „Incomplete contracts“, in: P. Newman, M. Milgate, J. Eatwell (eds.), „The New Palgrave Dictionary of Money and Finance“, Part II, London, S. 344 - 351

Hartmann-Wendels, Thomas (1991), „Rechnungslegung der Unternehmen und Kapitalmarkt aus informationsökonomischer Sicht“, Heidelberg

Hartmann-Wendels, Thomas, Andreas Pfingsten und Martin Weber (1998), „Bankbetriebslehre“, Berlin

Harvie, Charles (1999), „China's township and village enterprises and their evolving business alliances and organisational change“, University of Wollongong, Department of Economics, Working Paper No. 99-6

He, Guangwen (2000), „Institutioneller Wandel im ländlichen Finanzsektor der VR China“, Vortrag an der Universität Würzburg im Rahmen der Reihe „Länderanalyse“, Juli 2000

Heberer, Thomas (1998), „Zwischen Krise und Chance: neue soziale Herausforderungen des ländlichen China“, in: C. Herrmann-Pillath, M. Lackner (Hrsg.), „Länderbericht China: Politik, Wirtschaft und Gesellschaft im chinesischen Kulturraum“, Schriftenreihe der Bundeszentrale für politische Bildung, Nr. 351, S. 379 - 406

Heilmann, Sebastian (1996), „Das politische System der VR China im Wandel“, Mitteilungen des Instituts für Asienkunde Nr. 265, Hamburg

Heilmann, Sebastian (2000), „Die Politik der Wirtschaftsreformen in China und Rußland“, Mitteilungen des Instituts für Asienkunde Nr. 317, Hamburg

Heilmann, Sebastian, Isabelle Gras und Kristin Kupfer (2000), „Chinas politisch-ökonomisches Schattensystem: Schmuggelnetzwerke und der Beitritt zur WTO", in: China Aktuell, Juli, S. 769 - 784

Hellwig, Martin (1997), „Unternehmensfinanzierung, Unternehmenskontrolle und Ressourcenallokation: Was leistet das Finanzsystem", in: B. Gahlen, H. Hesse, H.J. Ramser (Hrsg.), „Finanzmärkte", Wirtschaftswissenschaftliches Seminar Ottobeuren Bd. 26, Tübingen, S. 211 - 243

Herrmann-Pillath, Carsten (1991), „Geld - Währung - Transformation. Schwierigkeiten für die Wissenschaft", in: Orientierungen zur Wirtschafts- und Gesellschaftspolitik, Heft 4, S. 15 - 23

Herrmann-Pillath, Carsten (1993), "China: paradoxe Transformation oder Modell?", Berichte des Bundesinstituts für ostwissenschaftliche und internationale Studien, Nr. 3, Köln

Herrmann-Pillath, Carsten (1998a), „Wettbewerb der Systeme und wirtschaftliche Entwicklung im chinesischen Kulturraum", in: C. Herrmann-Pillath, M. Lackner (Hrsg.), „Länderbericht China: Politik, Wirtschaft und Gesellschaft im chinesischen Kulturraum", Schriftenreihe der Bundeszentrale für politische Bildung, Nr. 351, Bonn, S. 261 - 278

Herrmann-Pillath, Carsten (1998b), „Familienähnlichkeiten in Chinas langfristiger sozio-ökonomischer Entwicklung", Universität Witten-Herdecke, Fakultät für Wirtschaftswissenschaften, Diskussionspapier Nr. 14

Herrmann-Pillath, Carsten und Michael Lackner (1998), „Länderbericht China: Politik, Wirtschaft und Gesellschaft im chinesischen Kulturraum", Schriftenreihe der Bundeszentrale für politische Bildung, Nr. 351, Bonn

Heuser, Robert (1996), „Wirtschaftsreform und Gesetzgebung in der VR China", Institut für Asienkunde, Hamburg

Heuser, Robert (1999), „Einführung in die chinesische Rechtskultur", Mitteilungen des Instituts für Asienkunde Nr. 315, Hamburg

Hieker, Nicol-Janin (1999), "Konkursrechtsgesetzgebung in der Volksrepublik China", Mitteilungen des Instituts für Asienkunde Nr. 301, Hamburg

Ho, Samuel P.S. and Y.Y. Kueh (2000), "Sustainable economic development in South China", Studies on the Chinese Economy, Basingstoke

Hölscher, Jens (1997), „Zur Formierung marktwirtschaftlicher Ordnungen in Zentralosteuropa", Materialen und Beiträge zur Europäischen Wirtschaftspolitik Nr. 16, Universität Trier, Fachbereich IV

Holz, Carsten (1992), "The role of central banking in China's economic reforms", Cornell East Asia Series, New York

Honma, Masaru (1999), „SME development in the transition economies“, in: OECD (ed.), „Financing newly emerging private enterprises in transition economies“, Paris , S. 41 - 50

Hu, Zuliu and Mohsin S. Khan (1996), „Why is China growing so fast?“, IMF Working Paper No. 96/75, Washington D.C.

Huang, Yasheng (1996), „Inflation and investment controls in China“, Cambridge

Huang, Yiping and Wing Thye Woo (1998), "Free to loose: autonomy and incentives in Chinese state enterprises", China Economy Papers No. 1998/1, Asia Pacific School of Economics and Management

Huang, Yiping, Wing Thye Woo and Ron Duncan (1999), "Understanding the decline of China's state sector", in: MOCT - MOST, Vol. 9, No. 1, S. 1 - 15

Hutchinson, Terence W. (1984), „Institutionalist Economics Old and New“, in: Journal of Institutional and Theoretical Economics, Vol. 140, S. 20 - 29

IFC (2000), "China's emerging private enterprises - prospects for the new century", International Finance Corporation, Washington D.C.

IMF (1997), „World Economic Outlook: Interim Assessment“, December, Washington D.C.

IMF (1998), „World Economic Outlook“, May, Washington D.C.

Ivory, Paul (1998), „Unit“, in: C. Mackeras (ed.), „Dictionary of the politics of the People's Republic of China“, London, S. 223 - 224

Jacobs, J. Bruce (1998), „Local government/administration“, in: C. Mackeras (ed.), „Dictionary of the politics of the People's Republic of China“, London, S. 144 - 145

Jefferson, Gary H. and Thomas G. Rawski (1999), „Ownership change in Chinese industry“, in: G.H. Jefferson, I. Singh (eds.), „Enterprise reform in China: ownership, transition, and performance“, Oxford, S. 23 - 42

Jefferson, Gary H., Zhang Ping and John Z.Q. Zhao (1999), "Structure, Authority, and Incentives in Chinese industry", G. Jefferson, I. Singh (eds.), „Enterprise reform in China: ownership, transition, and performance“, Oxford, S. 43 - 64

Jin, Leroy (1994), „Monetary policy and the design of financial institutions in China, 1978-90“, Oxford

Jin, Hehui und Yingyi Qian (1998), "Public versus private ownership of firms: evidence from rural China", in: Quarterly Journal of Economics, Vol. 113, S. 773 - 808

Kindleberger, Charles P. (1992), „Financial Crises", in: P. Newman, M. Milgate, J. Eatwell (eds.), „The New Palgrave Dictionary of Money and Finance", Part II, London, S. 46 - 47

Klein, Dietmar K.R. (1999), „Financing newly emerging private enterprises in transition economies", in: OECD (ed.), „Financing newly emerging private enterprises in transition economies", Paris , S. 13 - 22

Kornai, János (1990), „The road to a free economy", New York

Krahnen, Jan Pieter and Reinhard H. Schmidt (1994), „Development finance as institution building - a new approach to poverty orientied banking", Boulder

Kumar, Anjali, Nicholas Lardy, William Albrecht, Terry Chuppe, Susan Selwyn, Paula Perttunen and Tao Zhang (1997), „China's non-bank financial institutions: trust and investment companies", World Bank Discussion Paper No. 358, Washington D.C.

Kynge, James (1999), "China unravels big shares scandal", in: Financial Times, 27.11., S. 2

Kynge, James (2001), „Delays hit China's new welfare plans", in: Financial Times, 09.02., S. 5

Lackner, Michael (1998), „Konfuzianismus von oben? Tradition als Legitimation politischer Herrschaft in der VR China", in: C. Herrmann-Pillath, M. Lackner (Hrsg.), „Länderbericht China: Politik, Wirtschaft und Gesellschaft im chinesischen Kulturraum", Schriftenreihe der Bundeszentrale für politische Bildung, Nr. 351, Bonn, S. 425 - 448

Laffont, Jean-Jacques and Yingyi Qian (1999), „The dynamics of reform and development in China: a political economy perspective", in: European Economic Review, Vol. 43, No. 4 - 6, S. 1105 - 1114

Lardy, Nicholas R. (1992), „Foreign trade and economic reform in China: 1978 - 1990", Cambridge

Lardy, Nicholas R. (1996), „The role of foreign trade and investment in China's economic transformation", in: A.G. Walder (ed.), „China's transitional economy", Studies on Contemporary China, Oxford, S. 103 - 120

Lardy, Nicholas R. (1998), „China's unfinished economic revolution", Brookings Institution, Washington D.C.

Lau, Lawrence (1989), „A comparative analysis of economic development experiences in Chinese societies", in: Y. Jao, V. Mok, L. Ho (eds.), „Economic development in Chinese societies", Hong Kong, S. 9 - 23

Lau, Lawrence, Yingyi Qian and Gérard Roland (2000), „Reform without losers: an interpretation of China's dual-track approach to transition", in: Journal of Political Economy, Vol. 108, No. 1, S. 120 - 143

Lawrence, Susan V. (2000), "Village Democracy", in: Far Eastern Economic Review, Vol. 163, No. 4, 27.01., S. 16

Lee, Keun (1991), "Chinese firms and the state in transition: property rights and agency problems in the reform era", Studies on Contemporary China, London

Levine, Ross (1996), „Foreign banks, financial development, and economic growth", in: C.E. Barfield (ed.), „International financial markets", Washington D.C., S. 224 - 254

Li, David H. (1998), „Changing incentives of the Chinese bureaucracy", in: American Economic Review, Papers and Proceedings, May, S. 393 - 397

Li, Shuhe and Shaomin Li (2000), „The economics of guanxi", in: China Economic Quarterly, abgedruckt unter: http://www.chinaonline.com/commentary_economics/currentnews/secure/c00071141.aps

Liew, Leong (1997), „The Chinese economy in transition", Cheltenham

Lin, Qingsong (1990), "Private enterprises: their emergence, rapid growth, and problems", in: W. Byrd, Q. Lin (eds.), „China's rural industry - structure, development, and reform", Oxford, S. 172 - 188

Lin, Justin Yifu (1992), „Rural reforms and agricultural growth in China", in: American Economic Review, Vol. 82, No. 1, S. 34 - 51

Lin, Justin Yifu, Fang Cai and Zhou Li (1996), „The China mircacle: development strategy and economic reform", A Friedman Lecture Fund Monograph, Hong Kong

Lipton, David and Jeffrey Sachs (1990a), „Creating a market economy in Eastern Europe: the case of Poland", in: Brookings Papers on Economic Activity, No. 2, S. 75 - 147

Lipton, David and Jeffrey Sachs (1990b), „Privatization in Eastern Europe: the case of Poland", in: Brookings Papers on Economic Activity, No. 2, S. 293 - 341

Liu, Shiyu (1999), „China's experience in small and medium financial institution resolution", in: „Strengthening the banking system in China: issues and experience", BIS Policy Paper No. 7, S. 298 - 303

Lo, Carlos W.H. (1998), „Legal system", in: C. Mackeras (ed.), „Dictionary of the politics of the People's Republic of China", London, S. 132 - 135

Lu, Cong (1995), „Das Bankensystem und der Geldangebotsprozess in der VR China", Freiburg

Lu, Ding and Qiao Yu (1998), „Banking credit-quota plan as a macroeconomic policy instrument in China: effectiveness and costs", in: Economic Systems, Vol. 22, No. 2, S. 147 - 174

Lubman, Stanley B. (1996), „China's legal reforms", Studies on contemporary China, Oxford

Luo, Xiaopeng (1994), „Rural reform and the rise of localism", in: H. Jia, Z. Lin (eds.), „Changing central-local relations in China", Boulder, S. 113 - 134

Ma, Jun (2000), „The Chinese economy in the 1990s", Basingstoke

Machina, Mark J. and Michael Rothschild (1992), „Risk", in: P. Newman, M. Milgate, J. Eatwell (eds.), „The New Palgrave Dictionary of Money and Finance", Part III, London, S. 358 - 362

Mackeras, Colin (1998), „Dictionary of the politics of the People's Republic of China", London

Manoharan, Thiagarajan (1992), „Credit and financial institutions at the rural level in China - between plan and market", in: E.B. Vermeer (ed.), „From peasant to entrepreneur: growth and change in rural China", Wageningen, S. 183 - 215

Martinelli, César (1997), „Small firms, borrowing constraints, and reputation", in: Journal of Economic Behaviour and Organization, Vol. 33, S. 91 - 105

Maurer, Klaus (1999), „Finanzintermediation an der Schnittstelle von formellem und informellem Sektor", Europäische Hochschulschriften, Reihe V, Volks- und Betriebswirtschaft, Nr. 2495, Frankfurt/Main

McKinnon, Ronald I. (1991), „The order of economic liberalization", Baltimore

McKinnon, Ronald I. (1993), „Macroeconomic control in liberalizing socialist economies: Asian and European parallels", in: A. Giovannini (ed.), „Finance and development: issues and experience", Cambridge, S. 223 - 256

Mehran, Hassanali, Marc Quintyn, Tom Nordman and Bernard Laurens (1996), „Monetary and exchange system reforms in China: an experiment in gradualism", IMF Occasional Paper Nr. 141, Washington D.C.

Meyer, Richard L. and Geetha Nagarajan (2000), „Rural financial markets in Asia: policies, paradigms, and performance", A study of rural Asia Vol. 3, Asian Development Bank, Oxford

Milgrom, Paul und John Roberts (1994), „Economics, Organization and Management", Engelwoods Cliff

Mishkin, Frederic S. (1998), „The economics of money, banking and financial markets", 5th edition, New York

Montes-Negret, Fernando (1995), „China's credit plan: an overview", in: Oxford Review of Economic Policy, Vol. 11, No. 4, S. 25 - 42

Morduch, Jonathan (1998), „The microfinance schism", Harvard Institute for International Development, Development Discussion Paper No. 626

Morrisson, Christian (1995), „What institutional framework for the informal sector?“, OECD Policy Brief No. 10, Paris

Nasution, Anwar (1999), "Recent issues in the management of macroeconomic policies - the PRC", in: Asian Development Bank (ed.), "Rising to the challenge in Asia: a study of financial markets, Vol. 4: People's Republic of China", Manila, S. 1 - 34

Naughton, Barry (1994), „Chinese institutional innovation and privatization from below“, in: American Economic Review, Vol. 84, No. 2, S. 266 - 270

Naughton, Barry (1995), „Growing out of the plan: Chinese economic reform 1978 – 93“, Cambridge

Neuberger, Doris (1998), „Mikroökonomik der Bank“, München

Nippel, Peter (1992), „Reputation auf Kreditmärkten“, in: Zeitschrift für die betriebswirtschaftliche Forschung, Band 44, Heft 11, S. 990 - 1011

Nolan, Peter (1994), „Introduction: the Chinese Puzzle“, in: Q. Fan, P. Nolan (eds.), „China's economic reforms: the costs and benefits of incrementalism“, Basingstoke, S. 1 - 20

North, Douglass C. (1990), „Institutions, institutional change and economic performance“, Cambridge

Ody, Anthony J. (1992), "Rural enterprise development in China, 1986 - 90", World Bank Discussion Paper No. 162, China and Mongolia Department Series, Washington D.C.

OECD (1999), „Financing newly emerging private enterprises in transition economies“, Paris

Oi, Jean C. (1992), „Fiscal reform and the economic foundations of local state corporatism in China“, in: World Politics, Vol. 45, October, S. 99 - 126

Opp, Karl-Dieter (1983), „Die Entstehung sozialer Normen“, Tübingen

Ou, Jiawa (1995), "Policy choices of the central bank: goals, instruments and effects of central bank controls", in: O.K. Tam (ed.), "Financial reform in China", Routledge Studies in the growth economies of Asia No. 2, London, S. 55 - 82

o.V. (2000), "Township and Village Enterprises", Internet-Edition, http://www.chinaonline.com/refer/ministry_profiles/MOA-TVE.asp

o.V. (2001a), „Manipulating China's markets“, in: Wall Street Journal Europe, 13.02., S. 8

o.V. (2001b), „China's casino culture“, in: Financial Times, 21.02., S. 14

Paglee, Charles D. (2000), „Laws and regulations of the PRC“, University of Maryland, School of Law, Internet: http://www.qis.net/chinalaw/prclaw10.htm

Park, Albert, Loren Brandt and John Giles (1997), „Giving credit where credit is due: the changing role of rural financial institutions", William Davidson Institute Working Paper No.

Park, Albert and Changqing Ren (2001), „Microfinance with Chinese characteristics", in: World Development, Vol. 29, No. 1, S. 39 - 62

Perkins, Dwight H. (1988), „Reforming China's economic system", in: Journal of Economic Literature, Vol. 26, June, S. 601 - 645

Perkins, Frances C. (1999), "The costs of China's state-owned enterprises", in: MOCT - MOST, Vol. 9, No. 1, S. 17 - 33

Perkins, Frances C. and Martin Raiser (1994), „State enterprise reform and macro-economic stability in transition economies", Kiel Working Paper No. 665

Perotti, Enrico C., Laixiang Sun and Liang Zou (1999), „State-owned versus township and village enterprises in China", in: Comparative Economic Studies, Vol. 41, No. 2-3, S. 151 - 179

Pescetto, Gioia (1992), „Eastern Europe and financial markets", in: G. Bird (ed.), „Economic reform in Eastern Europe", Aldershot, S. 79 - 100

Pistor, Katharina, Martin Raiser and Stanislaw Gelfer (2000), „Law and finance in transition economies", in: Economics of Transition, Vol. 8, No. 2, S. 325 - 368

Portes, Richard (1992), „Is there a better way?", in: International Economic Insights, Vol. 3, No. 3, S. 18 - 22

Potter, Pitman B. (2000), „Guanxi and the PRC legal system: from contradiction to complementarity", Internet: http://www.chinaonline.com/ commentary_and_currentnews/secure/c00021599wilson-s.asp

Pratt, John W. and Richard J. Zeckhauser (1985), „Principals and agents: an overview", in: dies. (eds.), „Principals and Agents: the structure of business", Boston, S. 1 - 35

Priddat, Birger P. (2000), „Kultur als Hintergrund/Vordergrund der Ökonomie", in: ders. (Hrsg.), „Kapitalismus, Krisen, Kultur", Marburg, S. 189 - 224

Priewasser, Erich (1996), „Bankbetriebslehre", 5. Auflage, München

Putterman, Louis (1997), „On the past and future of China's township and village-owned enterprises", in: World Development, Vol. 25, No. 10, S. 1639 - 1655

Qian, Yingyi (1988), „Urban and rural household saving in China", in: IMF Staff Papers, Vol. 35, No. 4, S. 592 - 627

Qian, Yingyi (1999), „The institutional foundation of China's market transition", Paper prepared for the World Bank's Annual Conference on Development Economics, April 1999, Washington D.C.

Qian, Yingyi and Chenggang Xu (1993a), „Why China's economic reforms differ: the M-form hierarchy and entry/expansion of the non-state sector", in: Economics of Transition, Vol. 1, No. 2, S. 135 - 170

Qian, Yingyi and Chenggang Xu (1993b), „The M-form hierarchy and China's economic reform", in: European Economic Review, Vol. 37, S. 541 - 548

Quaisser, Wolfgang (1995), „Vergleich der wirtschaftlichen Transformation in Osteuropa und Ostasien", in: Osteuropa-Wirtschaft, 40. Jg., Heft 4, S. 279 - 298

Raiser, Martin (1995), "Die Rolle der Staatsunternehmen in der Systemtransformation: die Erfahrungen der VR China", in: Die Weltwirtschaft, Vol. 10 (1995), S. 340 - 362

Raiser, Martin (1997a), „Soft budget constraints and the fate of economic reforms in transition economies and developing countries", Kieler Studien Nr. 281

Raiser, Martin (1997b), „Informal institutions, social capital and economic transition: reflections on a neglected dimension", EBRD Working Paper No. 25, London

Raiser, Martin und Peter Nunnenkamp (1997), „Die andere Seite Chinas: Strukturprobleme, Reformdefizite und verzögerte Aufholprozesse im chinesischen Binnenland", Kiel Institute for World Economics, Working Paper No. 794

Redding, S. Gordon (1990), „The Spirit of Chinese Capitalism", New York

Richter, Rudolf und Erik G. Furubotn (1999), „Neue Institutionenökonomik", 2. Aufl., Tübingen

Riley, John G. (1992), „Signalling", in: P. Newman, M. Milgate, J. Eatwell (eds.), „The New Palgrave Dictionary of Money and Finance", Part II, London, S. 455 - 458

Romich, Manfred F. (1994), „Decentralisation and the Danwei system: economic reform and its impact on social development in Chinese cities", in: China Report, Vol. 30, No. 4, S. 447 - 456

Rosen, Daniel H. (1999), „Behind the open door: foreign enterprises in the Chinese marketplace", Institute for International Economics, Washington D.C.

Santorum, Anita (1993), "China, 1949 - 88", in: S. Page (ed.), "Monetary policy in developing countries", London, S. 185 - 224

Scheil, Jörg-Michael, Tanja Gargulla, Christoph Schröder und Jakob Riemenschneider (1999), „Vertragsgesetz der Volksrepublik China", Mitteilungen des Instituts für Asienkunde Nr. 309, Hamburg

Schierenbeck, Henner und Reinhold Hölscher (1998), „Bank Assurance", 4. Aufl., Stuttgart

Schinke, Eberhard (1996), „Chinas Getreideproblem: Preispolitik und Marktmechanismus", in: E. Schinke, H. Zhong (Hrsg.), „Ordnungsreform und Entwicklung der chinesischen Wirtschaft in den 90er Jahren", Berlin, S. 159 - 170

Schlotthauer, Nicolas (1999a), „Will the People's Republic of China trigger off the next Asian crisis?", in: Intereconomics, Vol. 34, No. 3, S. 124 - 135

Schlotthauer, Nicolas (1999b), „Einige Reformen in der VR China zur erfolgreichen Umsetzung des geplanten WTO-Beitritts", Berichte zur Wirtschafts- und Gesellschaftspolitik Chinas Nr. 27, Gießen

Schmidt, Reinhard H. und Eva Terberger (1997), „Grundzüge der Investitions- und Finanzierungstheorie", 4. Auflage, Wiesbaden

Schmieding, Holger (1992), „Gradualismus oder Schocktherapie? Eine Zwischenbilanz der ostmitteleuropäischen Erfahrungen", in: „Wirtschaftsreformen in Mittel- und Osteuropa", Beihefte der Konjunkturpolitik, Heft 40, S. 11 - 27

Schmieding, Holger (1993), „From plan to market: on the nature of transformation crisis", in: Weltwirtschaftliches Archiv, Vol. 129, S. 216 - 253

Schmieding, Holger und Claudia M. Buch (1992), „Better banks for Eastern Europe", IfW Kiel, Discussion Paper No. 197

Schmitt, Stefanie (1999), „Private Unternehmen im Transformationsland China", Europäische Hochschulschriften Bd. 2531, Frankfurt/Main

Schnitzer, Monika (1999), „Enterprise restructuring and bank competition in transition economies", in: Economics of Transition, Vol. 7, No. 1, S. 133 - 155

Schrader, Heiko (1996), „Informal finance and intermediation", Sociology of Development Research Centre Working Paper No. 252, University of Bielefeld

Seibel, Hans Dieter (1996), „Financial systems development and microfinance", Deutsche Gesellschaft für Technische Zusammenarbeit, Eschborn

Sgard, Jérôme (1996), „Credit crisis and the role of banks during transition: a five country-comparison", Centre d'études prospectives et d'information internationales, Document de travail Nr. 96-08, Juli

Shaw, Victor N. (1996), „Social control in China: a study of Chinese work units", Westport

Shirk, Susan L. (1994), „How China opened its door: the political success of the PRC's foreign trade and investment reforms", Brookings Institution, Integrating National Economies Series, Washington D.C.

Sieren, Frank (2000), „100 erschrecken: Chinas Führung hat der Korruption den Kampf angesagt", in: Wirtschaftswoche, Nr. 8, S. 40 - 42

Singh, Inderjit (1991), „China and Central and Eastern Europe: is there a professional schizophrenia on socialist reform?", World Bank Socialist Economies Reform Unit, Research Paper No. 17, Washington D.C.

Singh, Ajit (1995), „Corporate financial patterns in industrializing economies", International Finance Corporation, Technical Paper No. 2, Washington D.C.

Sjöberg, Örjan and Gang Zhang (1996), "Soft budget constraints: an analysis based on a survey of Chinese township enterprises", Stockholm School of Economics, Working Paper No. 93, Working Paper Series in Economics and Finance

Soltysinski, Stanislaw (1998), „Transfer of legal systems as seen by the ‚import countries': a view from Warsaw", in: U. Drobnig, K.J. Hopt, H. Kötz, E.-J. Mestmäcker (Hrsg.), „Systemtransformation in Mittel- und Osteuropa und ihre Folgen für Banken, Börsen und Kreditsicherheiten", Beiträge zum ausländischen und internationalen Privatrecht Nr. 64, Max-Planck-Institut für ausländisches und internationales Privatrecht, Tübingen, S. 69 - 82

Spremann, Klaus (1988), „Reputation, Garantie, Information", in: Zeitschrift für Betriebswirtschaft, 58. Jg., Heft 5/6, S. 613 - 629

Spremann, Klaus (1996), „Wirtschaft, Investition und Finanzierung", 5. Auflage, München

SSB (2001), „China's new financial reforms: Preparing for WTO membership", Citibank Salomon Smith Barney, China Economics Market Analysis, Hongkong, 23.10.2001

Standifird, Stephen S. and R. Scott Marshall (2000), „The transaction cost advantage of guanxi-based business practices", in: Journal of World Business, Vol. 35, No. 1, S. 21 - 42

Steinmann, Matthias, Martin Thümmel und Xuan Zhang (1995), "Kapitalgesellschaften in China - das neue Gesellschaftsgesetz: Einführung und Übersetzung", Mitteilungen des Instituts für Asienkunde Nr. 242, Hamburg,

Stratfor (2000), „China's other potential banking crisis", in: Asia Times Online, 29.09., http://www.atimes.com/china/BI29Ad01.html

Streit, Manfred E. (1995), „Ordnungsökonomik - Versuch einer Standortbestimmung", Max-Planck-Institut zur Erforschung von Wirtschaftssystemen, Jena, Diskussionsbeitrag 04-95

Streit, Manfred E. und Uwe Mummert (1996), „Grundprobleme der Systemtransformation aus institutionenökonomischer Perspektive“, Max-Planck-Institut zur Erforschung von Wirtschaftssystemen, Jena, Diskussionsbeitrag 09-96

Strittmatter, Kai (2001), „Aktien-Boom erwies sich als Gaunerstück“, in: Süddeutsche Zeitung, 12.02., S. 27

Su, Dongwei and Belton M. Fleisher (1999), „An empirical investigation of underpricing in Chinese IPOs“, in: Pacific-Basin Finance Journal, Vol. 7, S. 173 - 202

Suzuki, Kanichiro and Michael Laktorin (1999), „SME financing in transition economies: management, conflicts and monitoring“, in: OECD (ed.), „Financing newly emerging private enterprises in transition economies“, Paris , S. 25 - 39

Swoboda, Peter (1987), „Kapitalmarkt und Unternehmensfinanzierung - zur Kapitalstruktur der Unternehmung“, in: D. Schneider (Hrsg.), „Kapitalmarkt und Finanzierung“, Schriften des Vereins für Socialpolitik, N.F., Band 165, S. 49 - 68

Tam, On Kit (1988), „Rural Finance in China“, in: China Quarterly, S. 60 - 76

Thielbeer, Siegfried (1999), „Es begann mit dem privaten Schwein je Familie“, in: Frankfurter Allgemeine Zeitung, Nr. 50, 01.03., S. 20

Tobin, James (1992), „Financial intermediaries“, in: P. Newman, M. Milgate, J. Eatwell (eds.), „The New Palgrave Dictionary of Money and Finance“, Part II, London, S. 77 - 85

van Greuning, Hennie, Joselito Gallardo and Bikki Randhawa (1998), „A framework for regulating microfinance institutions“, World Bank Policy Research Working Paper No. 2061, Washington D.C.

van Kemenade, Willem (1998), „China, Hong Kong, Taiwan, Inc.“, New York

Villanueva, Delano and Abbas Mirakhor (1990), „Strategies for financial reform: interest rate policies, stabilization, and bank supervision in developing countries“, in: IMF Staff Papers, Vol. 37, No. 3, S. 509 - 536

von Senger, Harro (1994), „Einführung in das chinesische Recht“, München

Walder, Andrew G. (1996), „China's transitional economy: interpreting its significance“, in: ders. (ed.), „China's transitional economy“, Studies on Contemporary China, Oxford, S. 1 - 17

Wang, Guiguo and Stephen Foo (1995), „The banking law reforms in China“, in: World Competition, Vol. 18, No. 4, S. 13 - 53

Watson, Andrew (1998), „Conflict of interest: reform of the rural credit cooperatives in China“, in: MOST/MOLCT, Vol. 8, No. 3, S. 23 - 40

Wei, Feng (1999), "China's financial sector reform in the transition to a market economy", Münster

Weitzman, Martin L. and Chenggang Xu (1994), "Chinese township-village enterprises as vaguely defined cooperatives", in: Journal of Comparative Economics, Vol. 18, S. 121 - 145

Weltbank (1989), „Finanzsysteme und Entwicklung", Washington D.C.

Weltbank (1990), „China: financial sector policies and institutional development", World Bank Country Study, Washington D.C.

Weltbank (1994), „China: foreign trade reform", World Bank Country Study, Washington D.C.

Weltbank (1996), „Vom Plan zum Markt", Washington D.C.

Weltbank (1997a), „The state in a changing world", Washington D.C.

Weltbank (1997b), "China's management of enterprise assets: the state as a shareholder", World Bank Country Study, Washington D.C.

Weltbank (1997c), „China 2020: development challenges in the new century", China 2020 Series, Washington D.C.

Weltbank (1999), "Accelerating China's rural transformation", Washington D.C.

Wenger, Ekkehard (1990), „Die Rolle der Banken in der Industriefinanzierung und in der Unternehmenskontrolle am Beispiel der Bundesrepublik Deutschland", in: Wirtschaftspolitische Blätter, 37. Jg., Nr. 2-3, S. 155 - 167

Wenger, Ekkehard und Eva Terberger (1988), „Die Beziehung zwischen Agent und Prinzipal als Baustein einer ökonomischen Theorie der Organisation", in: WiSt, Heft 10, S. 506 - 514

Whyte, Martin K. (1996), „The Chinese family and economic development: obstacle or engine?", in: Economic Development and Cultural Change, Vol. 45, No. 1, S. 1 - 30

Williamson, Oliver E. (1988), „Corporate Finance and Corporate Governance", in: Journal of Finance, Vol. 43, No. 3, S. 567 - 591

Williamson, Oliver E. (1996), „The mechanisms of governance", New York

Winkler, Adalbert (1997), „Financial Development, Economic Growth and Corporate Governance", IPC Background Paper

Winkler, Adalbert (1999a), „Wirtschaftswachstum und Finanzsystementwicklung", Habilitationsschrift, Universität Würzburg.

Winkler, Adalbert (1999b), „Förderbanken als Instrument zur Verbesserung der Finanzierungssituation kleiner und mittlerer Unternehmen in den Transformationsstaaten Mittel- und Osteuropas", Würzburg Economic Papers No. 2

Wong, Christine P. (1996), „People's Republic of China", in: P.B. Rana, N. Hamid (eds.), „From centrally planned to market economies: the Asian approach - Vol. 2: People's Republic of China and Mongolia", Asian Development Bank, Manila/Oxford, S. 3 - 291

Woo, Wing Thye (1999), „Le financement de la croissance des entreprises rurales en Chine: différences selon les régions et la propriété des moyens de production", in: Revue d'èconomie du dèveloppement, No. 1-2, S. 95 - 130

Wu, Changqi and Leonard K. Cheng (1999), „The determinants of export performance of China's Township and Village Enterprises", LICOS Centre for Transition Economies, Discussion Paper No. 82/1999, Leuven

Wüstemann, Jens (1999), „Internationale Rechnungslegungsnormen und Neue Institutionenökonomik", Working Paper Series Finance & Accounting No. 37, Frankfurt/Main

Wyplosz, Charles (1999), „International Financial Instability", in: I. Kaul, M. Stern, I. Grunberg (eds.), „International Development Cooperation and Global Public Goods", New York

Xia, Bin (1995), „Analysis of China's inter-bank money market", in: O.K. Tam (ed.), "Financial reform in China", Routledge Studies in the growth economies of Asia No. 2, London, S. 104 - 112

Xin, Chunying (1999), „Chinese legal system and current legal reform", KAS Schriftenreihe 01/1999,

Xu, Cheng Kenneth (2000), „The microstructure of the Chinese stock market", in: China Economic Review, Vol. 11, S. 79 - 97

Xu, Lixin Colin (1997), „How China's government and state enterprises partitioned property and control rights"", World Bank Policy Research Working Paper 1743, Washington D.C.

Xu, Lixin Colin (2000), „Control, incentives and competition: the impact of reform on Chinese state-owned enterprises", in: Economics of Transition, Vol. 8, No. 1, S. 151 - 173

Xu, Xiaonian and Yan Wang (1999), "Ownership structure and corporate governance in Chinese stock companies", in: China Economic Review, Vol. 10, Issue 1, S. 75 - 98

Xu, Xiaoping (1998), „China's financial system under transition", Basingstoke

Yang, Dali L. and Yongnian Zheng (1998), „Regional China", in: C. Mackeras (ed.), „Dictionary of the politics of the People's Republic of China", London, S. 33 - 37

You, Ji (1998), „China's enterprise reform: changing state/society relations after Mao", Routledge Studies in China in Transition No. 3, London/New York

Yu, Liangchun und Yuan Ju (1999), "longduan yu jingzheng: zhongguo yinhangye de gaige he fazhan (Monopolisierung und Konkurrenz: Reform und Entwicklung des Bankengeschäftes in China), in: jingji yanjiu (Economic Research, Zeitschrift der Chinesischen Akademie für Sozialwissenschaften), Nr. 8, S. 48 - 57

Yu, Qiao and Ping Xie (1999), "Money aggregates management: problems and prospects in China's economic transition", in: Contemporary Economic Policy, Vol. 17, No. 1, S. 33 - 43

Yuan, Gangming (2000), „zhongguo guoyou qiye buliang fuzhai de shizheng fenxi (Bestandsaufnahme der schlechten Kreditrückzahlung chinesischer Staatsunternehmen)", in: jingji yanjiu (Economic Research, Zeitschrift der Chinesischen Akademie für Sozialwissenschaften), Jahrgang 2000, Nr. 5, S. 12 - 20

Yusuf, Shahid (1994), "China's collective and private enterprises: growth and its financing", in: G. Caprio, D. Folkerts-Landau, T.D. Lane (eds.), "Building sound finance in emerging market economies", IMF and World Bank, Washington D.C., S. 298 - 330

Zecchini, Salvatore (1996), „The role of international financial institutions in the transition process", in: R. Schönfeld (ed.), „The role of international financial institutions in Central and Eastern Europe", München, S. 75 - 94

Zhang, Kai Yu (1997), „Auswirkungen der Finanzsektorreformen auf die Markt- und Risikopolitik chinesischer Geschäftsbanken", Berichte des Arbeitsbereichs Chinaforschung im Institut für Weltwirtschaft und internationales Management Bremen Nr. 9

Zhang, Xiaoguang (1999), „Foreign investment policy, contribution and performance", in: Y. Wu (ed.), „Foreign direct investment and economic growth in China", Cheltenham, S. 11 - 41

zhongguo renmin yinhang yanjiuju (Forschungsabteilung der chinesischen Zentralbank) (1999), "zhongguo xiandai zhongyang yinhang tizhi (Das gegenwärtige Zentralbanksystem Chinas)", zhongguo jinrong chubanshe (China Finanzverlag), Beijing

Zhu, Hongxing (2000), „Das System der ländlichen Märkte in der Volksrepublik China", Mitteilungen des Instituts für Asienkunde Nr. 319, Hamburg

Zhu, Jun (1999), „Closure of financial institutions in China", in: „Strengthening the banking system in China: issues and experience", BIS Policy Paper No. 7, S. 304 - 319

Zhu, Ling, Zhongyi Jiang and Joachim von Braun (1997), „Credit systems for the rural poor in China", Commack NY

FSC
www.fsc.org
MIX
Papier | Fördert gute Waldnutzung
FSC® C083411

Kolibri 360 GmbH
Ferdinand-Jühlke-Straße 7
99095 Erfurt, Deutschland
produktsicherheit@kolibri360.de

Druck:
CPI Druckdienstleistungen GmbH
im Auftrag der
Kolibri 360 GmbH
Ferdinand-Jühlke-Str. 7
99095 Erfurt